北京师范大学中国社会管理研究院/社会学院
中国社会治理智库丛书·民俗学系列（2021）
SOCIAL GOVERNANCE THINK TANK

传统文化的当代实践

——文化部非物质文化遗产传承人传统节日仪式研讨班成果集萃

萧放 朱霞 主编

中国社会科学出版社

图书在版编目（CIP）数据

传统文化的当代实践：文化部非物质文化遗产传承人传统节日仪式研讨班成果集萃/萧放，朱霞主编．—北京：中国社会科学出版社，2021.7
ISBN 978-7-5203-6673-1

Ⅰ.①传… Ⅱ.①萧…②朱… Ⅲ.①非物质文化遗产—成果—中国②节日—风俗习惯—研究—中国 Ⅳ.①G122②K892.1

中国版本图书馆CIP数据核字（2020）第104603号

出 版 人	赵剑英
责任编辑	吴丽平
责任校对	王佳玉
责任印制	李寡寡

出　　版	中国社会科学出版社
社　　址	北京鼓楼西大街甲158号
邮　　编	100720
网　　址	http://www.csspw.cn
发 行 部	010-84083685
门 市 部	010-84029450
经　　销	新华书店及其他书店
印　　刷	北京明恒达印务有限公司
装　　订	廊坊市广阳区广增装订厂
版　　次	2021年7月第1版
印　　次	2021年7月第1次印刷
开　　本	710×1000　1/16
印　　张	24.25
插　　页	2
字　　数	359千字
定　　价	138.00元

凡购买中国社会科学出版社图书，如有质量问题请与本社营销中心联系调换
电话：010-84083683
版权所有　侵权必究

目　录

前言 …………………………………… 萧　放　朱　霞（1）

授课展示

非物质文化遗产保护工作中的几个问题 …………… 刘魁立（3）
非物质文化遗产保护中的社区参与 ………………… 安德明（20）
中国传统节日文化的起源、体系及其现代价值 …… 萧　放（45）
节日产品的开发与提升设计 ………………………… 陈普月（59）
传统节日资源的创造、实践与转化
　　——以二十四节令鼓为例 ……………………… 陈再藩（69）
文化创意产业与非遗的生产性保护与发展 ………… 意　娜（81）
中国传统节日文化与地方经济社会生活 …………… 田兆元（96）
节庆旅游品牌的策划与培育 ………………………… 代改珍（107）
中国传统节日文化与民间信仰及核心价值观 ……… 张　勃（122）
节日遗产资源的活用 ………………………………… 徐赣丽（145）
"中青年非遗传承人传统节日仪式研讨班"的创新模式与
　　田野调查 ………………………………………… 朱　霞（158）

讨论集萃

2017年9月14日"中青年非遗传承人研讨班"讨论
　　课实录 …………………………………………………（171）
非遗保护与节日传承人的主体性确立 …………………（180）
节日仪式的实践与创新 …………………………………（190）

田野调查

卯山叶氏祭祖文化的传承与
　　发展 ················ 萧　放　邵凤丽　钟梦迪　周增辉(201)
传统节日资源的保护利用与乡村旅游
　　——浙江省松阳县大、小竹溪排祭仪式的调查与
　　回访 ································· 朱　霞　关　静(245)
庙会生态与社区性的非遗实践
　　——松阳县玉岩镇香乳山庙会
　　调研报告 ··························· 鞠　熙　彭晓宁(280)
民俗资源助力乡村振兴的路径探讨
　　——浙江省丽水市松阳县平卿村做福仪式
　　调查报告 ···································· 贺少雅(299)

媒体报道

开幕式 ··· (333)
闭幕式 ··· (345)

附　录

关于"中青年非物质文化遗产传承人传统节日仪式研讨班"
创新模式的评估报告 ································ (361)
课程表 ··· (369)
专家介绍 ··· (371)

后记 ·· 萧　放　朱　霞(375)

前　言

萧　放　朱　霞

2017年的金秋9月，是我们收获的季节。经过为期一个月的艰辛努力，我们承担的文化部、教育部非遗传承人群研修研习培训计划项目"传统文化的当代实践——中青年非物质文化遗产传承人传统节日仪式研讨班"终于圆满结业。这是自国家非遗传承人群研培计划启动以来，首个非遗理论与实践结合的研讨班。

为了保护传承祖国非物质文化遗产大业，在文化部非遗司指导下，北京师范大学承担了为浙江丽水非遗传承人群提供研修培训的任务。研培计划的本意是在全国招收二三十位国家或省级传承人，共同研讨如何开展节日仪式的保护与传承工作，后来在文化部主管领导与浙江地方领导协商之后，集中到丽水松阳，进行针对性的非遗传承人群的研培。这一改变，对于我们来说，就更有针对性与实践性。9月5日，浙江丽水地区的非遗工作者与非遗传承人专程从浙江来到北京，6日研讨班开班仪式之后，老师与学员在北京师范大学中国社会管理研究院/社会学院进行了十余天的非遗理论研讨。文化部非遗司领导与北京师范大学校领导非常关注我们研讨班，给我们研讨班提供了很好的研讨、生活的条件。北京师范大学民俗学专业的师生集体全力投入，从课程设计到教师选择，再到结合具体实际工作需要的研讨主持，重视教学过程中的每一个环节，让传承人研讨学习紧张充实，一切以学员的获得感为目的。讨论有时异常激烈，思想的交锋、理论与实践的碰撞更加深化对非遗保护的理性认识。

在十余天的学习研讨之后，9月17日，教师、学员集体离开北京，前往松阳进行实地非遗调研。研讨班在去松阳之前，通过教师与县文化局领导的协商，已经选择了松阳竹溪排祭、卯山叶氏祭祖、玉岩庙会与平卿祈福四个调查地点。学员相应分成四个小组，在北京师范大学学习期间，已经开始针对性地研讨。学员回到松阳以后，各小组在教师的带领下，对各调查点进行了为期半个月的深入调查，通过走访考察、开座谈会、查阅档案资料、参加实际民俗节庆仪式活动等多种形式，获取了丰富的一手田野资料，学员在实际调研中充分发挥前期研讨的理论知识，能动地发现与分析田野实践中出现的问题，各小组师生日夜奋斗，终于获得丰富成果，四个小组分别撰写了高质量的调研报告，各位学员就自己田野所得分别写了调研报告，成绩骄人，可喜可贺。协助策划的叶氏祭祖活动也获得圆满成功，传统仪式的当代实践研讨有了硕果。

作为研讨班课题负责人，在9月29日下午的研讨班结业仪式上有一个回顾与总结，内容如下：近一个月来，中青年非物质文化遗产传承人传统节日仪式研讨班学员与教师在北京与松阳两地度过了难忘的研讨时光。我们共同参与非遗保护原则、理念、方法的系统研讨，携手走向非遗保护传承的现场，在课堂中学习，在田野中实践，教学相长。在这次研讨活动中，我们有如下工作体会：第一，围绕"传统文化的当代实践"研讨主题，制订目标明确的课程设计方案。在申请成功研培项目之后，提出节日仪式研讨方案，到苏州汇报，根据修改意见，集中到一个具体项目或者到具体地方进行理论与实践结合的研讨。后来根据研讨班构成与调查对象的需要，在课程设置上从一般非遗理念、节日文化传统与节日文化创意发展三方面配置最好的师资，我们的授课教授来自国内外。每一位教师都是我们精心挑选的，学员从讲课中得到较大的非遗传承理念与方法的收获。第二，组织得力、负责的核心工作班子。为了组织好本次研讨班，四位主要教师全员上阵、全程负责，特别是朱霞老师从方案设计到经费预算，从教室安排到手册制作都亲力亲为，用心良苦。贺少雅老师全力配合，奉献尤多，鞠熙老师主持的讨论与调研特别出彩。我同样全程参与。从四月筹备开始，我们核心团队从预调查到文献收集，从课题研讨到田野访谈研讨与调查报告写作辅导，全力付出，这是本研讨班取得成绩的关键要素之一。第三，重视理念传授与实践教学结合的研讨方式，在学习中思考，在研讨中深化，在实践中进行能力培养与情感升华。我们研讨班的最大特色就是将最前沿的非遗保护理念与最现实的非遗保护传承工作相结合，以松阳的竹溪排祭、叶氏祭祖、玉岩庙会和平卿祈福四个非物质文化遗产项目为调研对象，分组深入调研，现场访谈研讨，不仅提升了学员的实践传承能力，对非遗产生了更深的感情，对保护传承非遗的意义也有了新的认知，而且形成四个专题报告，为非遗保护决策与百姓生活创新提供历史、现状与对策依据。以非遗资源教化人心、和谐地方社会，从而助力当代社会治理。第四，高校与政府部门、非遗传承人的携手合作是深化、创新非遗保护方式的有效途径。高校作为教学研究单位在非遗理论研究与非遗调查能力方面有显著优势，政府在非遗政策、非遗课题设计、非遗保护机制以及资金方面扮演了特别重要的角色，非遗传承人群作为非遗主体是最有发言权的群体，非遗对于他们来说就是自己的文化。正如时任文化部副部长项兆伦所说："节庆仪式活动在文化传承中起着特别重要的作用，节庆仪式作为社会实践性的文化传统，更要强调社区群体的认同感，这是传承与再创造的重要判断标准。"政府、高校与社区传承人群三方的精诚合作，是非遗保护发展、传承创新的关键。我们研讨班就是这样合作的成果。

本期研讨班的工作成果，可以归纳为三点。

第一，培养与锤炼了一支得力的非遗保护传承队伍。乡建专家、文化局干部、社区工作者、支部书记、村民委员会主任与非遗传承人本来就优秀，经过25天的集中强化研讨，我们教学相长，每个人都有进步。如平卿村主任，以前写500字都困难，这次在带队老师的辅导下，居然能写到6000字的工作总结。徐薇红学员，她无论是听课还是调研都积极地走在前面，特别认真、特别执着。我们的东角垄叶光跃书记不断地思考非遗创意传承与村落脱贫的路径，还有老夏、邱建平、刘勤英、兰炳花、赵娜、徐征、李孟君、吴莉梅、阙景璐等松阳学员学习调研都特别专注；朱勇局长以他的乡建经验与学习所得，多次表达他对当代非遗传承保护的意见，并与平卿村三委具体探讨如何依托传统文化资源复兴传统村落的当代生活。卓旭英局长、朱林宝局长、施蕾芬教授都发表建设性的研讨意见；叶素珍、周增辉、钟梦迪等非遗干部都认真勤奋学习、调查与思考，他们的收获将直接影响未来非遗的保护传承工作。叶素珍作为班长承担了许多协调工作，值得特别感谢！相信我们这支队伍在未来的非遗社区传承方面将做出积极贡献。

第二，搭起了政府、高校与传承人群三方合作平台；本项目属于文化部、教育部研培计划委托项目，政府提供了保障支持，让高校与传承人群有了沟通交流等平台，研究者与政府管理部门、非遗实践者三方共同协作，让传统文化的当代实践获得良好成绩。

第三，获得了初步理论实践结合的研讨成果。在非遗理论的指导下，四个小组对四个考察对象的深度调研，提出了创造性传承建议方案，如平卿村社祭祈福仪式、叶氏祭祖的文化传承与当代文化转换、玉岩庙会组织的完善、大小竹溪排祭对村民乡土精神的维护等，都有研究报告与合理建议。

我们未来的设想：一是根据本次研讨成果，建立长效追踪推进机制平台；研讨班成员聚是一团火、散是满天星，通过建立信息员的方式，今后长期联系，互相交流，用心温暖，促进非遗保护与传承；二是以课题合作的方式，进行总结研讨；利用政府高校与社会联合协作方式，开展课题研讨，获取非遗中国保护经验，总结提炼节庆仪式保护发展路径；三是坚持一般教学与区域性实践结合的整体合作研讨的工作模式，使研培计划具有针对性与明显成效。

在首都北京，我们共同研讨，在松阳福地，我们携手调查考察，高校教师与非遗社区工作者共同探讨传统文化当代实践的重大课题，过程艰辛而愉悦，成果扎实而喜人。我们为有这样的团队奉献精神自豪，我们为有这样一群热爱自己的民族文化的传承人而骄傲！

最后特别感谢文化部非遗司领导的大力支持，感谢时任松阳县委王峻书记对具体研讨的指导，感谢松阳文化局叶云宽局长、杨建明局长为本次研讨班付出的心血与汗水。感谢给本次调研提供访谈与活动场景的父老乡亲,感谢所有为本次研讨班做出奉献的同志与朋友。没有各位的关注、支持与帮助,我们不可能取得如此的成绩。衷心祝愿我们的非物质文化遗产事业为乡村振兴提供助力,为我们的人民提供切实的物质与精神的滋养。

授课展示

非物质文化遗产保护工作中的几个问题

刘魁立

（2017年9月6日上午）

今天讨论的主题是"学习《非遗法》，谈保护与传承"。当涉及非物质文化遗产保护问题的话题时，在许多情况下，常常有人并不严格地区分"物"与"非物"，也就是混淆物质文化和非物质文化。这不是大家在故意犯错误，实际上这也是人们思维方式的一个特点。我们看东西也好，接触任何事物也好，常常是解构的。所谓解构，就是由于我们对整体的事物很难全面地把握，往往只看到其中某一个部分，在多数情况下是最先看到最容易把握、最表层的那一部分。结构性认识也就是整体性看问题，反倒是需要锻炼、学习和不断地思考。我们常常说一个人处理问题片面，这不单是一个人的问题，而且也是习惯的思维方式问题。大家都知道，在第一批国家级非物质文化遗产代表作名录中有一个项目，大家一直诟病它的表达方式，这就是"凉茶"。评选的时候，非常明白地说，评的是凉茶制作的技艺。说凉茶是非物质文化遗产就说不通。凉茶是物质，怎么是非物质呢？

大家都知道，物一旦成为历史的时候，我们可以把它挪到博物馆去，但是制作物质成果的智慧和技艺只存在于人的头脑中和手上。比如浙江东阳的木雕，雕出来的观音可以被收藏起来，或者可以摆在家里。但请问制作观音的手艺，怎么能拿得出来呢？区别物质与非物质，这是一个根本性的问题。有时候我们会听到所谓"非物质文化遗产博物馆"这样的说法，这是莫名其妙的。前面是非物质，比如传统节日、仪式、耍龙灯、扭秧歌、跑旱船等活动，如果要拿到博物馆去，拿去的只是器具，所以"非遗博物馆"就是一个荒唐的、矛盾的称谓。因为博物馆是对过去遗留下来的许多物品进行收藏、展示和研究的场所，里面都是物质，这与非物质文化遗产博物馆的提法是自相矛盾的。

物的保护在某种意义上，是可以通过存进博物馆这类办法加以实现的。但非物质文化遗产的保护只有靠两个字——传承。这才是非遗得以赓续的特别重要的手段和方式。非物质文化遗产保护工作，如果考察历史的话，实际上中国早已做了非常多的工作。大家都知道，我们过去一直非常关注这个事情，这个关注包括一些文字记录，就像留下照片一样。例如，大家都知道的样式雷的图档。17—18世纪之交以后的200多年间，雷家七代有九位建筑家先后担任清廷"样式坊"的掌案，负责皇家建筑设计以及家具器物的设计，当时送给他们一个称号，"样式雷"。样式雷的图档现存有两万多件，分别收藏在国家图书馆、故宫博物院和中国历史档案馆。宫廷建筑也好，园林建筑也好，其营造方法到现在还被一些老工匠掌握着。上海郊区罗店有一座按照唐代的法式盖的非常了不起的庙——佛光寺，我建议各位有机会去看看。在山西忻州，梁思成和林徽因夫妇曾经在1937年到那里进行过一次考察。当时日本人说，中国没有唐代建筑，你们研究唐代建筑要到日本去，因为日本的有些庙宇完全是按照唐代法式做的。可是梁思成和林徽因居然在山西忻州这个地方找到了。现在还留下了一张他们考察活动的照片，林徽因当时年岁已经不小了，亲自爬梯子到房梁上去看，上面标识的年号是唐代的。

1972年，在联合国教科文组织框架下各国签署了一个《保护世界文化遗产和自然遗产公约》。大家都知道，公约下面设立了几个名册或者叫名录，第一是"文化遗产名录"，中国有相当多的项目列入，过去常常感觉到悲哀，说拆掉的多，但是现在留下来的仍然不少，而如果不好好保护，就太可惜了。现在列入名录的有：长城、故宫、颐和园、周口店北京猿人遗址、天坛、十三陵……这些大家都知道。第二是"自然遗产名录"，例如九寨沟、三江并流等；第三是

"双遗产名录",例如泰山、黄山等。刚才说的文化遗产仅仅是经过人为改造了的自然,或者是添加在自然之上的大体是不可移动文化遗产。第四是"世界文化景观名录",比如庐山、五台山、西湖。第五是"文化路线",例如,我们和其他国家共同申报的丝绸之路。

原来项目说明丝绸之路的起点是长安,就是现在的西安,后来有的国家觉得这样就把自己排除在外了,所以坚持把起点删掉。不管删掉不删掉,起点始终都是在这里,无法更改。后来大家知道还有海上丝绸之路。

大概是 2016 年年末至 2017 年年初的时候,人大常委会有一个委员会,他们要到南方考察海上丝绸之路,那个时候很多部委的人向考察委员们作有关介绍,讲了海上丝绸之路的大体情况,以及为海上丝绸之路究竟做了哪些事情。大家谈过了之后,我就谈了一件事情,我说,大家谈的多半都是物,瓷器、丝绸如何从这里出口,大家都知道,茶叶通常是不从这里走的,因为茶叶怕潮湿,所以通常从陆路走。瓷器走海上,海上丝绸之路运送瓷器特别多,现在发现的许多沉船捞上来的大部分是瓷器。瓷器过去有龙泉瓷,龙泉瓷中青瓷非常多,还有其他几个地方和口岸,都在附近建有窑厂。刚才的发言中没有讲到非物质文化遗产的交流,在丝绸之路上各国各民族的非物质文化遗产相互交流十分重要。我们在这方面的研究和介绍还不够。大家都知道,除了道教是我们土生土长的宗教之外,所有的三大教——佛教、伊斯兰教和基督教都是从海上丝绸之路传播过来的。如果到过澳门,就会知道,所有进入中国的传教士都是先到澳门那里集训,包括利玛窦,学汉语,学中国的礼节,研究怎么和中国人打交道,如何传教等。一些宗教从海上传入,伊斯兰教也是如此。原来最好的清真寺不是在内地,而是在沿海。

1992 年,差不多 20 年之后,在联合国教科文组织的框架下保护各国文化遗产又有一个补充举措。大家觉得,我们只把那些实体性的对象保护起来是不够的,我们还要全面地保护历史的文化传统。那个时候还没有直接想到、没有领悟到需要特别保护非物质文化遗产,当时认为有些物质性的文化遗产存有记录。这种历史文献同样是极为重要的，也应该加以保护，于是就提出了一个"世界记忆计划"。在这个计划底下就有了一个"世界记忆名录"。这个名录里也有很多中国的项目，其中最早的叫传统音乐档案，现在这些录音保存在中国艺术研究院。这个名录里还有《黄帝内经》《本草纲目》等，最后一个就是 2016 年被批准的《南京大屠杀档案》。在《南京大屠杀档案》申请的时候，我们同时还提出了另外一个关于慰安妇的项目，因为遭到日本的强烈反对就没有被通过，但是我们有许多非常确凿的证据。成为世界记忆名录的南京大屠杀，已经成为联合国教科文组织公布的项目和国际性的共识，无可否认。所以这个名录也很重要。

从 1972 年算起经过了 30 年，到 2003 年我们才有了一个《保护非物质文化遗产公约》。在此之前曾经有过一个重要的文件，就是 1989 年 11 月联合国教科文组织于第 25 届大会通过的《保护传统民间文化建议书》。这个建议书虽然主要谈的是保护口头传统，但是已经涉及民间文化的总体。那个时候还不叫非物质文化遗产。该建议书认为各有关国家要对民众或社群的具有重要精神价值的文化遗产给予关注并且拟定切实的保护措施。

这个建议书是芬兰学者航柯教授参与制定的，他在草拟的过程中曾经进行过一次调查，调查的对象就是丝绸之路。航柯约了印度的学者经中国，又经中亚，最后到了欧洲。这个建议书作为联合国教科文组织正式文件发布。在这之后，就有了《保护非物质文化遗产公约》。大家想想看，从保护物质文化遗产到保护非物质文化遗产之间居然花了 30 年的时间，才领悟到非遗保护的必要性和重要性，这是一件很不容易的事情。

在《保护非物质文化遗产公约》的框架下出现了三个名录，一个是"人类非物质文化遗产代表作名录"，我国最早被列入名录的，是昆曲、古琴、新疆维吾尔木卡姆艺术、蒙古族长调民歌以及中医针灸等，最后一个就是 2016 年列入的二十四节气。二十四节气非常了不起，因为它实际上是人与自然相互关系的非常好的建构，是关于自然和宇宙的知识和实践的体现。我们关于时间的认识，总要找一个参照物，才能把时间标志出来。大家都知道，鲁迅先生在他的《故事新编》里讲上古的传说，用幽默的笔法讲时间的长短，常说"烙一张饼的工夫"。过去在农村也常常说"一袋烟的工夫"，等等。总之，时间作为物质的存在形式，用这个物质本身是难以表达的。这个参照物必须满足几个条件：首先，它应该是周而复始的、是循环的；其次，它应该是有规律的、恒定的；最后，它应该是所有的人都能够准确把握的。大家首先看到的是太阳。早上出来，晚上落下，明天还照样出来，这个长度大约是可以计算的，是差不多的，叫一天或者一日，就是一个太阳。所以说我们办这个研讨班，我们要办十日，十个太阳的长度。后来觉得这个不够，太少了，于是我们又发现了另外一个参照物，就是月亮。月亮的运转也是恒定的，月由无到有逐渐变圆，后来又渐次消减，重归月晦。这个时间长度我们称它为一个月，也就是我们看见整个一个月亮的一次行进过程，古人常常用"一阅月"来表达这个时间长度。世界上许多民族的语言也都是用月亮来说明这一时间长度。一月大约为三十日，也就是三十个太阳的长度。我们的历法就是把这两个完全不同的体系放在一起。二十四节气就是以太阳作为参照物划分一年当中不同时段的时间制度。因为我国是一个农业大国，就不能没有太阳历的时间计算方法。但是我们的节日体系又大都是以月亮作为参照物的时间计算方法，即以太阴历来安排的。在我们这个阴阳合历的历法中，二十四节气当然非常重要。所以大家都知道，几乎是所有的代表作申遗成功的时候，都没有像二十四节气列入名录那么让大家欢欣鼓舞。

在《保护非物质文化遗产公约》框架下还有一个"急需保护的非物质文化遗产名录"，我国有些项目例如羌年、活字印刷术、伊玛堪都在此名录中。再有一个就是"优秀实践名册"。我国列入名册的项目是"福建木偶戏后继人才培养计划"。这个计划做得好，计划在逐步落实，工作也比较扎实。我想今后或许会让这个名录里有更多的项目列入，会有更多的经验介绍给世界。2015年末通过一个非常重要的《保护非物质文化遗产伦理原则》，这里面主要讲了两个重要问题：一个是传承人，一个是社区。传承人和社区，是所有非物质文化遗产能否传承下去的最终保障，没有了社区，没有了传承人，就没有了非物质文化遗产的传承。在这个原则下，就是要对他们极为尊重，认真考虑他们的意愿，把他们的意愿放在第一位，以他们的意愿和他们对非物质文化遗产的情感作为重要依据来进行保护工作，这一点也特别重要。

有的时候，社区、群众和其他社群在价值判断上会出现一些矛盾的情况。出现什么矛盾？我举个例子，彝族有一个火把节，它是那么丰富多彩。在申请列入人类非物质文化遗产名录的时候，有的人说火把节里有斗牛的场面，也就是有通过动物的痛苦来获得人的喜悦这样的场面。如果以伦理原则来判断的话，就不是那么回事，当时这个文件还没有出台，所以我们没有依据去反驳他们的意见。彝族同胞是把牛当作自己的朋友对待的。在过年过节的时候，会用一些竞技来表达自己喜悦的心情，他们希望牛也如此，这里面没有任何流血和残害。他们像摆酒席一样给牛吃好的，让牛和人一样欢乐，牛得了奖之后，也要戴大红花，牛本身不受任何伤害。如果从伦理原则的角度，这是彝族的民族习惯，也是他们和动物之间的情感关系的反映。

在讲过国际背景之后，现在来说说《中华人民共和国非物质文化遗产法》（以下简称《非遗法》）。制定这项法律有一个比较长的、相当繁复的准备阶段，前后准备了两三个五年计划，最后才制定了这样一项法律。这项法律的出台具有历史转折的意义，从此保护非物质文化遗产就成为国家的、受法律保护和支持的文化事业，很了不起。

《非遗法》对我国的非物质文化遗产有一个重要的定义，有些时候我们可能没有认真地分析和研究这个定义。比如说，非物质文化遗产首先是指各民族人民世代相传的并视为其文化遗产组成部分的各种传统文化表现形式。这句话，也许我们会一读而过，但是这里面包含了非常丰富的内容。首先这是国家的现实，就是多民族。在非物质文化遗产名录里面，少数民族的非遗比例和汉族所占的比例相当，这是中国国情。再有一个就是世代相传，而且是群体，这是广大民众的，这和个人创造还不一样。世代相传，当然就有历史的传承过程。在评定非物质文化遗产过程中，有的时候我们不便于量化。有的时候我们又不得不量化，至少传承三代才能被承认是非遗。有些人诟病非物质文化遗产是把精华和糟粕相提并论，都纳入保护当中了，但是实际上在定义里，已经明确提到只是精华部分。我们搬家的时候，总不能把一些旧鞋之类的搬走。但有时候我们会带一些看起来很旧但是另外很有意义的物品。在我们家，老母亲用过的饭板儿，到现在我还用着。这个竹子做的饭板儿由浅黄颜色变成古铜色一直用到今天，经岁月的"包浆"，不像原来那么漂亮了，我为什么不换新的呢？就是因为我感到这里浸透了我母亲手上的汗水，这种情感内涵在我看来非常重要。比如，秧歌比起探戈或者其他的舞蹈，像芭蕾舞、霹雳舞，没有那么热闹，步伐和队形也很简单，我们为什么还要跳？因为里面有情感在，有大家的认同感、和谐感、幸福感，所以我们会认为比广场舞等要亲切得多。

  过去常常听到有人举例说，抽大烟也是过去的历史遗产，难道也要保护吗？我觉得这种说法是不合适的。第一，我们并不视其为我们的文化遗产的组成部分；第二，如果非要说是曾经有过的文化现象，那么我会说抽大烟那应该是英国的遗产而不是我们的遗产。为什么这样说呢？过去我们中国的茶，到了欧洲、到了英国，变成贵族的一种享受。我们天天喝茶，并没有像英国那样有所谓"下午茶"一说。在英国曾经有过这样一段历史阶段，喝茶是贵族和富人们的一种特殊的生活享受。中国的茶到了英国就很贵，因为运送的路途很长，所以就很贵了。不像现在的快递，从外国买的东西隔两天就过来了。过去不行，一走走半年一年，喝茶要付银子，大量白银流向中国。付不起了怎么办？想一个办法，到东南亚去种大烟，输出到中国，让中国的白银也流向英国，最后中国人忍无可忍，林则徐在虎门一把火烧掉鸦片，于是英国就以此为借口发动战争侵略中国。抽大烟并不是我们固有的传统，是被别人偷运进来的"文化"，说成我们的遗产，岂不荒唐？

  非物质文化遗产定义本身，如果我们仔细推敲，里面有很丰富的内涵。接下来就是内容，这里面有传统礼仪节庆一项，这是特别重要的，如果说传统技艺、医药和历法在某种意义上还比较简单、容易把握的话，那么节庆和其他民俗现象的丰富性，远远超过其他任何一项，所以这一点有特殊的意义。各位都特别幸运，专门对这一项有非常多的研究和特别的关注。

另外，在《非遗法》里还特别讲到几个原则。一是真实性原则。真的东西常常被假的东西代替之后，我们就真假难辨。二是整体性原则。我们一定要把事物的整体，包括内在本质和外在形态以及周围的环境、所处的时代，放在一起全面审视、综合对待、整体保护。例如各种仪式必然存在于一定人群中和一定的社会历史条件当中，由此便体现出民族性和人群所处时空环境的特殊性。三是所有民俗事象都存在于一定的历史环境中，具有时代特点。时代变化了，前进了，非物质文化遗产也会有相应的变化。非物质文化遗产还可能有其他制约因素，例如行政当局的态度、商界的关注程度、各个时代媒体的褒贬评价都会对非物质文化遗产有这样那样的影响。综上所述，整体性地认识和保护非物质文化遗产在各个不同历史时期的状况是很重要的。四是传承性，在我们的习俗中最重要的、核心的就是历史过程，包括今天和将来，特别是沿着事物本身的内在规律性向前发展的传承过程，这也特别重要。不应该否定和回避非遗随时代的发展而发展演进的特点，应关注和推进非遗项目在今天和将来弘扬和发展，这也是贯彻《非遗法》的题中应有之义。《非遗法》规定非物质文化遗产的保护应当有利于增强中华民族的文化认同，保护工作还应该有利于维护国家统一，有利于促进社会和谐和可持续发展。可持续发展是一个特别重要的出发点和最终目标。

我们大家都知道，现在已经公布了四批非物质文化遗产代表性名录。在非遗保护的过程中，我们积累了许多的经验，建立了一系列行之有效的制度。自提出非遗保护以来的十几年当中，在不同时期还提出了多种实施的措施和方法。

非遗法对传承人保护也有相应的条款。过去联合国教科文组织有一个《建立人类活珍宝国家体系指南》，里面提到最有效的方法还是保护传承人，因为没有传承人就没有非遗。尽管通过工艺品这一物质媒介能够联想到技术，而真正的技术并不是存在于物的本身，而是存在于人的头脑里和手上，而物则是传承人智慧和技艺的成果体现。传承人向相应的组织提出申请,不是为了一己的私利,把不是名录当作广告或者光荣榜,传承人是作为保护传统文化遗产的一个志愿者,把自己的技艺和智慧看成体现在自己身上的历史的遗产、先辈的文化成就。在被公布成为各级代表性传承人,是光荣的。这种志愿者精神和把自己所掌握的技艺视为公产的意识是难能可贵的。传承人的"公产意识"是特别值得发扬和称赞的。《非遗法》对传承人的认定条件和认定程序都有非常明确的规定,对传承人也有明确的要求,他们应该尽自己的义务,《非遗法》也规定了政府对传承人应有的关注和支持。另外还有考核制度。这里我就特别说一下两个关系,过去有人说申报非遗代表作和代表性传承人,县级传承人评完了,然后就省级,然后国家级的。项目也是如此。这里就出现一个问题。我们进入小学,由中学升入大学,然后进入研究生院,四级名录制度也是这样一个过程吗?我曾经几次向领导反映,非遗项目列入不同级别名录,从原则上说其性质是一样的,都是传承人面对民族和国家表示愿意承担保护非遗的义务。县级传承人和国家级传承人都是要百分之百地进行保护工作,不同级别的政府机构都是代表国家来主导保护工作,绝不能说一个县级名录中间的传承人在保护上花的力气是三分之一,列入省级名录的传承人在保护中间付出二分之一的力气,到了国家才百分之百。

在这种情况下,究竟传承人和国家是什么关系?我觉得这是一个契约关系。因为你提出申请,就是自愿承担起相应的保护义务,国家接受你的申请、公布名录,对保护工作整体以及对每一个传承人承担其相应的责任。这个关系就是你提出了保证,国家也提出保证,相互之间建立了一个约定,而这个约定是以申报书和名录的公布作为体现方式的契约关系,这是在法律支持下完成的事情。现在我们不应该没有定期性的履约报告。我们向联合国教科文组织每年都有履约报告,而这件事情非常繁复,不能说假话,我们自己的传承人和项目保护单位也应该如此,向相应的组织,县也好,省也好,国家也好,提出我们自己的履约报告。而上面政府机构是不是完全尽到了自己的责任,也应该及时检查总结。如果把这种关系看成在《非遗法》指导下的契约关系，其意义就不同了，不是列入了名录就万事大吉，我愿意来就来，不愿意来就不来，或者说愿意办就办，不愿意办就不办，这是不合适的。正像"公产意识"一样，这种"契约精神"也是应该得到大力提倡和特别赞扬的。

《非遗法》对传播制度也有相应的规定。就总体而言，非遗的持久赓续，当然主要依赖传承人群体的关爱、保护和代代传承。所有社会成员，我们每一个人，都在这个传承大军当中，发挥着这样那样的作用，扮演着这样那样的角色。你我都是传承人。然而，在非遗传承保护的过程中，传播也有非常重要的作用。

国务院规定每年6月的第二个星期六为我国的"文化遗产日"，这也是传播性质的举措。《非遗法》还规定县级以上人民政府的职责要结合实际情况，采取有效措施，组织非遗的宣传、展示；学校要开展相关的非物质文化遗产教育；新闻媒体要开展非物质文化遗产宣传，普及非遗知识、交流和宣传、展示等的保护义务；公共文化机构、学术研究机构、保护机构、文艺表演团体等要开展非物质文化遗产的整理、研究、学术交流和非物质文化遗产代表性项目的宣传、展示；等等。我觉得，非物质文化遗产的传播不仅仅是传播机构、传播单位的事，而是整个社会和每个人的事。非物质文化遗产的传播不仅仅是信息的翻制、转换和广泛散布，它能够而且应该发挥更重要的功能和作用。

推进非遗的自身发展和推动非遗在文化建设中发挥重要作用，靠的是社会群体的巨大力量。而唤起和动员这种社会群体力量，则要靠传播；传播会丰富广大人群的非遗知识，从而提升群体对非遗的价值评估和深厚情感；传播可以鼓舞现在的传承人群，提升社会对他们的尊重；传播可以为未来广大的传承人群提供后备力量；传播可以促进非遗交流、借鉴，从而推动其发展和推广。我国各种名录的公布，教科文组织的各项名册，除它们本身具有的诸多含义、功能外，也是一种传播方式。把部分人的智慧、技能和活动推广到整体社会，为大家所共享、共爱、共同保护。使某个地域或民族的非遗具有全人类意义，受到整个人类社会的关注和保护。非物质文化遗产自身的传播也是对非遗对象的研究过程、本体分析和价值评估过程。

非物质文化遗产的合理利用问题是大家讨论较多、有时还可能是意见相悖的话题。作为我们生活方式重要组成部分的非物质文化遗产，有时会被当作一种资源让它去创造物质利益，对这个问题我没有研究。有时看到一些现象，使我多少产生一点担心。在我们的生活当中不能没有商品交易，许多非遗的物化产品必然要进入市场。表演类的非遗项目，也是供人观赏的，当然也在"市场"中。但是对节日活动仪式性的活动，就要分析是否可以利用和怎样加以利用。因为利用的不合理往往会改变它的性质，如果现在要把自己的生活方式都当作商品拿出来变现、卖钱，我们的日子就过得不那么有滋味了。这里面常常会出问题，利用当然可以，但是不能这样利用。例如，泼水节是一个节日，但不能天天过，那不是家常便饭，不能拿着水桶、脸盆去泼水，那是胡闹、是恶作剧，不是过节，这样就贬低了节日的神圣性。有些非物质文化遗产项目，例如民间传统工艺向来就是面对市场的，就是通过市场供给大家享用的。我们的节日能够像首饰一样去出卖，那我们自己还过什么节？下面我谈几点自己的感受。

第一，我想谈谈非遗的特征。今天发言一开头我说到看问题的全面和片面，讲了物质和非物质之间的关系。它们彼此相依，不能分开，这没有问题。但是当我们谈论非物质文化遗产保护的问题时，自然要把话语分开，我们只是谈非物质文化遗产，不把物质的体现搅和在里面，所以我们不能把木雕的菩萨说成非遗，我们保护的不是木头雕成的菩萨，而是雕刻的本事，我们保护的是技术而不是木雕的菩萨。如果只是保护那个木雕的菩萨，假定所有的人都不会这套手艺了，非遗没有传承下来，没有了木雕技艺，也就再也不可能有新的木雕菩萨了。

那么物和非物之间有什么区别：一是可以共享，一是不可以共享。非物是可以共享的，物是不能共享的。比如说，古琴只有一把，归了我就不能归你，但是做古琴的方式可以教给你，你可以继续做，它可以成为每一个人共同持有、共同传承、共同发展的一项技艺。这是非物质文化遗产的特点，它是知识类的，是弥散性的，不是唯一的，这点特别重要。所以大家说我现在吃的是非遗，对不起你没吃，你吃的仅仅是物，而且你吃了我吃不到，而烤制的本事你可以学，我也可以学，所有人都可以学，领会非遗的奥妙，这样我们得以传承，而烤鸭是不能共有的，只能归一个人。但是可以同唱一首歌，这就是可共享性。而可共享性很了不起，整个人类靠非物质文化的共享来推动世界文化的发展。什么人都不能说一切文化成果都是某一个特有民族发明和传承的。我们发明了造纸术，我们不仅把纸张出口，我们还把技术传给世界。瓷器也是从中国出去的，后来出去的不只是瓷器，还有烧瓷技术。流传给法国人、日本人，如今他们的高档瓷器做的比中国人不差。如果只靠物质的共享，那人类文明没法推进，技术推广了，全世界都学，这种可共享性太了不起了。而且相互学习相互借鉴也使得人类各民族平等有了依据，不是哪个文化是高级的、哪个文化是低级的，每个民族都对人类文化做出了自己的贡献，有的贡献大一点、多一点，有的小一点、少一点，有的在这个阶段多一些、那个阶段少一些，仅此而已。共享性不应、也不会导致文化的趋同。共享的目的不在于盲目追随他人，从而贬低、否定甚至是抛弃自我，成为他种文化的俘虏，而在于广泛吸纳、借鉴其他民族所创造的人类文化的精华，以丰富和建设自己的民族文化，以增强每个民族文化的生命力和创造力，从而为整个人类的文化发展，做出更巨大的、更辉煌的贡献。

第二，对非物质文化遗产的变异和发展问题的认识。非物质文化时时在变异。说到物质，我们可以这样理解，在人生比较短的时间限度内可以认为它不怎么变。我们发现商代的青铜器，到现在我们还可以说是鼎或者盘，它的变化也可能会查得出来，但是非物质文化遗产则不然，它是时时在变。我们这里有的人会唱歌、有的人会跳舞，你让他把头一次唱的或头一次跳的照样来一遍，两者能一样吗？五岁时候的我是我，六十岁时候的我还是我吗？今天的我还是我吗？都是。我是时时都在变化当中的。非遗永远是在变化中，第一遍唱歌和第二遍不会全然一样。木雕技艺如此，刺绣技艺如此，唐卡绘制技艺如此，烹饪技术也如此，总是在变化之中。这样就出现一个问题，究竟怎么保护呢？怎样做才算真正地保护呢？大家提出应该是保护"原生态"、保护"原汁原味"，这种说法大家习以为常，好像应该如此。其实这样说未必允当。

萧放先生是民俗专家。我们以端午节为例。社会在不断前进，节日当然也是如此。比如说端午节，从最早的辟邪，天人之间的对话，后来逐渐增添了非常多的内容，这些观念属于人文性的观念，反映了人对于自身、对于别人和对于自然环境的特殊诉求，所以端午节就不简单的是人文节日，同时也是人和自然对话的过程，也体现了阴阳学说。端午节大约就是阳气几乎接近极致、阴气开始萌生，阴阳交替，人要渡过这个关口，人要解决如何顺应自然的问题。有一种说法，认为端午节是为纪念屈原而设。过端午，门前要挂艾蒿，人们会喝菖蒲酒，给小孩点朱砂痣。照理说屈原和艾蒿没什么关系，和菖蒲没什么关系，和朱砂也没有什么关系，但是现在端午节有很多这样的活动，最早把它看成人与自然的关系，比如说很多疾病开始萌生，所谓自然界当中的"五毒"开始活跃起来，这个时候我们就采取节日习俗的办法来调节这些关系。于是我们戴五彩线，给孩子点朱砂痣，挂艾蒿，喝菖蒲酒，来解决这些问题。随着社会的不断发展，人们要不断进行生活秩序的维护和重新建构。如何来处理随之而出现的诸多问题？比如，应如何对待自己的民族？应该如何对待自己的国家？应该如何对待社会环境和自然环境？应该如何对待周边的人以及自己？有意思的是，在人与社会不断对话和适应的进程中，端午节随之被赋予了两个重要的观念——"忠"与"孝"。后来出现了另外的传说，比如曹娥和端午的传说，屈原和端午的传说，等等，这些都是关于节日的解释，至于是不是这个时候屈原跳的江，曹娥是不是这会儿把父亲从水里背出来，不一定，有可能是巧合，但就是这样一些传说渐渐地附会在这个节日的观念和活动中了。节日不断变化，出现了所谓忠和孝的观念表达，屈原的传说，忠，曹娥的传说，孝，这些都成为节日的人文内涵。

有些人喜欢使用"原生态"一词，"原生态"这一术语在一些场合的应用，或许有它的合理性。但是，在涉及非物质文化遗产保护议题时，使用这一词语是不恰当的，而且可能造成某种混乱。关于"原生态"，可能有三种理解：（1）原始状态；（2）根据记忆重新建构的某个时段的状态；（3）当下现实存在的自然状态。舍此不会再有其他情况。"原生态"这个术语，常常会使我们在意念中不自觉地消解事物的发展过程，而去追寻事物在某个时间节点上的表现状态。另外，"原生态"从字面上看，会造成一种印象：这里着重言说的是对象的表现形式，而没有特别指出它的核心本质。与通常使用的术语"原生态"不同，我想寻找一个新的词——"基质本真性"，这是一个更侧重历时性的概念，是一个关心事物自身在演进中的同一性的概念。有时间维度才有先后时间里是否保持自身同一的问题。我这里所说的基质本真性，是指一事物仍然是它自身的那种专有属性，是衡量一种事物不是他种事物或者没有蜕变、转化为他种事物的一种规定性尺度。对于非物质文化遗产保护来说，基质本真性是它的真髓，是它的灵魂。灵魂在，则事象在；灵魂变了，则事物也随之变了；灵魂的消亡意味着事象生命的结束。构成本真性的基本要素是该事象的基本性质、基本结构、基本功能、基本形态以及作为主体的个人、社群、族群对该事象的价值评估。

文化与特定人群相联系，具有表征这个人群、锻造和展现这个人群的精神特质的作用；反过来说，文化又代表这个人群，成为这个人群的身份标志。人的变化，社群的变化，时代的变化带动着文化的变化。文化会变化，正是在这一意义上才有文化保护的问题。基质本真性的概念是在承认文化事象在变化的同时，保证文化事象的变化保持在一个同质限度之内。基质本真性的概念并不无视尤其并不反对文化的变化和演进，而是在尊重和遵循文化自身发展的规律以及承认社群自身进行文化调适的正当性的前提下，为了建设明天，而保持特定文化事象的基本的同一性。以我个人的理解，非物质文化遗产保护问题或许可以简单地表述为保持非物质文化遗产的基质本真性的问题。保护，是通过自觉的努力让遗产项目在理想的状态下尽可能保持其原有的属性，最起码的要求是，依照其自身发展的规律，使该项目避免丧失它最基本的属性。因为丧失了最基本的属性，该项目就不再是它自身了。文化的变化是不可避免的，只要变化不失其基质本真性，只要文化事象的基本性质、结构和功能、该事象对人的价值关系，不发生本质改变，就是可以当作正常来看待的。文化的变化和演进，有它自身的规律。在这规律当中，自然也包含着外部影响的因素，非遗是适应时代的推移和现实生活的演进而变化发展的。拒绝对它的弘扬、遏止它的发展是不恰当的，也是不可能的。但是，人为的、违背规律的"催化"，也会损害文化事象的正常生命进程。关注事物的基质本真性正是将保护和发展这样两个似乎对立，但却完全统一的概念，结合在一起，达成辩证的统一。

第三，我想说说关于非物质文化传承人群的问题。既然非物质文化遗产传承的主体是人，那么传承人就非常重要。所以非遗保护的核心任务之一就是对传承人的活动给予格外的保护。虽然过去有尊师的古训，但是很少有对于民间传承人特别的关注和对他们功绩的描述和赞誉，基本上我们看不到。当然，也不是说完全没有关注。南京为了修路，拆了明代城墙的一段墙，当时博物馆副馆长主持这项工作，他告诉我们说拆下来很多砖，有些砖上有字。其中有一块砖是这样写的："招甲席俊翁　甲首方朝张　窑匠卢立　造砖夫广福寺"，造砖的是广福寺的和尚们。这块砖有几个名字在里面，有连带关系的保甲长，另外有烧砖的，即窑匠，他的工作很重要。过去没有温度计全靠看火候，黄色、粉红色、红色各是多少温度，从窑口看。龙窑从开始点火到什么时候停止在窑口进柴，什么时候在第二个窑口送进木柴继续烧，全都由师傅掌握，很了不起。在更早的时候，秦始皇兵马俑，有很多兵俑，在衣摆旁边也刻有工匠的名字，刻这些名字干什么？《吕氏春秋》曾经有一段话，很重要："物勒工名，以考其诚，功有不当，必行其罪。"必须刻上工匠的名字，证明操作的过程是不是尽心尽力，做出来的东西是不是合格。这里说到的是"功"，不单是物，是工作的过程及其成果。是不是认真做了，在成果上记上制作者的名字，考察他的工作过程。如果不行，要蹲监狱，严重的还要被杀头。这段话说明过去对传承人的态度是追责。但是今天对传承人完全不是这样，首先对传承人的非遗保护工作有恭敬之心，他认为这是老祖宗留下的，必须传承下去。其次他在传承的过程中不仅尽心尽力而且要把自己的情感和智慧都放进去，努力做到最好。在前人成就的基础上，再前进一步努力达到最高成就。今天的代表性项目的代表性传承人名录制度和过去已经有很大的不同。把过去不被重视的民间传统的传统人给以正名，让他登堂入室，让他和发明家、和文化巨匠平起平坐。所以在谈到传承人以及代表性传承人名录的时候，我刚才说，我们一定要打破一个通常有的观念，认为名录是一个光荣榜，是一种荣誉，而实际上，这标志着传承人的一种让人钦敬的志向，他要承担起光荣的传承非遗的历史责任。

在改革开放初期，20世纪80年代初，"民研会"，中国民间文艺研究会，即中国民协的前身，曾经做过非常多的口头传统的记录工作，也就是现在已经部分出版了的三套集成的搜集和编辑工作。当时给中宣部打报告，提出八个字：搜集、记录、整理、研究。把过去口头传统留存于当代的作品给予记录，立此存照。当时并没有特别强调我们今天时提到的两个口号：保护与传承。当时谈保护是立足于保护昨天的成果，而今天提出保护与传承就不仅是保护昨天，同时也是保护今天和明天。

"传承"这个概念过去的含义和今天的含义有所不同。过去的工匠，要养家，不能不干，要收徒弟，这就叫传承。这是自然的，为了生计的传承，而这个传承在某种意义上不是今天的有特殊意义的传承。今天提出来的保护和传承是基于文化自觉。我觉得，文化自觉包括两个特别重要的方面：一是传承人对自己所关注和掌握的项目的认识。这个认识包括你对历史传统的把握，也包括对今天现实存在的最高水平的认识，还包括今后你要往哪个方向发展，你对这些应该有相应的理解。这一部分或者可以叫作知识的或者智慧和技艺实体的部分。二是精神的方面。首先应该热爱，满腔热忱的热爱，这样才能建立起文化自觉。说到自觉，当然包括具有强烈的历史责任感，具有社会意识。上述这两个层面，一个可以叫它是知识层面，一个叫它是情感层面。这两个层面都建筑好了，才叫有了文化自觉。而在这个文化自觉基础上才有真正有效的保护行为。传承也会是另外意义的传承，把昨天和今天以及明天联系起来。所以说传承人很了不起，左手拉住历史，右手伸向未来，承担起非常重要的历史责任。这是一个视角，是时间的视角。还有一个空间视角，就是把中国人的传统看作人类的传统，看成整个人类文化的一部分。

从这个意义上说，各位现在所做的工作就是神圣的、光荣的，各位能够参加非物质文化遗产保护和传承、传播的工作是非常幸运的。萧教授和朱教授所做的这个项目是非常有意义的。我敬佩他们对传统文化的深厚情感，深深地祝愿他们主持和领导的这个项目取得圆满成功。

非物质文化遗产保护中的社区参与

安德明

（2017年9月6日下午）

关于社区参与的问题，是非物质文化遗产保护工作当中谈论得越来越多的一个话题。2017年5月，文化部副部长项兆伦（时任）在一个关于非物质文化遗产保护的工作总结里，对这一问题做了尤其突出的强调，让我们进一步看到政府主管部门对社区参与在非遗保护工作当中重要性的重视。

一 社区：非物质文化遗产保护的基石和出发点

事实上，社区参与，是从联合国教科文组织发起非物质文化遗产保护工作以来始终强调的一个核心概念。我们从相关文献里可以有一个大致的了解。例如在作为非遗保护最重要的工作指南和理论与法律依据的《保护非物质文化遗产公约》（2003）中，一共有10次提到社区的概念。在2014年，联合国教科文组织所发行的《实施〈保护非物质文化遗产公约〉》的业务指南当中，这个概念则出现了61次。而在2016年版的《实施〈保护非物质文化遗产公约〉》的业务指南里，社区概念出现多达117次。可以看到，从开始到不断发展的过程当中，对社区概念的强调，处于不断加强的态势，在今天，尤其达到一个空前的状态。

2015年年底，在纳米比亚的首都温得和克举行的联合国教科文组织保护非遗政府间委员会第十届常委会上，通过了一个新的法律文件，这个文件叫作《保护非物质文化遗产伦理原则》（以下简称《伦理原则》）。这个《伦理原则》，一共有12条。在这12条当中，我们看到，只有一条没有提到社区这个概念，在其他各条中社区都处于十分中心的位置。这充分说明，今天我们不断强调的非遗保护伦理原则，其强调的核心以及得以落实的基础，仍然是社区。社区可以说是贯穿非遗保护全过程的一个最为重要、最为基本的概念。

《保护非物质文化遗产伦理原则》的通过，跟许多相关的研究机构、实践者，包括一些重要的群体或社区，他们积极的努力和参与是分不开的。为什么要通过这样一个文件呢？我们说，有了《保护非物质文化遗产公约》（以下简称《公约》），很多工作或问题，以《公约》为指南，似乎完全就可以解决，为什么还要不断出台各种新的补充性文件呢？主要的原因，是由于《保护非物质文化遗产公约》中的许多理念、许多原则，在具体实践过程中，不能够得到彻底完全的贯彻，所以会不断出现新的指导性文件，来弥补各种不足或强化相关理念。

联合国教科文组织在非物质文化遗产保护当中对于社区的强调，包含不同的层面，下面我们对这几个层面做详细介绍。

首先，在非物质文化遗产的认定过程当中，社区处在核心位置。这一点，在《公约》对非遗的定义中就有明确的体现。按照这个定义，非物质文化遗产指的是"被各社区、群体，有时是个人，视为其文化遗产组成部分的各种社会实践。"可以看到，定义中作为非遗主体的"各社区、群体，有时是个人"，构成了一个固定短语，短语所涉及的三个概念——"社区""群体"和"个人"，缺一不可，它们实际是对于同非遗相关的实践者在不同情境下所结成的不同关系或表现出的不同状态的多样性表述，在与非遗相关的一定条件下三者可以相互转换——对这一点，稍后我会做更加具体的解释。这里先说非遗的定义。它强调的是，"社区""群体"或"个人"是不是把所拥有的某种社会实践、观念表述等当成自己的文化遗产组成部分，这是定义某一文化现象是否属于非物质文化遗产的最基本的出发点。非物质性的文化现象有很多，像传统的仪式、技术、技能、知识等都是其中的内容。但是，并不是所有非物质性的文化现象，都能够被定义为非物质文化遗产，关键在于相关文化现象的创造者或传承者，有没有把该现象当成自己文化遗产的组成部分。

这个定义，乍看起来，好像有一点儿循环论证的感觉——什么是非物质文化遗产？非物质文化遗产就是被一群人当成自己文化遗产组成部分的某些具体内容。但事实上，它却是为了强调对文化现象传承主体的重视，也就是说，要以作为传承主体的"社区、群体，有时是个人"的意愿为主来确定相关的非物质文化遗产。社区在非遗认定过程中的重要地位，由此可见一斑。

其次，对于社区重要性的强调，还体现在"社区参与"及"社区事先知情同意"这两个方面。

按照《公约》的要求，《公约》所有的缔约国，在开展非遗保护活动的时候，应该努力确保创造、延续和传承该遗产项目的社区、群体，有时是个人，还是这样一个固定词组"社区、群体，有时是个人"为确保他们最大限度地参与非物质文化遗产保护的工作当中，并且要吸收他们积极参与有关的管理。

从这一点来说，社区参与在我们国家长期以来的非遗保护实践中，体现得并不是那么完美，我们的具体实践跟联合国教科文组织的要求之间还是有一定的距离的。当然，这个距离的存在也有它充分的理由，而不是完全没有道理。后面我会稍微详细地交代这个问题。

我们可以看到，在各地保护非遗的过程当中，政府常常处在主导性的地位。社区或传承人的参与实际上非常少。我曾经见过一些地方举行的相关活动，为了展示某一个传统技能跟一些特定人群有关系，就会把这些人士请到现场来。比如说组织有关剪纸的研讨会，就会请一些剪花娘子来到大型的活动会场，让她们参加活动的全过程，一定程度上显示了对这些人士的重视。但实际上，整个活动怎么举行、怎么展开，跟这些剪花娘子没有任何关系，她们只是作为一个配角。当然，与以往相比，能让那些传承人参与相关的活动，这已经是一种很大的进步。但是，从《公约》的要求来说，这是远远不够的，因为她们仍然是处在边缘的位置，充当着装饰性的角色，至于怎样保护她们的剪纸艺术，在当前的社会语境下她们这种技能传承的境遇到底怎么样，如何针对她们所面临的困难和挑战来制订保护措施，在诸如此类的问题当中，她们是没有发言权的。

一是我们的保护实践中曾经比较突出的现象。当然现在也在陆续改变。二是事先知情同意，这尤其体现在项目申报过程中。这方面的话题，我们曾有过不少讨论，表现出的观念和做法也很不相同。比如，有的地方干部会说：我们现在需要进行本地区生活条件的改造，可是你看村子里这些人还在天天使用传统的火塘。火塘放在屋子中间，既不安全，又不卫生，把屋子熏得黑咕隆咚的。他们要保留火塘的唯一原因，就是因为每年要用它来熏腊肉，除了这个没有任何的价值，那为什么不改呢？我们为什么不改成沼气或别的现代化设施，用新的技术改善居住条件呢？于是，他们会强行让当地人改变传统的生活方式。这是一种态度。

还有一种态度，是一些专家的态度。比如，当住在非常狭窄的老巷子里的年轻人，说我要买车，需要把我居住的环境做一些调整改变，把我的外墙拆掉。这时候有些古建专家就会说，你这样做很糊涂、很荒唐，是对文化遗产的破坏！

以上这两种态度，在实际生活中影响都很大。从中可以看到，那些实际的生活者，或者说生活的实践者，他们的意愿并没有得到任何重视。不管你是想改变还是不想改变，主导权都在主管部门或相关专家手里，后者的意见起到了决定性的作用。

有的时候，家谱、族谱一类的内容，往往是作为传承者内部的秘密知识，不愿意展示给外人。当有些研究者或有些文化干部得知这些内容之后，就会要求对方：你把这个内容拿出来，作为本地的一个非物质文化遗产的项目，向上级申报。这个传承人，也许对此并不是很乐意，因为虽然说申报会带来荣誉，但是也可能会因为不断向外面展示而得罪祖先和神灵，可能会给家族或村子带来灾难。然而，这一类的情况，却在主管机构的强势干预之下被忽视，进而导致了许许多多的新问题。

按照联合国教科文组织的要求，当某一个项目要申报非遗名录的时候，必须要有相关社区成员对申报书的准备和提交所给予的自由自愿的同意，而且，他们应该有充分的时间来做出判断，来决定愿不愿意把自己的这些文化内容加以申报。所以，社区事先知情同意在非遗保护中是非常重要的一个因素。

我再举个例子。2016年我在波兰参加首届中国和中东欧十六国非物质文化遗产保护专家论坛时，有一位捷克学者给我们提供了一个案例，当时听了非常感动。她说在她们当地的一个村子，有一项非常古老的传统习俗。作为非遗方面的研究者和官员，她和同事都觉得把这项习俗作为捷克具有代表性的文化事象，向联合国教科文组织去申报人类非物质文化遗产代表作，成功的可能性很大。于是她就不断去找这个村落的老人，跟他们协商说，希望他们提供相应的资料来帮助村子来申报这个项目。结果她前后一共跑了三趟，最后，那些老人经过商量以后，非常认真地跟她说，谢谢好意，这确实能够提升影响，提升社区的地位，但是，宁静的生活不想受到由于成为非遗项目而带来干扰。于是，这位官员和她的同事们只好放弃了自己的计划，理由是：我们要尊重社区自己的意愿。

这样的做法，是完全符合《公约》精神的，也正是捷克学者之所以会在国际交流过程中自豪地展示这一案例的原因。就是说，假如社区的传承人，他们认为我根本不愿意去申报任何一个层级的非物质文化遗产名目，外来的人，包括研究者和文化官员，无论觉得这个项目多么精彩、多么优秀，都没有资格强迫当地人去进行名录申报。

但事实上，在实际操作过程当中，会出现种种跟这个精神不相符合的现象。所以，在座的各位，要么是文化机构的领导，在非遗保护工作当中参与着重要的实践工作，要么是在亲身进行非遗的传承工作。对于这样一个原则，我们一定要注意贯穿在自己平时的行动当中，把它作为重要的依据来加以理解、加以践行。

强调社区的重要性，还有一点，体现在要让社区受益方面。这些年，大家可能都注意到，非物质文化遗产项目的商业化、旅游化等问题，引起了各界不同的讨论。这方面，学术界的许多意见，都集中在强烈批判这类做法，认为这是完全违背文化传承精神或规律的。经过大家不断的协商争论，目前形成的一个比较一致的意见，就是不能够单纯地把遗产项目的商业化或旅游化视为负面现象来彻底摒弃或排斥，因为一种文化现象，如果要得到持续地传承，必须得有足够的动力，而有的时候，商业化往往是使这种文化得以传承的一个重要因素。

对这一点，我经常会在我们北京师范大学对面的稻香村里有强烈的感受。每逢节庆，在稻香村，都能看到相应的节日食品，中秋节的月饼，端午节的粽子，等等。节日没到，就让人感受到浓郁的气氛。有时候，你本来觉得是一个很平常的日子，到了那里，却会发现相关的宣传，说马上到乞巧节了，欢迎选购巧饼，或者是属于惊蛰，请买惊蛰盘龙糕。他们开发制作了各种各样的产品，包括二十四节气系列食品，无形中让我们对二十四节气有了更深刻、更切身的体会。可见，商业机构，往往是非物质文化遗产或者传统文化传承的重要力量，商业开发实际上会对文化的传承发挥意想不到的作用。那么，需要注意的是什么呢？就是我们对过度的商业或旅游开发带来的危害，要有所警惕、有所预防，这是值得重视的问题。

就社区受益而言，所有的商业活动或者是各种各样的文化产品和文化服务贸易的开发，都应该以使社区、传承人受益为宗旨，而不是为了让外来的力量、外来的商业团体得到经济收益。旅游开发是可以的，但不是为了让作为外来力量的投资方或政府，而是应该让当地的居民成为主要受益者。比如有一个山区，它可能会开发当地传统的乞巧节，把它打造成爱情节之类的文化形式。那么，在这个区域居住的村民，他们长年以来所形成的各种仪式、各种传统实践，都被纳入旅游开发者的旅游产品当中。在这样一个背景下，当地村民应该从这个旅游开发当中获得最主要的收益，而不是让旅游公司说，拿到的这一片地方是我们的，你们只不过是配角，我们适当给你们发一些劳务费就够了。当然，这只是一个理想化的要求，从实际来看，很多地方，包括国内外许许多多的地方，都很难做到这一点。不过，让人欣慰的是，联合国教科文组织非遗保护《公约》的十分伟大之处，就是它能够为整个世界、为国际社会提供一个至关重要的核心理念，涉及文化间的平等以及文化拥有者的平等，它能够让我们所有人在一段时间内，即使知其不可，也要尽量地去追求、去向着那样最美好的一个目标前进。

对社区的强调，还表现在强调"以社区为中心"的原则，这其实是最根本的一个原则。从非遗保护《公约》和它的许多以《公约》为基础衍生出来的新文件当中，我们可以看到，社区始终处在中心的位置。在非遗的认定、非遗清单的制定、保护措施的制定，以及组织相关申报工作等一系列的过程当中，社区始终应该处在主体的位置。

那么，为什么要这样强调呢？原因就在于，我们只有让社区最大限度地参与保护的整个过程当中去，并且在其中发挥主要的作用，非遗保护才能有效地、可持续地开展下去。

联合国教科文组织的一些文件里尤其强调，我们一定要警惕国家或政府力量对于保护工作的过度干预。为什么？因为政府的过度干预，往往会使社区过度地依赖于政府，而很难发挥自己的主体作用，这有点像我们早些年的扶贫。过去，中国的扶贫工作，主要方式是不断地为贫困地区提供大量的资金或物质资助，以改善其面临的具体境况。但是，在这个过程当中，也有许多人逐渐发出这样的疑问：是授之以鱼还是授之以渔？这是完全不同的两个思路。而在"授之以鱼"的同时不断地通过"授之以渔"来调动当地人积极性的做法，成了越来越得到认可的方式。

当我们充分调动起作为非遗主体的传承人的意愿，并且培养他们保护相关文化遗产的能力。在这样的前提之下，非物质文化遗产保护工作，才能够持续有效地开展下去，而不是说像对待小孩子那样，时时刻刻都是扶着他走路，如果那样的话，他永远也长不大。所以，这个地方，我们需要不断提醒作为非物质文化遗产保护过程中处在强势地位的政府和文化管理部门，应该时刻注意尽可能培养当地人和社区的能力，尊重他们的意愿，发挥他们的能力。

总的来说，社区，是在非遗认定、规划和实施保护措施的过程当中的一个关键性主体。这是我们要说的第一个方面的问题。

中国民俗学会从 2014 年年底，在巴黎举行的联合国教科文组织相关会议上，被选举为新设立的非遗保护审查机构的组成单位。非遗保护审查机构，是联合国教科文组织在 2014 年计划设立并于 2015 年正式开始工作的一个机构，由全球范围内跟非物质文化遗产保护相关的 6 个 NGO 组织和 6 名独立学者组成，主要负责评审各个国家向联合国教科文组织申报人类非物质文化遗产代表作、急需保护的非物质文化遗产及紧急援助项目等名录的申请材料。中国民俗学会的任期一共有三年，从 2015 年年初到 2017 年年底，到 2017 年 6—7 月，我们已经完成了全部任务。中国民俗学会获得这样的一个机会以后，组织了一个 10 人团队，我也有幸参与其中。在评审过程中，我们一方面在不断学习，学习联合国教科文组织最基本的文件；另一方面，也在探索和积累各种经验，对于各个国家非遗存续的现状和保护实践也有了更多的了解。

在我们评审的项目里，有这样两类，一类是"代表作名录"，就像二十四节气，属于这个名录；还有一类是"急需保护的非物质文化遗产名录"。这两类项目的申报表，都包括五大项内容。在这些内容当中，第三、第四、第五项，都从不同的角度，要求申报国凸显社区在相应活动中的主体地位。

我们评审时，特别是第一年的时候，遇到了一个非常大的困扰：不少申报书，涉及的内容很吸引人，总体论证也很完备，但就是因为相应条目中没有体现社区应有的地位，而不得不按评审原则被退回。在这方面，我们不少同人都是花了很长时间才说服自己严格遵照这种近乎苛刻的评审要求的。我印象最深的，是中东的两个国家联合申报的一个有关风塔传统的急需保护项目。风塔，就是在高热的沙漠地区的人们发明并长期传承的一种建筑形式。当我看了那个材料，看清楚相关信息之后，真是赞叹不已。它是一种什么样的建筑形式呢？在高热的地带，我们现在是有空调或电扇来帮助解决炎热的问题，但在现代科技发明之前，人们又是怎么应对炎热的呢？风塔就是他们所利用的一种重要手段。它是一种类似巨型烟囱的高塔式建筑，能够以导管式的原理，把高空的冷空气引下来。它的底部可以接到房间里，也可以接到地窖、水塘或水库，这样就可以起到降低温度以及保持水质不受污染的作用。可以说，这是一个十分伟大的创造，申报书对它的论述也很清楚完备。我最初的感觉，就是一定要给它通过。可是，就在有关保护措施的第三项当中，它没有清楚地揭示相关保护措施是否与相关社区和群体的需求有关，更没有说明这些社区和群体是否参与了该措施的制订。结果，我不得不忍痛割爱，给了它"退回"的处理意见。所以，社区参与的要求是不是得到满足，成了评审中几乎可以一票否决的一个重要参考。

这里我们可以简单地看一下两个申报书的第三、第四、第五项内容。

第三项的 a 项，要求提供过去和现在，相关社区、群体或个人，以及缔约国为保护该遗产项目所做的努力。其中首先问的是社区、群体或个人，然后才是相关的国家、政府。

第三项的 b 项，是关于提出的保护措施，尤其强调社区、群体和个人，是如何参与制订所提出的保护措施，在实施过程中他们又将如何参与。这里有一种很有意思的现象，就是随着我们评审工作的不断推进，我发现后来接到的申报书，有越来越多的国家开始注意强调自己在制订保护措施过程中的社区参与，比如有的国家会说，他们近年来以社区为主体，组织了各种各样的研讨会，社区成员在会上提出了各种各样的意见，而且还提出要如何进一步发挥他们的作用等之类的表述，只要在申报书中一出现，有关社区参与的要求，实际上就可以说已经得到满足。所以，其实评审的过程，当然要看相关项目本身，但同时在很大程度上，也是在看文书的书写是否完善、恰当。有时候，就像俗话调侃的那样：做得好不如说得好（或写得好）。当然，这也是由现实条件造成的：作为评审团队的成员，我们不可能到现场去考察，而只能根据申报材料来做出相关的判断。

第四项是关于申报过程的，十分强调申报过程中社区和相关个人、群体的参与和事先知情同意。关于申报中是不是尊重社区的意愿并经其事先知情同意的问题，我们看到，有许多国家为了表示他们申报的项目确实是得到了事先的知情同意，会提供长达数百页的社区成员签名，同时也有相关录像，让一些有代表性的传承人出来说，自己愿意把这一项目推广到世界上去，等等。这些内容就能够帮助评审团队，做出更加恰当的判断。

第五项当中，有一条我们都觉得是非常苛刻的要求，就是在一个国家或该国某一地区非遗名录的制定过程当中，是否有社区、群体或个人的参与。拿二十四节气来说，我们要申报联合国教科文组织的名录，就必须提供相应的证明，说二十四节气已经被列入中国国内某一个层级的非遗名录，同时，还要证明这个名录的制定，是有相应社区和传承主体实实在在的参与。

二 社区的含义

我们不断地说到"社区、群体，有时是个人"这样的一个组合。那么，社区到底是什么呢？我们看到，不管是在《公约》，还是在其他相关的衍生文件里，都没有关于非遗保护过程中的社区的明确定义。不过，近年来，联合国教科文组织有过多次有关非遗保护各种工作坊或培训班，其中对包括社区在内的许多重要概念，也做了充分的讨论。在一次研讨班的相关文件中，对于社区之所以没有被明确定义的原因做了这样的说明："社区很难界定——就像非物质文化遗产一样，相关社区和群体是动态的。社区和群体的概念还可以因不同的政治语境被不同的人以不同的方式来理解……大部分国家具有文化和民族—语言上的多样性，而且各个国家以不同的方式来对待其多样性……有的国家认可土著社区，有的则不然；那些刚刚度过国内问题困境的国家则更希望关注普遍的认同，而不是内部的差异。"就是说一个国家比较强大的时候，可能更愿意说，我们确实存在着多样性和差异性，但是这个差异性又在一个统一的民族国家框架内得到一致的认同。但有些国家，可能刚刚度过了动荡不安的困境而获得统一，那么它一定更愿意说我们是有共同认同的国家，而不是强调内部的差异。在这种政治背景下，要在国际层面做出对于非遗相关社区比较统一的界定，自然困难重重。

当然，按照我们日常生活中的理解，社区还是比较清楚的一个概念，它就是一个固定的地方，以及生活在这个地方的人。比如说北师社区，或者更大范围的北太平庄社区。但是，从非物质文化遗产保护角度来说的社区，却又有另外一个层面上的理解和界定，它实际上指的是直接或间接参与相关非遗项目的施行和传承的人。就此而言，非物质文化遗产保护中的社区，实际上是可以跟"群体"或"有时是个人"相互置换的概念。这三个概念，指的都是非遗主体也即传承人，它们全面概括了传承人在不同的特定语境下所表现出的多样化的具体状态。

社区的英文是 community。community 这个概念，既可以翻译成"社区"，也可以翻译成"共同体"。假如我们从共同体的角度来理解 community 这个概念的话，那么许多原来我们所面对的困扰就会变得少一些，也会更接近联合国教科文组织所提出的有关非遗保护工作中的社区的本意。也就是说，我们可以在很大程度上，把非遗保护中的社区看成一个拥有共同的知识传统和相应的技能的一群人，他们由于拥有这一共同的传统和知识而形成了相互之间的认同。比如说，我是一个古琴的表演者，我住在北京师范大学。你可能也是一个古琴表演者，住在马来西亚。我们俩虽然没有居住在一个共同的地理空间，可是我们在一定程度上有着相同的认同，都属于古琴演奏者这样一个特殊的团体，属于一个共同的社区。这样，我们就不再把社区理解成一个边界明确的特定的地理空间，而是更多地结合"人"的角度，把它理解成具有强烈动态性、多样性的组织形式。

从这个角度再来认识社区，也可以进一步帮助我们对联合国教科文组织之所以强调社区重要性所具有的深层意义，有更进一步的理解。非遗保护的最终目标，实际上在于保护实践和传承相关非遗项目的人，保护这些人对自己文化的自豪感和自主权。以此为前提，也就可以为实践这些年国际社会所倡导的、尤其是以教科文组织为主的大型国际组织所倡导的和平与发展的理念，做出我们实实在在的贡献。

那么，社区、群体和个人之间，究竟有什么区别呢？其实，《公约》中也没有对此做出明确的区分。有人将群体解释为构成一个社区或者跨社区的人们（比如实践者或者传承人），他们对某一特定项目拥有特殊的知识，或者在它的表现和传承中具有特殊的角色。有时，个人具有特殊的角色，比如作为实践者或者管理者；通常他们是一个社区中仅存的人，掌握必备的知识和技艺以实践某一特定的非遗形式。前一阵我听一个学生讲到，他们当地在非遗保护的大背景下，许多原本早就失去生存语境的传统知识，又重新得到恢复，包括钉马掌、箍缸、箍碗这样一些技术，掌握这类技术的人，就会开一个工作坊，或者是研讨班，招一些孩子来参与学习。从这里我们可以看到在一个新的背景之下文化发展所体现出来的纷繁复杂的样态。但是我引用这个例子，主要还是想说明，传承人有的时候可能只是这个社区当中仅有的一两个人，这也就是所谓的"个人"。

三　强调社区重要性对我国非遗保护实践的启示

我们强调社区的重要性，对于我国的非遗保护实践，尤其具有特别重要的意义。前面已经提到，我们的保护实践具有自己的特点。这些特点里，有一些是不得不为之的，也有一些在一定程度上同联合国教科文组织的理念存在着较大的差距。那么，我们把社区理解成传承人来加以强调，以社区为中心，也就是以传承人为中心，从这个角度出发来理解非物质文化遗产，并进一步反思我国非遗保护过程中出现的种种问题，就会有许多新的认识。

第一个问题，是关于前些年我们格外强调的一个概念——原汁原味。就是说保护非物质文化遗产，应该保护它的本真性、它的原汁原味。多年来我在很多地方参加相关活动的时候，经常会遇到一些专家，在指点传承人——有的时候甚至会严厉指责，比如说：你的泥塑上用的颜色，原本只是红、黄、黑这三种，为什么又要用传统之外的奇怪色彩呢？传承人回答说，这是因为现在年轻人喜欢新的变化，所以我做了一些创新。结果这个专家就非常生气，说这个非遗怎么能够随便改呢，必须要让它原汁原味地传承。这一类的主张和做法，前些年非常普遍，它实际上让我们的非遗传承在很大程度上受到了干扰和破坏。

当然，这种思路，也跟联合国教科文组织的非遗保护工作兴起之初较多地参考了物质文化遗产保护的经验有关。联合国教科文组织早在1972年就通过了《保护世界文化和自然遗产公约》，作为全球范围内开展物质文化遗产保护的法律依据，而这方面多年以来的实践，也为后来非物质文化遗产保护工作的推进提供了经验。非遗保护工作，是随着人们对于民俗、民间文化自觉意识的逐渐增加和文化知识产权观念的不断提升而发起的，在很大程度上参照了《保护世界文化和自然遗产公约》及相关执行方案，因此，在理念和策略方面，难免会带有后者的诸多印记，"原汁原味"的要求就是其中之一。

但是，随着非物质文化遗产保护工作的不断推进，特别是2003年非遗保护《公约》出台之后，人们越来越意识到，从物质文化保护的角度来说，当然应该尽可能地保护相关对象的原貌，但非遗是跟人的生活息息相关的一种文化现象，很难要求传承这些文化现象的人原封不动地对它们加以保存和保护。在这方面，学术界尤其进行了大量自觉的反思和批判，为矫正"原汁原味"的保护要求发挥了基础性的作用。其实，稍微想想也会觉得可笑：什么是非遗的原汁原味呢？拿服饰来说，你要让它保持原汁原味，究竟是茹毛饮血时期的树皮是最原汁原味的，还是清朝的长袍马褂再加上一条大辫子是原汁原味的？哪个时期的才是更本真的？

文化实际上是在不断改变、调适的过程中才得到绵延不断的传承的，而所谓原汁原味的要求，在很大程度上是在扼杀非物质文化遗产的生命力。所以我们看到，《保护非物质文化遗产伦理原则》第八条会强调："非物质文化遗产的动态性和活态性应始终受到尊重。本真性和排外性不应构成保护非物质文化遗产的问题和障碍。"动态性和活态性，其实又是跟《公约》所强调的非遗的创造性密切相关的，而所谓的本真性，也就是我们说的原汁原味。这里指出，不要因为强调要保持某种原汁原味的特点，保持它自己特有的群体、社区或民族的特色，而排斥因时代要求发生的改变和调适，不应故步自封、原封不动地去保存某种看似本真的状态。

所以，我们今天在非遗保护过程中，在操作的时候，必须要注意，一方面应该弄清楚一种非遗项目的历史渊源和脉络，另一方面也要充分尊重该项目的传承人对自己文化遗产的理解和再创造，尽可能地不去干预或阻挠传承人的创造性或创新性。

这里我还要赘述两句，非遗保护《伦理原则》的出台，其实是联合国教科组织强调的非遗保护在原有基础上不断打补丁的结果。为什么要打补丁？因为我们的保护工作，出现了种种没有预想到的问题，这些问题里面，就包括对于《公约》精神的背离或误解，所以会有许多新的衍生文件，包括《伦理原则》，它其实就是为了弥补和矫正我们工作当中的失误。但实际上，这一活动最基本的精神，在《公约》当中已经有了明确的规定。

第二个问题，关系到非遗传承和保护的主体。

我们传承和保护非遗的目的，始终应该是传承人，而不是地方经济的发展。目前，包括学术界在内的社会各界，意见更加多元、更加宽容，对于文化资源的商业开发，不像原来那样一提到就嗤之以鼻或大力抨击。在这样的背景下，各地的政府机构、文化主管部门或旅游开发部门，作为当地事务的参与者和实践者，有更大的自由或权力来开发相关的文化遗产。他们如果要借助相关的文化遗产来发展地方经济，在一定程度上也无可厚非。但与此同时，我们更应该注意把保护和传承的重点放在传承人的身上。这正是"伦理原则"第十二条所强调的内容："保护非物质文化遗产是人类的共同利益，因而应通过双边、次区域、区域和国际层面的各方之间的合作而开展；然而，绝不应使社区、群体和个人疏离其自身的非物质文化遗产。"社区、群体和个人疏离其自身的非物质文化遗产，也就是教科文组织一再警告的那种去语境化的开发和利用造成的后果。所谓去语境化，说的是非物质文化遗产被从它原有的生存与传承环境中抽离出来、变成无根的文化现象的做法。

我前一阵参加一个博士论文答辩，看到她的论文里有这样一段话，觉得很有意思，就顺手抄在这里了。她的论文是关于蒙古族传统服饰问题的讨论，在谈到作为非遗项目的蒙古袍的保护问题时，她说："为什么要在酷暑中穿着背心短裤讨论着不穿蒙古袍的牧民是否背离了传统的问题？为什么在空调房里讨论着蒙古包如何原汁原味再现牧区生活？为什么在集约化经济如此发达的情况下讨论游牧经济的可操作性？"这些话，看起来可能比较幼稚，但背后包含的是一种非常严厉的批评，可能也代表了许多人这些年在生活中类似的心声。的确，我们有许多的研究者或专家，或者是主管者、领导者，他们在非遗保护工作中，眼里往往只有遗产而没有人，把目标只放在文化上面，一味地强调所谓的原汁原味，结果使大多数人的利益和权益受到了极大的干扰甚至破坏。

所以我要说，非物质文化遗产不是遗留物，也不是活化石，它是我们现实当中活态传承和使用的生活文化。对这一点，我们必须要有一个清醒的认识。

刚才有几位先生私下跟我交流，希望我就本真性问题再多说几句。他举例子说，有些项目，比如木雕，如果是手工产品，肯定价格会更高，但是如果是用机器做出来的，虽然产品本身的质量几乎一模一样，但是它价格就很低。这个问题到底怎么样理解？

我觉得这是很有意思的一个问题。其实，我们在生活中随处可见类似的情况，许多产品，一旦加上"手工制作"的标签，价格一定会远高于机器产品。这当中的原因，除了经济学方面的因素，比如劳动和劳动时间的差别等，单从文化属性来说，我想还是跟手工制作所具有的独特性密切相关。这种独特性，包含制作者特殊的生活历程与生命体验，是许多消费者十分在意的特点。相比之下，机器做出来的产品，常常被认为是均质的，无差别的。所以，二者之间才会不同。

与本真性相关的另一个问题，就是到底要传承哪些因素。在非遗传承中，可以改动哪些东西，哪些又是不能够改的？这里，我想再次强调的是，我们反对所谓原汁原味的保护的提法，并不是要提倡什么都可以改。反对那种提法，主要是为了批评故步自封的保护思路。这个地方，我们可以结合民俗学多年来积累的理论观点来进一步理解。我们任何的民间文化事象，民间文学作品也好，民俗也好，都有这样的特点：既有传承性又有变异性。传承性就是说它有一个非常核心的元素，保证了某个具体对象之所以能够成为它本身。比如说牛郎织女的传说，必须得有牛郎和织女这两个最核心的人物，还有一个非常重要的助手老牛，以及仙人婚配这一主要母题，这些因素共同构成了传说相对稳定的核心。而就具体的情节来说，助手是一头牛也好，是一只狗也好；牛郎是哥哥也好，还是弟弟也好，这些因素在不同的异文中都可能会有所不同。

就各种手工艺产品来说，它的最核心要素，比如木雕，首先必须得是木制品，同时，其中还有最基本的特定技能和内部知识，这个我可是外行了，必须按照这些知识来操作、来制作，只有符合这些要素的产品，才能说是木雕。这个是不能够改变的。

另外，对于社区、群体和个人的关系问题，我想再多说两句，以免引起大家的误解。我认为，《公约》和相关文件之所以要有这样的区分，主要目的是为了我们具体操作当中的方便，为了让我们在具体保护工作中能够照顾到不同层面的问题。非物质文化遗产保护的主体，就是传承人本身，而传承人又包括"社区、群体，有时是个人"，这样划分，就是要把传承人在每一种情况之下的不同表现形态都涵盖进来。比如说，如果只讲社区，不说个人，可能就会忽略某些专门的非遗项目只在一个特定的社区当中为某一两个特殊的个人所掌握的情况；如果只说群体，不说社区，又可能会引起另一方面的问题。我们把社区理解成一个共同体，这个共同体，举个例子，就像拥有东阳木雕技能的这样一批人，甲可能生活在北美，乙可能生活在日本，丙可能生活在北京的高碑店，尽管天各一方，但是大家有一个共同的认同，也可能会组成一个行业协会，叫国际东阳木雕艺术家协会。那这个协会就是一个 community，一个社区，或者说我们把它翻译成共同体。从这个角度来理解，我们可以对教科文相关文件中之所以有"社区、群体，有时是个人"这样一个比较累赘的表述，对其目的有更深入、更清楚的理解。

前些天，我正好在北大听了一个报告，是一位比利时学者马克·雅各布教授所做的。他是这些年非常活跃的联合国教科文组织非遗保护工作的参与者，也是非遗 NGO 组织论坛的主要倡导者，NGO 组织论坛是联合国教科文组织非遗保护中一个非常重要、也很活跃的活动形式。他在报告中也谈到了社区问题，他说，联合国教科文组织的文件对社区没有做明确的定义，但是欧洲委员会 2005 年《文化遗产社会价值框架公约》对"遗产社区"概念的界定，可以为理解联合国教科文组织框架中的社区提供参照。这个界定，恰好是跟我们前面所谈到的有关社区的认识有相近的地方，那就是从共同体的角度，把它理解成是拥有同样技能和对于这个技能有共同认同的一群人。这样来理解的话，一方面社区可以跨越地域限制，另一方面也可能就是在某个特定地理空间里的一群人。这样，社区的范围就更加广阔。

四 社区的多样性与复杂性

第一，从传承人的角度来理解社区，可以对社区有更深入的分析和认识。首先，当我们把社区理解成传承人时，就应该记住"人人都是传承人"。这是 2013 年成都第四届国际非物质文化遗产节提出的一个重要口号。刚才我们私下里讨论时，也有提到这样一个问题：传承人，不只是掌握特定技能的一群人。这个认识、这个理解非常好！过去，无论是在学术研究领域，还是在非遗保护的实践过程当中，我们都是更多地把主要精力放在掌握特定知识的专门人士身上，比如一位古琴表演者，或一位昆曲演员等，这样的人士受到重点的关注。

前些年，我们国家在非遗保护的思路方面，提出了一条重要意见，就是着重保护传承人。这里所说的传承人，就是指掌握某种技能的专门人才。这当然很重要，但是与此同时，还有一个同样重要的问题，就是一个文化事象的传承，不是只靠特定技术的掌握者就能够完成的。拿京剧来说，我们这些年，不断说要弘扬这一国粹。但是弘扬国粹，一方面当然要培养京剧演员；另一方面，非常重要的，也要培养观众。必须得有懂京剧、懂唱腔并且掌握看戏规矩的一批人，才能够让京剧艺术得到长久的传承。

其次，票友当然也很重要，不过它应该属于演员和观众之间的另一个阶层。你比如说，我们去看戏，听别人叫好，自己也跟着喊，但弄不好就会被人说你这是喝倒彩，因为叫好时必须喊得非常干脆，而不能拖长了声音。就是这样一个简单的行为，也是需要学习和培养的。总之，演员和观众相辅相成，通过二者互相的配合，京剧才能够得到有机的传承。

再次，制作者以木雕为例。木雕项目的传承，当然得有木雕的制作者，但也得有木雕的使用者、消费者。要是让我去做木雕产品，我连一根筷子也雕不出来。但是，我理解他雕出来这些产品，我知道它的用途和含义，不论是一个笔筒，还是一个笔架，或者一个摆件，我应该放在哪个位置，它体现了中国传统中的哪些信仰观念、伦理观念等，我能够结合自己与诸位共同拥有的中国传统知识，正确地认识和使用这些特定的产品。可是，如果把这些产品交给一个对中国文化一无所知的外国人，他可能会闹出很多的笑话来。

随着学术研究和非遗保护实践的不断推进，以往把精力主要放在特殊技能掌握者身上的做法，目前已经得到很大的矫正。无论是演员还是观众，无论是工艺品的生产者还是消费者，大家都是相关文化事象的传承人，这是非常重要的认识。

第二，在承认人人都是传承人的前提下，我们还要进一步看到，在传承群体的内部，或者说在社区内部，每一个成员的角色、每一个人的功能，又是不一样的。就像联合国教科文组织的相关文件所说的，"社区并非是均质的，在一个社区或者群体之内，对于非遗的认同和保护事宜可能会有不同的意见"。这一点，在民俗学以及我们的相邻学科人类学领域，已经有了不少的相关成果，它们认为社区本来就是非均质性的。

我们先来看日本人类学者渡边新雄的观点。这位教授认为，民间知识，有着一种"层级性"或者"动态性"的特征。从对于某一种特定知识的掌握情况来说，民间群体存在着"全知""半知"和"无知"的区别。这就像对于京剧内部的知识而言，京剧演员掌握得非常清楚，属于全知，票友可能是处在半知的状态，而一般的观众，对于演员到底怎样使用道具、怎么唱，可能是处在无知的状态。

在民间叙事研究领域，这些年来，对于口头艺术的表演和传承，对于口头艺术传承和表演的群体，研究者也有类似的观察结果。就是说，在有关某一种神话传统的掌握方面，存在着积极的承载者和消极的承载者这样两种不同的人群。比如说在庙会期间，有一群人特别善于讲述女娲神话，甚至会用各种演唱的形式来表演女娲娘娘当年怎么样兄妹成婚、怎么样创造人类等，他们属于积极的承载者。而另外一批人，并不具备清晰完整地讲述和表演神话具体内容的才能，只是在旁边充当观众的角色。但是，他们时不时地会对讲述者的讲述做出自己的评判。他们属于消极的承载者。他可能会说，你讲得不对，其实他们兄妹当年滚磨成亲时，磨没有合到一起，所以他们根本没有成亲。而讲述人说的内容，则是伏羲女娲兄妹各自从一座山头滚下一个磨盘，结果磨盘相合，二人便遵照天意成亲。两人由此可能会发生进一步的争论，而神话传统正是在这样的互动当中，得到了有效的传承。假如只有那个会讲述或演唱神话的人，他只是天天自娱自乐，自言自语，没有任何听众参与他的讲述，这些神话很快就会消亡，神话讲述的传统也自然就断裂了。

这两种理解，都注意到民间知识或口头传统（均可理解为非物质文化遗产）传承群体的多样性，有助于纠正以往过于强调"文化专家"而忽视大多数普通民众在文化传承中的作用的做法。

但是，它们更多的还是一种有关人们对具体内部知识掌握状况的静态分析，而较少从知识实践和传承的角度来思考。

在前面的讨论中，我不断提到这样一个重要的观点，就是非物质文化遗产是一种活态的知识。对这一点，我自己过去也不是特别清楚。我曾经说，有不少民俗事象，曾经非常重要，也非常有影响，但现在已经消亡了，可是我要把这些内容记录下来，做成影像资料，做成图书资料，这就是非物质文化遗产。但这样可以吗？后来，在同长期参与联合国教科文组织非遗保护工作的韩国科学院院士任敦姬教授交流时，才明确地认识到，非物质文化遗产必须是活着的文化事象，而那些已经消亡了的文化现象，可以作为一种过去的重要传统以资料形式加以保存和保留，但它们不属于联合国教科文组织所说的活态的、鲜活传承的非物质文化遗产。

也就是说，非遗知识在大多时候是一种实践的知识，而不仅仅是提炼出来的、抽象化了的知识，只有结合某项知识的具体实践来分析一个社区中共享该知识的成员结构，才能够对社区成员的传承人属性有更清晰的认识。

我在进行甘肃天水地区求雨仪式的研究时，曾有这样一个发现：就静态而言，人们对某一民俗知识具体内容的掌握，的确存在着量的差异。比如对求雨仪式的具体细节，只有阴阳先生等极少部分的专门人士有全面的了解和掌握。这些专门人士的指导和主持，是仪式活动得以完整、正确进行的重要保证。这些人士，可以称作相关知识的"保存者"或"传播者"。但是，要想真正完成求雨活动，只有阴阳先生念经或读祭文，肯定是不够的，必须还要有村落当中全体成员的共同参与。这些成员，包括大量的男子，他们要参与求雨仪式的主要活动，如抬神像巡游等。也包括女性。按照过去的要求，女子严格禁止参与求雨，因此她们似乎是外在于这个仪式的角色。然而从这个禁忌本身以及女性对于禁忌的遵循，我们又可以看到，她们其实也是作为村落当中的一员，在自觉维护着这个仪式本身的有序进行。从这个角度来说，这些女性成员其实是仪式活动不可或缺的间接参与者。这些参与者，无论是男性还是女性，他们对相关知识的具体内容，或者一无了解，或者只有片段地了解。于是，在这方面，便出现了专门知识的"保存者"或"传播者"同一般参加者的分别，这类似于"全知"和"半知"或"积极承载者"与"消极承载者"的区别。

但是，当这一知识被付诸实践的时候，就不仅需要"保存者"的参与、主持，而且也需要一般人的共同参加。两者的协力合作，是使得一种民间知识得以实施的基础，也是民间知识之所以能够成为作为"民间"的全体社区成员共享知识的保障。因此，无论是"保存者"还是普通参加者，他们实际上都是这种知识的"实践者"或"行动者"。他们之间的差别，只在于对这种传统知识的被抽象化了的具体内容之掌握的多少，而对这一知识的应用领域、性质和功能等，所有的普通参加者同专门人士一样，都有着深刻的理解和自然的认同。而这也是作为"单纯实践者"的普通参加者，一旦受到"作为知识保存者的实践者"的指引便可以十分确当地把这一知识付诸实践的一个重要前提。

从以上角度，我们可以更加清楚地看到社区中的非均质特点。当然这只是我自己的一种分析和判断，也许各位同人在非遗保护的实践和研究过程中，会有更多的发现。但是不管怎么样，认识到社区的非均质性，将会使得我们一方面把社区内部的成员都看作文化本身的传承者，并予以一视同仁地对待和理解；另一方面，也会使我们避免制订简单化、理想化的保护措施。在这个前提下，将会使保护工作的主要参与者，能够更好地通过充分协商、充分交流的方式，制订和采取以保障更广大社区成员的意愿为宗旨的保护措施。

五　社区与政府力量的协调

最后一个问题，是社区和政府力量之间的协调问题。这个问题之所以重要，就是因为我们在许许多多的实践当中，不管是国内的许多地方，还是国外不少国家提交的申报书当中，都可以看到，政府力量往往在非物质文化遗产保护的实践过程中处于主导性的地位。而与此形成对照的，是教科文组织的各种文件，始终都在强调对于政府力量主导性的警惕或规避。

其实从我们前面介绍的《非物质文化遗产保护伦理原则》，大家可以看到，它不断强调"社区、群体，有时是个人"的重要性，主要还是由于大家在多年的保护实践中越来越强烈地感受到政府力量主导地位的不可避免，它实在是太强大了，所以才会出台这样一个补充性的文件，对社区的重要性做进一步的强调。

可是从具体的实践来看，要解决这个问题，还有很漫长的道路要走。

当然，对政府力量过于强势的现象，我们也不能简单地予以批判和否定，说它就是背离了保护非遗《公约》的精神。我想单纯的指责可能也不会起到任何作用。假如我们从同情之理解的角度来看待这问题，就会发现，这种现象的出现是有一定的现实基础的。

首先，可能需要政府力量唤起民众对其所拥有的非物质文化遗产的重视。这也是一个矛盾。因为按照《公约》精神，非物质文化遗产的拥有者对于自己文化的价值，应该有一种自主和自觉，不需要外来力量的引导和宣传。但事实上，在很多情况下，问题又不是那么简单。以中国为例，由于精英文化对下层文化长期强势的压制，很长时间以来，我们都存在着阳春白雪与下里巴人之分，许多属于"非遗"范畴的文化项目，都处在下里巴人的位置。五四时期，由于一批先觉的知识分子的努力，大量优秀的民间文化的价值和意义，才得到发掘、提炼和宣扬，也正是在这样的背景下，我们才兴起了民俗学这门学问。

其实，在这门学问刚刚开始的时候，也遇到了很多问题。比如，那些有先见之明的教授和大学生，会兴致勃勃地赞美民间大量的伟大创造。像"黄狗黄狗你看家，我在后院摘红花。一朵红花没摘下，媒人双双到我家"一类的民歌，诗人们会说，这是多么优美的诗歌，我们文人根本是创作不出这么清新美丽的作品的。于是，他们会"到民间去"，对民众说：太好了，你们的民歌如此优美，给我唱两首，我要把它记录下来，加以整理和弘扬。但是，这种浪漫的热情，起初还是遭到了很多的冷遇。有学者谈到，自己到乡村采录民歌时，问男子，男子会说：这是在侮辱我吗？我这么堂堂正正的人，怎么会唱那些不入流的东西？问女子，女子却总是羞羞答答，显得难以启齿。去问自己的亲戚，亲戚说你是疯了吧，怎么会问这些东西！可见，由于上层文化或精英文化同民间文化之间长期的不平等，人们对于民间的很多内容，在观念上存在很多的偏差理解。要对这种理解进行纠正或改变，自然要花很大的力量。

所以我们才看到，在2004年、2005年前后，很多报纸会发表这样标题的报道：你拥有绝活吗？拿出来吧，这都是非物质文化遗产。这类有很强鼓动性的文字，对于改变人们的观念起到了极大的作用。许多文化现象，特别是跟民间信仰相关的诸多内容，在很长时期，由于主流意识形态中极"左"思潮的影响，往往被看成迷信、糟粕，要予以取缔和打击。那么,在新的语境下,如果竟然告诉大家:来吧,那些庙会,那些师公的表演,什么上刀山、下火海,这些其实都是非物质文化遗产,把它拿出来申报吧。相关的人士还是会有很多的顾虑。我还记得,我自己早年为了写博士论文去调查农事禳灾仪式,那是20世纪90年代中后期,找到一位阴阳先生,说要做录音做采访。那位阴阳先生当时非常紧张,说:坏了,可能要整我们,上面派人来了!我说,我就是一个学生,为了写论文来做调查。但他还是半信半疑。后来论文通过答辩以后,出版社也不敢出,说是迷信,要我做这样那样的修改。那些一般的修改,我都接受了,但他们最后说你这还不行,必须要批判封建迷信,这样我们才能够给你出。我说那就算了吧,要真是这样给我出了,我这一辈子也别在这个行当里混了!后来过了好几年,才在另一个出版社出了。

在这种情形下,不管是政府机构也好,还是学术界也好,可能是需要有一个正面的引导。就像报纸上说的,拿出你的绝活,来申报非物质文化遗产吧!只有通过这种方式,才能够逐渐改变因社会偏见形成的压力,以及人们犹疑不定的心态。

其次,有些社区或群体的传承人对自己文化传统可能会存在不同的理解。有时在社区内部的"文化专家"与一般实践者之间,就具体文化项目甚至会出现截然不同的看法和处理态度。在这样的背景下,究竟以哪一种声音为主来开展相关工作,又是一个很大的矛盾。这时候,来自联合国教科文组织的政策和理念,客观上往往会发挥干预作用,为社区内部某种声音占据主导地位,产生支持和引导的效果。

最后,不同国家因政治文化传统与社会历史的不同。对于大规模社会动员及社会运动中官方与民间所应该担当的角色,以及两者的关系有不同的理解和定位,这样的理解在很长一段时间还将对人们相应的观念和行动发挥影响。

前些日子在日本参加一个会议的时候,见到联合国教科文组织非遗保护《公约》秘书处的负责人 Tim Curtis,跟他聊到非遗保护的策略问题。我说,不管是自上而下的保护,还是自下而上的保护,都有一定的道理。联合国教科文组织当然要求是自下而上即社区自觉基础上的保护，但很多国家，却都是自上而下的措施，都是政府作为。Tim说，中、日、韩的做法，都是自上而下的保护，日本的情况尤其突出。让人印象深刻的反而是非洲，他们的做法特别接近联合国教科文组织的要求，全是自下而上的保护。我听了觉得很奇怪，我说他们条件那么落后，会这样吗？他说，因为非洲长期以来都是存在大量不同的部落，每个部落、每个国家都有大量的酋长存在。跟萧老师去埃塞俄比亚时，看到了许多的部落酋长，他们拿着权杖来参加政府间委员会的常会。大家还开玩笑说，埃塞俄比亚申报的项目，如果不通过，这些酋长都会拿棍子来砸大会主席。多样化的地方自治或者地方自主权的存在，使得非洲诸国反而容易采取自下而上的保护措施。而日本、韩国、中国，由于长期以来的文化传统，往往都是由中央政府主导一个大规模的社会运动。他说这些年，韩国有了很大的改变，但是日本坚决不同意自下而上的做法。可见，国家力量的主导是非常重要的。总之，由于各个国家不同的历史社会状况，使教科文组织的理念和各国的具体实践之间会有很多差距，甚至是矛盾。

那么从这个角度来说，要想真正实现非遗保护中的社区引领、社区主导，大概是一个不可能完成的任务。但是，还是那句话：知其不可而为之。联合国教科文组织非遗保护的理念，实际上促使每一个参与方、每一个缔约国，都朝着一个伟大的目标迈进。虽然我们会有千差万别的具体的实践方案，但是遵循《公约》精神，在保护过程中充分尊重社区意愿和社区权益，始终是共同的努力方向。通过不断强调社区在各个环节的参与和知情权，通过《保护非物质文化遗产公约》这一法规文件，联合国教科文组织以一种强制性的方式，不断提醒、不断强化着所有缔约国重视社区、重视底层传承人的意识。这样的策略，最终必然会导致一种质的变化。这就是为什么许多国家，虽然说在具体的实践当中，社区参与并没有做得那么好，但是我们看到，每个国家的申报书中，都在逐渐地强化社区参与方面的相关内容。而从中国的情况来看，这些年在大家不断的努力和推进下，我们也在不断改变，社区的意愿，社区的主体地位，得到了越来越多的强调。

当然，我们也可以参照民俗学领域这些年来的一些理论成果，在这些方面做出新的探讨。比如说以一种文化对话的方式来调整社区和学术界、社区和政府部门之间的关系，实际上是一种可行的方法。这个具体的内容，属于学科内部的一种讨论，涉及美国民俗学界一个重要的领域——公共民俗学。这个领域的学者主要的工作，就是利用民俗学所积累的各种知识、理论和方法，帮助社区，帮助相关的传承人，来更好地传承他们的文化，提升他们的生活。

在非遗保护中，假如我们的相关部门、相关机构、相关社区，能够以一种对话的姿态来参与相关工作，就能够在一定程度上克服那种强势干预的立场，指着传承人说三道四的态度，也会有一定的改变。

最后必然会导致一种质变，这种质变，就是通过非物质文化遗产的保护，通过保护那些相对来说处在底层的诸多非遗传承人并使其地位得到提升，最终实现人的全面发展——这其实是马克思的主张，就中国来说，它也是我们共产党带领当下的中国社会奋斗的目标。

中国传统节日文化的起源、体系及其现代价值

萧 放

一 传统节日的起源

中国传统文化历史很长，可能有5000年，前面可能有很长一段口传的时代，有文字以来至少有3000年历史，我们的节日也存在了至少3000年。我们先讲传统节日的起源。为什么我们需要节日？节日其实就是人为的时间划分，先秦的日书，每一天都有不同的性质，12天一循环，如"成、收、开、闭"等，如果是"收"日可以收账，闭日就可以挖池塘，如果是开日，动物跑掉抓不回来的，所以说每一天都有不同性质。后来，我们把一年四季划分出不同的节日。节日是生活之"节"，生活时间的节是比较牢固的，就如同竹子的节，既是比较坚硬的部分，又是承上启下的部分。所以说节日具有非常丰富的文化内涵，为什么选择这个节点上，做什么事情，都和当时的观念有关。所以，从起源上讲，就是当时人们生活的一种需要。

我们古人在生产生活的过程中，认为我们生活的顺利不是自然而然的，是由"天"这一神秘的力量支配着。天是有时间性的，天会有春生、夏长、秋收、冬藏。所以我们会选择节令上转变的时间确定为节日，在这个时间，我们必须有一个仪式性的表示。所以最早的节日仪式，不是一般性的仪式，而是一种祭祀性质的仪式。祭祀的时候会有特定节令物产进行献祭。上古时期，可能只有春秋两个季节仪式，后来发展到春分、夏至、秋分、冬至四个，后来再加上立春、立夏、立秋、立冬，共八个祭祀时间点，就是所谓"四时八节"。中国

最早只有节气而无节日，早期节日形成应在夏商时期，完整的节日体系形成应在汉魏之后。所以说节日，是人类适应自然时季变化和传统社会节奏所创制的一种人文时间。如果是单纯按照自然时间来说的话，那是节气。节日是适应人的生活节奏的。岁时节日是年度周期随季节变化形成的时间节点，它自然性比较强。所以中国的节日与西方相比，更注重自然性，更注重农业生产活动性的价值。我们的节日一定是与农业生产相契合的，我们一般会选择农事生产的间歇的时间来过节。

二 汉魏时期中国传统节日体系的形成

我们现在所讲，一年有三大节、四大节、五大节、八大节甚至十几个节。这些节日体系在汉魏时期已经形成了。那么汉魏时期为什么能够形成节日体系，它与当时的文化交融是十分相关的。汉朝是统一的社会，把儒家的思想作为标准意识形态，最为关键的是有一套完整的历法体系。如果没有完整的历法体系，节日不固定，那么这个节日无法在特定时间形成特定的节日内涵。自从汉武帝确立国家疆域、制度与主流文化之后，形成了一套完整的制度模式。汉武帝颁布太初历，从太初元年（前104）将夏朝的岁首正月初一作为新年的开端，替代了此前延续秦朝岁首的十月初一，从此以正月为岁首的历法体系得以确定。后来两千多年基本没有变，这样节日时间就固定下来了。所以说岁首时间的确定是节日体系形成的保障。

我们还需要看到的是汉代的儒家思想和阴阳五行思想的生活化。一是儒家思想的生活化，就是不仅仅是孔孟在讨论儒家思想，而是这一思想要渗透到下层的乡村和社区。从考古发现来看，汉代已经把这种教化的思想深入乡村，儒家思想并不是只在上面。以前说皇权不下县，现在儒家思想通过宗族传到每一个成员中，我们在家训中能够体会到。二是阴阳五行对日常生活的全面渗入。阴阳五行在战国时期只是一个思想流派，在汉代通过董仲舒的天人感应，变为一个对生活理解的思维方式，他们从阴阳五行的角度来理解世界的变化。我们今天看岁时节日，吃什么、穿什么都与阴阳五行观念有关系。所以说研究民俗要懂得阴阳五行，研究节日要了解阴阳五行，才知道节日为什么要这么设置，为什么节日要吃这种东西。我们之所以叫汉族、汉文化，就和汉代文化体系的确立有关系，我们的节日体系也建立在这个时期，这在汉代画像石上我们可以看到。

在先秦时代有一些节日雏形出现，但是并未成为体系。汉魏时期传统节日体系形成，其标志归纳起来有三。

一是有固定的节日名称、节日时间和节日习俗传统。也就是说一年四季的主要节日名称、时间点以及对应的节日习俗传统。从南朝梁宗懔所著《荆楚岁时记》中我们可以看到汉魏六朝时期，有非常稳定的节日体系。已经出现了正旦，也就是正月初一，之前都是不固定的，自从汉代初一固定了，正月十五才能固定下来，新年第一个月圆之夜就有了特殊意义。还有社日，有春社和秋社。汉代有社的制度，我在浙江松阳平卿看到这里保留的古代社祭分肉的习俗。

正旦，也就是正月初一，在这一天皇帝要和他的大臣一起过年，大臣向皇帝表忠心，皇帝要赏赐大臣，这是古代的君臣之义。也就是一年一次的政治伦理关系的确认。汉代岁首习俗中有一项就是祖先祭祀。在松阳还保存得比较完整，如平卿的祠堂平时是大门紧闭，到正月初一会打开。汉代对祖先的祭祀是很重视的，所以在祭祀之前要斋戒。我们现在过年要扫除，三十之前要洗澡，也是一种净化的仪式。在新旧时间的交替中，我们要度过正月初一这个时间关口的时候，要守岁，其目的就是要迎接神明的降临。在我们传统的节日里对祖先有特殊的表达，表达形式就是酒。上古时期没有酒，那就用水来祭祀。不同的时期喝的酒也不一样。汉代的时候用椒柏酒，就是花椒和柏叶泡的酒，花椒的气味特殊、柏树的寿命长，与汉代道教养生传统有关，"称觞举寿，欣欣如也。"我们拿着酒杯向老人敬酒，祝他们长寿。《诗经·豳风·七月》中："称彼兕觥，万寿无疆。"这一传统直到今天仍然存在。到了唐朝就变成了屠苏酒。不管屠苏酒的传说是孙思邈的药酒还是驱鬼的酒，其出现的背景和唐朝出现过的一次大的瘟疫都有直接关系。人们为了驱除瘟疫，过年的时候把药草放在水井里面，用水井的水来做酒。我们现在已经没有了，但是我去日本的时候，朋友送了我屠苏散和清酒，在日本的神社里还有把屠苏散放在清酒里面作为供奉的食品。岁首另一节俗就是拜会宗亲乡党，也就是我们现在说的拜年。所以说我们现在的年节传统是从汉朝开始的。

上巳，在《兰亭集序》中就是写的上巳，当然绍兴离松阳也不远。古代的三月三，少数民俗的三月三都是男女的歌会。上巳在古代是一个具有特别信仰的节日，这是驱邪续命的时间。《诗经》中有上巳，在溱、洧两水之上，招魂续魂，手里拿着兰草。所以古人对于植物的崇拜是十分明显的。人们以特殊植物的香味来驱邪。包括我们在祭祀的时候也会用花椒、柏叶等东西，古人认为这些有特殊气味的东西具有通神的功效。在庙里烧香，也和这一信仰有关系。其实这些植物具有杀菌的作用，所以有疫病的时候，古人插艾在门口用来驱邪，这个"邪"就是疾病，也就是今天所说的具有传染性的病菌。古代人认为，人的灵魂、生命不是始终如一的，需要不断更新，三月三这天，剪好小纸人，把它们放入水中漂走，象征自身肉体的更换，这是一种模拟巫术，代表精神的更新。正如正月初一"万象更新"，除了在自然时间上的代换，更多的代表着精神的更新，以期待有个新的精神、新的姿态、新的生活。古代中国人在很长时间里物质是匮乏的，吃不饱饭，但中国人为什么还能顽强地延续呢？就是有节日给他周期性动力的补充与精神的更新，使其总是抱有希望。这是中国人的内在的精神动力。

寒食节在汉代还是很流行的，因为天气寒冷吃寒食对身体有伤害，当时政府就要禁止寒食。传说寒食是为纪念介子推，当地官员通过祭祀介子推，希望他体谅民情，让百姓不要过寒食节，但是老百姓并没有改变。曹操也曾经有过禁寒食的措施。唐朝政府提倡寒食，处分不寒食的人。到宋朝的时候，寒食逐渐消失了，它被清明取代。其实清明原本是节气，以前的节日只有寒食，把寒食节俗移到了清明，清明就成了节日。寒食的时候虽然禁火，但还是有很多好吃的。比如，做馓子、煮鸡蛋、烹制冷粥之类的。所以有一句话叫"懒妇思正月，馋妇思寒食"。就是说懒惰的妇人喜欢正月，不用干活，喜欢吃的妇人喜欢寒食，有很多好吃的。虽然人们说寒食是为了祭奠山西绵山的介子推，但事实上寒食起源的时间要早于介子推。绵山里面是光秃秃的，据说是烧掉的。介子推之所以被推崇，其实和他个人的事迹有关系。介子推是一个忠的代表，晋文公饿的时候，介子推把腿上的肉砍下来给他吃。晋文公即位以后赏赐群臣，但是独独忘记赏赐介子推，介子推就躲进山里，晋文公为了让他出来就放火烧山，结果把介子推和他的母亲一起烧死了。晋文公为了纪念介子推，把山上的木头做成木屐，这是"足下"一词的来历。

汉朝还有伏日，我们今天有三伏天的说法，但在汉朝叫伏日。为什么叫伏日，是因为夏天和秋天在交替的时候，阴阳二气不调会导致人的身体不适，为了防暑，就安排了休息的假期。汉武帝时有个大臣叫东方朔，他是相声的祖师爷，在伏日那一天，皇帝要给大臣赐肉，东方朔上朝之后，发现负责赐肉的人还没来，于是自己拿出佩剑割下一块，直接回了家。他说："伏日万鬼行，当早回家。"意思就是伏日这一天鬼太多了，我要早点回家，所以说这一天也是一个禁忌的日子。

九月九也是汉朝形成的重要的节日，大家知道重阳节现在被定位为老人节。九月九这个数字，阳数之极，大家看，一月一、三月三、五月五、七月七、九月九都被选为节日，这是与数字的信仰有关。这些数字其实都是极数，这些数字都是两个阳数重合，因为我们讲阴阳互补，所以说两个阳数就是不好的，我们的节日最早就是很难过的日子，后来人们的生产生活能力提高之后，我们才逐渐把它当作庆祝的日子。汉代之所以有这样的节日出现，是因为在汉代已经出现了向庆祝的转变。九月九最早的时候，人们要登高，不是为了祈福，是为了避祸。人们要离开自己日常住的地方，所以有个传说，汝南的道士告诉人说，九月九这一天必须要走，结果这一家人出门回来发现家里的牲畜都死了，后来就传说登高可以避祸。现在中国逐渐进入老龄化社会，重阳节里面祈求生命的长久，九九重阳节也成为老人节。我们可以在重阳节开展活动，关心老人就是关心自己，文化建设不是为了他人，是为自己。

再有一个节日就是冬至，汉代的冬至是很重要的。冬至在古代被当作岁首。我们从历法的角度看，这是真正的岁首，因为太阳直射在南回归线，要向北回归，冬至之后白天渐长。冬至里有很多节俗，后来才变成正月初一，冬至叫天正，正月初一叫"王岁首"。冬至有祭祖的节俗，现在广西、浙江、江苏都保留着冬至祭祖的习俗，但北方已经没有了。除了祭祖之外，还要给老人送新鞋新袜子，就是让老人在新年身体健康，能够走得更好。

二是形成了相互关联的节日系统。节日体系必须要有内在的联系。它的节气节俗是对应关联的，我们从一年四季的节日来看有一个完整性。上半年和下半年是对应的，阴和阳是互补的。上半年是阳性的节日，下半年是阴性的节日。所以上半年的节日和助阳有关系，下半年的与扶阴有关。所以节俗里面都是这样，所以七月十五广西吃鸭子，鸭子是阴性的东西，所以要吃鸭子。节日的内在结构有一个阴阳对应的关系，而且分布比较均匀。春天和秋天的节日就比较密集，夏天和冬天的节日就比较少，这与我们的生活节奏有关。我们看正月十五要对七月十五，花朝要对中秋，三月三对九月九，夏至对冬至，上、下半年是对应关系。我们在考虑节日传承上，要考虑中国传统的阴阳观念，这涉及中国古代农业文明的状态。松阳可以发展我们的优势，农业文明的建设非常好，宁静又有幸福感，不夸张浮躁。但我们不是为了给人看，我们是在过自己的生活，同时客观上又产生效益，这个很难，但是需要认真琢磨、有效建设。

三是传统岁时类别基本具备。后代的节日习俗都是以此为基本构架的扩充和发展。汉魏时期节日的基本性质和传统已经基本确定，后代变化的变化是根据时代的变化进行添加和修改的。刘魁立老师讲的基质的本真性，是讲根本的东西，是不会变的，如果这个东西变了，就说明你的文化变了。比如我们把所有传统的东西都丢掉之后，我们用汉堡包、麦当劳这种西方的文化来代替来中餐，那么我们就丢掉了我们的特质。文化的内核一定要坚持，我们在汉代，这个内核就已经形成了。所有的节日都和祭祀有关系，都和信仰有关系，其实每个节日都有它的吸引力。我们说今天的节日没有味道，或者传统节日味道淡了，就是不了解节日的功能与意义，把节日当成一个假日了。节日实际上是情感、精神与社会关怀的表达，是身心的调整，是要发挥它的身体和精神双重调整作用的，这样才有意义。以前的休息和祭祀都是有关系的，时间是在祭献中产生的，而再次中断的时间恰恰也是祭献活动，时间从开始到终点的过程，节日就是中间的切点，把时间变成有机的段落。今天要传承传统节日就必须有信仰内涵，当然可以发展出新的东西，但是核心的对家庭祖先的信仰不能改变。有的人说中国人不信教，中国人怎么不信呢，祖先就是我们的信仰，尊敬祖先就是中国基层社会文化传承最根本性的东西。我们常说中华文化上下五千年，五千年的文化谁传？上层社会不断地改朝换代、不断地毁坏、不断地重建，重建的基础在哪里？在人，人是从哪里来的？人是传统社会最基础的家族培养的。家族不存在，与此相关的文化就失去依傍。在今天的建设中，应该更好地正视这样的问题，习总书记提倡家风、家训对人的教化与培育，这也是符合党中央精神的。所以我们做松阳叶氏祭祖时提出不要有禁忌，不要觉得是一个宗族性的东西，其实它表示了我们对历史的尊重，对先人的感恩，也是一个对海外华人的凝聚，非常有意义。我们应当坦然地面对有人的质疑，我们要有自信，要敢于去做。

三 隋唐宋元明清中国传统节日体系的扩充和变化

汉魏时期是传统节日体系奠定时期，后代随着环境生活的变化，节日体系有一些调整。节日性质也发生了重要变化，就是在汉魏时期节日的主要方向是天人的协调问题，节日中有着较多的神圣性观念。但是到隋唐以后，随着城市的发展，世俗生活的兴起，节日里面的信仰的成分消退，人们更加重视世俗生活方面的内容。以前节日是禁忌的时间，今天已演变成一个庆祝性、欢乐性的节日。

比如元宵节，元宵节在汉魏时期很受重视，是一个祭祀蚕神的日子，南方地区养蚕。《荆楚岁时记》记载了如何祭祀蚕神。那么到隋唐时期，它变成了什么呢？它变成了一个狂欢节。《隋书·柳彧传》载："每以正月望夜，充街塞陌，聚戏朋游。"它讲的是那个时代元宵节已经是非常热闹的，跟平常的秩序完全不一样，女人戴着假面，男人穿着女人的衣服。元宵节成为男女欢会的时间。

宋明时期人文宗教性节日显著增加。一方面说传统的巫教信仰在消退，但是人文宗教信仰进来，所以我们看到在传统节日里有不少宗教性的内容。比如说道教的节日，我们看到一个最典型的节日就是七月十五。七月十五是道教、佛教、儒家、民俗都在共同利用的日子。七月十五的核心就是对祖先的亡灵的纪念和祭祀。隋唐以后，不管是佛教、道教，都力图将它们的思想意识形态渗透到我们的生活之中，形成了很多的庙会与节日，成为我们传统时间生活的重要部分。比如五月十三是道教的一个节日，四月初八浴佛节是佛教的。

四 节日传统内涵的构成分析

节日传统有三大层面和五大要素。

这三大层面中，第一个是节日物质生活传统。节日是一个社会性的活动，但这个社会活动要由必需物来体现。物有很多种，如我们祭祀的时候要使用的一个容器或者物品和东西。节日里最鲜明的物质生活标志应该就是饮食。我们每个节都有一种饮食。中国人长期物质匮乏，所以对节日的美食是非常看重的。节日食物馈赠具有特别情感表达与社会联系的功能，节令食品实际上还承载着特定的时令观念，立春，以韭菜、鸡蛋来祭祀神灵。在新的阳气发生的时候，韭菜、鸡蛋也是助阳的，符合阴阳观念，所以在这种时候要吃鸡蛋、吃韭菜、吃春卷。所以我们看中国的饮食传统，它有阴阳性质的理解，有养生的观念。端午节我们说要吃粽子，这个粽子以前不叫端午粽，叫夏至粽。《荆楚岁时记》记载是夏至吃的。端午节和夏至是靠近的，所以从夏至移到端午，那么这个粽子就改在端午吃了，粽子原本是夏至阴阳时令的一个象征物。《风土记》记载，粽子是阴阳相包裹的东西，粽叶是阳性，粽子里有乌龟肉、鸭肉或者鸭蛋、蛋黄这些东西，属于阴性的物质。我们吃粽子的时候，实际上就是说要通过我们这种手剥开粽子的行为辅助阴阳二气正常流转。夏至时候，阳气高涨，阴气发生。我们通过这个特别的动作去抑制阳气，辅助阴气正常成长，所以粽子就是阴阳观念的象征。而冬至的馄饨是相反的。冬至是阴气高涨、阳气发生，所以馄饨内部是阳性的，外部是阴性的。我们的饺子哪儿来？饺子其实从冬至的馄饨来的。以前没有饺子，饺子这个名称出现较晚。所以我们在吃东西的时候，实际上节令食品是观念的体现。它不仅仅是一个物质产品，同时也是一个文化的创造物。

每个节日食品都负载着民族的情感，围绕节日食品形成了丰富的民俗传说。节日食品不单是节日美味，更多的是一种情感的表达，节日食品的献祭馈送和集体分享，构成了中国节日物质生活的重要传统，我们在节日活动设计的时候一定不能离开节日食品。我们应该在节日食品里边去花心思，因为它最能吸引青年人的关注。节日食品设计方面要动点脑筋，包括我们说松阳的红糖，这个古方红糖很好，那我们可以用红糖做很多的食品，四川就会做红糖的年糕，做得很好，那么我们可以介绍松阳的特产，做一些红糖系列的产品。

第二是社会传统，首先是家族传统，过去很多事情都在家中可以解决，家族帮助你解决生老病死所有问题，但现在可能不能解决这些问题。很多是靠社会，所以我们的传统节日应该向社会方向移动，而我们以前也有社会传统因素，松阳平卿村落的祈福活动就是村落社会凝聚的传统。我们看在南方村落里面有很多的积极性节日社会传统，节庆活动成为公众联系的纽带。

那么还有一些比如我们经常说的舞龙、拔河、龙舟赛这些东西都需要配合，都需要训练。这种准备训练、比赛都是我们社区成员社会交往的重要机会。输赢不在主要位置，重在参与，所以说龙舟赛今年你赢了，别人并不觉得懊恼。因为明年还会再来。这就是一个社会团结的方式。如果一个社会出现了点问题，社区里边大家有点小摩擦、小矛盾，那我们怎么去调整？其实就是利用节日给我们提供的机会，来往走动就能够化解。

第三是节日的精神传统。节日是具有特定精神内涵的时间节点，它是文化传承的重要机会。围绕着节日还有很多的信仰、传说与娱乐活动，节日具有调节民众精神的功能。节日文化传承，必须强调节日的精神核心。我们的社会实践节庆仪式，讲起来都是一个行动层面的东西，但它有内在的精神性文化内涵，它通过仪式行为表达我们与自然的关系，与历史的关系，与社会其他人的关系。这三种关系的调整要依靠节日这个重要时期，我们平常可能没有机会来表达，那我们可以通过这个特别节日来做表达。

那总的来说，物质层面、社会层面、精神层面，这三大传统，其实可以归到五个要素，就是节日习俗中包含的五要素，即饮食、人伦、信仰、传说、娱乐，这是支撑节日的五根台柱子。一是饮食。节日饮食是传统节日最外显的象征，也是节日最内在的传统要素，节日饮食与节日时令、节日观念有密切的关系，它也是节俗的重要载体。二是人伦。就是我们节日里面特别强调伦理，强调人与人之间的关系处理。有家庭伦理、社会伦理、历史伦理，节日习俗处处体现人情人伦。三是信仰。我们中国人信祖先，说实在话，我们的祭祖仪式也在逐渐恢复过程中，因为我们是唯物主义的，不应多谈信仰。习近平总书记说："人民有信仰，国家有力量，民族有希望。"这个信仰除了我们一般说的马克思主义以外，我觉得还有对优秀民族文化的信仰。信仰是节日文化体系的核心要素。四是传说。每个节日都有传说，所谓传说，就是老百姓对这个活动的理解。它活动的依据是什么？传说未必是真实发生的事件，但是它一定是这一群人的心理的真实表现。它不是历史的真实而是文化的真实。五是娱乐。如果作为节日，没有娱乐性的东西，它不能称作节。如果节日仅仅是特别神圣、特别肃穆的仪式，就没有人会特别喜欢。所以节日除了严肃的内容之外，还有一个娱乐的传统。而这个传统，从先秦就有了，后代虽有所变化，但没有消失。而在今天我觉得这个因素是应该特别强调的。每一个节日活动必须考虑到娱乐的因素，让年轻人喜欢，让人们真的享受节日。

信仰是节日发生与传承的精神内涵，人伦是节日的重要原则，传说是节日民俗的解释，是节日民俗传承的精神动力，饮食是节日的物质象征，娱乐是节日活跃的灵魂。这是我讲的节日特殊的价值所在。

五　传统节日的伦理价值

传统节日具有多重价值，这里我们主要讲一下伦理价值。传统节日，它很强调亲情的教育。我们看传统节日大多是回家的节日，其中有个节日叫女儿节，是对女性很关怀。还有其他节日是对历史人物的纪念，这里面有好多伦理因素在起作用。

第一，家庭伦理价值的传承，就是传统节日很多是家庭性的集会。节日回家，是亲情交流的机会，也是精神调整的机会。我们看到中国的春节，每年春运期间人潮涌动的场景，所以再困难也得回家。你看我们松阳平卿可能平常村里都是老人孩子，但是到春节人就都回来了。要祭祀祖先，这就是家庭人伦的力量。

传统节日除跟亲人团聚之外，其实还是与祖先对话的机会，就是我们讲的祖先崇拜。其实节日中我们不仅与在世的家人交流，还与去世的人交流，即与亡灵交流。跟亡故祖先的对话，其实就是跟历史的对话，是非常重要的伦理价值所在。

第二，除家庭人伦外，还有社会伦理的培育。我们通过节日活动培育社会伦理，这个社会伦理就是我们在节日活动中有很多的协作与互惠互利。我们通过节日的社会活动，让社会伦理得到增强。

第三，历史伦理的教育。传统节日还有很强的历史的伦理性，它们常常用历史人物传奇故事，独特的儒家人物的伦理品性和人格魅力来影响大家。所以说节日里有很强的历史纪念意义。这里很典型的就是两个节日，一个是清明节，一个是端午节。大家知道清明节、端午节都是为了纪念历史人物而设置的。古代选择纪念人物是有标准的。祭法里规定五种人可以列入国家祭典，一是"法施于民则祀之"，就是说他在制度方面对社会有贡献的人，可以祭祀他；二是"以死勤事则祀之"，他为了工作而勤劳至死的人应该被祭祀；三是"以劳定国则祀之"，他的功劳、他的业绩让国家安定的可以祭祀他；四是"能御大灾则祀之"，能领导人民抗击大灾大难应该祭祀；五是"能捍大患则祀之"，就是国家在遇到外敌入侵和内部叛乱的时候，能够领导人民来恢复国家秩序，这个可以祭祀。古代祭法的五种人可以国家层面祭祀。我们看到的历史人物在节日纪念方面，一个重要的就是清明节，黄帝祭祀。黄帝是传说中的中华人文祖先。这个黄帝祭祀的目的，实际上是为了国家认同。我们往往在历史关键时期要祭黄帝，明朝洪武四年（1371）要祭黄帝，为什么祭黄帝？因为他把元朝的贵族统治者赶走了，要确立自己的正统，他认为自己恢复了大宋江山。明朝的体制，其实是恢复宋朝的体制，那时候要祭祀黄帝，找到精神依据。民国建立的时候，孙中山要祭祀黄帝。"中华开国五千年，神州轩辕自古传"就是说虽然建立一个现代国家，但继承的是中华古老传统。到了1937年，中华民族遭遇一个非常重要的关口，就是日本帝国主义者的全面侵华。这时候民族出现非常重大的危机，国共两党在陕西黄帝陵祭祀黄帝，毛泽东专门写了一篇祭文，写得非常好，就是让炎黄子孙团结起来，抵御外敌。这虽然是个仪式，但是有非常重要的精神的一个动员的意义在里面。他说："各党各界、团结坚固，不论军民、不论贫富，民族之间、救国良方，四万万众、坚决抵抗"。就是说我们四亿人都应响应黄帝的这个号召团结抗战。后来经过国共两党合作，齐心合力取得了胜利。

　　除了清明节外，还有一个祭祀历史人物的特殊节日就是端午节。端午节的起源未必跟屈原有关系，而是跟夏至有关系，跟我们的阴阳观念有关系，跟水神崇拜有关系。我们所有活动其实最开始是水神祭祀，后来到了汉魏之际，也就是传统节日形成体系的时候，荆楚地方屈原出现了，虽然他是楚国的一个大夫，但他是一个忠臣。中国还有好多地方端午都有人物信仰，比如苏州的伍子胥，还有另外的越地的勾践，还有绍兴的曹娥。为什么后来多数地区选择屈原？屈原是忠诚家国的代表，强调对国家的忠诚。屈原成为一个符号，被作为一个端午节纪念的重要人物。正因为有了屈原，对一个高尚的人物的纪念，才使端午节成为一个大节。以前端午节地位没那么高，但之所以在汉魏之际出现，在我的博士论文里面写到，其实就是在汉魏之际，中国出现400年的分裂。分裂走向统一的过程中需要有一种精神力量，所以在节日里面把屈原推出来。而屈原在后代被重视，又跟我们的文人有关系，文人常常会把屈原作为自己的一种寄托。文人生不逢时，有很多理想，一个理想的人就是不现实的人，所以他在现实里面会有很多不如意。这样端午节又成为文人借屈原纪念来抒发自己的伦理关怀的节日。

第四，自然伦理的强调。在我们传统节日里面，除了家庭、人文社会伦理、历史伦理之外，还有自然伦理。因为我们节日传统其实跟自然是持续相关的，按照自然时序来开展节日活动，跟自然之间保持着密切的沟通。每个节日基本上都有跟自然对话的一个机会，而自然伦理在传统节日里面不占主导位置，但是在未来中国节日建设发展过程中是重要的延展性的资源。就是我们利用传统节日来跟自然沟通，清明踏青、重阳登高，其实都是人离开家到旷野之中，与自然亲近。而且还经常有朝山进香的庙会，其实是亲近自然的重要方式。这些传统的节日方式，我们应该做一个提倡，松阳有那么好的山水，我们就应该让那些在城市生活的人离开他们日常喧嚣的空间，到山水间好好地净化，通过亲近自然来平衡自己的精神，平和自己的情绪。在未来的节日发展过程中，应该养成一个尊重自然、敬畏生命、人与自然和谐共处的情感和观念。

除了这些具体的伦理价值之外，节日还是传承民族文明的重要时间与重要载体。同时也是增进和谐社会与民族文化认同的重要方式。在全球化的时代，在多元文化的冲击之下，要保持中国文化的本位，就必须重视对传统节日的建设，只有从增强民族立身之本的高度认识传统节日，并且在生活实践中真正重视传统节日，传统节日在中国的社会地位才能牢固树立，也就不会产生因为所谓"黄金周"的收益，而重新考虑它的节日价值问题。我们不能仅看眼前的经济利益，一定要看到长远，必须有一个文化的眼光。松阳县其实在下的是一盘大棋，是作为文化的传承和创新。我们之所以花这么多精力、花这么多钱在这儿研究这个事情，其实在探讨一个新的课题。无论成功或失败都是一个非常好的一个尝试。所以我说这种节日的传承呢，实际上它是一个实践性的传承，没有行为、没有做，没有在生活中去具体进行，没有一个时间的考量的话是不可能做成的。这个收益不是马上见效的，所以我们说真正的价值不是黄金，而是比金子还珍贵的民族心灵。其实对我们所有人来讲不是短期几个品牌的问题，更重要的是对自己文化的自信、文化的自重，对自己文化的热爱，让我们所有人过得更愉快、更幸福。

节日产品的开发与提升设计

陈普月

(2017年9月8日下午)

非遗困局

大家好,我叫陈普月,过往做过金融投资、上市并购,包括 IPO 上市。现在为何做传统的投资领域呢?怎么再转身做文化产业?而且是做非物质文化遗产产业这一细分领域,是有一个比较有情怀的故事。

过去几年,我在长江商学院做了一个中国传统文化里面细分领域非物质文化遗产传承人的公益活动。做完这个公益活动一年之后,发现一个最大问题是传承,下一代不愿意继续学。

不愿意学的最根本原因是无法商业化,传承的东西卖不出去,没有市场,也没有渠道,更没办法品牌化、标准化和量化。

我们做企业过来的企业家知道,每一个产业一定要有资本的推动,它才能够发展和壮大。没有任何一个投资方是投非遗领域的,甚至没有关注到这个领域。因为非遗是文化,做文化变现还是很慢的,包括诚品书店,做了十年,现在才微盈利。

非遗要商业化和产业化,一定是要有资本的介入。而且要有成功企业运营操盘,才能把非遗的技术,非遗的文化商业化、品牌化、产业化。我们现在做的是用一个平台,把它集约化做产业。这个就是我们整体的思考。

公司布局与非遗产业投资

今天我所讲的可能不是学术地去看这个主题,而是从市场和商业的角度去看这个主题。我们的公司——巨匠汇怎么去做产业化的投资?其中一个案例是山西省的非遗,我们通过签约直接把产品放在巨匠汇的平台上。

线上服务

我们先设了一个细分领域的电商,包括非遗司指定的非物质文化遗产大数据库建造的供应商,像一个公共服务平台,收集相关数据,进行市场分析和研判。

在上面每个城市的非遗数据都有,比如输入松阳县,松阳县的整体的非遗文化衍生品,包括历史故事都直接出现,并且能实现在线销售。

项目落地

我们投资的项目落地怎么做呢?现在落地设在两个地方:一在乌镇,有非物质文化遗产文化中心;二在黄山,建有非遗产业园,是迄今为止全国最大的,而且在高新区。另外我们现在与华侨城、各地的地产,还有特色小镇合作。

我们为所有的特色小镇植入非遗文创中心理念,把文创中心加以产业链设计。原来政府的观念是建一个博物馆,但大家走马观花,就是一欣赏的过程。我们是用高科技去做博物馆,而且博物馆里面的非遗文创中心,会有产业投资孵化,比如一些老师手艺很好,我们甚至可以为他设置大师工作室。

举个例子,特色小镇如果是设在松阳县,那会把松阳县,乃至松阳县的直辖市和周边的这些非遗全部打包来,把它衍生品化。

因为特色小镇，需要产业支撑，文创中心，它解决的问题就是非遗文化的集约化、品牌化和商业化。我们去孵化它，它的商品可以是在当地的旅游市场里面销售，也可以线上做到全国的销售。

市场变现

中国的传统节日，非常丰富。传统节日能够代表人们表达内心情感的一种需要，可以让大家在特殊的时间来充分表达关爱、祝福，其实也是我们内心的一种独白。

传统节日的物质载体，比如说中秋节一定要吃月饼，端午节一定要吃粽子，春节挂灯笼，这些文化产品是必需的。

礼自古以来是中华民族最独特的、最核心的传统文化之一——中国礼文化，其核心是自我修养，是我们从内到外的，包括对社会关系的一种处理。因为中国是特别讲礼和讲文明的一个地方，"道德仁义，非礼不成"等。比如包括《论语》也有说，"不学礼，无以立"，也是传统的智慧和沉淀。

这个物是什么，乃天地万事寄托的根本。所以物是非常重要的。礼物也就是我们礼文化的一个物质载体。我们作为厚重礼文化的民族，物件本身的贵重，不是特别的重要。但是在里面，蕴含着一种情感，就是这种表达，是特别真挚的一种祝福。目前我们的主流的消费人群，是"80后"和"90后"。"90后"对粽子和月饼是不感冒的。所以物本身会随着消费习惯的改变，随着年龄阶段的改变，有很微妙的变化。

但是如何改变中国传统节日这种礼品的格局？开发符合现代的审美观，保留我们原有传统节物的故事、情怀，更加实用性的礼物产品非常重要。为什么哈根达斯进入中国之后，"90后"送哈根达斯月饼，而不是中国原来的五仁、纯蛋黄的月饼，可能后者不是年青一代的审美消费选择。

礼物的这种变化，是一种微妙的变化，是一种微改进的变化，而不是颠覆性的创新。我们主要从目标人群，还有整个产品的定位来决定我们的开发方向。现在是大数据的时代，它会非常精准地给出很多建议。

所以从产品开发的本身，从整个礼物的研究本身来说，是希望通过调研，进行定量、定性的分析，用综合调研的方法去洞察人群，我们通过对20万名"60后"到"95后"进行调查，包含线上线下的用户数据。

这就是我们布局做文化部非遗司非遗大数据库的一个目的。因为文化部的非遗的数据，只到国家级，省文化厅的数据只有省级，到市级的话，它其实有一个断层。整个非遗的大数据库建完之后，会有一个行业、产业的蓝皮书的报告等，包括行业动态报告、发展报告。这些行业数据和商业数据，未来在产业投资，把握企业定位方向，都有非常多的帮助。

通过线下调研数据和社交聆听数据，以及引用了中国第五次和第六次人口普查的数据，上市公司公开的财报数据，公开版的对外发布的一些官方的数据，包括第三方媒体的数据，从中综合得出未来的产品礼品的方向。在这份报告中，市场化数据是比较有用的。在整个挖掘过程中，不同年龄段的人对产品的特殊感受和需求不同，所以需要了解他们不同的消费特征，然后确定产品开发方向。

为什么重视数据，为什么需要通过数据来决定这个产品开发方向呢？因为开发一款产品，它的研发成本是非常高的。现在市场上一款产品之所以能成为爆款，其中大数据是必不可少的因素。通过整个数据，我们得出一个结论。60—70年代出生的人，偏于保守、低频，但会高额，只要认为有收藏价值，就会去花这个钱。80年代出生的人，家庭的建设是重要环节，实用也是首要的，品质是特别重要的。90年代出生的人，偏向于追求新品，容易被新款、爆款、流行的东西和特别个性的东西所吸引，所以比较低频、低额。

在产品的开发上，我们的定位，是聚焦在传统手工艺如何去做一个现代的设计的创新。欧洲的工匠型企业存活超过200年的，有1800多家，超过150年，欧洲超过5000家；日本工匠型企业存活超过200年的有3800家，存活超过150年的日本有16000家。中国是匠人输出国，我们存活超过100年的企业，大家能够想象得出来的，以同仁堂为代表，它活的比较好，还是上市公司。这些都是我们的非遗。所以大家对我们的非遗，一定要有信心。

为什么对非遗这个概念特别看重？除了有情怀，在创办这家公司的时候，做的第一件事情，就是数据调研，就是一个投资报告。我把过去50年再倒推100年，整个欧洲跟非遗，跟文化相关的企业的发展周期，包括研究日本第二次世界大战后的整个企业的崛起，通过这些企业的内涵和企业的精神价值加以对照，来做一个整体的报告。我发现很有趣。因为欧洲和日本，对手工艺的这种热爱和执着是在消费层面上的，对匠人，对手工艺的认可是非常高的。现在去日本，随便买一件东西是非常精致的，不管是包装和产品，匠人精神随处体现。我们追溯它的原因是第二次世界大战之后，日本重视工匠精神和设计，所以设计创意和工匠的结合，是一个企业品质的核心。

当下，中国也讲工匠精神，讲传统文化的复兴。就是说知识变现和传统文化变现的时代来了。作为一个投资者，我们要看到未来的市场机会。

传统手工艺发展创新

所以现在就分析整个传统手工艺，如何创新？我们公司控股了高温珐琅。高温珐琅是意大利的工匠发明的。当时忽必烈西征的时候，把这些高温珐琅匠人和技术带到了中国。

我们去做公益的时候还探寻到一些快失传的技术。比如说，丘北县壮族的水竹花伞，匠人在山区，他原来是靠山吃山的，整个村子都会做这个水竹花伞，逢年过节，任何的喜事都要去买这个伞。它在本地的市场销售能够维持整个村子的生活的。

我们找到这里的时候，只有一位86岁的老人家会做。他的家里一贫如洗，墙就是泥和起来的，吃饭用具都堆在地上，碗都掉在地上的那种，生活非常困难。我们去拍整个制伞的过程刚好是2016年国庆节，他两个孙子回来，他儿子不会这技术。我们就和他的孙子商量说，你能不能留下来学，他说他们其实也很想学。匠人老人家说，一辈子的手艺到我这一代断掉了之后，不好意思去见祖宗，他们反而不是担心东西有没有市场，能不能卖出去，他最担心的是东西能不能传下去。当时我们眼泪都掉下来了，他非常希望一个孙子留下来学，我们就找他大孙子商量，他说，陈总能不能这样，我也要娶老婆，要养小孩的，我在外面一年有几万块钱的工资，如果我留下来，跟我爷爷学，我每做出来一把伞，你都帮我卖掉，我们当时一口就答应了，所以现在他的大孙子留下来学。

这是最早的初心和情怀，我们愿意去做这个事情，以那么慢的方式和那么重的资产去做这件事情，其实这些就是能支撑我们走到现在，包括我们团队，包括我个人去做这件事情的初心。他家里有一件价值百万的黑檀木的工具，其实这个工具就是印章。村里出去做生意的人回来，就跟他说，你这个东西卖给我好吧，他传承了400年，其实是古董了，而他就不肯卖。我们心里也想着说你现在饭都吃不上了，你有一个黑檀木的印章，就因为是祖传手艺，不愿意卖，这种坚守是我们当下的匠人精神，也是我们当下人应该尊敬和学习的。

所以到现在为止，每生产出来一把伞，我们会买，然后卖到深圳，只要线上一出现，就有人买，买来当装饰。另外在丘北县，有一个普者黑旅游景区，我们让那个旅游景区设了一个小点，现做现卖，他现在二孙子年底回来也会一起学。因为他有收入了，解决了生存问题，凭手艺可以实现商业价值了。所以现在他的生活就一下子就好起来。6月份跟我们说，挣到的钱可以修房子了。所以说，我们做的这个事情，其实对很多人来说，特别像一个社会型企业。

还有一个探寻藏刀的案例。我们带了长江的10个企业家一行主动要求去甘孜的藏区。匠人住在四川甘孜的藏区，他的祖上的历史是怎么样的呢？格萨尔王当年屯兵在河坡乡打仗的时候，在那里建造了兵器库，整个村子以前就是制造兵器的，主要利用文成公主传过去的打铁技术。

浙江有一把剑跟藏刀特别像，龙泉宝剑。我不是说外形像，我们从产业上来说，是一个对标。我带着长江企业家再去，我们跟他说，龙泉宝剑现在一年接近100亿元的产值，龙泉宝剑是儒家文化、汉文化的宝剑。藏刀的风格像欧洲的都铎王朝的风格，因为他那种贵族的文化体现在这把剑上，它这把剑比龙泉宝剑更加贵气、更具有贵族皇家一些。

我们这次去，跟当地政府说，我们要投资整个产业。我要让整个村子重新恢复铸件。一年之后，我再把整个市场测试完了之后，就找第三方，说要把这个产业重新投资、重新复兴起来，地方政府也十分乐意。

另一个例子是，石桥的古法造纸。这个古法造纸，在当地村子也有上千年的历史，甚至它造纸的遗址还能重新恢复生产。我们也跟当地政府说，这个产业我们要投资，然后我们让这个地方恢复生产。销售渠道解决了，加上这个古法造纸产品研发、设计，我们全有了。

什么是创新，什么是创新和技术的改革？其实就是加了社会对他的尊敬和认可，对文化的传承的认可，但同时，有政治因素存在，以及政策的推动。

所以未来希望从产业结构上，要回归到以传统技术的延展为基础，作为一个可以把它当成知识产权甚至是把它当成一个IP去开发投资衍生走市场化、商业化的道路。这种企业它是可以走100年、200年，甚至更多年。如果是传统文化的IP的话，只要精进你的技术，你是不会被替代的，因为你的故事，是文化精神的消费。有最长的最持久的生意，一定是文化产业。

研发方案

研发方案也十分重要。传统的造型跟结构，怎么跟现代的图形、色彩、材料等相结合。传统产品只有跟现代生活相结合，才符合我们当下的生活美学追求。

日本的手工艺产品是纯手工的，但为什么看起来跟工业化一样极致呢？在这个领域，我们完全可以分解它的整个工艺，加上高科技技术，从材质上精选更加符合这种工艺调性的东西，在满足这些基本功能的前提下，更应该强调非遗的这种独特的工艺。

降低成本，也是一个非常重要的做法。现在有很多的老师作品其实是非常好的，但也非常贵。一贵的话，消费者就会变成一个收藏的心态，或者看看就好了。如果通过一些局部运用工艺，是可以做到降低成本。一件苏绣，满绣的话，那个价就高了，但是只是一小块绣花，就是局部的这种工艺，反而更符合现代美，并不是整个屏幕都是苏绣的，应该可能是一个点缀是一个小花，从美学上更符合我们现代的要求。

所以降低成本，让更多人感受手工艺的文化。当没有消费、没有买卖的时候，是很难让人去感受手工艺的美学。但这跟我们工业化、批量化的生产是不一样的。

现在的用户定位基本带有文化属性，所以用户定位基本是中产，包括中产的阶层，大部分受过很好的教育，有很好的知识结构，包括职位、社会地位，还有包括相应的消费能力，而且他们希望追求更高的生活品质。

城市礼物研发

我们给每个城市去做城市礼物，我最早做的城市礼物是给广州。当时广州有个财富论坛，财富论坛的定位仅次于杭州的G20，全球的这些金融大佬，全球的各种财务部门都会到广东去开会。

广州的文化在哪里？广州的非遗文化有什么，能不能开发广州的非遗，变成广州手信？什么手信能够代表广州文化。我们一看广东，当然不可能去唱粤剧，但可以开发衍生产品。广州的打铜是一个比较好的手工艺，我们就把粤剧和西关打铜，开发成一个城市礼物的产品。

我们再给产品定位为情怀和轻奢。强调整个打铜工艺的质感，然后结合现代工业化的生产，而且必须要高效和降低成本。现代的器型是非常关键的，要跟现在的生活美学和实用结合，现在能够用铜器的就是煮茶，这就是茶文化，以禅茶文化为主。我们希望有设计感和品质生活。另外，广东越秀区政府，让我们做一个艺术的街区，把非遗的衍生品植入商业里面去销售，变成广州的手信。其实就是广州礼物。城市礼物就是对一个地方文化加以深入研究，提炼出各种文化符号。

传统文化手工体验教育

再接着讲一下公司产品的案例，比如说手工扎染的体验包。我们现在有个专门教育板块，要把手工艺的技术，分解成课件包，然后拿着这个课件包，照着说明书，做一个扎染，做一个蜡染，做一个铜的器具，再做一种银器，或做一个手工造纸。

另外，跟大家分享一下建水古城的项目。古村落中，在全国排第一的是建水古城，排第二的是松阳。建水古城的项目非常大，因为世博集团是国企，云南旅游是上市公司，也是国企。这个古城的常住人口就有50多万，包括它的庙，是目前保存得比较好的一个大型文庙之一，我去看了之后，叹为观止，建水这个地方，以前我都没听说过，竟然有那么大的一个文庙，还包括一个朱家花园等。其实茶马古道的时候，它是个交通要道。

因为有文庙讲儒学，它的传统文化、民间文化很多。包括建水的紫陶，也是一个国家级的非遗。整个古城的重塑，是政府希望结合古城的旅游、产品的开发，提升古城的吸引力。

原来古城有点像商业街，就是古城里面的古建筑，像丽江一样，有一条古镇街。古街是非常杂乱的，里面卖什么东西的都有，整个项目的改造，在于提升和规范整个古镇的文化价值。我们要做一个整体的打造，从朱家花园、古城墙、古城、文庙，以及一些老房子等，形成一个旅游的环线。另外，在整个建水古城区，还要把非遗，甚至有些还不是非遗的特产，如建水豆腐，若把它囊括到里面来，集中去发展。我们要帮助把这个产业链给挖出来，提升后再植入商业化的街道里面去。

关于特色小镇，我也希望推动整个特色小镇植入非遗文化。所以我就定位说，非遗文化是把一座城市的文化带给大家，也是这座城市的一个文创的礼物。如何把非遗与商业相结合，一个是非遗不能只停留在博物馆。博物馆里面很难让消费者有亲近感、互动感和购买欲望的。怎么去做呢？首先从非遗艺术中心的场景布置上，就完全是以商业的、体验的方式来打造。

你看我们所做的非遗文化中心的规划。比如说，乌镇的姑嫂饼，怎么去做呢？在非遗文化中心的现场，在姑嫂饼的制作中，最后一步就是要在饼上盖个印章、印个花，那这个步骤可以让游客去做，而且把它放到微波炉里面去烘焙几分钟，也可以让消费者去做。你会发现，真实的现场的非遗传承人，是在那里面做手工的体验，而且能够参与进去。他做每个环节，直接看到。

另外还会有一些大师的精品店，销售产品的展示区，以及民俗表演的剧场。这种民俗的表演剧场，就是在传统的基础上，加了一些改编的表演。走入非遗中心，基本上就把当地的非遗体验一遍，而不是说走马观花。还有传习所，把它叫手工艺术课程的体验中心。甚至游客有空儿的话，他可以去里面体验每一种技术，非常的亲民。

我们第一期在峨眉山的国际度假小镇里面，建了一个 2000 平方米的非遗中心。2000 平方米的非遗中心，500 平方米是做手工艺的体验的。在书城里面的，还会定时请一些老师去做体验，老师亲自来，给大家做主题的分享等。非遗的特色小镇会有全国的特色的演艺、美食等。

这里顺便提到，我们给天津十八街麻花怎么做产品创新呢？十八街麻花一般是椒盐味的。现在做了凤梨味、绿茶味。为什么呢？因为年轻人喜欢这种味道。做了一个微改变，包括包装，再小型化迷你化一些，反而这个市场里面又有一个迭代的新品。迎合年轻人的心态去创新，这个观念意识比较重要。

也就是说，在非遗中心，我们把特色化的东西，加以品牌化、商业化和集约化，再变成产业化。我们是把这些非遗的单体的小企业，甚至小个体户，在这个小镇上，通过一个有游客的销售的场景，来孵化成为一个小而美的企业。就是整个的这种发展，是我们特色小镇里面最需要的内容，也是能代表在地文化的发展的。

传统节日资源的创造、实践与转化

——以二十四节令鼓为例

陈再藩

（2017 年 9 月 11 日上午）

今天谈论的有几个重要的关键词，一是传统节日，二是传统节日的创新和创造、实践和转换。

我在新加坡南洋大学学的是工商业管理系，一毕业，从 1976 年到 2014 年，整整 38 年是在一家日本的石油化学公司里工作，可是就在这个过程里，从 1986 年开始，我基本上就"不务正业"，业余经常搞一些自己喜欢的事情。本来，我是想学美术的，但没学成，因为家人在 70 年代强烈反对，说学美术就会饿死，我被逼上梁山，只好到南洋大学去学商科。

毕业后，我画政治漫画，政治漫画画到什么程度呢？马来西亚最大的《星洲日报》，当年的元旦特刊，整版的年度国际政治回顾与国内政治大事，都是请我画的。所以，当我快要退休的时候，南方大学的董事部就对我说，你平常搞那么多文化活动，不如到大学来担任文物艺术馆馆长好不好？我就去了，实际上我没有教学，我只负责搞文化活动。

在这三十几年里，我做的大概就是这几件事情——画漫画、写诗、办大型的中秋节庆活动等。特别在办中秋游园会的过程中，我们把一首新加坡原创的歌曲《传灯》传唱成马来西亚的文化主题歌曲。我们曾有这样一个想法，要把一首歌唱成一个节。

因为办了大型中秋游园会，我们察觉到，马来西亚的华人如果可以每年在某个时候，特别是过节的时候办文化活动，这个民族的文化面貌就会变得非常鲜明。沿着这条思路，我后来创造了二十四节令鼓。我们也把新山市一个庙会里的神诞节日变成潮州乡音民俗庙会，那个神诞是农历三月初三，就是北帝、元天上帝的诞辰，我们将传统神诞办成潮州民俗庙会，以便传承潮州文化。而更大的文化运动，就是已经国际闻名的柔佛古庙游神。

先说大家刚才看到的柔佛古庙游神视频，我从事这项工作是从2006年开始，首先想到的是把游神庙会视为一个民俗课题，带到新山的南方大学去做一个沙龙，引起民俗学者的关注，如此也就让这个庙会走出新山市，走向马来西亚全国。2007年，马来西亚独立50周年的时候，有一位华人纪录片导演黄巧力，他就把古庙游神拍成了纪录片，这是我们第一次把这个庙会带上电视。

柔佛州是整个马来半岛最南端的大州，这个州在19世纪40年代以后，由大量华人移民开发。由于华人通过种植业为柔佛建立了良好的经济基础，这个州在过去被称为"天府之州"。

柔佛新山有海外最大的华人学校——宽柔学校，我也是宽柔学校毕业的。中国"天舟一号"不久前从海南岛升空，带有四个研究项目，其中一个干细胞的研究项目，负责人是清华大学纪家葵教授，他也是宽柔的校友，是清华大学从美国聘请过去的，宽柔校友现在也在中国设立校友会。"宽柔"这两个字，不是因为学校在柔佛州，希望柔佛比较宽广，把它称为宽柔，而是出自孔子《中庸》篇："宽柔以教，不报无道。南方之强也，君子居之。"宽柔学校今年104岁，可见当年的华人社会，在100多年前，就能从经典中给学校取个恰当的校名，还真的厉害！他们竟会把孔子所讲的南方，从荆楚延伸为亚洲南方地角，拉到柔佛去建一所学校。现在宽柔有五间小学，一间中学，两个校园，而且还获得马来西亚政府批准，建第三个校园。这里，也留下了百年庙会民俗文化，这里在亚洲最南端，"南方地极"。

机缘巧合，我也参与了新山华社的文化创新，创造了一些文化新事物，这个就是将庙会神诞改成《三月初三锣鼓响》的潮人乡音庙会。这里最有潜力的民俗文化创新，就是柔佛古庙一年一度的营老爷,"营老爷"是潮州话,"老爷营"是个动词,就是把老爷扛出来庙外巡游,"老爷"就是神明。我童年时候的游神其实没有今天这么热闹,是这几年通过新媒体的大力传播与宣传,才像当下这么异常的热闹,而且参与者是年轻人。这张图片大概在午夜一点半,游神队伍经过新山的市区。

2012年,汕头市政府送了一支英歌舞团过来参加游神庙会。英歌舞是英雄的歌舞,它以梁山泊108条好汉为造型,展开非常威武的广场表演,是潮汕一带常见的民间广场表演。

马来西亚有60所不接受政府津贴的华文中学,名叫独中,1957年独立之后,政府施压要华文中学改制,放弃中文主体,这60所中学选择独立,就是不拿政府一分钱,全靠自己办起来。到2000年之前,政府控制着不让增加半所独中。2000年时政府突然同意让宽柔中学建分校,对于大马华文教育,这是石破天惊的事。当时我担任筹备建校节目的总策划,就给运动取了个主题叫"一起回家,力创分校",要把全世界的宽柔人都号召回来。当时还没有Facebook,没有微信,这些东西都没有,勉强有互联网,有电邮,我们就在网络上面放了一些校园歌曲,有一首校园歌曲《长青宽柔》,也是我跟陈徽崇老师合创的,我们把它放上去,这个小老弟(指陈浩源)在上海听到,他说,眼泪都掉下来了。为筹款,我仍在校园办了一个名为《南方之路》的大型演出,大约1万人在现场,在那个晚上,我们筹了1400万马币。这个分校一建好,在2003年便开课,现在也成为马来西亚第二大独中了。我相信,将来第二分校应该也是第三大了。

这些都是新山的文化印象,1986年开始搞中秋节,想出了"牵着孩子的小手过节"这样的主题理念。也在南方大学放天灯,传唱《传灯》。而这些小插图也是我画的,当时为了做宣传而画,大概是1987年的事情了。

开始传唱这首《传灯》歌曲是1987年的事。当时希望将上一辈灯笼的灯火传给我们的下一辈。我的合作伙伴陈徽崇老师当时说,他的学生在新加坡有听过一首歌曲叫作《传灯》,"每一条河都是一则神话,从遥远的青山流向大海;每一盏灯都是一脉香火,把漫长的黑夜渐渐点亮，为了大地和草原，太阳和月亮，为了生命和血缘，每一条河都要流下去，每一盏灯都要燃烧自己"。我一听，就说这首歌曲的意义非常好，这首歌曲大概是1983年在新加坡创作的，诗人杜南发的词，张泛即席作曲。我们就让幼稚园和小学生在宽柔中学广场绕成一个大圈圈，宽中合唱团唱起《传灯》曲时，老人家把孩子手里的灯笼点燃，然后，操场上的灯笼就走成一个大月亮。

当时有位新加坡资深的媒体人在现场采访，看着看着，感动得哭了。

那一年中秋游园会，就传开了，月饼生意做起来了，从饼家到蛋糕店到酒店到商场，中秋节场转变成中秋商机。现在，马来西亚的月饼生意是从农历七月开始，甚至抢在中元节前就上市了。这首《传灯》曲，我们可请陈浩源现场唱给大家听，非常精彩，歌词是这样的：

> 每一条河都是一则神话，从遥远的青山流向大海，每一盏灯都是一脉香火，把漫长的黑夜渐渐点亮，为了大地和草原，太阳和月亮，为了生命和血缘，每一条河是一则神话，每一盏灯是一脉香火，每一条河都要流下去，每一盏灯都要燃烧自己。

有了中秋节这个成功的经验之后，我们把其他传统节日"拿出来玩"，我们在1988年办的端午诗节，有诗歌创作比赛、诗歌朗诵、新诗展，还有诗歌晚会。后来办七巧节，就想了一个办法，从新加坡邀七个诗人，也从马来西亚邀七个诗人，在新柔之间的海峡岸边斜坡上办起露天朗唱会，这文学活动也有一首歌，这首歌叫《两岸》："传说最美的距离，是两岸。因为两岸，才有相望的眼，相望的心，相思的梦……（后两句我自己都忘记了）。因为两岸，心和心之间，恒有一座不坠的桥。"这本来是几句宣传文案词，后来也变成一首歌曲，原唱者也是他（指陈浩源）。

配合这个两岸的诗意，我们还让新加坡的《联合早报》跟马来西亚的《星洲日报》在同一天，刊登两岸各七位诗人同样的文章与诗作。两国副刊同步发行一致内容,这是新马之间第一次有文艺副刊在同一天发表一样不同版面设计的相同内容。

马来西亚的华人文化节当时在马六甲的三宝山开幕。三宝山是什么概念呢？三宝山是一座坟山,埋了12000多个华人,最早的墓是明朝的,大家对三宝山的概念大概是阴森森的吧?!但马六甲的三宝山是很特别的,在山上可以看到马六甲海峡,绝不阴森。那一年的文化节就在三宝山开幕。是一座坟山,学生跟公众都来。当这首歌曲唱起的时候,遍山都有人点了蜡烛,站在我旁边的一位老人家,老泪纵横,他说:"我从中国来了这么多年,今天站在这个山上,太感动了,我觉得很骄傲！"《传灯》就这样从新山带到马六甲,后来变成马来西亚华人文化节的主题歌曲,几乎什么文化活动到尾声就是《传灯》曲,最大型的一次,是在一个足球场,四万人一起唱,马来西亚的华校生几乎每个人都会唱这首歌。

有一回,有个台湾的乐团到宽柔表演,很精彩,结束时大家都喊安可,要求再表演,他们的团长说不能再表演了,因为太累了,我的学生太累了。陈徽崇老师上台说,我们的客人太累了,我们给他们表演好不好？台下都说好,他就指挥全场唱《传灯》,把台上台湾来的乐团,感动得都掉了泪,他们说:"这怎么可能呢？你们是不是来自同一个学校？"台下答不是。又问:"你们都是学生？"也答不是。公众和学生在马来西亚能够一起唱的歌曲,也许就是《传灯》。

经过了十几年,到了 2012 年,这首歌曲终于回到新加坡,非常高调地"回返"新加坡,成为新加坡每年在元宵节前后的国际妆艺大游行的主题曲。新加坡已故的前印度籍总统纳丹以中文书法为《传灯》两字写了大字。《传灯》的点灯是李显龙总理,我也受邀出席,因为他们都说《传灯》有四个创作者,写词的是新加坡的诗人杜南发,作曲的是张泛,但让《传灯》再生的是我和陈徽崇老师。陈徽崇老师已经过世了,所以我被请了去,我就坐在第二排的角落。结果,要从李显龙开启的那盏电子灯竟亮不了,失灵了,我立刻把我手中的灯递给身边的妆艺主席蓝锐勋,迅速传给李总理。蓝主席过后说这太有象征意义了,这首歌你带去马来西亚,在今天这个晚会,还是由你再传回来。

大家可以看到，刚才我提到的都是民间文化，是民俗的生命，马来西亚的民间文化，让马来西亚华人至今在世界舞台上仍旧拥有非常鲜明的华人民族特色。我们高桩舞狮准备明年向联合国申报非遗，舞狮是中国的，可是高桩舞狮世界赛，在记录上一直都由马来西亚夺取冠军。这事大家可能还不知道，每年在马来西亚都办世界性的高桩舞狮赛，现在申遗的机制已启动了。另外，过年时，我们还有个大家不一定知道的风俗，就是捞鱼生。过去，捞生只是在正月初七人日进行。"捞生、捞生"，捞得风生水起。捞是广东话。现在，捞鱼生在元旦前，甚至冬至前就开始了，而且是天天捞。其实，捞得最好的是酒楼餐馆，吉祥鱼生因是应景年菜，市价不便宜，但用料是很便宜的。在马来西亚，百里不同风，千里不同俗，在蕉风椰雨的赤道，多元民族、多元语言、多元宗教和复杂的政治与社会的生态，马来西亚的华人已经不是中国朋友们熟悉的所谓华侨，如果你们在马来西亚对华人说你是华侨，马来西亚的华人、外国的华人是会抗议的，说我们不是华侨了，我们是海外华人！所以中国在推动"一带一路"倡议的时候，侨联对海外华人身份的敏感性很重要。在马来西亚，甚至有文化上的论争，说我们在文化上是不是应该跟中国"断奶"，这个问题曾经是马华文学界一个很大的论争。当下，已经远离漂洋过海的移民时代，但马来西亚华人还是表现得非常坚韧自强，不屈不挠，活出独有的生命面貌。

民俗文化是一族群的生活色彩，在马来西亚的华人社会的民俗，既有普遍性，有传承性，也有它的变异性。马华社会有很多民俗民风，可能连国内的朋友也看不懂。有些看起来是熟悉的，实质上却未必一样的。萧放教授就看过马来西亚华人的中元节，烧大士爷的风俗。马来西亚华人的民俗文化也特别表现在谋生打拼的行业线上，表现在年节岁月的转折上，也表现在家族或个人生命的关键点上，同样也表现在血缘性，比如说宗族、地缘性组织的人际关系里，当然也在宗教信仰的精神层面。大马华人不只传承了传统的民俗文化，同时也不断在创造新的民俗文化。

民俗文化在多元的马来西亚社会里面，是华人对其他族群"抛头露面"的一个寻常面貌，所以有些马来人会觉得，华人好赌，过年打麻将，生命礼仪，结婚奢华铺张，宗教祭祀又仿佛庸俗迷信。所以，华人在民俗方面，得要剔除一些糟粕，提炼精华，在多元的大马社会环境，华人需提升自己族群的正面精神面貌，才能获得其他种族由衷的尊敬。我觉得我们的传统文化里面有很多精华美好的事物，比如说节令配合节日，比如说中秋节月饼，现在的月饼也有适合回民吃的，所以马来民族也会吃月饼。

提灯笼、赛龙舟，都可成为跨族群活动了，但仍不断改造，使它更为精致。这里我可以举一个例子，就是2014年新加坡的潮州节，他们办得非常成功、非常精致。民俗文化对内具有普遍性，可以代代传承，可以创造族群的自我认同；对外恰恰能够跟第三方做差异的对比，所以可以在自己的民俗文化里面找到定位。

新山人对自己的游神有很大的激情。但有一位台湾文化学者，有一次抛给我一个问题，却让我愣住了，他说："你干吗老是跟我们说游神好看，你能不能只用一句话，就一句话来告诉我们，为何我非来看不可！"我真的愣住了，没办法说。他随着举了一个例子，他说福建有一个地方的舞龙，游神非常特别。他说："那边的老乡告诉我一句话之后，我就非去不可，他说那边的舞龙，见河下水，见墙翻墙！所以非去看不可！"我后来知道真有此事，也在电视纪录片里看到这个福建乡间的游神。一句话就能驱动听者非去不可，这就是品牌的定位。后来我终于明白了，2007年，厦门大学的历史学者曾玲教授来看新山游神，纪录片记者访问她，对柔佛古庙游神有何观感？她说太令人激动了，这简直是人与神狂欢的嘉年华。这就是定位古庙游神的一句话。以后，我们新山游神，宣传上尽用这句共识很强的"人与神狂欢的嘉年华"，刚才大家在影像里看到的一个定位。

在汕头澄海，你们若上网去查看盐灶拖神的视频，一定会大为震惊。那是一场非常原始的游神，非常火爆，实际上就是暴力打架，为了抢拆一尊神像，他们甚至可把整把燃烧的香火抛到抬神像壮丁赤裸的身上，这个村的乡人相信，必须把神轿上面的神像扯烂，胡子白花花扯掉,总之把这尊神偶在游神时磨虐得四分五裂,在这个过程里,允许相互拉扯殴打,还从未听说有伤害,所以盐灶有一句俗语,"盐灶的老爷欠拖"。这句俗语其实也可以是盐灶游神让人非去不可的那一句话。盐灶村民相信游神之后将这尊老爷肢解了,抛到庙前那个水池,然后重塑一尊,新神像就更显神灵威力。

为什么会这样呢?盐灶是一个海边的渔村,每年那一家抽中去侍奉这个神庙老爷的都倒大霉,后来碰到一家人,家里本来就穷,轮到他来负责的那年,他气急败坏,心想过往的经验都是倒霉的,便把神明拖出来丢到庙前的那口池塘,谁料那年他运气大好,所以大家都相信盐灶的老爷欠揍、欠拖。这个就是品牌的定位。

马来西亚国家文化中迄今只有三项华人的非遗项目,分别是2007年入选的高桩舞狮、2009年的二十四节令鼓及2012年的柔佛古庙游神。

文化也会产生变异,马来西亚的新年大团拜,现在变成各民族交流的一个亲善平台,多元种族使我们拥有很多同性质的节庆,大家轮流举办,不亦乐乎。所以,我们过年大团拜是件大事,可以是几万人的同欢共乐。

说回中元节,南方大学有一种中元节福品,大家会觉得奇怪,中元节跟南方大学有什么关系?每年中元节标福品,都可为大学带来许多捐款。社区很多庙堂和地方组织,在中元节庆时进行"标福品"活动,就是喊价拍卖,一瓶美酒,一块乌黑木炭,都可拍出惊人价码。一块黑木炭在新加坡喊出的记录是新币上百万。得标者相信,一块木炭"黑金",能让公司生意大旺。而标福品所得的钱用来做什么呢?做慈善!在马来西亚,南方大学每年都做了一些纪念品,分给几十个庙宇及社团去标,今年,南方大学福品单件最高标价是两万六马币,每年都可为大学教育基金增添几十万令吉。中元节已经变成全国性标福品运动,为华人教育筹款的运动,这个是很独特的民俗现象。而我们的中秋"传灯"及许多节庆传统,让许多到大马的中国人觉得,马国的华人有深厚的中国传统。

大马的民俗文化是广大华人参与、传承和推动的节庆与草根文化，涵盖面很广，跟我们的生活息息相关，生命力非常强，色彩非常鲜明。因此，我们在新山，把这些地方元素加以挖掘，也借以讲新山的故事。我认为每个城市，每个乡镇都有自己的节庆文化，我们得去建设一个城市的传说和历史故事，并加以丰富。

讲昨天的故事和历史，过民间的节庆民俗，创传统的新貌，以创意打造能吸引客人的旅游亮点，从而创造出自家独特的口碑。

新山的故事，一山一庙一校，就是一个山，只有一个庙柔佛古庙，今天的学校宽柔，这些都是我们做的。我们还把新山搬到二十四节令鼓的原乡，我们的双年会，两年的古节，一定要让全世界的鼓队都来朝圣。所以我们谈创意，随着时代的改变，就不能够停在原点，所以创意就是说出自己的故事，先感动自己，才能感动别人。创造文化的新生态，是接下来几年要着力的事情。包括宗教信仰的具体活动，比较鲜明的是在马来西亚不同的地方，有不同的这种庙会。如北海九王爷、大师爷和新山的游神，不同的地方有不同的活动。

接下来我就想跟大家谈一下节令鼓。

二十四节气，英文叫作 Twenty-Four Solar Terms，就是太阳的一个节点，西方对"二十四"，Solar Terms 是陌生的，可是联合国的世界非遗组织说了，中国对于时间的知识和我们的世界，通过观察太阳的运行，最后变成跟我们的文化息息相关。种田无定例，全靠着节气，所以它是决定我们中华民族农耕文化、农耕经济尊重时间的坐标，赋予丰富多彩的民族内涵，与民族意识衣食住行各方面紧密相关的特色习俗，深深融入我们的生活之中。

现在跟大家分享一下二十四节令鼓的创造，二十四节令鼓有两个原创者，一位是我，一位是陈徽崇。陈徽崇老师是马来西亚非常杰出的一位作曲家，没有他，可能就没有今天的二十四节令鼓，我们两个人合作，我做了概念，他把它转化成鼓乐的形式。二十四节令鼓结合了老祖宗农耕智慧的结晶，二十四节气，书法艺术，刻背，把这个节气写到鼓上面去，他用南狮的群鼓，创造出来的是中华文化的声色脉搏，听得到的，看得到的，节令鼓成立的时候，匆匆忙忙，我印了一个红色的T恤，上面鼓传统的脉搏，就是这句话，29年了，最近我把他送给新山的一个二十四节令鼓队。

这个节令鼓诞生于马来西亚柔佛新山，就是"亚洲新好望角"，可是为什么二十四节令鼓会诞生在没有四季的赤道呢？因为这里是华人教育的堡垒，整个宽柔中学大概有1200人，在1988年4月，我们办第九届全国舞蹈节，这个舞蹈节陈徽崇给它列了主题，叫九舞。我们把这个舞蹈节做得轰轰烈烈，要有主题曲，有一个开幕仪式，我就跟陈老师一起，我写词，陈老师谱曲主题曲的歌词如下：

> 敦煌舞姿古典千年，
> 鼓乐不息千年，
> 葱葱赤道，
> 舞者情怀的你呀！
> 轻轻抖落一身沙尘，
> 翩翩抚声起舞。
> 某年某月，
> 我们已习惯过节。

这首主题曲表达了我和陈徽崇老师的理念，就是节日到了，我们这个民族要懂得过节，懂得过节的民族，才是一个丰富的民族。

主题曲有了，鼓乐不息千年，舞蹈一定要有鼓。

那怎么把二十四节气融入鼓中，这中间又有一个故事，当时我读到台湾诗人向阳写的一本诗集《四季》，他不是写春夏秋冬，他写二十四节气，而且不是印刷体，是手写的，就是用二十四个节气，二十四面鼓，那是我第一次完整地接触到二十四节气这个文化，我觉得二十四节气非常简单，可是很亲切，雨水、冬至、清明、大暑、小暑，这些东西能够很容易地就进入我们的记忆里面，我们一个鼓用一个节气，那代表我们一年的事业，代表我们农耕时代古老的文化，如果我们华人是农耕文化，这套鼓一打起来，就好像天边雷声隐隐作响。找陈老师，他说行，我就去新马找书法家协会的书法家，在6月12日汇集在柔佛古庙，在那边写大鼓，这是成为用书法现场来写二十四节气,是节令鼓成立的一个必要元素。

节庆是生活节奏的调节,二十四节气是中国人数千年来与天地、四季搏斗之后,所得到的一份智慧,充满了草根性,包含中国的哲思,自然的科学。从岁时刻度的二十四节气到人文元素饱满的节令(节气时令),是中国人在天地之间协调生息所依赖的"脉搏"和"节奏"。以二十四节气之名为鼓刻背,以二十四节令为鼓命名,让鼓乐归向民族的生命,也让鼓乐尽情推动节庆欢乐。

所以这个节令鼓当初的理念是这样的,懂得过节的民族,才是文化上美丽的民族,鼓乐是节日的声音,鼓是传统的脉搏,每个节庆,都得快乐得像一首歌,美得像一首诗,神奇如神话,隽永如文学,热闹如鼓乐,腾跃如龙狮,美味如……总之,过节是一种令人痴醉的"反常"状态。过节的文化一定要老少皆宜,所以节才能叫孩子在长大后回味,节庆文化必须有"声"有"色",从单鼓到群鼓脉动,文化的脉动就得动地惊天,这是二十四节令鼓创作的理念。

那个时候觉得把二十四节气教给孩子去记太容易了,所以慢慢把它分化,节令鼓其实是时间的节点,温度以雨、霜、露、雪,所以慢慢地马来西亚从29年前到现在,超过300支鼓队,培养的鼓手应该超过了25000人,这些孩子都懂得这个东西了,而且是内化于他们内心的脉搏生命的一部分。懂了这个之后,不管在世界任何一个地方,到哪里拿起筷子,他们可以哼鼓,一辆马车在走,鼓队可以在马车进行的过程里面,用唱鼓来练鼓。

马来西亚二十四节令鼓从新山原创,举国雷动,海外传扬,成为国家文化,这些年来我们办的节令鼓是非常丰富的,到了泰国,用泰国的文化元素,包括服装都改变了。

从2008年开始,二十四节令鼓的介绍,编进了马来西亚1200所华文小学所学的五年级的华文课本里面去了,所以马来西亚的考题有请问二十四节令鼓的原创人是谁?答案陈徽崇、陈再藩。

也就是说节令鼓在马来西亚已经进入整个教育系统,当然最强是在高中,在中学,马来西亚的独立中学是初中跟高中在一起,所以延续性很强,慢慢小学也有了,现在有23所大学有,也有很多社团、庙会、庙宇都有节令鼓。

去年我举办二十四节令鼓的第四届国际鼓节，华侨大学的校长写了一个简单的序言，我觉得这个序言是二十四节令鼓发展非常重要的一篇文字，鼓是一种文化，鼓是一种精神，鼓是一种使命。

对于鼓手来讲，打鼓是一种鼓乐，是一种文化，对于一个马来西亚的华人民族来讲，鼓是一种精神，对中华民族也是，而鼓的传播，渐渐也成为一种使命，鼓手本身去到一个地方，去到美国，他们说我们在大学里面办国际文化节，马来西亚学生能够表演什么？刚好里面有三四个鼓手，三四个人拉多几个，没有办法买二十四个鼓，可能从八个鼓开始，八节，到十六个鼓、二十四个鼓，慢慢添购，它就创立起来了。

节令鼓在1997年传到华侨大学，华侨大学现在累计有3000个鼓手，是华侨大学的一张名片，华侨大学借着两个活动，在福建省成为一些大学竞争的金牌，一个是华侨大学的篮球队，是唯一能够把北大和清华打败的。另外一个就是节令鼓，所以华侨大学给海外的华侨留学生提供奖学金，如果你是马来西亚的篮球州手或者国手，学费全免的。

节气入选世界非物质文化遗产之后，节令鼓的发展前景，我觉得是非常好的，节气入遗，其实可以办中国的鼓节，可以尽量让节令鼓配合"一带一路"倡议，节令鼓是文化人心相通的一个重要项目，所以我觉得这个节令鼓未来的发展非常开阔，在马来西亚经常在学校假期的时候，办节令鼓鼓手的培训营，一次来都是六七百个学生，非常多。

节令鼓在新加坡有20多个队，上了电视剧，变成青少年的励志节目，也成了新加坡邮票设计里面的图样，在新加坡大会堂演出，新加坡的鼓队也是最早到北京鼓楼访问的鼓队。

节令鼓的艺术性、演艺性、仪式性，它的技艺、民俗，这些方方面面都值得去发挥、去挖掘，可见节令鼓应该朝艺术性这个方向去拔高。

希望北京会有很多的节令鼓队，希望在中国、在黄河流域也会有节令鼓队。开封朱仙镇会建一个主题公园，我也提出二十四节令鼓这样一个概念，希望节令文化得到广泛传播。

文化创意产业与非遗的生产性保护与发展

意 娜

(2017 年 9 月 12 日上午)

由于我长期做国际文化政策研究，开始是希望我讲国外非遗保护经验。但实话实说，非遗的保护和发展在国家和各级政府层面能够得到高度重视和投入，并且形成有效的保护机制，还产生非常值得关注的社会效益的，还是要看中国。所以我最后还是决定从文化创意产业的角度切入，谈一谈在这个现实语境下非遗的传承和发展问题。今天我讲四个部分。第一部分是关于联合国教科文组织的非遗《伦理原则》。谈到的非常重要的一个部分，就是知识产权，还有利益怎么分享、权利怎么认定等相关的问题。所以这块跟非遗相关保护与发展是密切相关的。

第二部分，关于文化多样性。一般我们说起文化多样性，大家都会从直觉上理解，跟非遗没什么区别。因为文化多样性的全称是"文化表现形式多样性"，非遗不也是文化表现形式吗？事实上，文化多样性公约和非遗公约虽然在教科文系统中出发点很相似，但是两个公约方向完全不同。

第三部分和第四部分是关于我们的实践。这些年在具体的传统文化现代化转化实践中，遇到过很多问题。我认为是因为设计和运营这两个词的门槛实在太低了。所以很多人就会觉得，我找一个设计学院的人或者很牛的设计师来设计一下，不就完了吗？但其实我们在实际操作的过程中会发现，好像没有那么简单。所以我会分别从设计和运营两个角度，跟大家做一些分享。

我知道大家的诉求是希望能接受一些很实用的信息，尤其是咱们拿到手就能用的好经验、好方法。但是，实话实说，每一个案例成功的偶然性都太大了，我们没有办法直接照着别人成功的案例就能做成。所以我今天会涉及一些别人的成功案例，但是我更多的是希望从上述四个角度，给大家一些思路上的启示。目的是帮助我们在未来考虑问题的时候，能够从这些角度有一些跟过去不一样的想法。如果说我们未来能够跳出来看这个问题的话，我觉得咱们今天的目的就达到了。

首先是非遗《伦理原则》。1970年，美国当时很有名的重唱组合西蒙和加芬克尔唱了《老鹰之歌》。在那个实体唱片的年代，我们还没有互联网，这首歌就已经唱遍全球，尤其在北美和南美特别火。我们来听一下这首歌。

我还想让大家听另外一首歌。这个人是玻利维亚的一个民间艺人用排箫演奏的乐曲。有没有发现这就是同一首歌？多数人不知道的是，这首歌后面牵扯出一个很重要的事情。当时玻利维亚给联合国教科文组织提交了一封申诉信，说这首歌不是那两位作者的原创，而是玻利维亚的民歌，在整个南美洲都有流传，是非常盛行的一首很有名的歌曲。这两位歌手只是配了词，就宣称是他们的作品，这是一种侵权行为。这个事情，现在想起来有点道理。但是在20世纪70年代，这简直就是匪夷所思的事情。我为什么要放这个呢？因为这个事情，在整个非遗保护的历史上很重要。

1973年玻利维亚政府写了一个《保护民俗国际文书提案》给联合国系统，控告这两位歌手侵权，这件事情其实影响非常大，在不久以后，联合国教科文组织和世界知识产权组织就掀起了一项"保护民俗"运动。这项运动完全是因为这件事情兴起的，后来联合国教科文组织也因此在1989年发布了保护传统文化和民俗的建议案。这个事情虽然不是直接促成非遗公约产生的直接原因，但也是一个非常重要的背景事件。

这件事情虽说只是个案，但在玻利维亚政府的权利主张背后，涉及一个在过去的若干年里面，从来没有被考虑到的问题，就是艺术家是不是挪用或者滥用了这个国家的民间文化艺术，而且使它商品化并且从中获利，这就产生了非遗的伦理问题。

这个案例离我们比较远。但是在中国也发生过一个类似的案例，我不知道大家有没有印象，就是2000年郭颂《乌苏里江船歌》的案例。最后的结果是郭颂和中央电视台败诉，在播放和出版《乌苏里江船歌》时，必须标注"赫哲族民歌"。

现在我相信大家对非遗的伦理问题有了一定的认识，还有一个案例想跟大家分享，这个案例告诉我们，有一些情理上自然而然的东西可能不在法律保护的范围之内，在非遗保护理念提升的同时，相关法律法规的健全也是漫长而重要的。在南美亚马孙丛林有一个部落，他们的萨满治疗仪式中，会使用一种道具叫作死藤水，这个汤药按照当地的风俗，整个采集、制备、使用都属于宗教仪式的一部分，非常神圣，只有部落的萨满或者医生才可以去做。

但是在1986年，有一个美国的企业家，把这种死藤水当中的一种藤，叫"达藤"，拿去申请了专利。过了将近10年，这些部落才知道有这件事情。他们当然很愤怒，没有办法理解他们用了几千年的传统文化的东西，怎么会被美国一个企业家拿去申请专利，变成你的东西，这不对。所以在加拿大环境法中心的支持之下，他们400多个部落团结起来，组成一个代表团，在1999年向美国专利局和商标局提出申诉，要求重新审查并且撤销这个专利申请。为了证明，他们还派了一个公认的德高望重的老酋长，去美国做证，演示了一遍怎么使用死藤水，告诉他们这是我们用了几千年的民族文化传统，不能够被美国商人拿去注册。

但是这个证词是无效的，因为按照《美国专利法》的规定，任何专利提出来必须要在公开出版物上进行文字的发表，口头传统是没有用的。所以他们的申诉被驳回了。这件事情当时在媒体上披露以后，得到很多人的同情。他们觉得如果真的任由这件事情这样下去的话，可能还会发生更不公平的事情。所以当时全球很多志愿者都参与呼吁和帮助解决这件事情的过程当中。后来加拿大有一个志愿者，他在一个很旧的小博物馆里，看到了一个1986年之前写的展品说明，上面写到了达藤和死藤水，其实这就成为一个关键证据，证明了在专利申请之前，达藤作为这个部落的传统已经在书面记录了。有了这个证据，美国企业家所申请的达藤专利被驳回。

接下来，就是大家已经知道的了。一直到2015年11月底，联合国教科文组织政府间委员会第十届会议上通过了非遗的12条伦理原则。这个伦理原则的原文，网上到处都查得到。中文译本里公认的标准译本来自中国社会科学院的巴莫曲布嫫和文化部的张琳共同翻译的版本。

这个原则是根据我们所熟悉的非遗公约，还有现有的保护人权和土著人权利的国际准则性的文件的精神来制定的。它代表了一个非常理想的原则。他们认为，能够直接或者间接地影响非物质文化遗产政府组织和个人的实践，来确保它的存续力，来确认对和平和可持续发展的贡献。所以它对我们现有的原则和法规，不管是公约也好，还是操作指南也好，还有包括中国的非遗保护法也好，都是一个非常重要的补充。

中国民俗学会会长朝戈金老师根据12条伦理原则总结出三个基本的价值观。

第一个价值观就是很多老师反复强调的，社区和传承人在保护进程当中应该具有不可动摇的核心地位。现在在社会上下广泛参与非遗保护工作的过程中，因为非遗门槛不高，大家很容易进入，也确实做了很多事。但是也随着加入者对非遗的认知不同，带来很多概念不清的问题。比如经常会把非遗项目，直接认定为记忆，或者是东西，而忽略了它最重要的一个部分，就是人。

回到公约，我们能够看到社区群体和个人的自我授权，是非遗保护当中最重要的东西。其实我们刚才谈到的所有案例，都跟这句话有关系，即非物质文化遗产是以相关的社区、群体和个人的自我授权为特征。保留的是创造者、传承者和实践者群体，对自身的文化遗产予以界定的权利。我们随时都要注意的是，社区群体和个人才是我们非遗保护的核心。所以我们不管做保护也好，还是在做相关后续的开发或者发展也好，我们都要注意社区群体和个人的权利。如果我们忽略了这一点，就会遇到前面这样的官司。

然后再补充强调的是，我们所谓的保护，其实包含它的确认：什么是非遗？它的建档，它的研究、保存、保护、宣传、弘扬、传承和振兴。而且这个传承包括正规的师承教育和学校教育，还有一些非正式的民间口口相传的教育。

第二个价值观，就是非遗的伦理原则符合现有的国际人权文件的精神，符合相互尊重的需要，符合可持续发展的要求。这个价值观之所以很重要，因为接下来要提到的文化多样性跟这一价值观密切联系在一起。12条伦理原则里面有两条，就直接提到了这一点。一个是在原则三里面提到相互尊重，对非遗的尊重和相互欣赏，应该在缔约国之间形成风气。就是说尊重和相互欣赏是第3条原则的关键词。第4条原则的关键词，就是社区和传承人知情，并且同意。这个其实回应了我们刚才的几个案例。你得让当地的社区群体和个人知道，你在使用它，而且他要同意你使用它，这个是非常重要的必要手续。现在不管是地区之间也好，民族之间也好，还有国家与国家之间也好，都要求尊重和相互欣赏。据我从中国民俗学会的同事那里了解到，在申遗、履约的过程中，尤其是那些没有通过的项目里面，很多项目都是卡在这一条上。

《原则》的第6条重申了关于它的价值评价。专家也好，外部的机构也好，他们的评价不能撼动社区群体或者个人。这一条对非遗进行产品开发过程中也会涉及。为什么很多产品出来会遭到非遗保护角度的批评和抵制？这里面可能缺失了一项工作，这也是专家们可以做的，就是对待开发的非遗项目进行具体的分析，我们的设计师和商业开发者需要知道他们正在面对的这个项目，哪些部分或者元素是其核心和灵魂，必须原样保护不能随便乱改的，这样创意才有发挥的方向，才能把产品开发得具有文化蕴含、市场价值并且适应现代生活。正是由于这一环节的缺失，非遗界的人和文创界的人常常处于相互埋怨的语境中。非遗的人说，创意的人乱开发，完全都不懂非遗。文创的人说，非遗界的人不懂设计和市场，所以开发出来的东西完全没有市场价值。他们之间的矛盾和壁垒，其实是因为这一步的工作没有做，我们光说它很重要，但是没有把它掰开了揉碎了，说它怎么个重要法，它哪一部分能动，哪一部分不能动。所以我觉得，这一部分的沟通在未来也是重要的事情。

第三个价值观更宏大一点，非遗的伦理问题，符合人类的整体利益和共同关切的话题。这个体现在原则的第 11 和 12 部分。第 11 部分它也提到了，文化多样性，我待会儿会提到文化多样性，所以我把它引出来。就是说文化多样性还有社区群体个人的认同，这两个东西，都应该被充分尊重。然后他们进行的价值认定和文化规范的敏感性，要得到尊重。性别平等，就是妇女参与，还有年轻人参与，这两部分是要特别关注的。还有要尊重民族认同，这些话题都应该在我们具体的保护措施的制定和实施当中，都要注意到的。

然后回到我们之前联合国教科文组织的公约的操作指南，这个里面说到需要注意的问题，五个不，这个其实在当时就已经说得很清楚了。所以我们在具体操作的时候，不管是有伦理原则也好，还是怎么样也好，这些所有的文件，其实在当时的操作指南里，这"五个不"已经说得很清楚了，所以我再把它列出来。

第一个：不让它相关的表现和表达形式脱离语境，要做一个文化空间的整体保护。

第二个：不给它脱节的标签，就是说不能说它是落后的，也不能以任何方式损害其形象，不能在这种公开场合诋毁文化传统。

第三个：基于政治、社会、种族、宗教语言和性别这方面，如果存在歧视，我们不能为其提供辩护，不能打着文化传统的旗号，来戕害女性等群体的权益。

第四个：不能助长相关的社区群体或个人的知识和技能被盗用与滥用。

第五个：我们不能进行破坏性的开发，竭泽而渔。过度商业化，或者是说不可持续的旅游开发。

这"五个不"在非遗的保护和利用当中，是非常重要的话题。

接下来我们进入文化多样性问题的讨论。

文化多样性，初听起来，跟非遗没有太大的区别。因为非遗也可以说是很多样的文化表现形式。之所以在非遗公约发布之后的两年，再推出一个多样性的公约。它跟非遗公约其实有相同的基础，都是基于不同民族和不同社会的不同的文化传统的，但是完全不同的面向。

那么不同在哪儿呢？文化多样性不仅体现在文化形式上面，它还体现在各种方式和技术进行的艺术创作、艺术生产、传播销售和消费等多种方式。非遗公约里面的文化传承的保护，就是我们所谓活态的部分，其实是通过多样性来解决的。就是我们熟悉的文化生产、文化消费，其实还包括公共文化服务、文化创意产业、文化贸易，其实都涵盖在文化多样性公约里面。所以它跟非遗公约的最大不同，就在这里。我们在非遗领域一般很忌讳谈的很多的词，包括创造、生产、销售、消费，这些与钱有关的，与创意创作有关的，是在多样性公约里面得到提升和保护的。

这些年协助联合国教科文组织和联合国系统，做了一些相关的传播和翻译的工作，2005年，文化多样性公约签署。在其十年之后的2015年年底，联合国教科文组织请了14位专家从过去收上来的71份履约报告里面，形成了并发布了一个关于这十年文化多样性公约实施情况的评估报告，也就是《重塑文化政策》，是2015年12月发布，它的中文版是我们2016年6月发布的。

这本报告可能成为推进世界文化政策研究的里程碑式事件。我们可以从这个报告里列出对文化多样性公约的评估目标中，看出它跟非遗保护的不同。

比如第一个目标是政策话题，支持可持续的文化管理制度，它是从文化管理的角度，来实施的一项政策。

从第二个目标我们能看出它的一个诉求，就是实现文化产品和服务的平衡流动，提高艺术家和文化专业人员的流动性，它强调的是两个方面，一是人和物质的自由传播和流动。二是文化产品和服务的平衡流动，指的就是国际地区间和国家之间的文化产品和服务贸易的话题。现在我们在全球范围内来评估这个文化创意产业的相关数字指标，主要依据的就是文化产品和服务贸易的数据。所以我们说为什么它对文化创意产业这么重视，就是这个原因。

第三个目标，是说文化是可持续发展的框架。这个涉及的，包括刚刚结束的千年减贫计划，还有像2016年元旦刚刚开始实施的2030年可持续发展议程，核心也在于减贫。主要是帮助发展中国家和欠发达地区促进经济发展，这也是联合国系统给予文化多样性公约的一个非常重要的诉求。

第四个目标，当然就是人权和基本自由，每个人都有自由表达的权利和空间。在2030年可持续发展议程里，有17个主要目标。这17个目标，其实和文化关系不大，但仍然具有重要意义。正如当时的联合国教科文前总干事博科娃女士所说，这个议程首次从全球层面上，承认了文化创造力和文化多样性对于解决可持续发展挑战具有的重要意义。它促使国际社会开始重视文化创造力和文化多样性，希望它能够解决国际争端，促进世界的可持续性发展。而且，这一议程跟我们公约的立场是符合的。就是强调了文化活动的产品和服务，不仅具有文化的意义，还具有经济的意义，是有双重属性的。而且在文化的层面，它不只包含了身份和价值观的话题，还包括促进国际社会包容和人权归属感的话题。在经济层面最直接的效果就是促进社会的就业还有人群的收入，推动了发展中国家的创新和可持续发展。这就是联合国系统之所以要重视文化表现多样性的一个重要原因。

在2011年联合国教科文启动多样性的评估之前，联合国教科文组织2005年开始在全球推动文化创意产业，但是相关的报告此前一直是由联合国贸发会来牵头做的，这个报告和后面的几个报告，也都是我主持或者参与翻译的。

在早些年，尤其是我刚刚进入中国社会科学院的时候，因为同时接触非遗和文创产业，觉得这两部分之间壁垒特别深，沟通很少，互相不了解、不理解。但是现在这些年，包括从国际到国内，这两个部分的融合、跨界和合作越来越多。

2015年还有一个重要的报告是由联合国教科文组织主持的，跟一家专业咨询机构和国际作者作曲家联合会共同推出，叫《文化时代第一张文化创意产业全球地图》。这个文件之所以重要，是因为在

2010年之后，一直到2015年，中间这五年在国际层面完全没有关于国际文化创意产业相关的数据发布。谁也不知道这五年，国际文化产业的整体面貌。在联合国系统，他们认为主要的文化创意产业部门有11个，这个分类还是比较传统的，跟我们文化产业的14个大类，其实也差不了太多。报告认为这11个部门，成为全球经济的基石，在2013年占到全球GDP的3%。我们知道3%就已经成为支柱产业了，所以标志着，文化产业于2013年在全球都变得特别重要了。

此外，报告还说到文化产业在促进就业方面非常厉害，它创造了全世界工作人口的1%。而且人数已经超过了欧洲、日本和美国这三个地方汽车产业工作岗位的总和，是很惊人的一个数字。

所以它的结论就是，文化创意产业已经成为国家和地区经济的战略性的资产，成为世界经济发展的一个主要贡献者。

但是这里面我必须要纠正的一个小问题是，在这个报告里面，我们看到这个黄色的是发展中国家，蓝色的是发达国家，这个都很清楚。它的数据里面说，在2004年的时候，发展中国家文化产品的出口占全球的份额只有25.6%。到2013年的时候，翻了一倍，到了46.7%，增长了近一倍，很了不起。如果光看数据，形势喜人，会觉得这十年的过程当中，文化创意产业对于发展中国家以文化产品出口为代表的经济发展简直是太大的效果了。

但实际上，如果我们把中国和印度的数据拿掉，剩下的发展中国家的增长率不到5%。但是中国和印度之所以能够实现那么大的增长，这跟我们的制造业发展是有关系的。所以说，文化多样性在全球层面上，尤其是我们一直所说的对于欠发达地区的经济带动，是不是像教科文所预想的那么好？从这个数据上看，其实是不明显的。因为中国和印度，我们知道制造业里面，实际上涉及好多文化产品的代工问题，包括中国产的玩具，包括出口的U盘、硬盘，包括印刷的国外的书。这部分占了相当大比重。由中国和印度本土原创的文化产品，其实数量还是很少。这带给我们很多思考，当我们听到一个宏观数据和经验、理论，一定要带入自己的思考。

当然中国的重要性不言而喻。各种数据都已经显示了中国是在这个领域最重要的一个国家了。中国显然在这个国际文化创意产业地图里，在发达国家和发展中国家之间，起到了承上启下的特殊作用。我们过去一直学国外的经验，但是到现在这个阶段，突然发现，中国已经在很多领域走到了世界很前面的地方，当然国外在各个领域都有我们值得学习的地方，但在文化创意产业领域，中国已经根据自己的国情，形成了独特的值得他国借鉴的中国模式。所以在进行思考的时候，就可以从学习国外的先进经验来转向、来思考，国内和国外有哪些好的、哪些不好的，还有我们可能从更大的设计和运营的角度来考虑这个话题。

接下来谈一谈电子商务。电子商务的发展，非常深刻地影响了当下中国的形态。中国的很多农村，宽带这样的硬件建设没有那么普及，当年在我们用电脑上网的时候，他们被甩在后面。可是移动互联网使欠发达地区实现了弯道超车。除了特别穷的地方，大部分经济不够发达地区的上网的覆盖率，可能并没有比发达地区差多少。

第一个值得关注的问题。像淘宝村已经有1300多个了，这个淘宝村就是农户和返乡青年通过电商来创业，跟过去的生产和发展方式，产生了结构性的变化，我们就说它表明了传统乡村社会寻求变迁的内生性动力，也意味着互联网技术正在重构乡村的经济社会结构。但是我为什么要在这个时候说这个呢？它告诉我们两件事情。

一件事情就是以淘宝村为代表的这种新型电商的发展，对于我们传统的乡村经济社会，产生一个重构的变化。它可能是我们乡村发展的一种途径。

第二个值得关注的问题是，在这1300多个村子里，没有一个是从自己传统的特色产品、农产品，或者是传统文化产品当中来获得收入的。比如北山村，是在村子里从来没有的户外用品发展起来的。类似这样的村子，虽然是用电商的模式实现了盈利，可是它的淘宝模式，卖的都不是自己的特色产品。当我们发展特色文化产业的时候，会觉得淘宝模式多好多好，看有这么多个村子受益了，可是我们仔细看每个数据，它里面没有特色产品，都是一些市场上需要的其他的产品。这个产品可能跟这个村子的传统一点关系都没有。

所以关于淘宝村的这两个现实，带来新的思考：传统的文化，究竟有没有可能通过电商模式来发展，有没有可能呢？当然有。可是为什么没发展起来呢？这个就是我后面想讲的几个问题。在做传统资源开发的时候，我们会从传统资源上面来考虑问题，而没有考虑，真正掏钱的人，他是怎么想的。所以我在说，当我们进行传统文化的挖掘，进行传统文化开发或者是发展的时候，可能有两个问题，要问决策者。第一个问题就是说，你觉得好的东西别人也觉得它好吗？

第三个问题就是，别人也觉得好的，跟他愿意掏钱买的，可能也不是一回事。这个就涉及我们刚才所说到的淘宝村的问题。可能我们的资源很好，我们的什么特色产品特别好，大家都知道，可能全国就是第一了。可是这个东西是没有人愿意花钱买的东西。比如说我们现在非遗项目中的传统戏曲类的。很多地方可能想拿它来做开发，但是我们会说，这个东西，可能保护是第一位的。开发的条件可能还不成熟，目前多数人能想到的开发方式确实还没有能力在市场上竞争。你把它硬往上推，把它弄成"四不像"，真的没有意义，真正掏钱买票的人，他不一定买这个账。回过头来又对原来最传统和核心的部分造成损伤。所以这个东西你做出来"四不像"，在政绩上也不好看。

现在我们走到各个地方，听地方介绍当地文化产业的最大困难，几乎都是两条：一个是缺钱，当然不用说了。另外一个是缺人才。经常我就会反问他们，如果我给你弄来一个很厉害的人，你要把他放在什么位置，做什么具体的工作？这个问题是想提醒他们：如果你自己的地方发展模式还没有想好，你请来人才也没有办法发挥作用。如果我们反过来问青年人才的需求，真想做事的年轻人的回答也几乎是两条：一个是经济收入，一个是未来发展空间。所以希望吸引人才的地方也要思考能不能满足这两个条件。

最后，想跟大家分享的是设计和运营方面的一些想法。首先设计很重要。现有的绝大多数非遗项目，是不能直接作为产品往市场上推的，因为多数非遗项目本身是属于原来的民族民间手工艺的部分，它跟我们所说的创意产品不是一回事。而要把它变成创意产品，需要设计，这是前提。

特别要强调，我们不管做什么样的设计，都一定要回到文化根基上面来，天马行空的乱设计，肯定是不行的。任何民间文化，它都有具有精神信仰的社会美学传统的背景。比如说我们看到年画，它背后就有体系化的文化观和文化系统。举两个例子，一是绵竹年画，它最核心的不能乱改的东西是什么？我认识一家玻璃厂商，请了一个法国做彩玻璃的时尚大师，用彩绘玻璃的方式，做了一个灵感来自绵竹年画的鱼的抽象的造型，这肯定是创意产品，但是能不能算非遗衍生品呢？所以我刚才说，当我们做创意的时候，创意部门和我们的非遗保护的部门传承人之间密切的沟通和合作真是非常重要的。二是大家司空见惯的，中国股市红色的表示涨，绿色的表示跌，可是国外都是绿色为涨，红色为跌，因为红色在中国文化里，实在是太喜庆、太重要了。考虑文化背景而做出改变，虽然是很小的细节，背后的那种文化蕴含都是需要非常注意的。许多问题在传统当中是有指涉性的，所谓的文化性，是一定要在有限度和规矩里创新。民俗学或者我们这个学科系统很熟悉的一个词句，就是民间文化的整体性原则，说的就是在传统中创新，要优先考虑到我们的整个文化背景，我们的符号在文化当中的蕴含。

所以这些东西是在创意设计里面会出现的。但是这些东西，过去因为创意部门、设计师，跟传承人没有直接对话的机会。所以大家都是拿着从别处找的图案，就开始天马行空地做设计。但是随着伦理原则被强调，已经证明了在全世界的范畴里面，这两个领域的隔阂，已经在被打破，合作越来越紧密。

设计的一个基本的原则就是它一定要在细节处，改善生活的品质。在这种细节的里面，才能够体现出精致感，对生活的对细节的态度和我们对生活的意义是一样的。整体的品质和可靠是基于每一个细节的精致，粗糙的细节，会使一个非常漂亮的设计、非常精心的设计，变成一个很劣质、很低档的感觉。日本东京国立博物馆，把食品类的文创做出了系列产品。它的主要开创性在于食品的外包装上面。所以它的这个产品也非常畅销，也是让人眼前一亮的一种东西，会感觉这个东西品质很好。在很多时候，创意不是一定要损害它的内核，可能在那些东西的内核没办法随意改动的时候，我们也可以从外在提升品质方面做出设计创新，这也是一个思路。

另外设计要解决好跨年代元素的关系。过去一直有一种历史保护主义的想法。认为传统的价值是原样保护，它不能够被现代生活所颠覆，一部分现代设计师会觉得，有一些已经被社会所淘汰的东西，可能当地人本身都已经不用了，我们在设计当中，一定要保留它的形式，是不是有点太迂腐了。可能对于设计师来说，是一个比较难处理的话题。所以小到一件物品，大到整个街区、整个城市，它都会涉及有一个跨年代元素关系的问题。

小到一件东西，它要跟历史相呼应，大到一个街区、一个城市，它同样要跟历史、现在和未来相呼应的。所以从设计学的角度来说，与其说我们在设计一个当下的东西，不如说我们通过这个东西，把过去、现在和未来都联系起来。比较有意思的就是里昂灯光节。它跟法国很多其他城市一样，保留了非常多的传统建筑，本身就有传统的灯光节的活动，现在，因为激光技术等，它的灯光就越来越漂亮。它能够把这种现代的东西和传统的东西非常好地结合起来。当然，灯光节已经在全世界到处都能看到了。不过我是希望大家能够从这个活动里面，体会一下这种传统和现代交融的感觉。还是17世纪、18世纪的老建筑，但用灯光把它变成了一个非常现代的社会。让我们感受一下，在不破坏原来肌理的基础上，怎么给它附加出有创意的内容。

对于传统来说，我们有两个不同的纬度。第一个纬度是，必须要尊重传统，如果不尊重传统的话，那么传统没有办法给我们提供滋养，就是一个空中楼阁，没有基础了。第二个纬度是，当在推崇现代性的时候，不能一棍子把过去的传统打死。当然这个是一个很基础的道理，传统与现代的辩证关系，虽然说听上去很空，但是在做具体思考、具体案例的时候，它能真的落实在很具体、很细小的东西上面，这是一以贯之的原则。

还有怎么处理跟西方的关系的问题。因为我们经历过全盘西化的过程，我们也经历过完全排斥外面的东西，闭关锁国的一个过程。所以怎么来处理这个过程？对传统符号的简单移植和对西方设计的硬性模仿是中国没有给世界呈现特别好的设计的一个主要的原因。传统符号怎么用，西方设计的那些好的东西，怎么来融入我们传统的东西里面？这些问题真的不是一个刚刚毕业的美术学院学生就能掌握的，也不是一般的设计师真的能够做得很好的。哪怕说有一些很有名的设计师，他也未必能懂得这些东西。所以这真的是一个很难的事情，这个我们是需要一直思考的一个问题。

所以像这上面说的，我们一直在等别人给引导，但却没有办法把这些核心的东西跟其他人来做分享，来形成自己的生活，有启发性地解决问题的方式。其实在这种程度上，被外国人称为中国新四大发明的东西，是突破了原有的范式，才能实现新的创造。

在东京十七届生活方式家居展上面，迪士尼跟九位日本艺术家和设计师，用米老鼠的造型做了一系列家居产品的设计。产品借鉴了一些迪士尼的造型，能够一眼就能看出跟迪士尼的衍生品有关，但是它确实又不是在迪士尼中常见的东西，一看就具有日本的本土化的文化经验。

中国的故宫文创是一个很值得一提的例子。当时刚出来的时候，也比较辣眼睛，但是它出的有几个东西，比如说它的佛珠耳机，虽然丑，但它跟我们这些年在中国博物馆常见的衍生品都长得不一样，它开拓了我们的思路，这是它最了不起的地方。

现在故宫真的就是中国文创，尤其是传统文化进入现代生活一个非常成功的例子。有一个特别好的创意，就是故宫官方微博发布的一篇《假如故宫进军彩妆界》。当时它的转载量，几天之内就超过6万条，阅读量达到858万人次，它的传播效果相当好。虽然并没有真的出这个产品，但是这个创意给了很多人非常多的启发。当时很多人就是看了这篇文章说，故宫的文创才是真正的中国的文创。它们在口红、眼影、腮红、指甲油等方面做了一系列的产品谋划。比如说从点翠首饰当中的蓝金元素，做出了非常漂亮的眼影。然后从《出水芙蓉图》和《花鸟画册》做出了腮红的配色。还有指甲油，也是从《千里江山图》和宋代的汝窑瓷器里面找到的设计。还有口红，色号是从宫墙、瓷器、祭红、胭脂红里提取出来的。可以说，这个设计就算与国际一线大牌相比也完全不输，真的很棒。

故宫前一个阶段有 6700 个产品，当然现在更多了。从这些产品里面，突破了很多我们原来做衍生品的一个界限。它有很多新的东西，就是被做成了这种文创产品，给了很多的启发。而且它的创意来源非常多。如书画、器物，都有设计。把整个的文化底色都提出来了，所以这也是非常成功的一点。

过去，我们博物馆的文化产品和文创产品没有分开，就像我们做非遗的产品的时候，把非遗的创意产品和民族民间的手工艺用品与民族用品混为一谈，没有区分。所以在设计和发展的时候有很多的局限：你做多了，它脱离了原来的文化；可是你做少了，消费者又不买单。而故宫的成功就在于它把文创产品和博物馆的用品，包括它研究类的东西，分别开来。我们可以看到故宫在淘宝上有很多店，有销售便宜但是创意能力非常强的产品的店铺，也有专门销售高端博物馆文化产品的店铺，还有保持专业性的书店。

中国传统节日文化与
地方经济社会生活

田兆元

（2017 年 9 月 13 日）

  我今天讲的"中国传统节日文化与地方经济社会生活"，是本次培训班给我的题目。过去说非遗，偏向于生产性的，如一些技术方面、工艺方面的东西，但是我觉得非遗里面最有价值的可能是其中的民俗活动。民俗是真正的非物质文化遗产。萧放老师和他的团队这些年在节日研究方面做出了非常优异的成绩，尤其在关于古代节庆和当代社会的结合方面有很好的探讨，推动了中国的民俗研究、中国的文化遗产研究和生活与社会建设的结合。我想从以下几个方面和大家讨论。

  首先，谈民俗学科对节日文化的理解。非物质文化遗产有很多的担当者，但是主要担当者应该说是民俗学这个学科，或者说民俗学学科是一个勇敢的担当者。非遗研究是民俗学的核心主攻方向，民俗学担当着文化传承的这样一个义务。很多民俗学者认为：民俗就是非遗，非遗就是民俗。这些年民俗学学科之所以发展，是与民俗学对于国家文化使命的担当有关系。当然，这里有个问题，非遗目录中有十大类，民俗被安排在中间一个小类。这样非遗保护，反而把民俗与其他类型割裂开了，这个目录给大家带来困惑。民俗实际上包含非遗十个大类，非遗名录参照的是钟敬文先生主编的《民俗学概论》，民俗学概论的目录与非遗名录非常相像。民俗比非遗的内容更为丰富，但非遗名录中将"民俗"列为小项，这就导致大的民俗被矮化，民俗自然成为小项目。

我认为，民俗学应该提两个民俗概念：一是广义的民俗，就是民俗学学科的以及通用的；另一是狭义的民俗，就是非遗保护的，它只是关于节庆、习俗、信仰部分的。最初我是反对非遗里面列出"民俗"这一小项，后来觉得把"民俗"这个狭义概念，放到"非遗"这辆大车上，载着一起来传达也是很好的，事实上也扩大了民俗学的影响力。

这些年我们提倡经济民俗学，是希望致力于民俗学观念的变革，这些年取得的成绩主要是民俗观念的改变。这里使用了一个描述性的词来表达民俗的定义：民俗是生活的华彩乐章！民俗是传统生活中流传下来的在当下最有价值的文化资源。后来我们反复探讨，给民俗确认了这样一个定义：民俗是通过多项叙事形态，构建文化谱系，实现综合认同的活态文化传统及其创新形式。现在的民俗概念，大家觉得民俗就是民间的风俗习惯，这肯定也是对的。我们强调了叙事，强调了谱系，强调了认同，这是民俗的三个核心要素。

叙事十分重要。比如说清明节，正是因为节日中有介子推这样一个人物的叙述，有关于忠孝节义的叙事，这个节日文化才能更加丰满。屈原是民族的精英，有了他的叙事，端午节才会有巨大的影响力。民俗是一种叙事，叙事是民俗之本，也是民俗构建的基本手段。

民俗的三种叙事方式是我们一直强调的。它们是语言文字叙事、仪式行为叙事和景观图像叙事。这三种叙事是神话、民俗乃至整个文化的基本构成形式。用这三种叙事模式可以解释任何一个节日形态。如果你不能完整地进行三种叙事的解释，节日形态就不完整。有些节日的语言叙事不是很有力，这个节日就不是很火爆。如果没有仪式行为叙事，节日就失去了其中的内涵。有的节日好像没有景观，没有庙，没有景观叙事，也不能产生很大的影响。

关注叙事是符合民俗和节庆的事实的，所以我们讲叙事是最基本的手段，民俗通过叙事构建认同。

在三种叙事的基础上，我们提出了民俗谱系的概念。民俗谱系是对民俗整体性、联系性的描述，是一种观念，也是一种方法，当然这个谱系是从叙事结构开始的。如《白蛇传》的故事，我们开始讲《白蛇传》的景观叙事，过去讲许仙、法海、雷峰塔、断桥、金山寺的语言故事，现在开始转向景观的叙事与生产研究。这个景观的核心是叙事，然后是生产。《白蛇传》传说故事是一个庞大的文化体系。

美国迪士尼乐园里有《格林童话》的元素，如白雪公主等，是大家熟悉的民间故事。米老鼠是认同度高的创作故事，他们自己创造的故事和传统故事融为一体，整个城堡就是一个故事集。旅游空间是一种综合的叙事，特别是景观叙事。没有故事的空间是没有办法开展旅游的。各地的管理者要审慎建设旅游区，既要大胆，但要找到核心的叙事文化资源，要进行谱系化的整理、研究、讲述、挖掘。我们所讲的谱系，是多种元素的相互构成。

我们有一个国家重点项目：东海海岛的民间信仰谱系研究。项目动机是清楚的：浙江、福建、闽南的海岛与台湾岛，以及琉球诸岛曾是一个共同的文化整体，是大中华文化圈。我们的目的是想把福建的岛屿、浙江的岛屿和台湾岛、琉球岛等视为一个文化区域，要把这个曾经的信仰谱系建设起来。但这个谱系现在出现了裂痕，比如说琉球的龙舟，它上面打的是日本民俗文化财的牌子，但整个仪式打的字还是汉语汉字，比如说"国泰民安""真龙""五谷丰登"，显然是从中国传过去的，但是它已经日文化了。这些文化实际上是民俗或者是信仰中间的断裂，我们是想把这个文化谱系重建起来。

民俗谱系有时间谱系、空间谱系，还有内部的权力谱系。祖庙、分庙是分层的，也是一种结构，以及它的生态谱系。一位博士生获得了国家社科基金项目："黄河中下游帝尧故事谱系研究"，还有的博士获得国家社科基金项目"三官信仰的谱系与认同研究"。可见文化谱系是重要的民俗观念。

民俗的另一个特征是珍稀性问题。民俗的许多物品是作为记忆存在的。比如说缙云烧饼，传说缙云烧饼是黄帝炼丹炉上烤出来的，有这样的故事提升了烧饼的价值。故事对于地方文化的价值比历史要大，为什么呢？历史是不能掺假的。但民俗不把客观真伪当作目标，民俗需要的是一种认同性的精神。

我们还要改变民俗学家的身份。民俗学家是社会的参与者和支持者。人类学家曾经表示他们的立场是中立的，和对象要保持距离，其实做不到。我觉得民俗学与社会要打成一片，用科学的方法促进地方发展。

我接下来想谈一谈关于重阳节。重阳节的具体活动在《荆楚岁时记》有记载，"四民"有特定的节日仪典。"四民"是指当官的、种地的、手工业的以及商人，"四民并籍野饮宴"。这是一种关于重阳节的叙事。《荆楚岁时记》载，"今北人亦重此节"，说明南北方已形成广泛认同。接着又叙述整个仪式系统，即节日的行为系统，"佩茱萸，食饵，饮菊花酒"，这些食物，据说可以令人长寿，这是它的功能。前面是节日仪式行为，后面是功能。"近代皆宴设于台榭"，预示着江南条件比较好了，这是起源的叙事，可以说是历史的叙事，与当年形成对比。《荆楚岁时记》揭示了这样一个功能和核心问题，就是佩茱萸、食饵，饮菊花酒。

这里又有一个关于重阳节的叙事。桓景跟费长房学道，费长房说九月九家里有大灾，赶快叫家里人缝茱萸系臂上（这是佩茱萸的来源），登山饮菊花酒，此祸可消。举家登山，饮菊花酒还要登山，不能在屋里面饮，我觉得这个故事非常值得讨论。然后桓景带着家人跑到山上去了，结果一回来，发现鸡、犬、牛、羊全都死了，它们代替了他们一家的命。如果桓景在家里面可能就死了。这是一个神奇的叙事，也是一篇惊悚的叙事。重阳节就成了一个关乎家族安全、家族繁衍的叙事。因此，在社会生活中，九九重阳登高行为，实际上是一个关于家族安全繁衍的社会行为，这是中国最古老的叙事之一，保护家族安全。

魏晋南北朝，以及唐代，社会经济加强了，"待到重阳日，还来就菊花"，重阳节又变成朋友间的一个社交活动，所以节日是促进人际关系，有一些诗情画意活动。宋代，重阳节赏菊更为普遍。据《东京梦华录》载，这个赏菊，不是欣赏普通的菊花，而是"万龄菊""桃花菊""五香菊"等菊花的品种，是为了迎接这个节日，把菊花种植产业推进起来了。杭州还有郑板桥题过词的楼堂馆所，现在都是很重要的资源。

重阳时候人们都登高跷,在哪里登呢?"在仓王庙,四里桥,愁台,梁王城,砚台,毛驼冈,独乐冈",这些地名也是非常有意思的。外面的野餐,大规模的户外活动,聚会,一是自然形成了健身活动,更为重要的是,户外活动,保障了家族的安全,防止在秋季,由于浊气下降给家人身心健康带来威胁。

然后再看看社会关系的建构,"粉蒸糕馈送",送的东西很漂亮,上面插一个小旗子,还把水果、石榴、银杏、松子之类的食品放在糕上面,太讲究了,这就是重阳糕。这个重阳糕已进入社会交往的世界里面,这样一个社会交往促进了消费。文化渗透,各庙里面开始讲法,"游人最盛",因为节日的时候,趁这个机会普法,"诸僧坐狮子上",这可能是一个狮子座,不是真的狮子。下旬"即卖冥衣、靴鞋、席、帽、衣段",在为销售做准备,销售的是一个民俗产品,"十月朔日烧戏","十月朔日、黍臛、俗谓之秦岁首"。这是准备十月初一的活动,为什么会有这个活动呢?可能当时讲了秦岁,因为秦国是十月初一过年,现在是夏历正月初一过年,周历是十一月初一过年,每个朝代岁首是完全不同的,所以叫改朝换代。到了秦历一月也有了,十一月也有了,最后搞到十月初一过年,跟国庆节一样的。节日由家族转向民俗社会,大规模的消费性的行为开始出现了。

汉代到现在已经有两千多年了,重阳节日一直是稳定的。但现在重阳节反而不受重视,原本是整个家庭社会的活动,现在把它变成老年节,我真的不支持这种做法。它本来是一个公共活动,有很深的文化内涵,现在却缩小了。老年文化和产业应该是最有前景的,现在中国的老年人口超过美国和日本人口的总和,大家又有退休工资、有空闲时间,怎么通过这个节日组合起来?我觉得这是值得讨论的。现在重阳节的节日符号的生产支持系统不足,像重阳糕、重阳酒、茱萸这三样东西都缺乏生产,所以它很难支撑其文化谱系。

刚才讲了传统节日问题。再讲一些现代的故事。茅盾的《香市》讲香市是农民的狂欢节,这是浙江一带的,靠近丽水那边,现在可能是衰败了。这个是整个江南地区传承千年的习俗,非常古老,但是衰败不是 20 世纪后期才有的事。在民国起初是非常好，吃喝玩乐，人们把庙挤得满满的，茅盾说他幼时见到的就是这样。但后来就衰落了，"天气虽然好，市面很不好，很阴惨……声音是单调的，戏台坍塌了，屋椽子像瘦人的肋骨似的暴露在'光风化日'之下。一切都不像我儿时所见的香市了"！

过年也是这样的。本来是一个欢乐的时间，鲁迅描述的祝福形式，用这么冷酷的语调来描写，大家看不出一点过年的那种欢乐气氛："杀鸡、致敬尽礼，迎接福神，拜求来年一年中的好运气的。杀鸡，宰鹅，买猪肉，女人的胳膊都在水里浸得通红，还有绞丝银镯子"，这些描述得非常直白，直白里没有任何的神圣色彩，也没有任何的欢乐色彩，所以这是"五四"这一代人对中国传统节日的态度。大家想想在唐宋明清，节庆可以写得很欢乐，20 世纪的节日怎么有那么大的变化呢？

20 世纪 50 年代，节日的社会整合、经济驱动功能大大降低了。节日要拜祖宗，但又被认为是迷信的东西。当时与我们现在的经济消费大相径庭。20 世纪 70 年代，过年要过革命化的春节，整个的娱乐功能大大被消解了。当时认为，劳动生产是价值最高的，不认为消费实际上也是推进社会的重要因素。同样也没有想到把春节假期负载一些文化，也是对政治、社会很有利的。

经济民俗学问题，开始关注的人不多。2000 年何学威先生写了一本《经济民俗学》，出版以后没有多少人响应。这应该是一项创新性的成果，但是 2000 年一直到 2015 年，就没有多少人跟进。何先生描述了民俗经济的丰富现象，厚厚的一本书，我认为还是很有意义的，这本书用来开发经济是很有意义的，但是他的学术话语也有不足之处。经济民俗学也在逐步探索中，认同性经济是我给它的一种定义。这个认同性实际上包括消费的认同、符号的认同等系列的认同。中秋节的消费是民俗消费，你必须有一些与中秋相关的消费行为，中秋节一般说至少要吃一个月饼。过年就更不用说了，给老人、孩子买东西，以及现在的红包，都是一项很重要的民俗经济，同时把红包文化也传承了。一晚上可能发十个八个红包，全国有几亿人在发，数额也是巨大的。

民俗经济覆盖面广。大概有十多项，比如民俗服装、民俗食品、民俗旅游、民俗玩具、丧葬用品、婚俗用品等。这些民俗消费规模很大，有十万亿元左右，但现在产值有八十多万亿元，占比在15%左右。

民俗经济实际上是民俗文化传承的大问题。有很多行业需要民俗学行业的人来做。比如墓志铭，人一生一世，离开这个世界，是不是该有一篇墓志铭来记载其生命的价值与奉献？家族文化需要传承，连墓志铭都没有，怎么传承呢？上海一年去世12万人，但绝大多数没有墓志铭，小小墓碑上面只是某某名字，括号一九几几年，很多都没有叙述自己的生命历程，就是光板一块，少数墓碑写两个字：怀念。还有的人写得比较长一点："我们永远怀念你。"这与上海城市文化的品级差得太远了，对生命如此不尊重。可是我们并没有提供这样的服务，假如说12万人都写墓志，那需要几千人来从事这个行业。有一个乡下的朋友去世了，他的墓志铭写得很好很长，说他："某年某月某日，天公有请，地府削名，一梦黄粱，人世永诀，呜呼哀哉！"对生命的叙事非常雅致。有的墓碑还有墓联，如"堂前教诲言犹在，墓旁哀思泪长流"，让人一看就是一个孝家。另外有一个是"人间未遂青云志，天上已成白玉楼"，这个墓联也写得非常好，所以民俗是很高雅的存在，可惜这些文化形式日渐丧失。假如我们兴起了墓志文化的产业，也就弘扬了丧葬文化遗产，彰显了人生的机制，促进了家族文化的传承。所以，民俗经济并不单纯是一个经济问题，而是文化问题。

民俗经济有三种类型。一是民俗物品的生产和消费。比如说月饼生产消费之类的，衣食住行物品，地方特产，还有民俗旅游等。

二是民俗消费平台。所谓民俗消费平台，例如主要是关注生老病死、婚丧嫁娶这样的人生礼仪平台，也有岁时节俗的社会礼仪平台。他们消费的物品不一定是民俗物品，但是巨大的消费是因为民俗平台的消费需求推动的。节庆是重要的民俗消费平台。过年所有消费都超出日常的消费。我看到有一个统计，北京正月一个月的消费相当于平常两到三个月的消费。但是传统过年的消费,有时候达到平时半年的消费。

三是民俗资源的创新及其平台。节庆是一种重要的文化资源,也是经济资源。事实上,对于企业来说,现有的节日资源尚不足。尽管现有节日带来消费的巨大提升,但相对一年365天来说,节日所占时间不及十分之一。所以利用民俗资源,创造新的节庆便应运而生。比如说某某文化节,某某购物节便出现了。著名的"米粉节""光棍节""年中购物节"等,产生了强大的社会反响和经济效应。

企业利用传统的资源开发节庆活动,构建了节庆文化内涵。只有一个节日,没有内涵,不仅不能形成认同,其经济目的也是没有办法实现的。节庆内涵哪里来呢?这就必须挖掘具有长时间的认同历史的资源。我们发现,现代网络公司在传承文化上其实是做得很好的。现代企业最突出的节庆形式构建,是微信红包以及各类企业红包。春节红包本来是中国一项年节习俗,表达节庆吉祥,以及代际关系建构,关注后辈成长的愿望。电子红包不仅活跃了春节文化氛围,对于网络来说,经济效益巨大。只有做足了节庆的文化内涵,才有可能发展节日经济。

民俗经济的三个大类,第二个、第三个都是节庆占据了主体。婚丧嫁娶生老病死的庆典,又是个人和家庭的千家万户的节庆。所以我们要打开节日经济的大门,就要从做足节庆的文化内涵开始。

节庆消费形成民俗经济的产业链。经济民俗学关注这样一个问题:焦点问题和谱系问题。民俗消费既是焦点问题,又是谱系问题。我们每天都在消费,但是在节庆和关键时候形成消费,这就是焦点问题。焦点问题由焦点时间、焦点事件构成。双十一是焦点时间,春节是焦点时间,因为是节庆,无论是传统的节庆,还是创新的节庆。而发红包、集五福是焦点事件。

特定的时间,特定的事件,加上特定的地点,特定的仪式,特定的消费和特定物品的聚合,还有特定的精神价值和特定的叙事,这就是不同寻常了。这个焦点可能是一个物质符号,过去重视月饼,其实是一个很好的文化载体,但我们把端午节过成粽子节了,把中秋节过成月饼节了，那就是因为有粽子才促进了端午节的繁荣功能，假如说月饼都没有了，中秋节就近乎消亡了，这个肯定是的。月饼是文化载体，皮之不存、毛将焉附。

所以特定时间特定事件之后，要有关键的特定符号，加上特定消费，形成一个文化谱系。举一个例子，比如说中国节日传统的服装系统近乎消亡，有的人可能还有两件旗袍，有的人搞点汉服，更多的人可能什么民俗服装都没有了，这就是节日经济谱系没有形成。圣诞节有一个很典型的帽子，上面有一个白色的小球，它有这种标志性的东西。所以现在节日传承中国优秀传统文化，要设计中国的服装秀。现在我们缺少自己的服装系统，搞不出一套合适节庆服装，这也是一个问题，你说中国人要有创新，还要有文化自信。

节日的谱系既指横向构成，也指纵向构成。横向谱系是指从焦点地点辐射。端午节，现在大多只关注五月初五这一天。但在历史上形成的时间本来有初五、十五和二十五三个时间，以五月十五为大端午。现在人们已经觉察到单一节日时间事实上满足不了经济需求，于是打开了节日的时空关口，比如开始使用清明季、端午季来拓展节日时间，将节日时间谱系化，使之有焦点，有扩展。

节日谱系的纵向构成是指其发展发生过程，通过复兴重构，构建其生长空间。人们说中秋节是后来居上的，这也与地方经济的推进有关。上海有一条河叫苏州河，因为这条河流到苏州。过去，苏州很好，上海很穷，顺着苏州河就可以到很繁荣的地方去，所以它会有这样一个关于苏州的叙事。当年苏州是最辉煌的。由于辉煌，所以中秋节的符号——苏式月饼行天下。它创造了类型以后，这个节日代表性的物品就真的了不得了。但广式是从1889年开始出现，潮式在广东占了很大的比重。有日本人研究说为什么广式占据了苏州？现在苏式好像卖得少，广式卖得多，广式拿在手里吃很方便不会掉，苏式会掉渣，所以广式就赢了。这是他的一个想法，他可能是功能主义的看法，忽视了人文主义的趣味。可能广东前段时间经济发展迅猛，广式也就成为时尚。但现在很多人觉得苏式月饼更中国化，更有趣味，因为味道更独特，还有用纸包的，更符合节日食品的复杂性和趣味性，掉渣这个东西本身会有点情趣，就拿着这样吃不担心掉渣没有情趣。

我们讨论节日谱系的时候，会关注到其发展过程中，文化力量的消长。节日谱系的发展是节日文化中不同力量的此消彼长，交织错落。在这样的发展中，文化实现了认同，形成了多元一体的文化格局。节日文化形成了多元的系统，也就发展出多样的经济形态。切忌对于节日文化出现认识上的一刀切的做法。比如说，过年吃饺子，这在北方是对的，但是不是整个中国的年俗，它只是中国多样性的年俗食品之一。所以，节日文化的焦点与谱系问题是节日经济必须关注的重要问题。

节日仪式的构建也是很重要的。我们当时在校园里做了端午的仪式活动。端午游园仪式很好地诠释了我们的民俗理念：民俗是生活的华彩乐章。这个仪式搞得花花绿绿，整个校园生机勃勃。时间选择在十一点半到十二点半，学生下课了，他们都驻足观看，大队伍浩浩荡荡，所以时间一定要选择好。学校里的民俗类社团，包括射箭、汉服等，他们表演了射艺。一个节日活动大大提升了我们在学校的影响力。这里的核心问题还是叙事，我们强调符号化叙事、仪式化叙事，节日始终跑不出这三块——语言文字叙事、仪式叙事和景观叙事的三位一体。景观我做了一个分类，一是建筑性物质性景观，二是表演性景观，表演本质是一个景观，景观不仅仅是一座雕塑，而是这个行为也是景观。表演与景观是文化传承，更是生产力。仪式与表演是节日的基本元素，也是民俗经济所必需。

节日文化弘扬要自觉，弘扬符合社会发展潮流的主流意识，形成可持续发展的经济，形成文化与经济的良性互动。地方节庆的建设急需理论建设与谱系规范建设，避免千篇一律与无效经营，我觉得很多节庆是无效的。节庆活动应该为民众带来福祉，形式主义的做法要不得。地方节日经济需要产学联结合。必须有理论，也有实践，还要懂经济。

这里要提到《搜神记》里面的一个故事：豫章新喻（旧县名——编者注）县男子，见田中有六七女，皆衣毛衣，不知是鸟，匍匐往，得其一女所解毛衣，取藏之，即往就诸鸟。诸鸟各飞去，一鸟独不得去。男子娶以为妇。生三女。其母后使女问父。知衣在积稻下,得之,衣飞去,去后复以迎三女,女亦得飞去。

这是著名的毛衣女故事,虽然很简短,但已成为新余的饭碗。这个故事大家把它解读成爱情故事。现代新余的叙事,是一个谱系性的叙事,据报道:"我们的节日作为中国优秀传统文化的第一年,8月28日,在这个传统而又浪漫的七夕节日里,由中国民间文艺家协会、江西省文联、新余市委市政府联合主办的中国(新余)七夕文化高峰论坛暨'中国夏布技艺之乡·中国夏布绣传承与发展基地'授牌仪式举行"。

这里的毛衣女故事成为节日谱系的一个环节,节日叙事往牛郎织女靠,往七夕节靠。其中一些模式是可以借鉴的,他讲"七夕中国传统节日,新余是中国七仙女传说之乡",这是惯用手法,只有大家认同,传统节日才会发展。他把仙女文化和夏布联系起来了,把它形成谱系,因为毛衣女故事与牛郎织女故事联系,夏布与七夕关系就变得有来由了。一是地方将七夕与毛衣女嫁接,链接资源;二是国家化、学术化、权威化,召开学术会议,申报遗产;三是系统的、谱系建设,拓展其旅游空间。

宁波象山的开渔节,是造出来的节庆,但它是中国十大民俗节庆,开船仪式非常热闹,今年广东茂名也在学这个东西。同一天海南也在搞开渔节。象山在讲节庆旅游的时候,说有八大优势,渔业文化资源、红色文化资源等。

节日文化是传统的载体也是现代性的载体,节日可以促进社会的认同,促进经济的发展。焦点建设是核心价值问题,节日就是焦点。谱系建设是节庆的存在方式,谱系要有一系列的元素来支撑。有很多节庆缺很多要素,这是需要改进的。大家要深入研究,必须专业化。社会治理需要借助节庆,经济发展更需要节庆助力。高校和地方必须携手发展,没有持续研究就没有节庆的成功。微信红包是有研究团队的,这个团队是国内顶级专家在支撑,所以我说没有研究就没有成功。

节庆旅游品牌的策划与培育

代改珍

(2017 年 9 月 13 日下午)

一 节庆活动的旅游特征

节庆活动,一般具有特定的时间性、地域性、文化性、社会性、经济性、神秘性或神圣性,包括几类:一个神圣的或者世俗的庆典;为纪念某个名人或著名事件,或为庆祝某种重要成果而举行的年度仪式;为纪念某个人的作品或工艺品展览的文化事件;主题性的交易会;一般性的娱乐舞会。在旅游发展中,常常将传统的节庆文化进行传承创新,以更符合游客的关注要求和体验习惯,更好地承载旅游发展的目的。在这个过程中,有几个特征表现得比较突出。

(一) 时间性与地域性

从时间上来讲,节庆活动分为两大类。一是历代传承至今的传统民俗节庆,二是后来新兴的现代节庆活动。传统的节庆活动有长期稳定的时间,具有大众记忆的属性,新生的节庆活动也都尽量争取在固定的时间重复举办,成为"日历节庆"(有年度预定性、可预期、保留性的节庆活动)。同时,节庆活动又有鲜明的地域性,即使是全国甚至全球性的节庆,在具体内容的呈现、参与人群的体验方式、联合带动的文化体系上,都会具有一定的本地性,这也是各地节庆活动的魅力所在。

时间性和地域性标识了一个节庆活动的基本信息，也是进行旅游发展的基本要素。时间性是节庆活动稳定性的表现，作为旅游产品来打造，能够与其他产品形成系统的差异性整合，作为营销方式来打造，也更能够有计划、系统性地进行要素整合和全媒体推广，作为地方文化品牌来开发。

（二）社会性与文化性

节庆活动一般是开放的，作为旅游产品和营销方式的旅游节庆具有更强的开放性和社会性，它吸引多元主体的关注，鼓励更大限度的大众参与。我发现一个规律，那就是节庆活动越具有较强的社会属性和社会黏度，它作为旅游活动越能走得更远。

贵州铜仁的龙舟赛，我们去考察的时候，接待的是政府工作人员，他们都是龙舟队的队员。他们有的在单位参加龙舟队，有的就在户籍所在地参加龙舟队，不管从哪个维度，总得加入一个龙舟队。每到周末，如若没有正当理由，就得回去训练、参赛。这样龙舟赛就有很强的日常性，就能走得更远。据说有一年因为安全考虑，政府方面打算取消举办大型的龙舟赛，但是老百姓就扛着龙舟去跟政府商议，龙舟赛年年搞、月月搞，不能取消。这就是民俗传统的力量，这就是节庆活动社会属性的价值，它能推动作为旅游活动的龙舟赛做得更好、走得更远。

（三）经济性与体验性

节庆活动因为短时间内的高关注度、大人流量、信息量，也带有较强的基本的经济属性，尤其是节庆旅游活动的开发，具有更直接、更现代的经济性，而且参与度、体验性越强，越有利于促进其经济价值的实现。

黑龙江大兴安岭行署首府所在地加格达奇区，是全国有名的"林海静城"，连续十多年在冬季举办北极熊国家冬泳邀请赛，在冬泳圈里影响力很大。大兴安岭冬季气温要低达零下四五十摄氏度，非常寒冷，地方政府就卖冷的文章，在最冷的地方北极举办冬泳邀请赛，半天的比赛时间，来自十几个国家的上百支冬泳队，都来加格达奇参赛，来参加的还有俄罗斯七八十岁的老太太，作为赛事确实火了一把。作为一场国际赛事活动，政府投入成本很大，但是半天就结束了，没有其他活动安排，没有盈利。我们去做旅游规划的时候，他们说冬泳非常好，我说冬泳活动与游客没有关系，与一般老百姓关系也不大，这不是最好的做法。我建议把这个冬泳邀请赛从一个赛事，变成一个节事，变成一个节庆。借此，将当地的山特产品、年货销售出去，再与春节庙会相结合，举办个冰灯节，打造小型的冰场和滑雪场，搞一些娱乐性的、让游客能够参与体验的、小而美的东西。冬泳赛活动，把冰灯、戏雪、滑雪、冬季民俗的体验、庙会、山特产品的交易纳入进来，至少吸引本地人，让大家能感觉到这个赛事与他们的关系，与这座城市的关系。我们现在把这个赛事从半天延长至一周，具体有几十项活动。成本没有比原来增加太多，因为现在很多活动由企业来组织，老百姓参与经营的积极性也很高，可行性很强。这是一个典型的从单一的专业赛事活动，变成了一个具有强烈的经济性、体验性和旅游属性的节庆活动，是从赛事变成了节事的一个案例。

（四）主客共享

节庆旅游活动是基于地方资源、地方特色，面向社会、欢迎游客参与的活动，在一定时间和空间内，举办者、经营者、当地民众、外来游客等多元主体共同构建了一个主题活动场域，多元共建、主客共享。因此，节庆旅游活动的设计，要考虑多元主体的需求、参与习惯和利益诉求，创新各项工作机制，利用新科技手段，更好地提高主体的体验度。

二　节庆旅游品牌的发展路径

（一）老壶装陈酒

老壶装陈酒，即在保持地方传统节庆形式和内容不变的基础上，以体现地方风俗节庆的原真性为主，向旅游者展示其原有风貌。此模式主要是针对那些偏远地区的少数民族节日或待开发旅游区特有的节庆活动，它们多是"养在深闺人未识"的潜力品牌项目，有着独特的个性魅力和异域风情，在当地历史悠久、特色鲜明、群众基础广泛，对外来的旅游者保持着神秘的色彩及吸引力。

有一个很经典的案例是"贵州铜仁龙舟赛"。铜仁市隶属贵州省，处于湖南、湖北、重庆、贵州四省交界处，武陵山区深处。传统的赛龙舟活动，具有丰富的仪式体系。铜仁市将传统的"龙舟赛"打造成一项体育赛事和民间健身活动，形成了"传统文化+体育+运动+演艺+文化交流"相融合的地方重要节庆活动。我们也在推动铜仁"龙舟赛"产业化，建立"龙舟赛"的培训基地、赛事基地、龙舟制作工艺基地、龙舟文创基地等。我访谈铜仁市碧江区的区长，问他作为一个碧江人，碧江区最让他动容的是一幅怎样的画面？他非常肯定地说是赛龙舟。他说赛龙舟已经融入碧江人的血液中，现在除了端午节和大型的赛事之外，每周末，各单位、各乡镇，都会自发组织赛龙舟，已经形成了一种日常的生活方式。在铜仁市全域旅游规划编制时，政府要复建铜仁古城。这座古城最大的特征是武陵深处的一个世外桃源——一个化干戈为玉帛的地方，像是一个乱世当中能够避难的挪亚方舟。我们经过反复探讨，认为这座古城的最大的符号性特征就是赛龙舟，它是一座龙舟古城。传统的祈福文化、化干戈为玉帛的仁义包容文化和码头文化等多种文化的属性，都可以用"龙舟"统筹起来，定位为"梵天净土，桃源古城"，"世界龙舟之乡，中华乡愁故园"。我们觉得要紧紧抓住龙舟这个事，它本身可以在产业化上做大。我们还以龙舟为元素设计了一些旅游商品，如船桨做的项链饰品、龙舟形的调味瓶的架子、毛笔架和龙舟杯等，很受欢迎。

（二）老壶装新酒

这里的老壶，指各种各样的传承传统节庆旅游资源，新酒，指在传统节庆基础上开发的活动、创新的节庆理念。老壶装新酒是对传统节庆活动的一种改装和提升，是利用传统民俗节庆的外壳，策划开发出满足旅游者需求的现代旅游节庆。这种开发模式是在保护传统民俗节庆资源的基础上，结合社会发展和时代特征，为传统节庆增添新的旅游内容，增强了节庆活动的参与性、趣味性和时尚性，使之更加符合现代旅游发展的需求。

由清明上河园景区发起的开封清明文化节是一个很有创意也很成功的传统文化旅游节庆发展的案例。开封是一座千年古城，传世名画《清明上河图》描述的是北宋都城东京的社会场景，清明上河园依据这幅名画和孟元老的《东京梦华录》记述，在开封城内复建了一座宋文化古城，通过空间结构、建筑肌理、景观小品、文化演艺和非主题化的表演五个层面的叠加建成了宋风满满的清明上河园。从1999年开业至今，成为河南省景区的台柱子，全国旅游发展的一个标杆。2009年，清明上河园开始发起举办"中国（开封）清明文化节"，深度挖掘中国传统的清明文化，结合现代的文化发展趋势，整合开封的旅游要素，形成一个年度性的、高级别、大容量、综合效益高的节庆活动，被中国民间艺术家协会命名为中国清明文化的传承基地。该节是由中国文联、河南省人民政府、中国民协主办，已经上到省政府的高度，河南省委宣传部、河南省文明办、省文联、省民协和开封市委、市政府承办，4月1—10日在开封举办，为期10天。"传承文明，拥抱春天，宋韵清明，美丽开封"变成了整座城市的宣传营销行为。

节日活动，既是一种营销手段，又是一项旅游产品。一场节事活动，本身就具有旅游吸引力。游客会因为一场节事活动而去旅游，节事活动本身就是一个旅游项目、旅游产品，同时它也是一次综合性的旅游品牌宣传营销行为，为期10天的清明文化节绝不仅是清明上河园的活动，也绝不是清明文化的内容，它将整个开封著名的景区、景点都串起来，将开封的土特产品、非物质文化遗产等都囊括进来，变成一场综合性的节事活动。清明文化节不仅仅是清明文化，它也是发生在清明时节的一场大型的旅游节事活动。

开封著名的节庆活动还有开封菊花文化节，开封的菊花花卉在菊花花卉展中是做得最好的，是国家级的菊花花卉展，今年举办第35届中国开封菊花文化节。中国开封菊花文化节一般是10月中旬到11月中旬开展，持续一个月，已成为河南省的两大花卉品牌之一。每年

4月5日到5月5日的中国洛阳牡丹文化节和中国开封菊花文化节是河南省最为人们津津乐道、最有名的两大国家级的花卉品牌节事活动。对开封来说，它原来只有秋季的节事，10月中旬到11月中旬，清明上河园又给大家一个来开封的旅游季节就是春季的清明文化节。对于开封的文化界、旅游界和开封的城市品牌的又一个重大贡献，就是中国清明文化的传承基地，至今已经举办了九届中国（开封）清明文化节。

还有一个是湖北郧西县的七夕文化节。郧西县位于湖北与陕西的交界处，是湖北最偏远也是距离武汉最远的一个县，距离武汉四个半小时的车程。郧西县有一条河叫天河，汇入汉江，是秦楚文化交融发展的地方。郧西县是牛郎织女故事的发生地之一，2014年中国民间文艺家协会正式命名郧西为"中国天河七夕文化之乡"。郧西县整座城市建设了织女广场、牛郎广场，城市最著名的雕塑"时空长廊"的造型是织女的梭子。郧西县举全县之力打造七夕文化，全县人把七夕节看得比春节还重要，从2010年开始，郧西每年七月初七举办七夕文化旅游节，所有在外地务工者七夕节都一定会回到家乡。令我们所有人感动的是，他们把七夕节当成生活的一部分，当地的老百姓真的把七夕节当作一个节日来庆祝，欢快地度过。

（三）新壶装陈酒

这种方式是把地方传统文化，尤其是节庆文化、民俗文化，有机融合，并结合现代消费文化、经济社会发展需求，构建一个新的节庆旅游活动，它源于传统，又不同于传统。

我前段时间遇到的一个老壶装老酒的问题，就是在给铜仁市下辖的德江县做全域旅游规划时，当地的傩文化很有名，尤其是傩戏、傩面具，因此德江被授予"中国傩戏之乡"。我们去的时候，地方政府特地为我们组织了一场傩戏表演，由国家级传承人亲自上场，结束后问我傩文化怎么产业化。说实话，信仰文化是很难做消费衍生的，中国大量的非物质文化遗产都属于这种类型。我们在随后一段时间的实地踏看中，发现这个地方还有源远流长的火龙节、水龙节等民俗节庆，我们在详细了解的过程中，找到了一个文化元点和一个活动结合点，文化元点就是当地传承千年的乐观精神，并进一步论证了傩面具与水龙节相融合的可能性，于是就设计了一个"德江面具水龙狂欢节"。将传统的傩戏文化、水龙文化、地方民俗文化进行融合，并紧密结合现代市场的狂欢元素和消费特征，进行主客共享、传统文化现代体验的操作，很受专家和当地政府的欢迎，2018年就准备开始实际运营，期待成功。

另外一个例子，在黑龙江大兴安岭最东部有一个县叫呼玛县，它与黑河市交界，每年3—4月举办黑龙江开江节活动，这是一个把传统的民俗传统变成旅游节庆的经典成功案例。每年4月下旬，黑龙江冰面上裂开缝隙，冰面开始融化成一块一块的大冰块，厚达一米左右，晶莹透明，白中透绿，很漂亮，它们成群结队、争先恐后流向黑龙江下游。开江分文开和武开，文开就是自然力量推动的、平稳安全的跑冰排，武开就是需要借助人力，由专门的部门使用炸药，快速地把冰面分解，排除拥堵地段，使之顺畅地流向下游。每年开江、跑冰排的时候，场面都特别壮观。开江以后，渔民开始打鱼，人们馋了一个冬天，就等着吃开江鱼。呼玛县政府挖掘了当地鄂伦春民族传统的开江文化，包括萨满祭江等传统，举办"呼玛县黑龙江开江节"，形成"南有钱塘江观潮，北有呼玛开江"的营销效应。现在的开江节活动最重要的一个环节就是萨满祈福，紧接着捞开江鱼。江边广场上有几十口大锅炖鱼，邀请嘉宾、游客和当地老百姓共享江鱼宴。传统上，呼玛县虽然没有开江节节庆，但有开江活动，也有老百姓吃开江鱼的习俗，只是现在把开江和吃开江鱼变成了一个节庆。这就是一个传统的文化活动，在新时代的再生产和文化重构，也非常成功。

包头最北边的一个县叫达茂旗达尔罕茂明安联合旗，简称达茂旗，和蒙古国接壤。成吉思汗的四弟哈萨尔是蒙古族的箭神，同时也是成吉思汗的一员猛将，他的纪念堂就在达茂旗，因此这里在蒙古族人民心目中具有很高的地位。前几年的时候，旗里的书记为了发展旅游业，结合这里深厚的地域文化，创造了一个节庆，叫中国游牧文化节，就是把整个游牧文化，统筹在达茂旗来包装打造。中国游牧文节就是一个从无到有的节庆,是以那达慕为主体的一系列的摔跤、唱歌等传统活动,结合旅游商品展销、经济招商等丰富的现代文化活动和经济贸易活动,形成了一个每年固定时间举办、时长两个月左右的有主题的稳定的系统节庆。节庆活动,有的是依托于传统而生的,有的是依托于传统文化的某些点重新生发再造的。

(四) 新壶装新酒

新壶装新酒,是对区域内各种现实和潜在的旅游资源进行整合分析,通过挖掘当地的传统文化、民俗风情等资源,将其中具有代表性或垄断性的元素提炼出来,再选择适当的节庆载体加以包装,通过赋予其特殊的节庆含义并采取一定的节庆组织开展,使之产生旅游吸引力,如大连服装节、高淳年货文化旅游节等。利用地方的典型环境、特色饮食、工艺物产及流行元素等现代特色资源,选择适当的节庆主题和包装方式,通过现代的旅游节庆形式向旅游者展示现代节庆活动内容。我觉得对传统文化资源进行重组、再构建和再生产是很有生命力的,因为它既有文化底蕴,又结合了市场。

2016年国庆节期间,郑州童乡亲子农场策划了首届中原童话嘉年华节庆活动,比较成功。首先在游客量上,10月4日,园区内游客量达到1.2万余人次,10月7日游客量最少,但也达到5000多人次。此次活动虽然也有差评,但是差评不多。当时我们园区里道路没有硬化,尘土飞扬,连树都没有,花也没开,我们就举办活动了,相当于在一块空地上、农田上搞活动,来了很多人。其次是票价回归理性,首届中原童话嘉年华活动内容丰富多元,一天到晚有各种活动,园区内所有工作人员都穿动漫服装,每一片区都有一个主题包装,因此活动还是比较成功的。

第二届基本载体是稻草人,这是一个很普通的元素。在河南郑州北部的黄河边有一个稻草人博览会,会后,我们将这些稻草人购买回来放在园区里。我们总经理设计了一个主题种子历险记,一觉醒来,全家人头上长出种子,我们就售卖这种头上夹的那种夹子。每位入园游客先夹一个卡子,开始带着种子,去参加各种活动,第一个活动是植物大战僵尸。我们的打造手法是稻草人、漫画画展、人偶服和氛围的软性包装，包括彩旗、气球和玩偶等。童话广场，这里布置人猿泰山、植物大战僵尸、美食大冒险、花海恐龙、愤怒的小鸟、民俗农耕、喜羊羊、蜘蛛侠、小黄人和葫芦娃等，用不同的主题对稻草人进行包装，并把游戏穿插在中间，每间隔一个小时有一场活动。北边是一个占地约90亩的食用玫瑰花园区，这里的玫瑰花是从云南腾冲引种过来的，同时引进的还有当地的玫瑰饼、玫瑰蛋糕和玫瑰菜的制作技术。园区内的特色活动有动漫巡游、植物大战僵尸、愤怒的小鸟、葫芦娃大战蛇精等。这是最初的策划方案，大家有没有一些活动的建议，尤其是亲子类的传统游戏、传统文化能够在现代节庆中应用的建议。

童乡亲子农场的宣传口号为"让童年自由奔跑"，经营理念是自然教育、亲子陪伴。在教育领域，我们与传统的课堂教育和应试教育是有区别的，我们是面向大自然的、尊重孩子本性的自然教育。在旅游观念上，我们强调陪伴，亲子旅游一定需要陪伴。现在很多家长陪孩子的时候，看似陪伴，实际上他玩他的 iPad，你玩你的手机，那只是陪着，不是陪伴，因此我们叫自然教育，用心陪伴。我们探索了很久我们园区自然教育课程和学校教室里在哪些课程、哪些活动方面是别人和课堂教育无法替代的，结果就是我们的场地和乡野环境是无法被替代的，因此，我们用了一个"奔跑"的概念，"让童年自由奔跑"成为童乡亲子农场的核心理念和形象宣传口号。

中秋节我们还举办了一次长桌宴活动。长桌宴一般是西南的少数民族，如苗族、侗族和土家族等，喜欢在丰收季节举办的一种节庆活动，尤以苗族、侗族的长桌宴最为有名。长桌宴是将很多桌子连起来，长度可达1000米，各种菜品，循环不断的流水席，人来人往，不断有新鲜的菜品上桌。童乡亲子农场是去年8月开业，暑期10天的开业时间内，有七八天很火，到9月开学就没有游客了。后来我才发现一个规律就是9月是淡季。因为暑期结束了，学校刚刚开学，孩子们要安下心来，这时候家长是不会再带孩子们出去游玩的。就童乡亲子农场而言，春季和秋季，周一到周五适合面向学校组织的春游和秋游活动为主。但是9月刚刚开学，学校是不会组织活动的，9月园区没有学生团。因此,我将长桌宴引入园区,其间遇到各种困难和反对意见,但还是举办了长桌宴,结果受到各种差评。举办长桌宴,政府给予支持,请民间的舞龙、舞狮队伍表演,设计真人打地鼠游戏。然而,只有真人打地鼠游戏比较成功。

今年暑假期间特别热,我们童乡亲子农场园区内游客量一直是不温不火的,我们策划在 8 月 14 日的周年庆时举办一场活动,即门票优惠价 8.14 元/人,平日儿童票 80 元/人,成人票 30 元/人。周年庆时,8.14 元/人的门票,一天入园游客量近一万人次,平日 80 元/人,日常游客量是 200 多人次/天,周年庆三天,第一天上午 9 时,园区停车场已经停满了,园区外围的大学路变成临时的停车场了。突增的游客量让我困惑,难道价格这么敏感吗?它就是这么敏感,门票价格差异影响巨大。因为园区工作人员没有做好充分的准备,没有安排足够的大学生和临时工来园区服务,所以那几天园区内的卫生状况很差。我因而担心园区的游客满意度,但是,那几天的游客满意度很高,为什么呢?因为我们园区里有一座很大的支架水池,1.5 米深,成年游客都在水池里游泳。园区里还有两个浅水池,一个 30 厘米深,另一个 50 厘米深,还有泡泡、球等,儿童们玩得不亦乐乎。园区内仅一个水游乐项目平时至少 30 元/人,但是我们总价是 8.14 元/人,因此几乎没有差评,评价都特别好,觉得这个地方特别好,既好玩,又干净,且工作人员态度好。原来,差评与好评很大程度上,取决于游客的心理预期,很多人觉得 8.14 元/人的门票的游玩项目肯定很差,但入园的游客,既能玩上水游乐项目,还能拔胡萝卜、摘葫芦等,只要够得着的地方,全部采摘完了。我发现一个有意思的现象,去年种了一片紫薯,工作人员在那写了一个指示牌说此处是紫薯种植地,大家请绕着走,紫薯第二天就没有了。这让我们困惑不解。后来园区来了一位农业指导员说,没有指示牌,游客不知道是紫薯,但有了指示牌解说,游客知道了,就给地里的紫薯刨了。有了前车之鉴,今年我们把园区里所有的葫芦都弄到高处,让游客够不着,地里种植的作物不挂指示牌,以逃脱游客的"魔掌"。

我们在农场里探索实践的这些节庆旅游活动都是新瓶装新酒,根据市场和经营活动的需要，挖掘、研究一些可以整合的文化元素，创新旅游节庆内容、组织形式，是比较有意义的尝试。但这些尝试是否能保持长期的稳定性，形成日历型节庆，还有待实际的检验。

三 节庆旅游的基本原则

传统节庆火花资源的现代旅游开发主要有六大基本原则：一是旅游节庆的品牌化，二是节庆活动的主题化，三是时间安排的序列化，四是空间分布的协同化，五是节庆内容的体验化，六是节庆运营的市场化。

（一）旅游节庆的品牌化

世界各地大大小小的旅游节庆不计其数，要想获得成功，得到预期的效益，成为保持长期的稳定性，形成日历型节庆，必须进行品牌化的系统打造，避免内容的粗糙化、符号的模糊化、产业的空心化和较强的可复制性。

品牌的作用在于加深游客的辨识性和记忆性，对很多人来说，提起奔牛节就会想起西班牙，提起啤酒节就会想起山东青岛，提起泼水节就会想起西双版纳。传统节日的品牌化，需要深度剖析传统节日背后的民俗文化内涵，结合当地独特的地域文化特色，将节日资源转化成旅游产品。传统节日品牌化，应该以乐趣为导向，结合节日活动进行宣传，以利于游客辨识、记忆。

（二）节庆活动的主题化

节庆活动必须走主题化之路，深挖传统节日文化内涵或地域文化特色或消费文化特色，塑造独一无二的不可替代性品牌。民族区域化的元素，相对来说容易打造差异化，有较强的生命力，但它容易陷入资源陷阱中。现在传统的、主张保护类的专家和开发类的专家，争论得最厉害的就是在这条路径上，传统文化在进行开发的时候，注重本真性的问题和利用尺度的把握问题，容易陷入一种陷阱中。最重要的是，节庆活动要发挥创意文化资源的价值，深度开发节日旅游产品。青岛国际啤酒节创立于1991年，每年在青岛的黄金旅游季节8月的第二个周末开幕，为期16天，节日由国家有关部委和青岛市人民政府共同主办，是融旅游、文化、体育、经贸于一体的国家级大型节庆活动，它的主题是"青岛与世界干杯"，这是一个非常精彩的口号。

（三）时间安排的序列化

很多地方每年都会有一个主打的龙头节庆，四季各有精品节庆，每月有主题节庆，每周末有特色活动，一定要给它序列化。我们经常说，旅游产品是有金字塔结构的，龙头旅游产品是一层一层的，市级政府要抓旅游龙头项目，县级政府抓旅游精品项目，镇政府及开发商等做特色亮点项目。开封清明上河园对开封市的重大的历史性贡献，就是清明文化节填补了春季的空白，因为暑期一定是旅游的旺季。开封拥有两个龙头节庆，一个是秋季的菊花文化节，一个是春季的清明文化节，都是精品项目，而且分布在春秋两季，共同拉动区域旅游季节均衡化发展。

（四）空间分布的协同化

现在的节庆旅游活动很多都是有组织、有效益诉求的体系化活动，一般含有多个活动地点的协同共建。一方面有利于促进区域文化旅游资源的整合，另一方面有利于强化区域文化旅游品牌的营销，因此，节庆旅游活动过程中的多空间协同发展，显得尤为重要。

（五）活动内容的体验化

节庆旅游是一个以活动为内容、以人为主体的体验过程，人们对于节庆活动的心理期待一般也高于平时，所以，增加节庆旅游活动的参与性，提升参与者的节庆体验，非常关键。一般可从以下四个方面进行把握：活动内容的多样性、活动过程的开放性、活动形式的共享性、活动服务的智慧化。

（六）节庆运营的市场化

节庆活动市场化运作的一个有效手段是管办分离。现在，节庆活动界比较成功的有草莓音乐节，是北京郊区昌平的农业嘉年华，农业嘉年华也开始在全国复制了。它就是管理和举办是分离的，现在很多地方政府，原来基本每个县都有一个本地的大型节庆活动，现在由于政策的影响，很多地方的活动难以举办下去。不让政府举办节庆活动，节庆活动就变成管办分离的模式。青岛国际啤酒节从开始就是管办分离的模式，所以它一直很健康地在发展。

从青岛国际啤酒节的经济影响来看，国际啤酒节在短期内已经达到了"收支平衡"，实现了"以节养节"的目标。在对不同行业的关联带动方面，啤酒节对旅游行业，特别是酒店行业和旅行社行业带动巨大。在啤酒节期间，青岛市的酒店出租率明显提高，几近100%；在对整个目的地的推动上，啤酒节提高了青岛作为一个沿海城市的知名度和美誉度，塑造了青岛作为海滨休闲度假的目的地形象；从社会文化影响来看，"吃海鲜、喝啤酒"很早就是很多青岛人的习惯，啤酒节不仅保留和弘扬了这一传统，同时还提出了"青岛与世界干杯"的国际化发展思路。

青岛国际啤酒节的主要借鉴意义，第一是节庆活动的创立一定要立足于本地的文化基础，宣泄本地人的快乐。意即如果它立足于经济的社会价值和本地的渊源的话，它一定是更快成功，走得更远，就是说它要有这样的生活传统。第二是节庆活动举办要有长久性，包括政策的长久性、市场培育的长久性、经营行为的长久性及节庆主题定位的长久性，要坚持下来，持续举办。第三是节庆活动需要大量的支持辅助部门配合，共同协作，这是一个长久的系统工程。

再如哈尔滨的冰雪节。哈尔滨市委、市政府在1983年10月提出举办节庆的建议，正式启动首届冰雪节是在1985年1月5日，此后每年从1月5日开始都举行为期一个月左右的哈尔滨冰雪节。自1985年开始举办，到2016年哈尔滨冰雪节已经举办了32届，而且越来越有影响，我想很多人尤其对于你们南方人来说，知道哈尔滨可能很多都是从冰雪节知道的。冰雪节已经成为这个城市的品牌和城市营销的一个重要杠杆。

说实话，我知道冰雪节是去了以后才知道的，原来它是小打小闹，现在真是作为全省的一个品牌的营销活动在做。现在哈尔滨的城市的面貌和人们的自信，我觉得很大一部分是来自冰雪节给他们带来的荣耀。哈尔滨啤酒很多是外销的，因为啤酒不需要在地消费，但是冰雪节是要在地消费，随着很多外地游客的到来，啤酒卖出去了。哈尔滨冰雪节的内容，第一是冰雪文化，第二是冰雪艺术，第三是冰雪体育，第四是冰雪旅游，第五是冰雪的商贸经贸。哈尔滨冰雪节自身的特点，第一是中国第一个开发的冰雪节活动，具有先发优势；第二是节庆活动时间持续较长；第三是冬季旅游人气最旺的节庆之一，因为不仅只有哈尔滨能做，长春也能做，沈阳也能做。但是哈尔滨先做了，一旦做起来，另外两个城市就没有了吸引力。因为哈尔滨是最北的一个省会，还有松花江从市区穿过，松花江也是一个品牌，比沈阳要有特色得多。我觉得能想起来做冰雪节庆真的是很好的一个创意。哈尔滨中央大街商业晚上10点之前不许关门，店铺可以轮班，晚上10点之前要有营业的，要让外来游客看到这座城市是主客共享的，不仅是本地居民生活的，而且是主客共享的一座城市。

节庆旅游营销的基本原则是活动主题的选择。活动主题选择要做充分的市场调研，紧密依托当地的文化资源，做到名副其实、敢于创新、无中生有、捕捉热点、主题鲜明、宣传口号不落俗套。

今天与大家分享更多的是我经历的一些节庆旅游项目。回到我们的主题上，目前的节庆活动主要就是老壶装陈酒、老壶装新酒、新壶装陈酒和新壶装新酒。老壶装陈酒多是传统文化自我传承的一个状态，作为节庆活动的当代传承这个主题，当代的一个实践，或者叫旅游开发，或者市场化开发最好的还是老壶装陈酒、老壶装新酒和新壶装陈酒，还是要有传统的这种节庆活动的基础和生活的属性在里面，它才能走得更加强劲、更加长远。

文化资源在面向市场重构时，一定要研究这个节庆活动所面向的对象和它的结构，进行体验化、IP化、品牌化、序列化和结构化的开发，避免出现面面都到，但最终行不通的局面。这种局面就是缺乏主题灵魂、缺乏线索、结构不清楚等因素造成的，应避免这些导向。

新瓶装新酒是很冒险的一种节庆活动的方法。比如说我们这个童话嘉年华就是新瓶装新酒，它很容易陷入一种被复制的陷阱里，因为新瓶装新酒缺乏区域的文化根基，这样容易陷入一种被复制的陷阱中。现在的市场是宽容的，允许复制。当然复制走的是一条产业化、资本化的路径。

中国传统节日文化与民间信仰及核心价值观

张 勃

(2017年9月14日)

今天特别高兴有机会参加"传统文化的当代实践——中青年非遗传承人传统节日仪式研讨班"。其实这个题目是命题作文,颇具挑战性。很多人看民间信仰,会说它是封建迷信,也会有人把它看成一种比较低俗的文化现象。而核心价值观是一个社会当中的主导价值观。中华民族历经坎坷,一路走来,迄今依然屹立于世界之林,之所以能如此,一定有核心的价值观念在支撑,那么我们怎么样去理解节日中的民间信仰?它与核心价值观又是一种怎样的关系?下面我从四个方面来讲,首先谈一下我对传统节日的基本看法;其次将民间节日当中的民间信仰活动做一个分类;再次,从民间信仰活动当中来看核心价值观;最后谈谈怎么对待传统节日当中的民间信仰活动。因为现在民间信仰依然是传统节日当中非常重要的内容。

一 传统节日:时间的驿站,生活的华章

节日是在岁时基础上形成的具有特定民俗活动的非常时日。节日通过其"非常性"与平常日区别开来,并获得存在的意义和价值。节日的非常性体现在哪里呢?

第一,名称的特殊性。也就是说每一个节日都有专名。如春节、元宵节、龙抬头节、上巳节、清明节等。有些节日还有多个名称。如

端午节又叫端阳、端五、重五、诗人节、龙舟节、粽子节等。春节又叫元旦、元正等。

第二，节日在历法中所处位置的特殊性。从历法时间上看，我们的传统节日基本上分三类：一类是月日相重的节日，传统节日当中有很多是月日相重的，如一月一、二月二、三月三、五月五、六月六、七月七、九月九，这是一个系列的重数节日。另一类是与地球绕太阳公转有关的节气日。二十四节气是中华民族对于世界的伟大贡献，一些传统节日由节气日发展而来。比如冬至日，现在一些地方还会说它"大如年"，是一个很重要的节日。又如立春日，至少从东汉就发展形成节日，一直延续到清末，有些地方在民国时期还进行非常盛大的活动。还有一类是和月亮运动有关的节日，即月朔、月望、月晦日。月朔即初一，月望即十五，月晦就是一月中最末的那一天。举例言之，月朔的如十月初一是送寒衣节，二月初一是中和节。月望的如正月十五元宵节，七月十五中元节，八月十五中秋节，等等。月晦日，如腊月晦，也就是除夕，历史上还有一个晦日即正月晦，也是重要节日。只不过现在这个节日已经很少见到它的踪影了。

第三，活动的特殊性。也就是说节日里面一定是要有特殊活动，如果没有特殊活动，这个节日哪怕有专名，也只能是徒有虚名。节日的活动特殊性，包括吃的和平常不一样，穿的和平常不一样，交往的范围也和平常不一样。平时我们要上班，所接触的多是同事。等到过节的时候，交往范围会发生很大的变化，比如我们会更多和亲戚，包括平时不太交往的亲戚有更多交流，交往方式也不一样。节日里会特别讲究祝福话语的送出，讲究礼物的馈赠。此外，非常重要的是，节日中往往有很多仪式活动，其中许多与我们今天讲的这个主题——民间信仰有非常密切的关系。

第四，节日活动空间的特殊性，我将其概括为对常日活动空间的非常化和边缘化。所谓对常日活动空间的非常化，就通过对常日活动空间的装饰而使之变得与常日不同。比如家门平日都要进出，到了春节，就要用红色的过门笺、具有吉祥寓意的对联和福字等加以装饰，使其与平时不同，变得神圣化了。所谓对常日活动空间的边缘化，平时居于主流的活动空间退居次要，平时处于边缘的活动空间，或曰较少在场的活动空间反而变得重要。如平时人们的活动空间更多是自己的家庭或工作场所，但到了春节，工作场所可能就不去了，你到别人家去拜年；到了端午节，就去户外有水的地方观看大型的龙舟竞渡活动。

第五，情感和体验的特殊性。即到了节日会产生与平日非常不同的情感。王维《九月九日忆山东兄弟》诗云："独在异乡为异客，每逢佳节倍思亲。遥知兄弟登高处，遍插茱萸少一人。"王维的这首诗，写的是重阳节，他为什么会倍思亲？因为节日本身有很多活动，如登山、插茱萸，它让你去回忆过去，想起与你共度那一段美好时光的亲戚朋友，就非常好地反映了节日期间情感的特殊性。而且中国的传统节日重视家庭人伦，阖家团圆是许多节日的诉求，如果节日期间不能回家，就会格外思念亲人。

节日是上述要素的五位一体，也即非常的名称、非常的时间、非常的空间、非常的活动，再加上非常的情感，就使得一个日子变得和其他的日子不一样了，就成为一个节日，就好像竹节的节，与顺滑的部分相比，它是突起的。它的突起源于有活动、有情感。节日和常日互相穿插，就形成了日常生活的节奏。

当代中国的节日体系包括多种来源的节日，第一种是现代节日纪念日，比如国庆节、五一国际劳动节、六一儿童节、七一建党节、八一建军节等；第二种是外来节日，如西方情人节、复活节、感恩节、圣诞节等。此外，还有一些民间新兴节日，比如光棍节。光棍节本身也在发生变化。起初是单身一族自我解嘲的一种方式，单身男子俗称光棍，它所在的日子11月11日有4个"1"如同四根光滑的棍子，引起广大单身男女的共鸣，并通过网络等媒介传播，逐渐形成了一种光棍节文化。近几年，光棍节迅速向电商购物节转化。传统节日也是其中一类，而且是其中的大宗。传统节日通常指在中华民国成立之前已经出现并延传三代以上的节日，其中既包括以汉族为主体多民族共享的岁时节日，也包括各少数民族创造享用的节日，还包括地方性节日，如各种以年度为周期举行的传统庙会活动。本次讲座涉及的传统节日主要指以汉族为主体多民族共享的岁时节日，如春节、元宵节、二月二、清明节、端午节、七夕节、中元节、中秋节、重阳节等。它们是时间的驿站，是生活的华章，是生命之树上那些最灿烂的花朵。

二 传统节日中的民间信仰活动

在涉及这一问题之前，我想先说两点。第一，传统节日是包含多个节日在内的一个体系，那些具体的节日，则是经过几百年乃至几千年的传承流变才走到现在的。不同的时代有不同的节日，比如汉魏时期有正日、立春、春社、上巳、寒食、夏至、五月五日、伏日、七夕、秋社、重阳、十月朝、冬至、腊日等，唐代的主要节日则有元日、人日、立春、上元节、耗磨日、正月晦、中和节、二月八日、上巳、寒食节、清明、四月八日、端午节、七夕节、七月十五、八月十五、重阳节、冬至、腊日、小岁日、岁除、社日、诞节、降圣节，等等。而每一个节日发展到不同的历史时期，其活动内涵也会发生变化。当然，节俗活动的类型还是可以概括的。萧放老师曾将其概括为三大层面、五大要素。一般来讲，每一个传统节日都会包括信仰活动、饮食活动、社会交往活动、娱乐活动，并有相关的传说故事、俗语谚语等。而所有这些在生活当中往往是彼此交织的，是你中有我、我中有你，难以分开的。比如甘肃西河乞巧节活动，正式的仪式从每年农历六月三十日晚开始，一直持续到七月初七晚，要持续七天八夜的时间，包含坐巧、迎巧、祭巧、拜巧、娱巧、卜巧、送巧等一系列环节，这里有信仰、有娱乐、有社交、有饮食，彼此交织在一起。在近些年兴起的七夕相亲大会上，可以看到穿得很时髦、很现代的年轻人，由月老为其主持相亲活动。这是一个社交性很强的活动，并具有强烈的娱乐性。月老元素的加入就使其具有了一些信仰的色彩。为什么要月老主持？是因为月老在我们的信仰当中是可以千里姻缘一线牵的。有这样一个神灵主持相亲，就可以增加两个人走在一起的可能性，或者使两个人更加幸福和愉快。总之，在节日生活中，各类活动并不能截然分开。但从学术的角度，为了理解得透彻，仍然有做分类的必要。

（一）民间信仰是节日发生与传承的重要动力

民间信仰，归根结底，还是一个人对于自己和他所处的这个世界、社会之间关系进行认知的结果。人作为自然界的一员，在社会中生活，必然要认知世界、认知社会、认知自我。他要对人自身存在的问题进行追问：人从哪里来？又到哪里去？自己在家庭、社会、国家、民族中处于什么样的位置？他也要对人生中各种事件、现象之因果关系进行追问：为什么会这样？为什么不会那样？这是人作为万物之灵的特殊之处。与此同时，人还要在社会上生活，就一定要处理好三种关系：人和外在世界的关系，人和社会的关系，人和自我的关系。外在世界，既包括已知的、可知的部分，也包括未知、不可知的部分。社会则因血缘、姻缘、地缘、业缘、志缘等关系建立起来。我与我所住的社区是一个什么样的关系？与同事、与单位是什么关系，又怎样来处理，等等。在人与自我的关系方面，会思考和处理肉体与灵魂的关系，过去、现在与未来的关系，等等。民间信仰就来自对上述问题和关系的思考和认知，包括对灵魂和某种来世的信奉，以及对支配事物的神灵及超自然力等的信奉和尊敬。它们或表现在行为上形成了某种手段或仪式，或表现在心理上形成了影响人们生活的某种力量，从而支配着人们的日常生活，乃至构成人们生活的一部分。

传统节日是集中处理人类三种关系的社会设置，因此与民间信仰具有自然而然的联系。诸多节日的起源即与信仰有关。《礼记·杂记下》记载："子贡观于蜡。孔子曰：'赐也乐乎？'对曰：'一国之人皆若狂，赐未知其乐也。'"孔子的弟子子贡去看蜡这种大规模的祭祀活动，孔子问他是不是看得很高兴，子贡却说：人们都高兴得发了疯，我却不知道大家为什么这么高兴。虽然子贡并不高兴，但从他埋怨的话语中我们却可以看出大家对蜡这种信仰活动是如何的热爱和投入。关于蜡祭，在《礼记·郊特牲》里面就有更详细的解说：

天子大蜡八。伊耆氏始为蜡。蜡也者，索也。岁十二月，合聚万物而索飨之。蜡之祭也，主先啬而祭司啬，祭百神以报啬也。飨农，以及邮表畷、禽兽等，仁之至，义之尽也。迎猫，为其食田鼠也。迎虎，为其食田豕也。故迎而祭之。祭坊与水庸，事也。故祝曰："土反其宅，水归其壑，昆虫毋作，草木归其泽。"皮弁素服而祭之。

蜡祭要祭八种神灵。这种大型的年终祭祀活动，正是过年（即我们现在所说的春节）的一个重要源头。

又如寒食节。寒食节的明确记载最早出现在汉代，当时寒食节是在非常寒冷的冬天。南北朝时期，这个节日的时间发生变化，移至冬至后 105 日，在清明节前一二日。它的主要习俗活动就是禁止用火，吃冷食。关于这个节日起源的讨论非常多，我个人也写过文章，认为寒食节的起源和介子推传说有关，源于对禁忌的信仰。介子推传说讲述春秋五霸之一的晋文公还是公子时，外出流亡 19 年，跟随他的几位大臣中有一位就是介子推。重耳复国当了国君，就对跟随他的大臣进行封赏，但是没有封介子推，介子推就和他的母亲隐居起来。《左传》里面就有记载。但是民间传说中又加了一些戏剧性的情节，比如割股疗饥的情节。话说流亡途中有一次重耳饿得奄奄一息，介子推就割下自己腿上的肉，做了羹汤给重耳吃，救了重耳一命。再说介子推与母亲隐居起来后，有人提醒重耳不能忘记自己的救命恩人，应该去找寻。重耳觉得有道理，就带人去找介子推母子，但没有找到。有人出主意说，介子推是个孝子，他背着母亲上山，如果放火烧山，他不舍得母亲被烧死，就一定会出来。重耳听了他的话，放火烧山，大火烧了三天三夜，但是介子推和他母亲并没有出来。火停之后，大家上山去找，结果发现母子两个已经烧死在一棵柳树之下。在介子推的身下有一片衣襟，衣襟上用血写了一首诗：

割肉奉君尽丹心，但愿主公常清明。
柳下作鬼终不见，强似伴君作谏臣。
倘若主公心有我，忆我之时常自省。

臣在九泉心无愧，勤政清明复清明。

重耳看到后特别感动，于是下令每到介子推被烧死的日子，要祭祀介子推，全国都不许用火，只吃冷食，这就是寒食节的来历。可见寒食节的起源与对介子推的祭祀有关。在后来寒食节的发展中，仍然依赖强大的信仰力量。曹操《明罚令》提到"闻太原、上党、西河、雁门冬至后一百有五日皆绝火寒食，云为介子推……云有废者，乃致雹雪之灾"，当时太原等地的人们坚信必须禁火寒食，否则被火烧死的介子推就会发怒降下雹雪之灾，这种信仰让人们自觉保持禁火寒食的习俗，哪怕有人无法忍受寒冷而死也在所不惜。

十六国时期即后赵石勒统治时期，发生的一个事件也能够看出信仰的力量。有一年并州一带下了冰雹，造成非常大的损失，"行人、禽兽死者万数，树林摧折，禾稼荡然"。对于一场冰雹的降临，现在的人会从气象学的角度加以解释：地表的水被太阳曝晒气化升到空中，许多水蒸气在一起凝聚成云，遇到冷空气就会液化，并以空气中的尘埃为凝结核，形成雨滴，越来越大，云托不住，就会下雨；如果温度急剧下降，就会结成较大的冰团，即冰雹。但当时的人不这样认为，他们解释这是去年"禁寒食"的缘故。因为大家不再禁火，介子推就生气了，于是降下雹雪之灾。这个事件的结果是，统治者觉得还得禁火，还得寒食，于是取消了"禁寒食"的政策，"并州复寒食如初"。这就是信仰。人们将一种自然现象雹雪的发生和神灵联系起来，使寒食节得到长期的传承。

（二）节日民间信仰活动的类型

传统节日中的民间信仰包括祭祀、巫术和占卜三类。

1. 祭祀

祭祀的核心内容是对神灵表达虔诚恭敬之心并祈求神灵的福佑，"神在于敬，可以邀福"。祭祀中人在下，神在上，地位不同。中国古代特别重视祭祀活动，《左传》云："国之大事，在祀与戎。"国家最重要的事情就是两件，一件是祭祀，一件是打仗。打仗是保卫国家安全的，祀还在"戎"前，可见是多么的重要。《礼记》也提到："凡治人之道，莫急于礼；礼有五经，莫重于祭。"中国是礼仪之邦，重视礼在国家治理中的重要作用，礼有五种，即吉凶宾军嘉。吉礼就是祭祀之礼，在五礼中又最为重要。

祭祀的对象可以概括为天神、地祇和人鬼。无论祭祀哪一种神灵，都十分讲究时间的选择，传统节日是举行祭祀活动的主要时间。当然在传统社会，官方尤其皇家祭祀特别讲究在节气日举行祭祀活动，如冬至日祭天、夏至日祭地、春分日朝日、秋分日夕月，等等。

年节是特殊时间，为一年之开端，是民间举行祭祀活动的重要节点。元·鲁明善《农桑衣食撮要》载："元旦宜斋戒，焚香点烛，拜谢天地、日月、星辰、国王、水土、祖宗、父母、社稷六神，勿兴恶念。"现在许多地方仍然保持着这一传统。再如社日，是祭祀社神和稷神的日子。社神源于对土地的崇拜。土地是人类居住生活的场所，是人类获取生存资料最重要的源地。对人们赖以生存的自然物质进行崇拜是原始信仰的重要内容，我国先民早就有对土地的崇敬和膜拜。但是"土地广博，不可遍敬也；五谷众多，不可一一祭也"，于是就"封土立社而示有土尊"，找标志性的地方立社表明对土地的尊重并加以祭祀。据《国语·鲁语上》记载，社神是后土："共工氏之伯九有也，其子曰后土，能平九土，故祀以为社。"社日节源于三代，初兴于秦汉，传承于魏晋南北朝，兴盛于唐宋。大家可能去过北京的中山公园，中山公园即明代以来社稷坛的遗址，是国家祭社稷的地方。

社稷是官方和民间共同的信仰。官方和民间如何祭社，都有明确的规定。什么时候祭社？不同的朝代不太一样，最初，多在仲春月、仲秋月择吉，亦在孟春或季春之月。到唐代，相对固定于二月、八月的上戊日了。二月的是春社，八月的是秋社，春祈秋报。从史书记载中可以看到老百姓对祭社的参与度相当高，而且非常享受。比如汉代《淮南子》记载："穷鄙之社也，叩盆拊瓶，相和而歌，自以为乐也。"南北朝时期，宗懔《荆楚岁时记》记载："四邻并结综会社，牲醪，为屋于树下，先祭神，然后食其胙。"祭社有一系列非常复杂的程序，《大唐开元礼》对中央、州县、里社如何祭社稷有统一的规定：第一，祭祀前的准备工作。准备工作包括在社日前一天进行斋戒、打扫社祭场所、挖掘用于瘗埋祭品的坑坎、安排祭祀者和仪式用品的位置、社日当天凌晨烹牲、将祭品放置于祭器中等。第二，祭祀前的设席和入席。第三，祭社。第四，祭稷。第五，社正饮福酒。最后，瘗埋祭品，燔烧祝版。

再如清明节。清明节是现在非常重要的一个祭祀节日。在这个节日里，祭祀的对象主要有四种。一是炎帝黄帝等人文始祖。二是地方先贤，如山西绵山一带祭祀介子推，并多次举办寒食文化节；四川成都有放水节，祭祀李冰父子，因为李冰父子修建的都江堰工程对于成都成为天府之国贡献巨大。三是自己的亲人祖先。四是其他一些亡灵。明代朱元璋规定每年有三个节（即清明、中元、十月初一）都要祭厉，举行城隍出巡活动。厉是得不到家人祭祀或者凶死的孤魂野鬼，祭祀它们是避免它们作祟，也是一种人文关怀。端午节也会祭祀，如祭祀屈原、伍子胥等人。七夕节则祭祀牛郎织女，五代的王仁裕在《开元天宝遗事》中记述，当时的宫女们在庭院中摆下"瓜花酒馔"，"求恩于牵牛织女星也"。而对牛郎织女星的祭祀，从历史记载上看还要更早。《夏小正》里面记载："七月汉案户，织女正东向。"就是七月的时候，天上的银河正对着门，织女星和牛郎星隔着银河，一东一西相望。汉武帝时象天设都，在昆明池东西各设了一个织女像、一个牛郎像，这两个石像遗留了下来，还在被人信奉祭祀。当代七夕节，仍有祭祀活动，比如在台湾，人们会在七夕节为满16岁的孩子举行成年仪式，要祭拜七娘妈，感谢她保佑孩子平安健康。此外，还要祭拜文昌神，祈求文昌神能够赐予他们智慧，金榜题名。钱琦《拜文昌》诗"五彩亭前祝七娘，三家村里拜文昌。桥填乌鹊星联斗，天上人间各自忙"，就描写了七夕祭拜的情形。现在台湾七夕节也在发生变化，今年七月中旬我去台南开会，虽然距离七夕节到来还有很长一段距离，但是有关七夕的活动已经开始活跃起来。台南市当局意在将台南打造成为爱情城市，就特别重视七夕节，先是打牛郎织女牌，这几年又开始打月老牌。台南庙宇特别多，里面多供奉月老神，他们先是选出四大月老，现在又选出九大月老。有趣的是，不同月老管不同的事。以四大月老为例。第一个是大观音亭的月老，他嘴巴比例较大，擅长说媒，适合没有恋爱对象的人祈求姻缘。第二个是祀典武庙（大关帝庙）的拐杖月老，善于断事。如果身边有烂桃花，或者另一半桃花多，可以祈求他把孽缘驱走。第三个是大天后宫的月老，主要专长为替爱情加温。两个人已经谈恋爱了，若想关系更好，可以祈求他。第四个是重庆寺月老，他擅长处理变心出轨、吵架失和、花心等疑难杂症，月老桌上供奉一瓮"醋矸"，可以拿竹枝搅醋矸，顺三圈求夫妻和合，逆三圈求回心转意，适合感情多波折的人祭拜。这是新的信仰，拜的人很多。

中秋节也要祭祀，对象是月亮。富察敦崇《燕京岁时记》就比较详细地记载了祭月神的情景："月光马者，以纸为之，上绘太阴星君，如菩萨像，下绘月宫及捣药之兔。人立而执杵，藻彩精致，金碧辉煌，市肆间多卖之者。长者七、八尺，短者二、三尺，顶有二旗，作红绿色，或黄色，向月而供之。焚香行礼，祭毕与千张、元宝等一并焚之。"国人对月亮的信仰非常早，马王堆出土的帛画上就有月。刚才提到一个重要的皇家祭祀活动是秋分夕月，即在二十四节气中的秋分日到月坛祭月。北京素有七坛八庙之说，都是祭祀礼仪场所，现在多成为公园。前几年北京利用月坛这个地方，在中秋节举办了几次祭月仪式表演活动。普通老百姓也保持着祭月的做法，有一年中秋节我与丈夫去他姥娘家走亲戚，看到桌上燃着香，点着蜡烛，摆着月饼、蛋糕、水果和糖茶。当时姥娘90多岁了，依然顽强地坚守着祭月的传统，令人感怀。重阳节也要祭神，比如染布缸神。腊月二十三或二十四则祭灶。

总之，不同的传统节日有不同的祭祀对象，既有对诸天神地祇的合祭，亦有对某一种神祇的专门祭祀。神祇之中，有普遍供奉的，也有为一方民众或某一行业供奉的地方神或行业神。所祭之神，天神如天、日月、牛郎织女等星辰，地祇如地、社（五土总神）、稷（原隰之神）等，人鬼如介子推、屈原、亡灵（厉）等。在人鬼当中，还有一类就是有血缘关系的祖先。中国人特别讲究慎终追远，重视祖先祭祀，很多传统节日中都有祭祖的内容。因此下面专门做一些阐释。

中国人讲究"生，事之以礼，死，葬之以礼，祭之以礼"。一个人去世大约三年内，要举行殡葬、虞祭、卒哭、小祥、大祥等一系列仪式。而后大多转为定期祭祀。董仲舒《春秋繁露》提到一年四季都要进行祭祀："古者岁四祭。四祭者，因四时之所生熟，而其先祖父母也。故春曰祠，夏曰礿（yuè），秋曰尝，冬曰蒸。此言不失其时，以奉祀先祖也。"现在，祭祀多在节日里，像春节、清明节、元宵节、中元节、中秋节、重阳节、十月朔、冬至节等，都是重要的祭祖时间。祭祖的方式也很多样，包括祠祭、家祭、墓祭、望祭、路祭等。前几天是中元节，我们在北京街头看到很多人在十字路口烧纸，就是路祭。

说到中元节，可以多说一些内容。中元与清明、十月一通常被称为三大鬼节。现在人的心目当中，清明节就是一个祭祖节，祭祖理应肃穆，所以很少见大家在清明节互祝快乐。中元节也一样。关于中元节的起源有不同的说法，其中一种认为源于古代的七月祭祖。《礼记·月令》提到七月，庄稼丰收，"天子尝新，先荐寝庙"。新收的庄稼，必须先让祖宗品尝。中元节在魏晋南北朝时期已经盛行，它兼收佛道，成为中元节，或曰盂兰盆节。寺庙里会举行大型的盂兰盆会。唐宋以后，中元节更加兴盛。《武林旧事》讲道："七月十五日，道家谓之中元。各有斋醮等会。僧寺则于此日作盂兰盆斋。而人家亦以此日祀先，例（利）用新米、新酱、冥衣、时果、彩缎、面棋。"近年来国家重视传统节日的复兴和发展，多次颁布有关传统节日的政策文件，其中会列举具体重要的节日名称，但往往没有中元节。尽管如此，民间还是很盛行。今年我带领学生在北京做中元节调查，广济寺、法源寺、白云观等多家宗教场所都举办了大型的法事活动，有很多人参与其中，主要是祭祖。

十月一是送寒衣节。元代熊梦祥《析津志》提到，"是月，都城自一日之后，祭先上坟，为之扫黄叶。此一月行追远之礼甚厚"。如今的北京人仍有此俗。十月是孟冬之月，在寒冷的冬季到来之际给逝者送去寒衣，是生者感恩之心和关爱他者的体现。

俗话说"清明扫墓，冬至祭祖"，冬至日，俗称"冬节""长至节""亚岁"等，是重要的节气日和节日，也是祭祖的日子。《周礼·春官》说："以冬日至，致天神人鬼。"宋人孟元老《东京梦华录》记载："十一月冬至。京师最重此节，虽至贫者，一年之间，积累假借，至此日更易新衣，备办饮食，享祀先祖。"我们看到，最穷的人也要将积攒一年的财富拿出来花销，穿新衣，办饮食，祭祀祖先。

2. 巫术

所谓巫术，是为了达到某种目的企图借助超自然的神秘力量，运用特定的言行对相关的人事物施加影响或给予控制的一种手段。它其实就是一种技术，只不过要借助超自然的力量。巫术的观念基础是相信通过某种神秘的感应，就可以使物体不受时空限制而相互作用、相互影响。英国人类学家詹姆斯·G. 弗雷泽将巫术分为两种：一种是以"相似律"为基础的"模仿巫术"，这种巫术强调同类相生，因果相似，通过模仿达到目的。记得我结婚的时候，在山东微山县，要吃一种叫火烙的面食，上面有好多芝麻，意在多生孩子。这就是模仿巫术的例子。另一种是以"接触律"为基础的"接触巫术"，即通过为某人接触过的物体施加影响而影响其本人。巫术也可以从另外一个角度来进行划分，即积极巫术和消极巫术，前者的目的在于趋吉，后者的目的在于避祸，避免不好的事情发生。传统节日中会有很多巫术性质的活动。

《帝京景物略》记载明代北京元宵节期间，"妇女著白绫衫，队而宵行，谓无腰腿诸疾，曰走桥。至城各门，手暗触钉，谓男子祥，曰摸钉儿。"摸钉最好的地方是正阳门，就是现在常说的前门。为什么要摸钉？是可以生男孩。为什么摸门钉就可以生男孩？按现在的科学解释，这肯定是无稽之谈。但在巫术逻辑中就可以。因为钉谐音男丁的"丁"，同类相生。据民国十六年《瓜洲续志》，当地十五晚上，有"好事者燃爆，打锣鼓，向往户送灯，为生子之兆，受灯人家以酒食饷之"。这里以"灯"为生子之兆，是因为灯代表香火传递，且与"丁"谐音。在甘肃有点灯背猴的习俗，灯的数量一般为娘家最长辈两口子的年龄之和，取健康长寿之意。正月十五晚上，举办"点灯背猴"仪式的主人会在院子里摆一张方桌，上面架一个炕桌，炕桌之上再放一个升子（称量谷物的工具），方桌、炕桌上分层摆上面灯，最高处摆上猴子。主人一声"抢"字出口，面灯便被乡邻哄抢一空。新女婿要抢到猴灯。如果被别人抢走了，新女婿还要备上礼把这个灯换回来，如此则意味着可以生子，也是一种目的在于"生子"的巫术。炕桌上的"升子"、与人相似的猴、谐音丁的灯，都可以对具有生子意愿、能力和责任的新郎施加影响。

又如二月二龙抬头节。填仓是节日期间一个重要的仪式活动，有的地方也叫围仓，用灰围一个圈又一个圈，并在圈的中间埋一些五谷杂粮，模拟粮囤的形状。在我的家乡山东菏泽一带，围仓时要画好几个圈，意味着粮食大丰收。围仓时还要唱"二月二，龙抬头，大囤尖，小囤流"，通过模拟丰收景象以及语言的力量来促成庄稼的丰收。此外，二月二还吃炒豆，但炒豆不叫炒豆，叫"炒蝎子爪"。为什么这时候要炒蝎子爪？是因为二月二所在的这个时节，与二十四节气中的惊蛰非常靠近，各种虫子开始活动了。有些会损害庄稼，有些则危害人类。过去有许多蝎子蚰蜒，都给人的生活带来不利影响。炒豆叫炒蝎子爪，就意味着可以影响到真正的蝎子，爪子被炒熟的蝎子自然不能再出来害人。大家知道，二月二这个节日现在有些式微，像刚才提到的围仓习俗已经很难见到了，但理发的习俗兴起来，大家相信二月二龙抬头，在这样的日子理发有独占鳌头的意味，理发者可以出人头地，这实质上也是一种巫术。

再如清明节的饮食，山西有蛇盘兔，叫"蛇盘兔，必定富"，吃了这个就会富裕。浙江不少地方吃螺蛳，也叫挑青。这与养蚕有关系，病蚕叫作"青娘"，将其挑出来，蚕业才会丰收。将吃螺蛳叫作"挑青"，是对挑拣病蚕的模拟，有助于蚕业丰收。端午节有许多饰物，是给孩子戴的。端午节时天气炎热，毒虫肆虐，给孩子戴上五毒兜肚、长命锁，就可以助力他们健康成长。端午节还张贴很多剪纸，有剪刀剪蝎子的图案，有鸡吃毒虫的图案，都有驱邪避毒的意图，都具有巫术性质。重阳节的习俗也是这样，明代《便民图纂》提到，天快亮的时候，将一片的重阳糕搭在小孩头上，并说"自此百事皆高"的吉祥祝语。糕谐音高，意味着步步高升，接触了"糕"就可以"高"，是典型的巫术。

另外，节日期间还会有各种禁忌，禁忌的实质是消极巫术，旨在避祸。前面提到的寒食节有禁火习俗，就是一种禁忌。禁忌一般包括禁制和违犯禁制的神性惩罚两部分，即规定不能做什么，如果违反就会有恶果发生。寒食节的禁火习俗包含着不能用火的禁忌，也包含着如果用火就会带来雹雪之灾的惩罚。在我国很多地方，出嫁女子不能在娘家过年。这也是一个禁忌，如果在娘家过年，就会对娘家不利。由于生活方式的转变，这一禁忌松动了，现在好多小夫妻围绕在哪里过年会吵架，在禁忌被严格遵守的时候，就不会发生这样的事情。又如大年初一不能吵架也是一个禁忌，俗信如果大年初一吵架，家里一年就不得安宁。大年初一也不能杀鸡，鸡谐音"吉"，大年初一杀鸡，影响一年都不吉利。二月二早晨不能梳头，因为头发是长的，蛇也是长的，如果梳头就会掉头发，就会有蛇掉起来。

3. 占卜

人作为万物之灵，既有追本溯源的天性，也有寻找、判断已经发生事物的真相、对于未来的发展趋势进行推测和预言的永恒追求。"占卜是一种运用超自然手段来预见未来事件或找到潜在信息的技艺或实践。它是一种很普遍的文化现象。"不同节日在不同地方有不同的占卜方式。

首先看一个唐代的例子，王建有首《镜听词》，专门讲过年期间的占卜习俗：

> 重重摩挲嫁时镜，夫婿远行凭镜听。
> 回身不遣别人知，人意丁宁镜神圣。
> 怀中收拾双锦带，恐畏街头见惊怪。
> 嗟嗟嚓嚓下堂阶，独自灶前来跪拜。
> 出门愿不闻悲哀，郎在任郎回未回。

月明地上人过尽，好语多同皆道来。
卷帷上床喜不定，与郎裁衣失翻正。
可中三日得相见，重绣锦囊磨镜面。

一个女子用出嫁时的镜子做道具，来预测外出的丈夫什么时候回来。她在灶前跪拜后，出门听别人说话，根据别人说话的内容来判断丈夫是否回来。大家可以想象她出门前心情该是多么忐忑不安。还好，诗中的女子是幸运的，她听到的都是吉利的内容，这下别提有多高兴了。觉也睡不着了，就拿出来布料给丈夫做衣服，但因为实在是太高兴了，连反正都搞错了。她心想着如果丈夫真在三天之内回来了，就要重新绣一个锦囊，并请工匠磨亮镜面以表示对铜镜的感激之情。这首诗写得非常的细腻，反映了女子渴望团圆、生活美满的强烈愿望。这种习俗近代还有遗存。

类似的占卜非常之多。比如在河北永平，人们将秸秆的茎剖开，放里面12颗豆子，一颗豆子代表一个月，如果是闰月，就放13颗。大年初一检查豆子，根据豆子的干渴占卜它代表月份的雨水情况。如果豆子湿了，这个月就下雨，反之则干旱。山东捏面灯的做法与此相似。一盏面灯代表一个月，然后上锅去蒸，蒸后根据灯碗里水的多少，来预测它所代表的月的雨水多少。又如江苏南部，相传老鼠在初一晚上成亲，所以这天要提早吃晚饭，放关门爆仗三声，而后放一碗白米饭，并鱼肉蛋等，做老鼠粮，叫作"万年粮"。如果万年粮早被老鼠吃完，就意味着当年歉收；如果到元宵节还有剩余，就意味着当年丰收。这些按科学的逻辑无法理解，但在民间信仰当中就可能，而且大家还这么做。

元宵节期间爆孛娄也是很有趣的占卜活动，至少南宋就已经出现。（南宋）范成大《吴郡志》载："吴中自昔号繁盛，四郊无旷土，随高下悉为田……上元影灯巧丽，它郡莫及……爆糯谷于釜中，名孛娄，亦曰米花。每人自爆，以卜一岁之休咎。"明人李诩《戒庵老人漫笔》中有《爆孛娄》诗云：

> 东入吴门十万家，家家爆谷卜年华。
> 就锅排下黄金粟，转手翻成白玉花。
> 红粉美人占喜事，白头老叟问生涯。
> 晓来妆饰诸儿女，数片梅花插鬓斜。

可见家家都在用爆米花来占卜，但是不同的人卜的不一样，各有诉求、心愿。女孩子占的是婚姻，老人关心的是寿命。有趣的是，这些爆米花不仅可以用来卜年华，还可以戴在头上做装饰，"数片梅花插鬓斜"，很美，很有生活情趣，完全可以传承下去。

七夕是乞巧节，占巧习俗也很多，有漂巧牙、蜘蛛占巧等。将谷、豆、麦等用水泡上，令其发芽，称为巧芽。将巧芽漂在水上，观察它的投影，并根据投影的纤细粗拙来占卜是否得巧。蜘蛛占巧，是将蜘蛛放在小盒里一段时间，看其是否结网，并根据网丝多少、是否有条理来占卜是否得巧。这些都反映了女孩子对于心灵手巧的一种期待和愿望。

综上所述，民间信仰是传统节日产生和传承的重要动力，传统节日当中也充满了民间信仰活动。其中既有祭祀神灵和祖先的仪式，也有趋吉避凶的巫术，还有对未来的占卜。当然，随着时代的发展、科技的进步，节日的信仰色彩整体上趋于淡化。很多在传统社会节日中流行的信仰活动当前已经式微，比如镜听、占岁、占巧等都不多见了，诸多禁忌也不再被严格地遵守，甚至不成为禁忌。尽管如此，民间信仰在当下节日生活中仍然占据着重要地位，大家想一下自己的节日生活，应该不难做出这样的判断。

三 传统节日民间信仰活动蕴含的核心价值观

价值观是我们人用于区别好坏，分别是非以及重要性的一种心理倾向体系，人生在世，面临着很多需要判断的事物，什么是好的？什么是坏的？什么是对的？什么是错的？哪些是重要的？哪些是次要的？不同的人肯定有不同的或者不完全相同的判断，也具有不同、不尽相同甚至完全不同的价值观。但是大家在同一个社会中生活，还是会形成一些共识，形成居于主导地位的价值观，它们是在历史发展过程中经过多种价值观的碰撞和交融而形成的，可以称为核心价值观。

传统节日是历史悠久的、社会群体共同的日子，因而是核心价值观重要的载体，节日民间信仰活动，是特定时空中处理与自然、社会乃至自我关系的方式，蕴含着中国人的核心价值观念。

（一）人与自然关系的处理：顺应自然，感恩自然，参赞自然，合理利用自然

1. 以天为则，顺天应时

即认为自然界有普遍规律，人要尊重自然规律，按自然规律办事。中国人习惯用阴阳变化来理解自然、看待宇宙，四时的更替也是阴阳推迁的结果。《管子》提出："春秋冬夏，阴阳之推移也。时之短长，阴阳之利用也。日夜之易，阴阳之化也。"汉代大儒董仲舒说："天地之气，合而为一；分为阴阳，判为四时，列为五行。"这个是和西方很不一样的。自然界有其运行的规律，人在其中首先要尊敬自然，效法自然，以天为则。体现在节日信仰活动上，就是特别讲究时空秩序，讲究在什么时候什么地点祭什么样的神灵。比如说祭社，一年两次，春天一次，秋天一次。春天主生，春天要播种，春天万物要生长，春社就祈求社神保佑风调雨顺、庄稼丰收。八月是秋收季节，收获了就要感恩，秋社的主旨是感恩。春生夏长秋熟冬休，是自然规律，人的活动与之相适应，就春种，夏耘，秋收，冬藏，就春祈求报，这是顺天应时的表现。

2. 感恩自然

祭日月星辰、山川社稷等，都是感恩自然的表现。《礼记·祭法》谈到祭祀对象的选择，认为"夫日月星辰，民所瞻仰也；山林川谷丘陵，民所取材用也"，都需要祭祀，这里体现的就是感恩意识，为什么祭祀日月星辰？因为它们给人们带来光明。为什么要祭祀山林、川谷、丘陵？是因为它们是老百姓的衣食之源。再如前面提到的年终蜡祭中有迎虎、迎猫，为什么要迎虎、迎猫？《礼记》里说得非常清

楚，就是因为虎可以吃野猪，猫可以吃田鼠，这些都对人身安全和庄稼丰收具有重要贡献。

3. 参赞自然

"有天地然后有万物，有万物然后有男女，有男女然后有夫妇，有夫妇然后有父子，有父子然后有君臣，有君臣然后有上下，有上下然后礼义有所措。"人是自然界的一部分，要顺应自然，但人在自然面前不是被动的，不是完全听命于自然的，而是积极有为的。《三字经》有一句"三才者，天地人"，董仲舒说："天地人，万物之本也。"都将人和天地相并列。按一般的理解，人只是自然界万物中的一种，应该与其他动物相并列，但中国的主流观念是把人独立出来与天地相并列，对于万物而言，"天成之，地养之，人成之"，人成就它，人让它的作用发挥出来。不仅如此，人还与天地相参，可以赞天地之化育，辅万物之自然。人可以通过自己行为的改变，影响到自然的运行、阴阳的转换。比如清明节时在春天，春天的特性是生气方盛，阳气发泄，勾者毕出，萌者尽达，是天地俱生、万物以荣的时候。这个时候人可以开展放风筝、荡秋千、斗鸡等活动。这些活动，一方面让自己和春天的特性保持一致，是顺应自然的表现，同时又能够辅助阳气的抒发，让春天的特性展现得更加淋漓尽致，从而作用于大自然。再比如冬至，冬至一阳生，在我们的阴阳观念中，夏至是阳气达到了鼎盛，阴气开始生发，冬至是阴气达到了极致，阳气开始生发，这个时候，就要辅助阳气的生长，在明代，官员要穿阳生补子的衣服，宫中张贴三阳开泰的图画，都是对天地之间阳气的扶助。

4. 合理利用自然

人是自然界的一部分，而且是天下万物中最重要的部分，人是"最为天下贵者"。传统节日中的各种信仰活动，是基于人的需求展开的。而且人总是积极有为地开展一些活动，以求愿望之达成，实现自身之圆满。以清明节的插柳习俗为例。"清明不戴柳，红颜成皓首""胡不踏青，又过清明，胡不戴柳，须臾黄耇"，都将柳与人们对延续生命的欲求联系起来。为什么要用柳，这是因为柳具有强大的生命力，曹丕说它"断殖之更生，倒之亦生，横之亦生"，发芽又早。插柳的目的，正是希望通过与柳的接触，将其生殖力和生命力转移到自己身上，从而使自己的生殖力、生命力得到强化。此外，清明节的食俗，如享用可以补阳气、益精气、强筋骨的鸡蛋、春饼、乌饭、青团等节令食品，同样具有祛病强身、延年益寿的作用。杜甫有诗说："岂无青精饭，使我颜色好？"食用乌饭能让人脸色变好，增强人的生命力。人总是利用大自然给予的东西，加上自己的创造，让它发挥一个自己所希望的作用，使得一切朝向吉祥如意的方向发展。

（二）处理人与社会的关系：孝亲敬祖，崇德尚公，善待他者

1. 孝亲敬祖，慎终追远

百善孝为先。孝是非常核心的一个价值观。何为孝？"生，事之以礼，死，葬之以礼，祭之以礼。"中国人对父母祖先的孝，不仅注重生前的尽心奉养，亦注重死后的诚敬埋葬和祭祀。因为人们相信如曾子所说"慎终追远，民德归厚矣"，谨慎地对待父母的去世，追念久远的祖先，就会培育出忠厚的百姓。"万物本乎天，人本乎祖"，人要懂得报本返始。节日里的祭祖，就是孝亲敬祖、慎终追远的体现。一方面，传统节日中有几个以祭祖悼亡为核心习俗的节日，比如说清明、中元、送寒衣节等；另一方面，其他传统节日中往往也有祭祖悼亡的内容。这是对血缘祖先的感恩。

2. 感恩道德高尚和对群体有重大贡献的先贤

前面讲到诸多节日中的祭祀活动，不同的节日祭祀不同的神灵，这些祭祀对象是有选择的，而选择祭谁是有标准的。《礼记·祭法》提到五种选择的标准："夫圣王之制祭祀也，法施于民则祀之，以死勤事则祀之，以劳定国则祀之，能御大菑则祀之，能捍大患则祀之。"书中列举的祭祀对象，都是符合这五种标准的："是故厉山氏之有天下也，其子曰农，能殖百谷。夏之衰也，周弃继之，故祀以为稷。共工氏之霸九州也，其子曰后土，能平九州，故祀以为社。帝喾能序星辰以著众，尧能赏均刑法以义终，舜勤众事而野死，鲧鄣鸿水而殛死，禹能修鲧之功，黄帝正名百物，以明民共财，颛顼能修之，契为司徒而民成，冥勤其官而水死，汤以宽治民而除其虐，文王以文治，

武王以武功，去民之菑，此皆有功烈于民者也。"从这里可以看出，能够进入祭祀对象行列的，不是那些自私自利的人，而是对群体做出重大贡献的人和道德高尚的人，他们有奉献精神，有利他精神。传统节日中祭祀的炎黄、介子推、屈原、李冰等，都是这样的人。这里反映的是一种崇德尚公的价值观。

3. 悼亡祭厉，善待他者

清明、中元、送寒衣节等节日祭祖时，也会为其他亡灵送上一份心意，体现善待他者，尤其是陌生人的价值观念。这部分亡灵，在传统社会被称为"厉"。《春秋传》曰："鬼有所归，乃不为厉。"厉是无所归的"鬼"，是不能享受家族祭祀的亡灵。对于这部分亡灵，《礼记·祭法》里有如下安排："王祭泰厉，诸侯祭公厉，大夫祭族厉。"明代以降，专门有三节祭厉的制度性规定"天下府、州、县则皆设坛于城北，其各里内又立祭坛。岁以三月清明、七月望及十月朔日，长吏率僚佐侯晡时致祭"。古人祭厉，一方面是因为恐惧，"鬼乏祭享而无所归则必为害"，为了安抚厉，不让它们为非作歹而进行祭祀；另一方面也是对生民逝去的关怀。人要有尊严地生，也要有尊严地死，死后也应该被有尊严地对待。

中元节我在中国佛教协会所在地广济寺做调查，许多人都参与这里的法事活动，寺院提供了可超度亡灵的名目供人们选择，其中包括历代宗亲、冤亲债主、孤魂野鬼、七世父母、六亲眷属、未生胎儿、无视生灵、横事冤魂、"非典"遇难、火灾遇难、艾滋病死亡、无人继嗣、水灾遇难、地震遇难、风灾遇难、空中遇难、海上遇难、交通遇难、战争遇难、瘟疫死亡、煤矿遇难、法界众生、雷击遇难、泥石流遇难等 20 余种。有些人会选择为所有的亡灵超度，这就超越了血缘关系，是善待他者、善待陌生人、关爱生命的一种体现。

（三）处理人与自我的关系：维护心灵安宁、重视道德修养

1. 维护心灵安宁

人为什么要祭祀？其中很重要的原因是为了内心的一份安宁。人们对逝者的感情需要表达，祭祀是一种表达方式，表达了，内心就踏实了、安稳了。另外，祭祀是一种对话，是内心焦虑的一种缓释，许多人愿意在父母的坟前说出自己的苦衷，同样有利于内心的安宁。通过占卜性质的活动，人觉得未来可期；通过巫术性质的活动，人表达对未来的渴望和诉求，并借以增加面对未来、实现愿望的勇气和力量。

2. 重视道德修养

重视道德修养，成为忠孝仁义、礼智信勤的人，是对自我的一种期许。节日中的信仰活动体现了对忠孝仁义、礼智信勤等个人品德的推崇。比如祭屈原的重要原因是他爱国，忠于人民。七夕祭魁星，乞巧，里面都包含着对自我的期许，要聪明智慧，要心灵手巧，要勤俭持家，要靠我自己的双手来创造美好的生活。节日还有很多传说，这些传说也往往传递了关于个人应该成为什么样的人的价值观念。

清明节、端午节，都有佩饰习俗。比如清明节的插柳，端午节的插艾蒿，都有传说。举一个例子，端午节为什么要插艾蒿？传说黄巢起义的时候，他看到一个妇女身上背着一个孩子，手里牵着一个孩子，身上背的那个孩子是大的，手里牵的是小的，觉得很奇怪。因为正常情况下应该是牵着大的、背着小的。他就去问，结果妇女告诉他，身上的孩子是哥哥的孩子，小的是自己的孩子，哥哥在兵荒马乱中去世了。黄巢一听非常感动，真是一个仁义的女子。于是就说："你回家吧，到家在门上插上艾蒿，就不会有士兵伤害了。"这个女子听了黄巢的话，就回家在自己家门插上艾蒿，同时告诉村里人也插上艾蒿。结果，黄巢和士兵发现满村都插着艾蒿，就没有伤害这个村，人们因此避免了灾难。这天正好是端午节，以后每到这时都在门上插艾。这是一个传说，里面包含一些核心的道德观念，比如崇尚仁义利他，推重诚信，黄巢下令挂了艾蒿就不再伤害，我们看到他果真遵守了诺言。节日民间信仰活动的参与往往以家庭（家族）、社区、行业（职业）群体、伙伴群体等为单位进行，因此，内在地包含家庭和睦、社区团结、群体友善等核心价值观念。

总之，节日的信仰活动集中反映了中国人在处理人与自然、社会与自我关系方面的核心价值观念，这与我们当前提出的社会主义的核心价值观——富强、民主、文明、和谐、自由、平等、公正、法治、爱国、敬业、诚信、友善不完全一样，但有许多一致和相吻合的内容，也可以说，传统节日中蕴含的中华民族的核心价值观是当代中国社会主义核心价值观的基础，传统节日对于涵养社会主义核心价值观具有积极意义。

四 从知善到行善：传统节日民间信仰的生活实践

（一）传统节日民间信仰涵养核心价值观的特征

培养个体具有国家和社会所崇尚的价值观有多种方式，课堂教学很重要，在大街上张贴标语也是一种方式，传统节日提供了另外一种方式，具有鲜明的特点，也可以说是优越性。其一，它是知行合一的。节日必须"过"，过就是"行"，是生活，而价值观是寄寓包蕴在节日活动之中的，在行的过程中，我们会了解为什么行，为什么要这样行，这就将知与行联系在了一起。过节是在行中知，在知中行。其二，节日中的信仰活动不是冷冰冰的说教，而是有温度、有参与的仪式，这些仪式很多时候很热闹、很有趣，让人在潜移默化之中甚至是在娱乐之中，自然而然地接受了其中蕴含的价值观念。其三，节日中的信仰活动是伴随着节日周期性复现的，通常表现为一年一度。周期性复现，使得身处其中的人，能够不断温习、体会和践行。

（二）理解和善待传统节日中的民间信仰

前面也已经提到，很多人认为民间信仰就是封建迷信，节日里的民间信仰活动也是封建迷信，是需要移易的陋俗。那么我们应该持有怎样的态度？我以为应该理解它和善待它。

第一，要认识到民间信仰活动是随着社会发展不断变化的，从目前来看，它仍然会长期存在。

第二，对于节日来讲，信仰活动往往是它的核心内容，是节日"非常性"的重要表现，它为人们提供精神支撑。完全没有信仰活动的节日是难以想象的。光棍节是一个新兴民间节日，目前演变成一个网上购物节。

第三，传统节日中的民间信仰活动主要是围绕着祭祀自然神灵、祖先先贤的亡灵和驱邪求吉展开的，它反映了人们的美好愿望，包含着生存的经验和生活的智慧，不能简单贴上封建迷信的标签。举例言之，比如出嫁女不能回娘家过年这个禁忌，出嫁女回娘家就会对娘家不利，首先，从科学逻辑上是难以讲通的，但它却以信仰的方式维护了特定时间上的家庭和谐和社会秩序，禁忌规定了女性在夫家过年，就不至于出现夫妻争吵导致家庭不睦的情况。其次，习俗也有对女性的关怀，很多地方都讲究大年初二回娘家。所以这是一种生活的智慧。当然，关于出嫁女在哪里过年的问题，是时代发展变化的结果，人们也会逐渐调适，形成一种新的规则，达成一个新的秩序。

第四，节日中的信仰活动是特定时空当中处理人与自然、社会与自我的关系的方式，里面蕴含着中国人的核心价值观念，对于中国人的塑造和认同感的形成具有重要意义。节日是大家共同的日子，在共同的日子里，大家共聚在一起，体会到"我们"的存在，并形成同样的情感和观念。

（三）引导与善用传统节日中的民间信仰

当然，民间信仰也有其问题。《礼记·曲礼》云："非其所祭而祭之，名曰淫祀。"古代对于淫祀是排斥的，就是不要祭那些不该祭的，否则就是淫祀。信仰活动泛滥，过于铺张浪费，也会出现在节日期间，要做一些引导，使其信仰一直是向善的，发挥积极的有益的作用。过年放爆竹是传承久远的习俗，也是一种具有巫术性质的活动，俗信爆竹的声响能够驱除凶邪，带来喜庆，能够满足人们在过年期间趋吉避邪的愿望，当然有其存在的理由，不可率意地禁而止之。但是爆竹又会带来安全和污染问题，有的人对此置之不理，燃放无度，这需要引导，将其限制在一个合情合理的范围内。怎样既尊重民众的信仰活动，又使其符合现代文明的要求，使其在传承内蕴的核心价值观念方面发挥积极作用，是政府可以用力的地方。

节日遗产资源的活用

徐赣丽

(2017年9月15日上午)

传统节日作为国家与民族重要的民俗文化资源和旅游经济开发资源，蕴含着极具价值的传统文化元素，值得人们对其进行保护和利用。所谓传统节日资源的活用就是更新其功能，使其在当代延续传承。当前如火如荼地开发节庆旅游就是节日遗产活用保护的典型方式。我们主要以节庆遗产的旅游开发为例，讨论如何对传统节日资源进行活用，并分析展演作为文化旅游开发过程中的主要方式在节庆遗产旅游中的实际运用和现存问题，在参照国内外相关节日遗产的旅游利用案例的基础上进行讨论。

一 背景：节日遗产需要活用保护方式

节日遗产作为非物质文化遗产，与物质文化遗产的保护不同，其保护更强调对观念层面的保护，是更深层的保护。这种保护不是静态的隔离，而需要发展其机制。已有的保护方式有用语言文字或者照相、录音、摄影等现代科技手段记录和保存，但是用现代各种技术手段记录保存只是一种初级的、浅层的、有限的保留方式，甚至开办传统技艺培训班，也只能是技艺层面的传承，不能使相关使用习俗和浸淫在其中的情感得到保护。非物质文化遗产的保护、保存、利用的目的，不在于对非物质文化遗产进行守护，而应该在可以用来守护和创造人类丰富生活中得以体现。非遗存在着经济的、社会的、精神的等各个方面有助于人类幸福的可能性。所以更为根本的保护方式是对其进行活态保护。活态的保护就是活用，即更新其功能，使其在当代延续传承。

遗产的重要性不言而喻，坦布里奇和阿什沃斯在《遗产不谐音：过去作为一种斗争资源》中说，遗产是为了满足目前需要而选择性地使用和诠释过去。它既有对过去的记忆，又有对过去的遗忘。对于遗产而言，满足当前和将来的现实需要是最根本的依据。因此，遗产是现在的产物，是现在根据目前的需要从想象的过去选择该继承什么来遗传给想象的未来。

而"非遗"对于现在和将来的发展都拥有着多方面的价值。第一，"非遗"对文化多样性具有意义，文化多样性跟生态多样性一样重要；第二，"非遗"具有认同功能，我们常常把一个民族的传统文化视为这个民族的根，是集体认同的产物，能够增强民族凝聚力、向心力；第三，"非遗"是当代可以开发利用的一种文化资源，人们常常会把"非遗"描述成宝藏、宝库。在现实生活中，"非遗"的价值在很多领域都有所体现，如古村镇旅游开发、文化产业的发展、国家文化软实力的增强等都需要"非遗"的存在。

由此，作为"非遗"的节日文化，可以被选择性地进行建构。很多地方或区域性的节日和仪式都被进行了重构并被提升成为展现国家独有特点的代表，而且它们经常是"传统的创造"。

节日遗产在传统中的"创造"，常常是因为其功能在新的时代背景下发生了转变。传统节日的产生和发展与特定历史时期的社会文化相关，是人们的生存智慧，是为人们的生活服务的。节日的传统功能主要有三个方面：一是为纪念有价值的历史人物或历史事件，如纪念屈原、伍子胥、妈祖、佛成道日、祖先先贤等；二是调整和改善物质生活，让人们能够丰衣足食，放假休息，进行娱乐活动；三是进行铭记先人、感恩敬畏、团结协作、凝聚力量等积极正面的社会教育。随着时代变迁，传统节日的祭祀活动被淡化，很多节日的仪式从祭神到娱人，节日内涵随着时代发展和社会变迁逐渐淡化和消亡，或仅存外壳。

时代和社会在不断变化，人们的生活方式和内容也在变化，节日随之自然发展或消亡无可厚非。如果想在当代全球化的社会环境下，人为地阻断其消亡的走向，就需要生产出新的功能和需要。因此，在文化消费盛行的背景下，节日拥有了新的文化资源价值，抑或是让传统节日在当代进行创意传承。例如，中华民族的四大传统节日之一的中秋节，其庆祝方式应该不仅局限于家庭团聚、吃月饼，更多的应发展为富有浪漫格调与狂欢精神的月下活动，如歌舞、饮酒、赋诗、唱诵、游园、赏灯、逛夜市等，以增强和拓展其浪漫格调与娱乐功能。对此，葛剑雄教授还创意地提出将中秋与环保、节能等活动结合起来，在中秋夜月明，不妨在保障安全的前提下，将城市的多数电灯关掉，让大家感受一下真正的月色，这样的赏月会更吸引人。这就是对传统的创意和改良，也是对节日资源进行传承活用的大胆尝试。

二 节日遗产传承保护的途径：节庆旅游开发

（一）节庆旅游开发的背景：体验经济时代的到来

体验经济时代的到来使得节日资源在旅游中活用成为可能。1970年，美国未来学者阿尔文·托夫勒在《第三次浪潮》一书中提出了"体验经济"的概念。他认为，经济发展在经历了农业经济用产品的功能满足消费者的需要、制造经济用商品的特色吸引消费者、服务经济用商品及其善后服务影响消费者等浪潮后，体验经济将通过创造体验的机遇来满足消费者成为最新的发展浪潮。美国经济学家约瑟夫·派恩和詹姆斯·吉尔摩在他们的《体验经济》一书中倡导和推广这一理论和思想，从而引起大家关注。体验经济就是以消费者为中心，创造能够使消费者参与、值得消费者回忆的活动，它提供的不再仅仅是商品或服务，消费者消费的不再是实实在在的商品，而是一个过程，一种感觉，一种情绪、感官和精神上的难以忘怀的体验。

随着体验经济时代的到来，旅游体验被视为新的经济增长点，在旅游产业中出现了从传统的观光游逐渐朝向回归自然与文化的体验旅游（主观感受）过渡的趋势。节庆旅游正是一种典型的体验旅游，去异地参加传统节庆，可以为游客提供一种"他者"的生活文化体验。传统节庆民俗旅游将自然风光、地方风俗和特产、传统节日文化等有机结合，使旅游者投身到这一精心搭建的大舞台中，在狂欢盛会的急骤变奏中感受时光的停滞或流逝，产生轻松、愉悦和满足感，从而获得永志不忘的体验。节日作为文化遗产的价值，已经被广泛认识，节日的旅游开发也非常普及。在旅游类型中，有专门的节庆旅游，并催生假日经济。

（二）节日遗产是重要的旅游资源

节日遗产是重要的旅游资源，具体表现在以下几个方面：第一，传统节日与旅游有天然联系，节日的娱乐和狂欢特性，以及兼具时令节庆特色的饮食和传统仪式等其他诸多活动的举行，使节日具备了整合各种资源、集聚人气并兼有贸易、交流和人际交往等多种功能，这些功能满足了以消费和娱乐为目的的旅游产业；第二，节日中的竞技表演、文艺表演和特殊服饰等都是丰富的审美资源，正是民俗旅游的表现内容；第三，节日有季节性和地方性的时令饮食供应，也是旅游六要素中最被看重的内容。此外，节日是民俗的老家，包含饮食、服饰、歌舞游艺、社交等各种类型的民俗，具有强烈的消费性、娱乐性、地方性和历史性，在时间和空间上都有着特殊意义。这样的例子不胜枚举，如在春节期间，耍狮子、舞龙灯、扭秧歌等各种丰富多彩的娱乐活动竞相开展。其中舞狮是春节传统的民间活动，起源于南北朝时期，在广东等地认为每年春节打锣鼓，挨家挨户舞狮拜年，可消灾除害、预报吉祥；舞龙灯从过去为实现生产目的到当下的娱乐大众。届时各地还会举行盛大的新春庙会，为新春佳节增添浓郁的喜庆气氛。还有内蒙古那达慕大会、苗族坡会上的斗马等有地方特色的节日，游客在节日中体验极具吸引力的乡风民俗。此外，节日中大量的饮食消费也有助于旅游经济的发展。端午佳节促进了嘉兴粽子产业发展，中秋节各地风味月饼在全球华人之间畅销，此外，还有清明粑粑、西南地区农历四月八糯饭节的五色糯米饭、巴西狂欢节的咖啡等，特色节日食品带来的经济效益带动了旅游业的发展。

从马斯洛所提出的需求层次理论角度分析传统节日能够成为旅游资源的合理性和必然性也很有帮助。当代的消费群体,并不仅是为了满足最底层的生理需求与安全需求而来的,还是为了尊重需要和自我实现需要。旅游开发需要进行创意加工和改造满足不同消费者的需求。节日可以更好地统合当地的各种特色,从而满足游客对各个层次的需求。

第一层是生理需求,节日满足日常个人的休息、在工作之余的休闲与放松,没有更多的主观需求意识。第二层是安全的需求,在节日活动中可以打造各种养生内容的活动、各种有机食品可以方便采购。在这里可以充分满足人对健康、对生活品质的需求。第三层是社交的需求,对祖先的认同,社会性和话题性的拥有,让人们自觉或者不自觉的产生参与感。让游客体验到充分的社会性需求,从少儿的活动到老年人的活动,各式各样,让各个群体、各个年龄都可以积极参与。第四层是尊重的需求,在节日活动中除了适合大众的消费外,还有各种丰富的各种奢华享受,在信息化的当下,通过各种媒介将自己的奢华体验进行发布,无疑让自己的朋友圈内充满了无数的羡慕。第五层是自我实现的需要。当人们讴歌繁荣、盲目崇拜虚荣的时候,内心中开始思考真正属于自己的价值。游客在与传统文化的接触和了解过程中,逐步找到了自我的价值。现代社会中人越来越注重精神上的满足感,开始暂时或长久离开喧嚣的城市,和谐地生活。学习和理解另一种生活方式的"体验旅游"很受大众欢迎。

节庆旅游是文化体验旅游中最常见的类型,也是节日遗产传承保护的有效方式。节日因其本身承载着极具旅游价值的丰富多样的传统文化元素,所以当作为节庆或节事的旅游形式时,是旅游开发最常使用的框架和名头。传统节日文化遗产的旅游利用与一般的遗产不同,因为节庆本身就是一种旅游的促销方式。旅游开发以节日之名推销地方特产和营造消费时空。世界各国纷纷推出各具特色的旅游节庆,如西班牙的奔牛节、保加利亚的玫瑰节、德国的啤酒节、加拿大的烟花节、挪威的海盗节、日本的樱花节、中国凉山的火把节等,都引起了游客的极大兴趣。据不完全统计,中国每年举办的各类大小节庆活动约有 5000 个。因此，深入研究节日旅游的相关问题已经成为当务之急。

(三) 节日遗产旅游的特点

节日遗产旅游与其他的旅游形式相比有其特点。节庆旅游是以节庆为吸引物而开展的一种专项旅游活动，是一种新的旅游形式，具有趣味性、丰富性、复合性、文化性、交融性、地方性、多样性、参与体验性、效益后续性等特点。它不同于传统旅游把游客排斥在旅游吸引物之外，更注重体验性和参与性，并且节庆活动作为专项旅游活动和一般旅游形式相比具有季节性、规模性、综合性、效益后续性、开放性等特点。例如，一些在电视里热播的节庆旅游体验节目中，明星游客在节庆旅游的现场体验学习如何包各地不一样形状的饺子，以及人人都可以参与的节日庆典圆圈舞，还有侗族的芦笙节，大家手拉着手一起唱侗族大歌、跳侗族多耶舞……这些活动能够给游客带来不一样的人生体验，极具旅游魅力。

值得一提的是，旅游强调"吃、住、行、游、购、娱"的整体满足，其中"购"占了很大的比重，"购"可以是当地的特产食品，也可以是手工艺品。那些借助节日包装起来的民族传统工艺文化资源，如刺绣、木雕、草编、竹编等，是节日旅游中最有市场的产品。

但节日中的消费行为多少会有"浪费"、一反常态的挥霍无度等，平时循规蹈矩，在节日期间变得肆无忌惮地消费和享乐。每种节庆本身都隐藏着"至少一点点的过度"，它是"社会大众情绪的发泄"的窗口。正是由于节庆有消费和狂欢的特征，以消费和娱乐为目的的旅游产业，自然就会发展出节庆旅游的项目。旅游开发者经常打着节庆的旗号，也是因为节庆具有集聚效应，使人闻风而来。旅游效益是按人数计算，人多自然消费就多，容易给旅游地的人们带来效益。

驰名中外的巴西狂欢节在每年 2 月中下旬会持续三天三夜，被公认为世界上最大的狂欢节，有"地球上最伟大的表演"之称。每年吸引国内外游客数百万人。节日期间，全国各城市都有庆祝活动，大街小巷满城彩旗飘扬，大家披着节日盛装纷纷拥上街头，奏着摇滚，通宵达旦地狂歌劲舞。其中最热闹的是里约热内卢市举行的规模盛大的桑巴舞化装游行,巨型花车上表演者自由、奔放的舞蹈,吸引观众簇拥着彩车载歌载舞,纵情欢乐,使整座城市汇入欢腾热烈的节日海洋。政府对节日的举办给予了积极的支持,加强警力杜绝色情和暴力,以便狂欢节正常健康发展。为进一步提升狂欢节作为巴西重要文化标志的地位,里约热内卢市政府1984年率先建立了一条长700米,能容纳6.5万名观众的"桑巴大道",专门提供给来自世界各地的游客参与活动用。可以看出,隆重的巴西狂欢节极具公共狂欢性。

与国际上类似于巴西狂欢节这样盛大的节日相比,中国传统节日缺乏公共性和狂欢性,这是中国节庆旅游的不足之处,有待完善。中国传统节日活动,如团圆、年夜饭、守岁、拜年、祭祖、扫墓、敬老等,大多以家庭或家族为单位,体现了鲜明的伦理道德色彩。即使是耍狮子、扭秧歌、踩高跷、燃社火、闹元宵等热闹非凡的节日娱乐,也只是在家族、村落、社区等有限范围内举行的表演性质的活动。就连在中国传统节日的旅游开发中,不断打出"东方狂欢节"标语的傣族的泼水节、凉山彝族的火把节等公共娱乐性的节日,在举办庆祝的过程中既缺少广泛的民众参与意识,也没有全民狂欢的性质。因此,我们如何打造顺应时代发展需要的节日,需要重新挖掘整合传统节日资源,进行合理有效地创意改造。

(四)传统节日文化资源在旅游开发中的商品化争议:是保护还是破坏?

从世界各国来看,对遗产或文化的旅游开发的研究中,早期对节庆文化旅游开发商品化持警惕态度。20世纪70年代中期,发表的论文和相关政策文件,大多是对旅游的威胁有着很大的担心,认为经过旅游开发,遗产丧失了其意义与真实性。而十年之后,很多学者的看法有了改变,保守主义者一直呼吁"保护先于旅游",而现实情况是,我们并不能因旅游产生的消极副作用而抹杀它。当前的趋势是要努力"寻求平衡之道,以化解遗产保护与当地生计需求以及与游客享受旅游权力之间的紧张关系"。

文化商品化是一个广受关注的问题。学者们对于文化商品化的焦虑和警惕通常在于是否伤害了文化遗产本身的真实性。科恩（Cohen）认为，"真实性"是一个社会构建的概念，其隐含的社会含义不是固有的，而是动态变化的。旅游者在旅游过程中是"真实性"含义的积极创造者，而不是被动接受者。刘晓春对文化商品化持积极态度，认为在商品化过程中，民俗文化以及其他传统文化才有可能在现代性话语中获取合法地位，进而获得广泛的社会声誉，提高民俗文化在社会符号等级体系中的位置。

国外学者和中国学者的研究，都有一个从把"商品化"视为贬义词到逐渐视为中性词的过程。美国学者格林伍德是一个典型的代表，他曾以西班牙的阿拉德仪式，思考"文化可以被售卖吗"这个问题，该节庆原来是一个没有外人参与的本地仪式，如今成为可以被售卖的商品。他认为文化不应该被商品化。但时隔十年之后，他再去调查时却发现阿拉德节庆已经呈现出当地人和旅游开发者合作协调的景象。长期从事旅游研究的国内学者张晓萍认为商品化对传统文化的神圣仪式等必将产生消解作用，但也带来了文化创新和整合的机会。她对大理鹤庆白族新华村民间手工艺的旅游开发进行调查，调查中被访谈人的表述提供了有力的证据："我卖给顾客产品的时候，我也在传承自己的文化。当顾客购买我的产品时，顾客也为传承文化贡献了力量。因为我用顾客买东西的钱来发展壮大我的事业，我卖给顾客的不仅是商品，也把文化卖给了顾客。"可见，"商品化"已不再是一个传统意义上的贬义词，而是一个被赋予了新的经济、文化内涵和值得反思的新名词。

所以文化遗产旅游商品化并不都是坏事，在人们热衷于批评遗产的旅游利用带来破坏时，因遗产的旅游利用带来保护的成功例子也不少见。如丽江东巴的纳西古乐。并且在国家文化产业化政策和遗产日益资源化的现实中，对文化遗产的利用已是大势所趋，国家在各地开展的"生产性保护示范基地"工作，正是希望手工技艺类等"非遗"也能适度地市场化以自救。旅游人类学家格雷本（Graburn）曾说过"越是濒临灭绝和消亡的东西，越吸引当今的都市旅游者"。节庆旅游活动可以把音乐、舞蹈、绘画、民俗等各个领域的传统文化集中、动态地展示，呈现出鲜活的文化遗产样态。笔者也认为遗产旅游的适度开发，不仅具有一般旅游活动的经济功能，还具有保护遗产可持续利用的作用。

（五）"政府办节"语境下进行节日的旅游开发

在我国，政府办节或说政府对于民间节日的管理和介入较为普遍，旅游节庆常常还是地方政府招商引资的窗口和地方财政的创收机会，因此，节庆活动的操办，往往是由当地党政机关挂帅。政府有关部门成立组委会进行组织协调，把一些原为民间自发性活动变成了政府行为，并掌控着活动。这与当下非遗的政府保护工作，形成了互相呼应和重叠交叉，体现了中国特点。换言之，地方政府是申遗的主力、是遗产管理和旅游开发的主导力量，政府办节往往是政府的经济文化多项工作的综合体现和综合运作。节日遗产的旅游利用，跟政府的管理和指导有很大关系。在节日遗产旅游中，政府常常扮演着主导者的角色；其模式大都是："政府主导、市场运作、部门联动、社会参与。"

由政府主导的旅游节庆，其活动区域经常是按照行政管辖范围来确定，这就突破了传统节日旧时因交通条件受限等而只能小范围参与、活动单一、规模较小、人员分散的特点。旅游节庆的参加者不仅有当地民众，通过政府或旅游局的宣传和组织，会吸引更多来自周边区域和外地的游客。出现这样的模式，也是由于早期市场经济不成熟，政府不得不充当节庆旅游开发中救火者的角色。

但现在，也有一些旅游节庆活动是在政府主持下的市场运作方式——资本运作、公司化经营。例如，2002年7月，南宁市成立"大地飞歌文化传播有限公司"，专门负责策划经营南宁民歌艺术节活动，这标志着举办旅游节庆开始遵循市场经济的规则，政府部门退到幕后，只发挥指导、协调作用，而不介入具体的操办。

政府主办节庆，如果大包大揽，长此以往，则人力、财力难以支持，不仅没有经济效益，反而拖累地方。在韩国的端午节中，政府的有效组织和管理为节日的保护与传承提供了制度保障，政府人士也常常出现在前台，显示出对节日仪式的重视，由于节日中的祭祀仪式往往包含为百姓祈祷平安的内容，虽为民间活动，却历来不乏官方代表或本地德高望重人士的参加。但政府组织出面的只是白天的祭祀和简单的开幕式，晚上的文艺活动则是由当地的民间社团组织开展。在中国嘉兴市的端午节活动中，各县、民间团体都组织有自己的文娱项目和民间文艺活动，分散了政府的压力。总之，政府应该是民族节日开发的"服务者"，而不应成为民族节日活动的主体。

民众参与在节庆旅游举办的过程中是十分重要的。例如，日本京都市每年夏季的祇园祭，规模浩大而热闹。前来观看的游客不下几十万人，是世界性的遗产旅游节庆，充分体现了日本当地人和日本全国及世界各地游客对此的积极参与。在每年节庆期间，都会在7月17日这天举行盛大的山鉾巡行庆典仪式，场面十分壮观，其活动由各町（街道）派一组身着和服的男子集队参加巡游表演，围观人群不断地喊加油、鼓掌喝彩。参加巡行的山鉾车舆由各町保管和修理，作为街道的精神象征和夸耀的宝物，各社区竞相攀比。由于祇园祭的筹划和参与人员是本社区的志愿者，演出项目相对固定，活动费用来自社区公共财产的出租停车场、祇园祭门票等收入，以及本地居民的捐款。这个具有1100多年历史的传统节庆活动得以保存至今。这些都说明，成功的旅游节庆，首先需要当地居民参与，然后才会有浓郁的节日气氛，才能吸引外地人加入。而这正是中国各地政府办节所要认识到的。

（六）节庆旅游中的文化展演和文化整合

将节庆遗产进行旅游开发，就是将节日民俗活动转为展演对象，这不是一个直接的过程，需要加以艺术化的展现和表达。文化展示与旅游业发展有着内在的联系，因为游客想参观色彩斑斓的民族服装和丰富多样的风俗习惯，地方的人们既想赚钱又想展示他们引以为豪的文化。因此，民族特色作为一项商品通过服饰、舞蹈、歌曲以及节日获得了新生命。

夏威夷的波利尼西亚文化村，是一座规模很大的民族文化博物馆，是节庆旅游中文化展演和文化整合的典型案例。它建造于1963年，目的是保存波利尼西亚人的历史和传统文化，占地42公顷的人造文化村，蜿蜒曲折的人工湖把文化村巧妙地分割成七个自然村落：新西兰群岛、斐济岛、夏威夷岛、萨摩亚群岛、大溪地群岛、汤加群岛、玛贵斯群岛。这些村落都演绎着自己几百年前本民族的传统风貌，各个村庄的房子，造型各异，有方有圆，屋顶和围墙都是用茅草建成。村与村之间都有小河相连，游人可乘坐独木舟，穿行于鸟语花香的村落之间。每个村庄和部落都有特定的活动，包括展示和介绍他们自己的民族特色与风情的表演，并且教游客学习他们的舞蹈。这是全球范围内较为典型的旅游展演案例，在那里从事演出工作的员工，多是来自附近一所大学的学生，他们主要通过各种民间舞蹈和音乐等表演或装扮毛利人、萨摩亚人等七个不同族群以吸引游客。文化村里还把几百年前斐济酋长的豪华房间和设施作为旅游参观点，文化元素多样，活动丰富。至今，波利尼西亚文化村已经成为世界各地旅游文化展演学习的范本。

我国传统节日的举办都会突出展演地方或民族文化。即使不是本节日的文化内涵或元素，也会整合起来，进行文艺、宗教、政治、生产等方面的综合展演。同时也在节日中突出其饮食、服饰、建筑等文化。例如，在广西龙胜县宝赠侗族祭萨节的文化展演游行仪式中，举办者就进行了对象具象化与仪式程式化、文化空间的公共化等操作。这个节日的举行，增加了许多人为展演的痕迹，如在文艺表演之前，由主持人根据师父的打卦，向众人公开宣读下一届的主事名单；师父在做仪式时身上还别了麦克风。与此同时，款师也参与仪式，在游寨和打卦之前，他都要念款词并作法事，突出展现侗族社会的款文化。这种对节日的综合性操办，是被相关文化部门的人所导引的。我们在当地调查时发现，近年来当地的祭萨按照县文化馆人员的设计，活动内容越来越程式化和多样化。在2010年的祭萨节中，活动内容有：（1）师公主祭；（2）款师宣讲《祖先起源款》；（3）合唱《耶萨》；（4）众人分享"平安粥"；（5）民族歌舞表演；(6)吃合拢饭等。这种程式化的操作当然是符合旅游展演的需要的。祭萨节还体现了多种文化的整合。文化整合是对同一空间内的文化遗产实行整合资源，制造效应，扩大影响。祭萨节的祭祀活动从过去单一的祭祀娱神活动演化为集原始祭祀、农事耕作、民族集会、娱乐交游和文化展演为一体的综合性节日。整合也表现在对祭祀对象的拔高和神圣化。在对萨神的介绍和阐释中，也综合了祖母神、文化英雄、保护神等多种神的特征和形象。

从世界各地遗产保护和旅游开发的实践来看，在节庆旅游的开发中通过节日文化的展演和整合实现传统节日文化的保护和活用是有可能的。

三　结论

市场背景下的节日展演等旅游开发形式，有助于恢复和保护一些已经或濒临灭绝的文化遗产。因为展演是外在的、可见的，展演本身就是直观的学习场域。民间文化经过艺术包装或加工，成为展演的对象，从而使其外在形式也被象征性地保留传承下来。

毋庸置疑，任何一个社会都在发展变化，体现其特征的文化特点也会随之变化，传统节日文化一直处在自然变迁中，客观的真实也并不是一成不变。文化遗产的保护不是指完全不变地保存其原有的文化，主要是保护其核心和精髓，运用旅游开发等手段，把其精华和美好的一面，特别是作为文化遗产的核心价值用象征手法表达出来，有可能使文化遗产在不断的创造中得到延续，使传统的内核与现代新形式相结合。

当然，旅游展演是延续民间艺术生命力的较为直接的方式，而如何通过旅游展演和包装把文化观念转变为行为符号或物的象征符号是需要学习的。用艺术的手段传输文化观念以及展现文化价值，是人们用以情感交流与表达的特殊方式。在展演中要关注艺术精神，要对传统节日中的信仰观念、民族性格、气质品质、审美情趣等加以保护。

对于如何避免节日旅游展演带来的问题则需要多方面的考虑。通过旅游展演的方式来利用和保护遗产时，需要分层次、分程度、分阶段地进行，特别是确定文化遗产的核心价值及其现代价值，并在实践中对二者实行区别对待。同时借鉴"前后台"理论，有节制地开发利用。为了尽可能避免展演对民间艺术的歪曲和变形，需要学者或专业工作人员的加入和持续的支持，需要组织举办各种层次的培训班等。

我们认为如果文化展演是民俗旅游的主要方式，那么文化资源的整合则是传统节日资源的一大优势。所以，借助于传统节日这个窗口，可以进行综合性的旅游"一条龙"开发，从而实现传统节日资源的活用。

"中青年非遗传承人传统节日仪式研讨班"的创新模式与田野调查

朱 霞

今天的讲座是针对"中青年非物质文化遗产传承人传统节日仪式研讨班"项目的工作方案而设计的。本项目是第一个文化部与教育部支持的非物质文化遗产传承人传统节日仪式的研讨班。根据文化部、教育部关于非物质文化遗产传承人群研修研习计划,发挥北京师范大学民俗学专业学科优势,北京师范大学社会学院举办了这次非物质文化遗产传承人传统节日仪式的研讨班,目的是促进传统节日仪式在当地经济文化建设的作用,探讨与推进传统节日仪式文化在当代的实践,具有探索性和创新性。

一 田野调查:节日仪式研讨班创新模式的重要环节

北京师范大学举办的"中青年非物质文化遗产传承人传统节日仪式研讨班"是在文化部项兆伦副部长的指导下进行的,与非遗司陈通司长等同志也进行过具体的讨论。记得当时萧放教授接到文化部的通知,让北京师范大学团队与文化部的同志去松阳讨论举办非遗传承人节日仪式研讨班的问题。当时我在苏州参加亚太地区非物质文化遗产公约的培训,由于苏州离松阳县近,所以我有幸参加了这次与文化部领导同志的松阳考察,共同探讨了关于承办该研讨班的问题,包括设计哪些环节,主要的理念是什么,要达到什么目的。我的理解是,文化部试图通过这次尝试的项目形成节日仪式类非遗培训的模式，通过培训来促进地方民俗类非遗项目的展开，推动节日仪式非遗项目的传承、保护、利用、开发和创新。经过讨论，大致形成了培训方案的蓝图。

1. 关于传统节日仪式研讨班的中心议题

本研讨班的中心议题是"传统文化的当代实践——松阳的传统节日仪式研讨为例"。传统节日仪式文化是传统文化在当代社会中表现最突出、最有活力的部分。各个地区传统节日仪式在上千年的历史中不断地传承与变异，历久弥新，代表着各地区各民族所珍视的优秀传统。中共中央办公厅、国务院办公厅《关于实施中华优秀传统文化传承发展工程的意见》中发出"实施中国传统节日振兴工程，丰富春节、元宵、清明、端午、七夕、中秋、重阳等传统节日文化内涵，形成新的节日习俗"的号召。各个地区通过传统节日的继承、发展和创新，促进地方经济、文化的实践活动，新型的地方节日也不断地出现。但是学术研究却滞后于地方民俗实践，有些问题尚未充分展开讨论。例如，传承与活化传统节日的内核问题；传统节日的传承性与变异性的关系问题；新节日的特点与要素问题；节日资源的利用与转换问题等。这些问题的研讨对于推进传统节日文化在当代社会的实践，促进非物质文化遗产与当地经济文化生活的结合，有着重要的应用价值与现实意义。在文化部的支持下，北京师范大学民俗学科发挥其在节日仪式方面的学术研究与教学优势，召集专家学者与地方节日仪式的传承人、非遗工作者，通过在田野调查把问题落在实处，共同探讨中国传统节日仪式的当代实践，探索传统文化创造性转换与创新性发展的路径及其面临的问题。要根据理论学习和工作实践的体会，来探讨和解决节日面临的传承和创新等理论方面的问题。例如，传承和活化传统节日当中最内核的问题是什么？传统节日的传承和变异之间的关系是什么？我们要坚持传统节日的核心要素，要分析它的变异问题有哪些，新出现了哪些节日，有什么特点，节日资源怎么去合理地利用。这些既是理论问题，又是实践问题。对这些问题的讨论，会推进传统节日文化在当代社会的实践，促进非物质遗产在当下与地方的文化生活相结合。从这个角度讲我们的田野调查有重要的实用和现实意义。

2. 关于传统节日仪式研讨班的创新模式与田野调查

研讨班的模式是搭建专家学者、传承人与非遗工作者三者结合的研究平台,共同探讨传统节日仪式在当代中国的实践问题。项目不仅把中心议题放在课程学习中,更重要的是放在传承人群的社区进行调查、研究与讨论,因此田野调查是"中青年非物质文化遗产传承人传统节日仪式研讨班"的创新模式。由专家学者、传承人和非遗工作者组成的研讨小组对非遗节日仪式的项目基地进行田野调查,要根据理论学习与工作实践体会提出、讨论和解决当前面临的节日仪式传承、活化与创新等理论与实践问题,实现以下理念和目标。

第一,研究平台的搭建有益于非遗传承人的综合素质的提高。项目不仅邀请著名学者开设非物质文化遗产保护理论、中国传统节日文化讲座、国外经典节日案例解读等课程,提高非物质文化遗产传承人关于传统节日文化的文化素养,做到"强基础、拓眼界、增学养"。而且提供传承人与学者专家、非遗工作者在一个社区中进行调查研究的机会,使三者有共同关注、研讨和解决社区面临问题的可能性,田野调查成为这次研讨班的重要步骤,通过基地的调查研究,有可能切实提升保护传承传统节日的自觉性、自信心,增强其传承能力,体现非遗保护工作新理念,从而使传统节日更好地融入民众日常生产生活,提高传统节日在当代社会的传承活力。

第二,研究平台的搭建有益于非遗理论与实践相结合的研究方向。在专家学者、传承人与非遗工作者的共同研究中,专家学者不仅获得了更多的与地区非遗项目的合作的机会与研究实例,还可能从一个文化研究者的立场转变为一个文化实践者的立场,把民俗学的学问运用在非遗的实践工作中。在田野调查中,社区的传承人不仅是研究对象,他们也是研究者,他们能够把在社区文化实践中的心得贡献出来,进行分析和总结。在本研讨项目的激发下,高校的科研与教学会更加注重非遗理论与实践结合的价值取向;社区传承人更加注重对文化实践的总结与理论提升;非遗工作者更加主动地、完整地实现其工作目标。这些目标都要通过田野调查环节才能够体现和达成。

我们将通过下列环节来实现我们的工作目标。首先，是关于教学理论环节。研讨班共分为两个阶段，第一阶段以理论研讨为主，理论研讨又分为授课与讨论两种形式。授课环节是研讨班的关键部分，北京师范大学邀请来自国内外民俗学、文化产业、文化创意设计、旅游管理等相关领域的专家学者授课。大家已经上过其中一些课了，这里就不多讲了。其次是关于田野实践环节，本次课程就是为田野调查工作而设置的。北京师范大学项目组曾在松阳进行了前期考察，确定了叶氏祭祖、竹溪摆祭、玉岩庙会、平卿祈福四个节日仪式作为田野调查点，并形成了松阳田野实践的行程表。从9月17日开始，我们将在松阳的这四个点进行田野调查。我们把来自四个田野调查的个案点的基层非遗传承人和工作者，还包括浙江省丽水市有关部门领导、丽水市下辖8个区县的文化保护工作者及非遗传承人共29人进行了分组。由北京师范大学萧放教授、朱霞教授等教师带队，共配置5个博、硕研究生组成四个小组进行田野调查。研讨小组要对非遗节日仪式的项目基地进行田野调查，根据议题写出调查报告，这是今天课程的重要内容。

二 田野调查的概念、内涵与方法

我们的田野调查小组一共有四个项目基地，分别是卯山祭祖、大小竹溪排祭、平卿祈福和玉岩庙会。北京师范大学举办的"中青年非物质文化遗产传承人传统节日仪式研讨班"的理念是要突出"传承人群的主体地位贯穿在遗产认定、保护和传承的始终"的精神，要把关于"传统文化的当代实践"的论题放在传承人群的社区进行讨论，充分发挥传承人群的主体性和创造性。因此，研讨小组要对非遗节日仪式的项目基地进行参观考察，研讨小组要根据理论学习与工作实践体会提出、讨论和解决问题。把讨论与当地的生活实践结合在一起，体现"见物见人见生活"的非遗保护工作新理念，提升传统节日传承人的保护传承水平，从而使传统节日更好地融入民众的日常生产生活，提高传统节日在当代社会的传承活力。

对于节日仪式，我们要明确：为何要保护？谁来保护？保护什么？如何保护？这无一不涉及对非遗项目的传承人群的主体地位的认识。在座的学员，都是地方文化的传承人。但是我们对自己节日仪式的理解真是足够深入吗？既知其然，也知其所以然吗？我想，大家还需要进行田野调查，或者说是实地研究，才能进一步深化我们对自己节日仪式的认识和理解。本次对节日仪式的研讨是要以田野调查作为基础。

1. 什么是田野调查？

我想问问，在座的各位，有没有民俗学或者人类学专业的？因为田野调查是民俗学、人类学的一种基本研究方法。田野调查又称为"田野作业"，是指人们根据一定的理论方法进入特定的文化群体中进行实地的调查研究的工作。一般人解释为"实地调查""实地工作""实地研究"。

我们从历史上非常简要地说一下，田野作业是从什么时候开始？田野作业的鼻祖为马林诺夫斯基，他在1915—1918年英属的西太平洋特罗布里恩岛上，陆续居住了两年半的时间。在跟当地人亲近地接触了两年半后，他撰写了《西太平洋的远航者》，这是非常经典的人类学著作，开创了田野作业的先基。他说："除非你与异文化部落的人们，唇齿相依地住在一起，并能够流利地说他们的语言，否则你不能称为专业的人类学家。"那个时候人类学家做田野作业，真的是时间非常的长，那个时候的人类学家，为什么有那么好的条件呢？因为当时人类学家的调查和殖民活动有关，得到政府的很多资助，所以调查时间非常长。

（1）田野调查是成年礼

无论是人类学家、民俗学家，还是我们专业的任何一个同学，一定要做田野调查，因为田野调查是成年礼。人类学把它叫作"通过仪式"。什么意思呢？你要从人类学、民俗学这个门出来，就必须做田野调查。从马林诺夫斯基在特罗布里恩岛上的调查成为人类学田野作业的里程碑以来，田野作业甚至被赋予了一种神圣的色彩。人类学家、民俗学家只有进入"他者"的世界去参与观察，并且获得丰富的材料，才能够完成人类学或者民俗学的"成年礼"。一进到民俗学、人类学领域中，我们要做的第一件事情，就是考虑我去哪里做调查，田野作业首先是一种实地考察和收集资料的方法和技术，更是一种涵盖很广的复杂的文化活动，它涉及了调查研究者和被调查研究者的主观世界和客观世界，以及相互之间多方位、多层次的逻辑结构过程。它会涉及调查者在思想观念和心理上，对异文化的认识和适应的过程。调查者往往要在两种文化的碰撞当中，去经受考验。

（2）田野作业是一种经验

这种经验是任何一种书本上都找不到的实地经验。这种实地经验，通过自身的经历，积累在自己的文化当中。我是专门做民间工艺的。我做过打铁、造纸、制盐等工艺，这些知识是我们在书本上找不到的。例如，我调查过一种"夹钢"技艺，是中国古代打宝刀的一种技艺。大家都知道，钢铁这种东西在中国的冷兵器时期特别的重要。为什么重要呢？因为那个时候，钢这种东西很少。那么夹钢是什么？我们中国有一句老话叫作"好钢用在刀刃上"。铁匠并没有一个仪器去检测到这个铁中的含碳量是多少，含碳量高，硬而脆，容易折断。含碳量低，硬度不够，产品软，容易弯曲。只有含碳量适当才是好钢。铁匠能够用他的锤子，用他的眼睛，在实际的操作当中，知道加工到何种程度，产品才是最好的。专家用仪器才能检测到，铁匠凭经验就知道。田野作业就是要去学习他们的这些经验性的东西。

（3）田野作业是一种知识

知识存在于文化承担者的意识之中，通过田野工作，田野工作者才能知道。例如，我们想要清楚了解盐业知识，对盐业社会的认识就必须从盐工的行为过程、内部知识结构和产品去调查了解。中国有一项伟大发明——深钻技术。清代末年的时候，四川自贡就能从地下打出千米深的盐井。图中这个井叫东源井，道光年间打通的，一直到现在还在生产。这口井900多米深，井口有碗口那么大，是用传统工具手工开凿而成的。这个井不仅产卤水，每天还产近万立方米的天然气。盐井开凿时，有一个开井仪式，当地人叫"开大红"，就是在开挖盐井之前，井旁先建土地庙，供奉土地爷，以保佑挖井工作顺利，获得水火（卤水、天然气）两旺的丰产井。破土动工前，要选吉日吉时，做"开大红"的开井仪式。参加的人不仅有本井的井主、管事和全部工人，还有井主请来的有名望的嘉宾。祭祀时，要放鞭炮，在土地爷神像前上供烧香，祭祀土地爷，供品有大牛头，不能去角，大猪头、整鸡、水果。先由井主行大礼，叩头祈祷，求土地爷保佑，开井见功得利，平安吉祥。接着，由管事和工人行大礼。还要找一只红公鸡，羽毛要红色、冠大、血旺。由管事用刀杀掉后，拎着鸡绕井位一圈，把鸡血洒在井口的周围，以鸡血能洒周围一圈为吉利，以示卤水旺盛。仪式完成后，到吉时就破土动工。这个仪式与盐业社会的内部知识系统是联系在一起的，只有把这个仪式与盐工的日常生活、内部知识和产品联系在一起进行研究，才能更加深入地理解这个仪式。

（4）田野作业是一种视角

田野作业的能量表现为它能够从活态文化中，不断地提炼出新视觉。田野调查很重要的一个任务就是通过考察去获得一种视角，一种自下而上的眼光去解释民族志的能力。意思就是，无论是学者还是基层工作者，在田野调查时都要充分关注传承人群的主体地位。在做调查的时候，要真正的了解传承人群，就一定要用他们的眼光去看待他们周围的事情。比如说民俗学家对于女性的研究，就要听女性讲她们的体验、感受和想法，重视女性自身的解释。费孝通 1938 年在云南禄村做过调查，50 年以后，我进行了回访，曾对 60 岁左右的 50 个女性做过入户调查。调查中，我发现 50 个妇女当中有 8 个童养媳。调查前我以为童养媳是贫穷的产物。但是通过调查，发现童养媳问题不仅是贫穷导致的，还有其他原因，如男方家庭性别比例不平衡，缺少女劳力，会娶童养媳充作女劳力。甚至还发现女童教养问题也可能导致童养婚。有一个妇女这样说："我是童养媳，但是我是按大婚嫁的，我是 8 岁时坐着红轿进来的。"原来她母亲死得早，她父亲不愿再娶，觉得自己没有资质和能力把女儿教育成人。所以提前精心给她找了一个好人家，以大婚的方式嫁到婆家。所以说她在这个婆家地位和一般童养媳不一样，与婆婆的关系是像母女一样的。通过这个例子，可以看到，通过田野调查我们能够获得新的视角和新的观念。

2. 怎样进行田野调查

（1）调查点的选定

一般民俗学者的选点有以下几种：一是在原调查基地开辟新的调查点；二是对原基地进行回访调查；三是阅读地方文献后选择调查点；四是实地考察确定调查点。本研讨班调查点的选择是很慎重的，前期与松阳县进行了四轮面对面的工作对接和讨论，其中三次在松阳，一次在北京。我们对松阳研讨的各种细节进行了持续的讨论，8月18—22日我们在松阳进行了5天的前期实地田野调查，根据松阳的实际情况，选出了卯山祭祖、大小竹溪排祭、平卿祈福和玉岩庙会不同类型的四个田野调查的个案点。

（2）前期准备

一是学术方面的准备：如相关知识、语言和调查提纲的准备。尤其调查提纲特别重要，我们的研讨班将于9月15日下午分四个小组对平卿祈福、竹溪摆祭、中秋礼俗、玉岩传统庙会的调查问卷进行讨论，问卷的事情我们有专门的时间讨论，这里不多讲了，届时请大家贡献自己的聪明才智。

二是精神准备：田野调查实际上是一个吃苦的事情，也是一个慢事情。你没有办法太着急，你得有一种好的心态，能够构造一个相对良好的氛围，这个氛围有利于你和被访谈人交流。访谈一个年纪大的人，让他在大庭广众之下讲他的事情，他会拘束，所以我们就要营造一个相对适合被访谈人的环境。再就是要有不怕挫折的心态，比如你问一位老人有关小竹溪墨口殿里供着的是谁。他说不清楚，不太知道，你不要怕挫折。你再问第二个人，坚持要把你该知道的事情弄清楚。要树立吃苦耐劳、承受挫折的精神。

三是技术物质准备：资料、记录、设备、生活保障等。这些四个调查点的负责人都会提前准备好。

四是社会关系准备：社交档案、前期联系是必需的。我们这次的田野调查在8月前期的所有关系都已经理清了。这要感谢松阳县委书记王峻、广电新局的叶云宽、杨建明局长，感谢每一位学员，你们的社交档案就是我们的社交档案，你们给我们铺平了田野调查之路。

（3）建立田野关系

田野关系是根据调查研究的需要所建立起来的与研究对象之间的社会关系，应该是一种双方自愿达成的学术合作关系，研究者就是通过田野关系去获得他者文化的新知识。在一定程度上，田野作业的成败就取决于你的田野关系是不是好。你有多好的田野关系，你就能做出多棒的田野调查。田野关系的建立一般有以下几种。

一是拟亲属关系。创立这种关系的鼻祖是美国人类学家摩尔根。其意思是田野工作者被当地人接受为自己的内部成员，得到当地人赠给的一个亲属称谓，然后顺利地建立与当地的其他人的田野关系。比如，我去一个村子拜一个妇女为干妈，我会得到干女儿的称谓，我在那个家庭和村落就建立起一种人际关系。这是建立田野关系第一种方法。

二是熟人关系。由田野工作者通过自己的亲人、朋友的介绍和其他的文化成员接触，结成的一种工作关系。费孝通在开弦弓村进行的田野调查，就是经他的姐姐费达生介绍进入田野的。费达生是研究蚕丝的科技人员，在村里指导当地人养蚕，推进生丝运销合作社，与当地人有良好的关系，使费孝通的田野作业得以顺利进行。

三是官方关系。就是田野工作者征得地方政府的支持，在地方政府管辖的地点做调查工作。本次研讨班的田野调查是典型的通过官方关系进行田野调查的类型。本次研讨学员的挑选经过了几次调整，在座的松阳学员都是你们的县委书记王峻挑选并确定下来的。田野调查地点和安排也将在各乡政府和村委的配合下进行。

3. 田野工作的方法有哪些？

（1）参与观察

参与观察是田野作业中的一个必不可少的组成部分，它的含义是田野工作者在亲身体验他者文化的同时，直接观察它。这个过程需要本地人接受自己，认同自己的身份。参与观察法是了解民俗文化一个重要方法，如一些民间工艺的制作过程，你要用访谈的方法不容易获得充分的了解，因为工序用语言去描述不太容易，如果你去观察，看一眼可能就懂了。有些节日仪式的调查，一个人做不好。因为许多活动是分几个地方同时开始的，一个人分身乏术。这种情况你应该组一个队，两个人或者三个人去调查。

（2）现场访谈

访谈是田野作业重要的组成部分。通过访谈能够了解人们是如何看待他们周围的事物，可以接近他们的世界观、价值观和情感方式。访谈又可以分为两类：一是开放式的非结构访谈，二是以特殊问题为基础的结构式访谈。访谈很重要的一点是确定访谈对象。我们需要注意两种重要的被访谈人。这两种被访谈人有一个共同的特点，就是他们都是在一定意义上的"边缘人"，一是往来于城市和农村的地方精英，如退休回乡的干部；二是比较封闭的传统社区中的地方代表，如族长。这两种不同的人物对事物的看法各有特点，给我们多元化的视角和看法，这两种人都是我们与当地文化沟通的一个中介，我们通过这些人能够更加深入地理解基层社会。在访谈中，我们要重视对异文的收集。异文的意思是什么？简单地说就是不同的说法，当你发现一种意见时，你会发现不同的意见。我们要特别重视这种不同，也许这就是我们应该再深入进行调查的地方，要多问几个人，然后分辨出什么原因在某种情况下导致了这种不同的意见。

4. 身边的田野

田野作业一开始是人类学家研究异文化的一种方法。人类学家往往远离自己的本土，远离自己的家，到亚洲、大洋洲、非洲等不发达的部落中去研究那里的人民，大体研究的是封闭的小社会。他们的方法是把对象作为他者，在保持距离当中，去研究对方文化的起源以及发展规律，探讨与对方文化存在和发展相关的一些制度。一百多年中，人类学家们写下了大量的民族志，给我们描述了各种各样的人类生活的图景。民俗学与人类学是相邻学科，民俗学有自己的学术传统，民俗学研究本土文化、研究自己，对自己的文化会拥有零距离的体验，还有叫作熟人、人情的亲情资源，拥有很强的道德伦理感。在这种情况下，学者是把民俗学看成本土文化教育的一个组成部分。我们是从亲密性的角度，而不是从他者的角度去看待文化的。

我们这次的田野调查一共分为四组，松阳学员都要回到家乡进行这次田野调查，也就是你们要研究自己，研究自己的乡土。家乡民俗学是民俗学领域中的一个部分，民俗学领域中的许多学者都曾选择家乡为研究对象。在家乡就会有很多亲属，有些人的家庭在本地可能已经生活了五代以上。当我们还没有成为调查者和研究者的时候，家乡是家乡，不是田野。身边的一切东西，都习以为常。但是你们要在家乡做田野调查的时候，家乡将变成田野。在研究家乡时既有优势，也有问题。

优点很明显，你会说我的家乡太熟悉了，我家有可以在本地追溯很长时段的家谱，我就生活在当地的传统文化和地方性的知识体系当中。家乡的地理位置、日常生活、经济状况、民俗文化、人际关系我都熟悉，研究起来一点都不困难，觉得驾轻就熟。要找谁，你拿起电话马上打过去，一约就成。这些的确是优势。但是，正是因为你太熟悉了，往往不识庐山真面目，这种情况比去远方做田野更难办。没有新鲜感，没有新视角，没有新感觉，你会可能失去对田野的兴趣，没有探求的冲动。最大的困惑是我们不知道自己有什么特点，这就是熟悉性带来的问题。熟悉性的不好方面还表现在调查中，尤其是深入调查，问题会接踵而来。例如，在陌生的地方做田野调查，你可以问得很深。但是特别熟悉的人，有些问题就觉得开不了口，越熟悉，就越觉得不能问。例如，经济收入、夫妻关系等。

所以，当家乡成为田野时，一定要把它对象化。身边的田野是同在的、熟悉的，所以需要重新设定关系。从家乡变为田野，我们需要变换角色。尤其是和熟悉的人打交道，人际关系的变化是双向的，因此研究者往往需要调整自己的身份或角色。在田野调查中，你虽然和你婶婶熟悉，但是她要知道你是来调查她的，她会调整状态的，所以你也要调整和变换角色。我们在做身边的田野时，既要向外看研究对象，又要向内去调整自身的角色，这才是做身边田野工作的正确方法。

讨论集萃

2017年9月14日"中青年非遗传承人研培班"讨论课实录

【主持人：鞠熙】今天的讨论课，根据竹溪摆祭、卯山祭祖、香乳山庙会和平卿祈福四个主题分成四个小组，分别来谈谈对各自项目的认识和设想。

一　四个小组的主题发言

（一）通过摆祭民俗活动打造乡村旅游

【发言人：松阳县竹源乡副乡长　徐薇宏】

竹溪摆祭在2002年就成为省级非遗，包括大竹溪摆祭和小竹溪摆祭。大竹溪摆祭的时间是每年正月十四到十六。大竹溪摆祭活动中的竹溪锣鼓也是非遗，它由专门的五个人来做展演并通过学校教育传承，其传承人培养机制很好。

小竹溪摆祭，其特色就是规模大。摆祭有200来桌，为村民自发的活动。每年正月十四到月底，由道士择黄道吉日，家家户户摆上祭品纪念徐侯大王，徐侯大王为小竹溪村做好事，除妖降魔。2017年的小竹溪摆祭，在原来民俗内容的基础上，融入其他活动，比如结合文广局的"送戏下乡"活动，还有木偶戏表演等传统节目，把民俗活动和竹源乡的农民文化活动融合在一起。通过摆祭民俗活动，也想和民宿、旅游结合起来。

我们想要利用新媒体传播，来打造小竹溪的民俗活动。2018年的小竹溪摆祭活动，有两个打算：第一个是看马来西亚的节令鼓表演能不能出现在摆祭活动中,第二个是去掉广场舞、旗袍走秀之类的活动。再就是民俗创意方面,看能不能结合剪纸民俗,因为小竹溪村有一位 97 岁的剪纸高手。再就是小竹溪村篾匠,他的竹制品获过奖,所以也在考虑,能不能通过摆祭活动将他们的产品推出去。再就是借助民俗活动,促进松阳民宿发展。

(二) 卯山祭祖需要发动地方民众主动参与
【发言人:松阳县古市镇群文馆员　刘勤英】

为什么卯山现在要搞叶氏祭祖?一谈到松阳古市镇,就说我们是历史重镇,最主要是因为有卯山文化,现在跟叶法善有关的文物,都是我们的文化资源。另外,叶氏人才辈出,据说在宋代就有 74 人做官,这些都吸引着叶氏后人来寻根问祖。2016 年的卯山祭祖活动规模很大,清明时节的祭祖涉及 11 个团队,最后募捐祭祖的资金有 19 万元。卯山祭祖是根据道光十一年(1831)祭祀的文献来发掘整个祭祀流程的,增加了很多道教音乐元素。我们想讨论两个问题:第一是为什么卯山祭祖活动是由卯山研究文化中心来组织,这些人非常热心,而当地姓叶的村民,他们反而并不是那么的热心。第二是我们设想,如果在卯山建成江南最大的叶氏宗祠,是否当地的民众会有热情来参与这个活动?

(三) 香乳山庙会的传承关键在"信"
【发言人:松阳县文化馆干部　吕青山】

庙会,不是把它打造成一个旅游产品,而是提供给人们精神慰藉。比如说,有些人做错事情,他不能在外面说,他可以来庙里说。只要庙会能够起到慰藉作用,我觉得它已经在这个社会中发挥它的作用了。

在各方面资源都有限的情况下,玉岩镇如何发展香乳山庙会?我认为第一要看它这个庙的神灵不灵,如果灵的话,就会有更多的人来祭拜,它的香火就不会断,这样就不用担心它的传承问题。庙里的神灵不灵,就看它里面有没有锦旗,有没有功德碑。你去到一个庙,它灵不灵，不是靠解说来证明的。如果这个庙全部是锦旗，别人自然就知道这个庙的香火很灵。只要香火旺，这个庙就不缺钱。只要不缺钱，以后修路修庙之类都不用向政府要钱。

另外建议，有关香乳山庙会的仪式能不能更加有仪式感，要适当地按照一定的程序，让大家觉得这个仪式非常重要。现在的庙会活动，食物很重要，所以能不能把玉岩镇的美食加进来，玉岩镇的香菇那么出名。上山一趟下来，这个人的精神得到了慰藉，我觉得庙会的基本功能就算达到了。

现在香乳山庙会发展还是挺好的，一年一度民众自发上山的热情还是很高的，所以我并不觉得它存在多么大的问题。现在文化部门更多的是求着别人上去看，而香乳山的庙会是大家自愿上去的。另外，香乳山庙会能不能跟年轻人返乡结合起来，因为很多人都到工厂里面打工，一年才回来一次，我们也在思考能不能通过庙会把这些人吸引回来。

（四）保护和发展平卿祈福的可行性及存在的问题

【发言人：新兴镇平卿村主任　周永贵；松阳县西屏街道城西社区主任　吴莉梅】

平卿祈福有几个特征。第一，村里的优势。平卿祈福有四个优势。第一有环境，平卿村是国家级古村落，自然条件非常好。下过雨之后的云雾特别漂亮。第二有品牌。祈福文化历史悠久，在《史记》里面都有记载，有2200多年历史。祈福这个项目据说在别的乡村也有，但是十多年前其他村里都不搞这项活动了。现在只有平卿还有。第三有理想。村民非常支持这个活动，绝大多数村民都在参与。第四有产品。村里有高山白茶，比起其他的茶叶，高山白茶的价格更高。而且村里的民俗资源非常丰富，有打铁匠、道士、篾匠，还有锣鼓，锣鼓的曲调跟其他地方是不一样的。所以说这"四个有"，使得打造平卿祈福是有可行性的。

但现在存在几个问题：第一是村两委的凝聚力不强，影响项目开展。第二是项目活动仍显单薄。这个项目只有半天的时间，难以带动其他项目的发展，难以带动整体旅游。第三是营销或者宣传力度不够，8月7日的平卿祈福，村里也是通过微信等网络平台宣传，但是我刚才看了一下，点击量只有187人，带动效应特别低，在一定程度上抑制了项目的发展。针对这些问题，我们也列出了大致的策略。第一是挖资源，找主线。抓住平卿祈福这个项目，然后再深挖其他资源，以此来带动平卿的整体旅游，县委、县政府也要注意加强宣传，现在松阳县也有自己的公众号，文化部门也有微信平台，所以我们建议平卿村政府，能够向县委、县政府提议，通过更广的平台来宣传平卿祈福文化。第二应该有一个营销团队、开发团队来发展资源、深挖资源。前几天老师们的课给了我们很大的启示。非遗项目参与人大多是中老年人，我们也是希望通过营销，使年轻人能够参与进来，增长我们村里的经济效益。第三是要叙述好平卿故事。要不断深挖平卿村的文化，还有它的历史内涵。关于平卿祈福的最早起源可能只有村里的几个老人知道，关于这一点，建议平卿村去史志办找资料。

通过这一段时间的课程，我是这样理解的，平卿村的祈福文化，它是一种在地文化，也是社区参与的项目，不是个人的事情，需要村里所有人，需要乡政府，包括县委，共同努力推进。

二　对第一轮讨论的总结及新问题的提出

大家谈到的问题大同小异，很多人都谈到营销和旅游，但是，我们这次培训班的主题是什么？是非遗传承。那传承和发展旅游之间到底是什么关系？发展旅游就等于传承非遗吗？我不是说要否定发展旅游，只是希望大家讨论一下两者之间的关系。一方面要传承，另一方面要弘扬和宣传。大家回忆一下之前巴莫老师给我们讲课的时候提到，非遗法里面有一个非常重要的内容，就是要经过社区认可。我刚才参与第三组的讨论，他们谈到一点，就是这个庙会是我们自己的事情。我们自己在这开心，活得很幸福，这是很重要的一点。我对他们能够认识到社区认可这点感到非常欣慰。社区承认，社区同意，这是我们非遗传承中非常核心的一个概念。当然发展旅游也非常重要，不发展旅游，如何解决农村空心化问题？怎么发挥它的价值？但是，两者之间到底是什么关系？

很多人都谈到要修祠堂、修庙，以及要有更好的节目，提升节目质量，还有组长提到请二十四节令鼓来表演等，我想请问大家，所有的这些行动、行为应该谁说了算？

另外，我在想，非遗是不是参与的人越多越好？是不是认同的人越多越好？是不是非遗的圈子越大越好，结合我们之前学到的所有课堂知识请大家来思考这三个问题。

三 针对非遗传承和发展旅游两者关系的学员发言

（一）两者关系需要从实践中找答案

【发言人：松阳县西屏街道党工委委员　赵娜】

非遗传承和发展旅游之间就是对立统一的关系。我们应该具体问题具体分析。之前巴莫老师讲过，非遗传承包括歌曲、舞蹈、制作技艺、民俗节庆等。我觉得针对一些歌曲、舞蹈如昆曲，它的舞蹈动作完全可以跟旅游文化相结合，融入当地的旅游活动中。非遗和旅游在这个例子中就没有矛盾。但一些民俗节庆，如我们的玉岩庙会，这个庙会是群众自发形成的，不需要受到外界的干扰，它没有任何商业化的东西，都是无偿给大家送豆腐，做的事情都是一些乐善好施的事情。像这种情况，我们就不希望这个庙会过多地跟旅游相结合，就希望它能安安静静地生存在这江南秘境中。所以这个问题应从实践当中来找答案。政府在出台政策的时候，应该是要考虑到民众的智慧，而不是去听某几个人的意见，这是不够的。

（二）发展非遗要有终极目的，即发展经济

【发言人：丽水市遂昌县文广出版局副局长　蓝培富】

在我看来，非遗传承和发展旅游并不是对立统一的关系，其实是互促互利的关系。无论是对于非遗传承人，还是对于非遗的管理人

员、基层人员，它都不是你蒙在葫芦里就能够想出来的。非遗有几个环节，首先是挖掘，再就是保护，然后才能传承。挖掘的话，其实浙江十年以前就已经走在全国前列。浙江省第一个设立了非物质文化遗产保护中心。然后要求我们各个地市设立非遗保护中心。非遗保护也是一个迫不及待的问题，所以我们从2007年就开始了非物质文化遗产普查。从浙江一直到全国其他省市，都轰轰烈烈地开展了非物质文化遗产普查工作。像松阳那么多的传统文化，那么多的传统技艺都是挖掘出来的。

非遗挖掘出来以后，面临的就是保护和传承的问题。但是在我看来，每一个乡镇，它的非遗传承是跟旅游密不可分的。非遗文化其实代表了大多数的传统文化。非遗里面的很多东西都直接跟经济产生关联的。我认为非遗传承的最终目标就是给老百姓带来经济利益。这其中，非遗也得到保护和传承。文化是旅游的灵魂。浙江省现在在提倡全域旅游，其实很大程度上就是要依靠传统文化。

我们参加这个培训班，作为中青年非遗传承人，首先要考虑的就是我们在非遗传承和保护中，能够做什么？我觉得，非物质文化遗产不是你拿到这个荣誉之后就算结束了，最重要的是还要考虑非遗如何在农村经济发展中发挥它的作用。

以我们刚才说的平卿祈福为例，如果说投资了那么多钱，找了那么多人，最后没有产生经济效益，这样，到下一年可能就没有那么多人支持了，祈福活动虽然是传承下去了，但是你没有给村里的发展带来实际的效应，这个也是不长久的。比如说传统技艺，如果说传承人只考虑自己的传承，就有可能找不到徒弟，还是要考虑传承主体是如何看待这个问题的，而不能够单靠国家、单靠村里面的一些主任书记来做工作。2014年的科教文化节，当时的领导是非常同意举办这个活动的。但是另一个领导上来之后，整整四年了，这个活动都没有人再提起。所以这个活动并不是由镇长、由村长就能搞得起来的，而是让所有的人或者大部分人都知道了，尝到了甜头，那么自然下一年他们就会自动地去搞活动，在搞活动的同时传承非遗。

实际上，学术派眼中的非遗和政府眼中的非遗是两回事儿。学术派的非遗,就是为研究某个现象而研究。但是我们不会从学术的角度去研究文化,我们主要是立足社会效益和经济效益。近年来中国台湾的学者来到我们这里,他一来就要找师公这样的一些人,对于我们政府人员来讲,这个问题是要考虑的,但对于做学术的人来讲不是这样。所以这就是学术派和现实派的一个很大的区别。

(三) 旅游和传统手工艺的结合
【发言人:非遗传承人　潘吴林】

我认为保持本真性还是有必要的。要保持原有的自我性和本真性,再进行区域旅游发展。无论是要保持本真,还是要传承非遗,还是发展旅游,关键是其中的这个媒介要发挥好作用。中间媒介的价值判断,直接影响非遗传承和旅游发展。如果说我们不把这个传统工艺传承下去,那后人就看不到了,但是这个传统工艺要传承下去,就要跟经济挂钩,要跟旅游挂钩。去旅游的话,人们都希望是把这个地方特色的东西买回去。我这儿有的,别的地方没有的,它就是一个旅游特色产品。这样既传承了民间手工艺,又成了地方特色的旅游产品。

(四) 旅游对非遗传承是一把双刃剑
【发言人:浙江省湖州市安吉县非遗中心主任　周增辉】

旅游对非遗传承来说是一把双刃剑,尤其是对传统工艺非常适用。如果说旅游中有一些因素不被地方民众和社区认同,它就可能失败,比如说,我看到今年的竹溪摆祭,村民对于很多游客来观光是非常认可的,因为很多游客来看他的作品,他自己其实是很骄傲的,对摆祭也能有一种自我认同感。旅游宣传和媒体宣传,民众是认可的。但如果游客到民众家里去拍照等,就会打破民众原有的平静生活。旅游是一把双刃剑,它在带来很多正面效益的同时,也会有一些负面影响。

针对"旅游对非遗是一把双刃剑"的观点,学员们展开了讨论。

【蓝培富】在我看来,生态保护和旅游发展是一种对立统一,但文化和旅游永远是有机统一、相辅相成的,不是双刃剑。作为基层工作人员来讲，并不认为文化和旅游之间有互相伤害的可能性。至少在我们看来，文化是旅游的灵魂，这个思想是根深蒂固的。根据二三十年基层文化的经验来看，非遗传承，如果是脱离了社会、脱离了经济，最后只能是一句空话。就以传统手工艺为例，任何的手工匠人，他其实都是以谋生为第一位的。难道他是纯粹为了爱好每天就制作手工艺品吗？

【吕青山】你不能把所有的东西都归结到经济，归结到钱上，非遗的魅力就在于自身的独到之处，这个庙会，它求发展不一定是经济的发展。

四　讨论课总结

（一）非遗的经济价值和社会价值

刚才蓝老师的观点，其实一句话总结就是非遗传承，一定要有一个终极目标，带动经济发展。其实这句话也有另外一个理解，就是文化不能够脱离社会发展和社会建设，文化如果脱离社会文化发展和社会建设，如果脱离了人们的实际生活，那么它就成了无本之木、无源之水，这是一个很好的观点。

但大家还是有不一致的地方。比如有的人就认为，我们不要把非遗搞得非让大家赚那么多钱，我们穷开心不可以吗？我们在这个庙会上得到了幸福感、认同感和归属感，我们的社会价值通过这个庙会都可以实现。但是另外的观点可能会觉得，不管怎么样，一个社会的发展，经济是基础。如果这个旅游没有为经济的 GDP 增速，可能会造成社会不稳定，所以非遗应该为经济发展做出贡献。

实际上，大家需要思考的是，一个非遗项目，它带来的社会发展是直接性的还是间接性的。直接性的，那就是旅游。很多人来了，我们卖门票，这个地方的消费能力一下子就提升上去了。但是还有另外一种情况，在这个地方，非遗促进了社会结构的稳定，还促进了人与人之间的相互信任。比如刚才有学员讲到，在他们当地有一个庙会，不同的县之间有一个协商机制，大家互相商量，事情的争端就可以解决。它可能就没有办法带来直接的经济效益,但是它对整个社会的稳定是有好处的。

(二) 文化和旅游之间存在一种张力

以南锣鼓巷为例,它其实并不仅仅是文物的组合,除了四合院等建筑之外,最关键的是它有老北京的味儿,但是前段时间南锣鼓巷关停,限制游客量。旅游发展起来了以后,就会出现资本逐利。对于南锣鼓巷的民众来讲,最大的问题就是这个地方的民众没有得到好处。文化和旅游之间其实并不一定就是完全有机统一的,旅游有的时候可能会对文化造成一定的伤害。我们这个培训班的根本目的是要传承文化。所以这里面有一个争论的焦点就是,有些学员认为,旅游发展不会对传承文化造成本质性的伤害,但是实际上我们又认为,文化和旅游之间是存在一种张力和矛盾的。

(三) 非遗传承和保护的不同角度

目前我们对于非遗传承的讨论,一个是它本身的发展,另一个就是它的经济问题。就按照蓝老师刚才的观点,如果我们站在民众自身的角度,就是他喜欢怎么搞就怎么搞,至于说将来是不是会传承下去,这个是民众自己的事情。但是如果站在政府的角度来看这个问题就完全不一样了,政府就会考虑文化是不是能够助推经济的发展?是不是能够助推乡村的发展?所以这就涉及一个非常关键的问题,我们站在什么样的角度去看非遗?刚才的讨论非常有价值,其实它就是告诉我们,非遗是有很多层次的,我们眼中的非遗和别人眼中的非遗,可能是两回事情。

培训班最主要的一个目的就是,在采取政策的时候,一定要考虑到非遗有不同的角度。如果非遗的每一个政策和项目在推进的时候,都有像刚才这样的碰撞,我相信一定会对非遗传承有很大的帮助。

非遗保护与节日传承人的主体性确立

第一部分 讨论主题：学习要点与心得体会

【发言人：丽水市非遗保护中心　钟梦迪】

第一，我主要梳理这两天三次课程学习的要点。三次课程都是围绕非遗公约、非遗法等展开的，比如说非遗的概念、非遗的性质等。

第二，专家教授讲了物质文化遗产和非物质文化遗产的区别。物质是静态的，非物质是动态流动的。比如说木工师傅制作的木工产品是物质文化遗产，而制作的过程是非物质文化遗产。现在丽水市在建非物质文化遗产馆，我们如何区分非遗馆和丽水市博物馆呢？我认为最重要的是其中的活态展示馆部分，我们可以定期邀请传承人针对自己的独特技艺进行活态展示。

第三，我们还学习非物质文化遗产传承与保护的主体，主体就是传承人和实践者。人人都是非遗传承者，所以要突出每一个人的文化自觉，对自己文化的传承要有担当意识。除了主体问题，教授还讲到了政府、商界、学界和媒体对非遗传承和保护能起到的作用。

第四，非遗是旅游的一个亮点，那么如何把握好非遗保护与发展旅游的关系呢？我们认为在发展旅游时对非遗过分开发利用，会失去非遗的神圣性。比如说一个祭祀仪式，本意在于祈福，如果在领导、游客参观时特地展示给他们看，或者天天搞，就会破坏非遗的神圣性。

第五，关于非遗的知情权。一个有意思的例子是松阳驱邪巫画。驱邪巫画项目报到省里后，因为"邪"和"巫"字与核心价值观有冲突，就被改名为松阳豺虎画。这个例子让我们思考如何尊重传承人，尤其是他们的知情权的问题。

第六，基质本真性。这个是在非遗传承中要着重把握的一点，也就是如何保持非遗原有的面貌。但是，我们认为非遗也是根据时代变迁而流动变化的，当非遗失去时代功能后，我们也不可能强制它去传承。所以在传承保护中要特别强调其基质的本真性，这也是在保护工作中很难把握的一点。

【发言人：松阳县西屏街道　赵娜】

我们是三号小组，结合这几天课程所学，我们把自己的小组命名为"三号社区"。根据组员精彩的发言，主要总结为两个层面：第一是学术层面，第二是实践层面。

第一在学术层面。三位老师围绕非物质文化遗产的主题进行了层层递进的阐述。第一堂课阐述了什么是非物质文化遗产。非物质文化遗产不是一个固化的物，而是在一定时间、空间中结合了脑力和体力劳动的一个过程，比如说一种加工技艺。第二堂课深入阐述了社区的概念，同时认为社区参与在非遗认定中发挥了核心的作用。第三堂课老师阐述了从非遗出发互为关联的五大领域，并且从九个方面阐述了保护的工作框架。三位老师十分重视对国际法和国际公约，这也体现了学术研究对基本概念的精确把握十分重要。

第二在实践层面。非遗保护的第一个关键词是"主体"。非遗保护的主体是谁？缙云的朱勇局长提出独特的观点，他认为主体包括直接传承人，也包括间接传承人，以及参与者、关联者、分享者。第二个关键词是"人"。这是木工潘老师提到的。人分散的话非遗保护就失去了意义。第三个关键词是"互动性"。非遗保护是集体性、社区性的活动，而不是个人的行为。

另外，我们总结了在非遗保护实践中出现的几个问题。第一，在全国都存在的一个现象是，政府干预性强。因此在保护实践当中，我们能做到的和这几天理论课学习的差别很大。第二，传承人的认定存在问题。如果同一个项目存在两到三个传承人，传承人之间会产生激烈的竞争，到底谁是传承人？三堂课实际上也没有解决这个问题。事实上，社区的概念目前还是停留在理论层面，实际上很难操作。第三，我们的文化自觉不够，导致文化的传承进展不顺利。比如玉岩香乳山庙会，在功能、具体的环节方面逐年在弱化。

【发言人：松阳县西屏街道城西社区　吴莉梅】

第一，作为非遗保护第一线的工作人员，通过这几天的课程，对于非遗的概念和框架从不理解到有一点懂，有越来越清晰的认识。

第二，在基层实际工作中，农村人才的流失非常严重，村庄变成了空村，老一辈也在慢慢消失。结果就是传统文化也在逐渐消失。传统文化与现代文化正在发生冲突，与市场经济也发生冲突，这让村里的人感到困惑。这三节课中，刘老提出的"文化自觉"让我们感受很深。非遗传承如果只是靠一个传承人，或者某个传承团体，对很多非遗保护的工作会造成影响。老的项目会随着保护人情怀的消失而慢慢消失。安老师提出"社区参与"的概念，我们认识到，社区不局限于一个农村，其实是人与人交流活动这样一个更大的范围。比如我们研究张玉娘文化，不但是松阳几个人这个小群体在搞，当杭州和上海的专家也与我们对接、参与进来的时候，我们共同构成了张玉娘文化的社区参与。巴莫老师提出非遗保护重在实践。

【发言人：松阳县竹源乡　徐薇宏】

我从去年开始主管文教委，主抓的一项工作就是小竹溪排祭。结合专家讲座，我感受最深的是关于民俗的本真性问题。排祭和摆祭本身反映的是村民祈福的意愿，村民希望能够风调雨顺。小竹溪的摆祭活动，在保存村民原有意愿的同时使摆祭活动成为一个文化的盛宴，同时将木偶戏等活动掺和进来。专家的理论都是高层次的，很期待能够在实践中指导我们。

主持人鞠熙总结

（1）政府的作用，以及个体如何发挥作用的问题。

（2）如何理解本真性这个概念？刘魁立老师讲基质本真性，而巴莫老师则说关于"原汁原味"的提法是违背公约精神的，那么我们该如何理解这件事情？

（3）如何平衡非遗保护与发展旅游的关系？

（4）传承人如何认定的问题。

（5）传统文化与现代文化的冲突以及村落空心化导致的非遗困境问题。

【松阳县非遗传承人：潘吴林】

我是松阳县地地道道的农民，我连高中大门都没有迈过，这是第一次迈进大学的大门。从小和父亲学习木工。小时候我亲眼看到古代几千年传承下来的农具，但是在六七十年代都半自动化了。我的愿望是将这些古老的农具挖掘出来，做成工艺品放在桌台上，展示其中的演变过程，让大家知道古代的劳动人民如何创造世界、创造这些农具的。

现代化建设进程让机械化大批量生产代替了农村中的手工艺生产。还有一部分手工艺是机械无法代替的，亟须马上抢救。我重点提出来现代生活中木结构的古建筑工艺，老工匠已经六七十岁了，这是苦力活儿，现在年轻人没有人学习这门木工手艺。现在生活水平提高了，人们不喜欢水泥的房子，反而喜欢木头结构，认为木头的花纹提高了居住环境的档次。如果有人这几天去故宫还有长城，带我去一下，我研究一下，也可以把长城做成模型。我建议现在市里建非遗馆，要用视频的方式，动态地拍摄老工匠师如何从事这项工作的。从上山砍木头开始，到背到家里，最后大门做好，瓦片盖好，这样每一道工序都记录下来。万一技艺失传了，将来的爱好者还是可以参考视频里的技艺细节。另外，我建议把古代农具制作手工艺和现代旅游结合起来实现量产化。民间流传下来到六七十年代的农家用具，随着现代发展，正在慢慢消失。我现在保护老屋已经做不过来了，现在只是用业余时间想办法把旅游产品挂钩成为纪念品，展现给大家，使大家珍惜几千年走过来的历史。我不在乎金钱，只注重传承，只要能把这个传承下来，金钱无所谓。

【鞠熙】我觉得您讲得很好。关于土木结构建筑，我国的专家从梁思成先生开始就一直在做这样的事情。但是大学里专家的能力非常有限，目前关注的只是一些大型的比较重要的建筑。大量乡间田头的建筑确实缺乏关注。我觉得每个人都应当承担起自己相应的责任。您的发言让我感到十分钦佩，我也希望我们未来能够做更多的工作。

第二部分　讨论主题：主体性确立

【发言人：松阳县西屏街道城西社区　吴莉梅】

我们这组讨论围绕的主要问题是非遗保护与发展旅游的关系。

首先我们有两个问题比较困惑，第一是非遗保护能给我们传承的项目带来什么样的经济和文化价值？第二是保护和发展的关系是什么？说点题外话，现在松阳的古村落很多，只要达到古村落标准，政府就会投钱进去。然而这样可能出现的问题是该保护的没有保护好，不该保护的也没有保护好。

经过讨论我们达成共识。第一，如果非遗文化只是出于个人或者个别群体的原因进行传承，是为了传承而传承，没有带动周围的民众共同传承，这项文化遗产可能就会遭到自然淘汰。第二，传承的文化要有内在认同感。比如说，遂昌一个古村落的村书记和主任的主要任务就是保护古民居。如果民居倒塌，书记主任就会带人去修缮。这个经验可以借鉴。另外，莲都有个村，如果有大批量的游客到村里去，村里会整体承担起对接民宿的责任，这样就能带动起整个村的经济发展。

【发言人：新兴镇平卿村　周永贵】

平卿祈福祖祖辈辈传下来两三百年了，这是民间自发组织的活动。国家的干预体现在，现在平卿有个帽子，是第三批国家级古村落。这个帽子让村民的生活很尴尬。如果村民想建房子批不下来地，如果为了保护古村落不建房子，以我家为例，一家六口人楼上楼下就两间房子，自己都没有地方住，如何能发展旅游保护古村落呢？我们希望上面不是为了保护而保护，能够关注到民生。我们作为基层工作者不断接到下面民众的反映，但是上面为了保护而保护，基层工作者夹在中间很尴尬。比如说上次有300万元的发展资金。但是政府的主导性很强，这笔钱能拿来做什么政府都安排好了，但其实又不是我们切实需要的东西，至于我们真正需要的反而这不能做、那不能做。

【发言人：丽水市景宁县文广出版局　严松海】

第一，政府的作用和边界。现代社会变迁，让一些非物质文化遗产的传承受到了冲击。丽水是全国非遗旅游的示范区，叫作"旅游+"，所有的地区都围着旅游转。无论是文化还是非遗保护都是如此。非遗旅游的概念本身带来了功利性的色彩，也冲击了非遗的保护。政府在引导之后，又应当在其中发挥什么作用？其实政府也很无奈。我看来，政府有一部分是做过了，有一部分是没做到。做过了体现在过早利用非遗项目为社会经济发展服务，期望值太高。没体现在选择非遗项目和定传承人过程当中，具体操作环节没有把关好，存在人情关系也好，存在遗漏的环节也好，比如非遗项目定了，传承人定了，但是传给谁呢？下面的徒弟没有定好，也就是传承人的门槛没有把好关。

第二，非遗保护和旅游发展的关系。景宁的非遗保护工作在全省是做得比较好的。服务旅游方面存在急功近利、拔苗助长的情况。比如畲族山歌，本来在三月三的活动上有民歌比赛，但是为了拿到奖项反而失去了畲族原来的味道，畲族同胞不认可，认为不是我们民族的歌。那几天旅游的人气是旺了，但是对于畲族山歌的非遗保护是有冲击的。把旅游发展的担子都给非遗去挑了，我认为是得不偿失的。我们具体做非遗保护的人和旅游部门如何协调？这是我们的职责，我们应该把这个关系处理好。

第三，如何理解本真性的概念？我认同这几天几位老师的观点。首先我认为本真性还是要的，在社会变革当中，群体和社会对某个非遗项目的改进认可就可以，未必非要保持原貌。随着时代发展，非遗也可以跟着发展。

第四，传承人如何认定？我作为具体从事非遗保护的基层工作人员，要实事求是，淡化这个过程中的人情味。有的地方带着人情关系，把县里传承人及早申报到市里，市里呢，本来是不够格的又包装起来报到省里，这些人情关系也存在。

第五，如何看待社区中的冲突？这个社区对我来说比较难以理解，很容易和政府区划混同，我觉得还不如改成叫项目认同的人群，或者文化认同的人群。认同人群内部的冲突无非就是政府的这块补贴谁来拿，或者同一个活动你这个村把原来的面貌改掉了，我这个村不同意。如何处理这些矛盾？我看具体由我们非遗工作者来协调。人群大了传承项目就有生命力，人群少了我们就去鼓动帮助人们建立文化自信和文化认同。

第六，现代化、城镇化对非遗传承的影响。影响是非常大的。我们之所以去保护，就是因为受到了现代化、城镇化的冲击。比如景宁的畲族山歌、婚嫁、三月三、服饰，这些都是不同层次的非遗保护项目。我们三月三活动影响很大，但是里面真正畲族的元素，特别是本地畲族同胞参与的机会是没有的。有时畲族同胞也反映，哪里有机会让我们参与，进去看一场演出的门票都拿不来，这就是现代大节理念对传承的冲击。另外，我们排了"印象山哈""畲娘""十三峰"等总共四台关于畲族文化的舞台剧，在北京也获了很多奖。但是畲族同胞不能进去表演，他们跳不来也唱不来，因为根本不是畲族本来的东西。所以畲族同胞对这几台戏的认可度非常低，在本地几乎没人看，就是专门用来代表浙江的少数民族到北京参加比赛。现代化带来的编剧舞蹈对我们传承很有影响。另外，像潘老师手工技艺的产品本来是很有市场的，现在呢东阳木雕工业化生产对他手工雕的木雕冲击就很大。有实用性的产品都被塑料制品代替，剩下的就是用于观赏收藏的产品，销路随之受到影响，最终影响传承，现在徒弟也不好找了。

【发言人：丽水市非遗保护中心　钟梦迪】

我们小组主要讨论的问题是政府的作用与边界。

我们非遗保护的主旨是"政府主导，社会参与，明确职责，形成合力"。所以政府主导是必然性的，因为政府掌握了资金、人才等资源，而这些民间是无法达到的。现在政府对非遗、民间文化的重视，实际恰恰是对民国以来精英文化为主导的一个让位。我认为我们应该多方面分开进行阐释。比如第一种传统戏剧、传统手工艺等项目，政府可以介入开展传承人培训班，进行资金扶持，推广"三进"（进校园、进社区、进文化礼堂），扩大非遗的知名度。第二种就是民间信仰，这种类别的非遗项目我认为官方完全可以让位给民间。比如说庙会。我之前去过松阳的玉岩高亭庙会、遂昌的徐侯庙会，以及缙云的张山寨七七庙会。这些都是民间自发形成的，在当地有深厚的民间信众基础，信众的香火钱足够组织好这次活动，政府扮演的角色只是局限于安保维护。第三种非遗项目是与当时的历史条件息息相关、但在现代失去了当时等功能，从而出现传承人断代、青黄不接的现象。这类非遗项目我认为可以通过政府购买服务让社会群体参与非遗保护中，提高文化自觉意识。我以缙云的张山寨七七会和黄帝祭祀为例。张山寨七七会完全是民间自发组织，周围人都会自发赶来。黄帝祭祀虽然有公祭和民祭之说，但是据我了解，公祭主祭人是政府官员，民祭主祭人也是政协。在进行黄帝祭祀时，有一道门槛，规定好了参与人群，周边村民都是被排除在外的。这两个仪式一个是官方指导，一个是民间自发形成的，我们这组的观点是政府要根据非遗项目的特点区分对待。

【鞠熙】我有一个问题，就是政府主导是必然的，要针对不同门类发挥不同作用。但是关键就在这个"不同门类，不同作用"，比如刚才平卿的例子，完全政府主导的话，基层反而很掣肘，因此是不是可以定义政府是哪一级的政府？到底是哪一级的政府承担起主体的责任？另外，黄帝祭祀，是什么时候形成的呢？

【发言人：松阳县非遗中心　叶素贞】

我刚到非遗中心，在这几个月遇到一些问题同大家分享与讨论，尤其是政府的作用与边界。

在工作中我碰到这样一个问题。松阳高腔是第一批国家级非物质文化遗产代表项目。由于政府投入过多资金，现在三个剧团由于分配不均而内部矛盾重重。分完钱之后，每一次传承表演时没资金了，又向政府要钱，这就形成恶性循环，剧团认为所有的责任都在政府身上，政府应该负责包装、设定发展规划等。现在矛盾已经发展到要分家的状态，无法同台演出。政府希望组织活动却因为人员的分散无法达成。

还有一个例子是很多地方在组织民俗活动时往往会取一个很响亮的名字，比如"某某乡第某届民俗文化节"，然后组织一场戏或者是广场舞，摆小吃一条街。但在祭祀祠堂里跳广场舞和传统文化的氛围是不是冲突的呢？另外现在的参与度在逐渐减弱，包括社区传承人的内驱力自发性也在逐渐下降。刘美燕书记也说了，竹溪排祭本来是自发的，但是逐渐失去其中的信仰内涵后，有村民不愿参加了，需要我们去邀请。

还有一个问题是政府主办带来的困扰。其实政府的意愿就是扩大民俗的影响，但是由于针对民俗节庆本身的挖掘不够，导致我们没有东西可向游客介绍。本来中华文化对民众起到的是教化的作用，但是现在变成"赶大集"的活动，人们去拍照，玩一玩，仅此而已，很难说从活动当中知道这个民俗活动的内涵。

【发言人：水南街道新溪村　刘美燕】

我们区域里有省级非遗竹溪锣鼓和市级非遗竹溪摆祭。这两者之间是相关联的。竹溪锣鼓在摆祭的出灯和收灯活动中起着重要的作用。前几年村民对这两项活动的热情也淡下来了，存在应付的现象。特别像竹溪摆祭用的东西，从前都是要自己做的，现在都是买的。出灯和收灯也是，自家都不做了。从水南街道2012年成立后，相当重视非遗这块工作。竹溪锣鼓的参加者平均年龄在 75 周岁以上，如果不传承下去，就消失了。办事处接到党工委的指示，与上级业务部门多次协商如何抢救这项非物质文化遗产。于是我们在刚建的小学里建立了传承基地，每周传承人都到传承基地上两节课，已经坚持了四年之久。第二方面在当地通过座谈等形式鼓励本村在家的村民，组织了二十多位四五十岁的村民。我们传承人有相当的热情，两年来从不间断每晚组织一批人学习竹溪锣鼓。这就是政府起到的作用。

【主持人鞠熙】我们刚才的讨论反复提到有担当、有热情、有情怀的传承人特别重要。比如刚才说的竹溪摆祭和竹溪锣鼓命运如此不同，很重要的原因就是锣鼓有一位很热心的传承人。这是很重要的一件事情。刚才在讨论政府的边界时也应该考虑这个问题，政府工作很大一个部分就应该是找到这个人、支持这个人。非遗保护的是什么？并不是具体的文化的表象，文化事象一定是在变动中的，今年吃糍粑明年就不一定吃糍粑了，也许是别的。非遗保护的核心是人，让人获得幸福感、认同感和延续感。今天上午巴莫老师的课其实就是在反复强调这个。今年我们祭祖用的是油灯，明年换成了电灯，这个没关系可以的，只要我们认同它，能够通过这个活动感觉到自己是人群共同体的一分子，感觉到和我们祖先之间有延续性，这样的话我们非遗保护的一个重要目的就达到了。在学习公约时我们一定不要忘记的是非遗保护的最核心目的是人。

节日仪式的实践与创新

【萧放】大家结合自己的实践来进行小组讨论，今天参与讨论的有马来西亚的陈再藩先生，还有日本人类学博士松冈格先生，他在台湾做人类学的调查。陈老师上午讲马来西亚如何将一首新加坡的《传灯》歌谣发展为盛大的中秋民俗活动，我们从中可以看到文化创意的重要。陈老师为什么可以想到呢？肯定是有他的文化涵养与社会观察的眼光，文化创意需要大家来开动脑筋。我们可以在实践过程中产生文化创意。

【陈再藩】求雨这个活动我是觉得，不管有雨没雨，它这个活动本身就是可观性的一个仪式。那这个仪式能让观看的人了解以前这个地方会发生什么事情。我刚跟这组讨论时提到，新山的游神农历正月十九有一个洗街仪式，小时候母亲就告诉我洗街了，下午就下雨。我从小就这样，整个新山都知道，连马来人、印度人都知道，然后游神结束也会下雨，大家都在赌，今天是3点下雨还是4点下。我亲身就觉得这样的一个小故事其实无伤大雅，而且它带来地方上的一个趣味，就好像马来西亚的马来半岛主干山脉，有个地方叫太平，太平有个咖啡商，他们太平每个下午一定会下雨，只是，是4点下雨，还是4点半下雨，或者5点下雨不确定，所以他们那边的咖啡店里面就产生了一种赌雨的活动。大家一起在那喝咖啡，赌对了，那个人就收钱了。我自己本身喜欢这样的东西，因为它就是个有趣的故事。我大学刚毕业的时候陪我老爸去看牛神，当时很多人就看众神回銮，我老爸就跟我讲，等一下就下雨。我一看那个天比现在的蓝天还要晴朗，我就在那边跟我父亲发生了口角，我就顶撞说他迷信，等最后一尊神进去，我就不知道哪里来的倾盆大雨，我父亲和很多人就拱手拜神，突然间我就感动得眼泪掉下来了，我觉得能够让在南洋生活了几十年的父亲，他的一个迷信在他的儿子面前终于得到一次证明，我是由衷地感激上天。我觉得这一类的东西，某些仪式无伤大雅，是可以保存下来的。那么这就是茶余饭后人家来到新山，我可以告诉他新山的故事，来到你那边求雨的活动，让大家看雨。我们新山的风雨圣者，管风雨的是来自我的家乡潮州，所以有时候我在新山办露天活动，我是路庙不烧香的，一个不迷信的人，可是为了办这个活动，我就在活动之前烧香。所以这些东西不要把它当成迷信，而是把它当作一种趣味、一个地方的传奇传说是很好的。

【萧放】这是文化的理解，其实陈老师讲的一个文化性的东西，民俗学里面一个词叫俗信。俗信它不是信仰，也不是迷信，是大家习惯的，像是打喷嚏说长命一样，并不是大家真的信，但是会这样讲的俗信。

【陈再藩】我想提一下，有些风俗过分商业化，比如说在我们新马两地过年才举办的活动"捞鱼生"。过去我们只在正月初七那天"捞鱼生"，但"捞鱼生"的利润很高，所以现在很多餐馆都把它常态化了。过年还没到，在冬至之前就已经开始"捞鱼生"了，这种发展其实就是太过商业化了。还有就是月饼，以前大概只有10天的时间，现在市场能够拉到30天左右，中元节还没过就已经开始卖月饼了。这些我都是觉得商业得太过了。

【萧放】这就是商业减损传统文化的魅力，本来是一个特定时间的节日产品，它变成一个日常的消费品，那就没有那种节日特有的魅力了。

我们在研究过程中，第一个问题是这个地方文化元素的保存问题。第二个问题关于文化的创新，那就看怎么说了，如果是大型活动，创新这方面他想要多一点，但如果是非物质化遗产，就这个概念来讲，从传承跟创新的比例考虑，不是说去强调创新，创新是在依靠传统的基础之上，今天社会的适应过程中一种自然的变化，或者说老百姓自己选择，是老百姓想要的而不是政府来左右的，但是后面讲到政府的问题，它应在环境、治安保障这方面去做一些事情，具体内容不要去干预。一个遗产活动，他们自己是否有这个愿望，或者他们怎么想，创新必须要有基础，有凭借、有逻辑、有历史的延展。三是农村和城市的关系，我觉得他讲得特别好，城市人往农村跑，农村人往城市的跑，他们有不同的关注点，并不是说乡村是一个最美好的地方，有时候只是心里边对城市的现状不满意，要找一个表达和寄托，才到了乡村。当然我们讲这里边的确有跟城市不一样的文化构成，我们人情味非常浓。所以农村的文化其实真的是可以反哺的城市。乡村的精神文明真的可能对城市文明有个反哺或者影响，我想我们重返乡土的时候，会把乡土的什么东西带给城市。在这个过程中，应该有清醒的认识，做项目的时候，就在有可能的项目里加入对城市的影响，给他一个精神的淘洗。城乡关系其实是一个双向互动的关系，在互动中达到和谐的状态，这是我们的追求。

【钟梦迪】我们组主要讨论了两个话题。我谈的是传统文化如何实现年轻化。我们在看陈老师视频的时候发现一个问题，参加庙会的有很多年轻人的面孔，但是在中国参加庙会的基本上是年纪比较大的一些老人。然后去年中元节，我也在马来西亚参加了小型的中元节的一个庙会，包括它的一个流程，包括游街、跳火盆，还有一个道长的神附体。然后特别有意思的是他们烧那个纸团，它们在里面有放数字，然后很多当地的居民就去找那个数字，据说是第二天买彩票能中奖。但是你们可能都想不到道长他是1996年的，比我小很多，但是他就是能这么包容，这么喜欢传统文化，是让我所意想不到的。所以要讨论的是我们在开展传统节日或者传统仪式的时候，如何把年轻人这个群体吸引过来。因为我们知道年轻人才是我们传承和保护非遗的主力军。所以我们讨论了以下几点原因，第一是新媒体的冲击，以及是当代流行元素的融入。但是那个道长他也是一个很潮的年轻人，他做这个仪式的前一天晚上，我们一起吃饭他还是很时尚的，但是第二天当他穿上那个道士服在做仪式的时候，他又完全是另一个人。所以我觉得说我们的节日庙会的衰落是现代流行媒体的冲击造成的，这个不能成立。第二个是有人说我们现在传统庙会就很乏味、很枯燥，在我之前去了那个张三寨庙会，他前面有一个男扮女装、留长发，很滑稽的一个人，所以我觉得其实庙会也是很滑稽、很有意思的，所以做庙会乏味枯燥，这个点也不成立。

【萧放】庙会有时候办得不好，办好的庙会还是很好玩的。

【钟梦迪】第三是现在年轻人没有信仰，对传统文化没有任何感觉。第四是我觉得农耕社会的瓦解，是因为我们之前求神是祈求风调雨顺，但是现在不种地，可能就对这个气候都不是特别的依赖了。还有一个就是祈求六畜兴旺，但是我们现在新农村，没有家畜了，也不用再祈求六畜兴旺。第五是我觉得是人们对自己的传统文化不自知。每一个庙会都有自己特定的传说，因为我之前去遂昌的蔡红庙会，那个庙里共有24个人都是蔡氏的兄弟，但是他的主神是老二而不是老大，我问了当地的人没有一个能解释，所以他们对自己的传统文化没有自知。然后去了那个张三寨，其实中间是陈十四娘娘，当地人也不知道为什么。后来我去遂昌，刚刚好那个林亦修老师在，他给我解释是陈十四娘娘是陈十三的救命恩人。令我感到比较开心的，就是我看到有很多小朋友参与这个庙会当中，比如那个遂昌有个台阁，现在也有大人扛着小朋友去参与里面，扮演一个角色，让小朋友参与其中。所以我就有个提问，就是刘魁立老师讲到了基质本真性，那我们现在举办庙要不要为了迎合年轻人而去做一些改变，加入一些元素。

【周增辉】我们今天这个讨论课的课题是节日仪式的实践与创新，我所理解的这个节日肯定是包括传统节日以及新创的节日。那么通过昨天萧教授给我们授课，我们也有很大的收获。在授课的过程中，缙云的同学和松阳的同学都分别提出很多传统的节日通过官方的恢复或者举办以后，反而受众面很小，认同感很小。那么我们这个小组在这个问题上进行了讨论，传统节日跟现在的节日的一个区别，我想我们看到这个区别之后，会对以后我们恢复传统节日以及举办这个新的节日有些启发。比如说在时间、地点、人和其他的方面来比较，我们看到两种之间的区别。第一是时间，主办人一个是民间的，一个是官方的。在时间上，一般来说，传统节日是固定的，然后他有一个长延续性的时间。而官方的节日我们看到的很大部分是短暂的，一天就结束了。传统节日一般比如三月三或者九月九，它是固定在那一天，雷打不动，刮风下雨也不会变，而且它前后会持续一段时间，足够让民众有一定的筹备和参与，我想这个时间的跨度，对于他们参加认同这个节日肯定是有很大的影响的。但是官方的这个时间会有很多变的因素。比如说有可能领导没时间，它可能会变，或者说是天气的情况变化，它也会变，所以说这个时间是不稳定的。第二个是地点，传统节日的地点也是稳定的，这个地点基本上是跟信仰的空间是结合在一起的。而官方举办的活动是有变动性的，也就是说这个参加的群众有可能今年我知道是在这里，但是明年有可能要换一个地方。第三个是参加的人。民间传统节日，应该是开放性比较大的。除了一些经济方面有困难的人被隔离之外，它是欢迎各界人群参与这个活动，但是官方举办的活动就有个隔离区，就会造成这个隔离感。比如说，特定的区域，它只能有某部分，比如说领导或者是政府官员，或者是某部分人参加这个活动里面，我想这个隔离感会造成民众的不认同感。还有一个是节目的稳定性和不稳定性。在我们传统的节日里面，节目一般来说都是一个稳定的，舞龙或者是踩高跷等活动。每年都是按照这个程序走下来，它有一个稳定性、连续性。但是在这个官方举办的活动中，这个节目性也是有不稳定性。今年我可能是这一支队伍上台演出，明年我可能是另外一支队伍上台演出。我想核心的区别在于民间信仰，传统节日跟官方节日核心的一个区别，我们觉得是信仰方面。传统节日大部分有信仰的成分参与，官方对这个比较敏感，所以没办法凸显。而这一个因素也是导致后面包括时间、地点等发生变化的重要原因。所以我们认为这些方面的隔离感造成了民众对于官方举办的这个活动某一部分的不认同感。所以就会造成像缙云的黄帝祭祀为什么吃力不讨好，或者是雷声大雨点小，没有达到预期效果的原因。

【萧放】第二组讨论的问题，涉及非常重要的问题，就是这个传统庙会能否吸引到年轻人的问题，是不是保持传统跟吸引年轻人中间是有个冲突？我倒觉得未必。如果说是一个内核本身的话，可以多种形式，灵活的形式、新颖的形式，但表达的是最根本的内容。就是说我觉得庙会要吸引年轻人是必须有新东西，必须在形式上有创新。陈老师上午讲的二十四节令鼓，它为什么强调灯光音乐？但是我的理念是什么？理念是文化的核心，可以用很多东西来包装它，来增加它的魅力，我们用怎样一种形式来展现还要根据对象的不同来协调。刚才说的一些问题都是存在的，但是我们要做的是怎样在这种条件下来传承和创新，这还需要我们继续思考。我们怎么去把它做得更好？怎么让大家对传统有认知，怎么在农耕社会改变之后，在新的生产的基础之上，我们还去继承传统。刚才周增辉有一句话说得好，传统节日的核心在哪里，在信仰方面。说信仰可能还狭隘了一点，我们可以说在价值观方面。新的官方节日没有把它真正地当作一个节来做，只是把它当作一个会，所以它没有形成一种传统性、生活性和价值性，因此也就没有味道了。

【朱勇】我们组有几个想法，第一个就是听了这么多老师的课以后，启发非常大，我们现在做的一些非遗节庆项目，都是跨越历史的、跨越时空的祖先一些东西，但做出来却很薄弱，反过来，今天陈老师二十四节令鼓抓的东西很小，但做出来的东西却很丰满，让人震撼。这个就让我觉得我们的非遗传承在实践上是有问题的。第一是节日日趋功利。我们的节日，尤其是官方做的，是为少数人服务的。第二是仪式缺乏仪式感的，为什么这么说？我听了萧教授的课我很喜欢，这个节就像竹子一样是一个关，为什么过节不是仅仅是为了欢乐，每一个节气、每一个节日都有它的根本属性的。这个属性没抓住的话，这个节过得就会缺乏一些规范，或者说缺乏仪式。现在所有的节在这个问题上都缺乏思考，所以我们参与在里面的人，也都有一个误导。我们抓非遗、抓节日，就好像仅仅是抓传承人和几个项目。我们抓一个非遗项目，首先传承人只不过是一个点，围绕着传承人参与这个非遗项目的实践的人在哪里，所有的实践人在哪里，每一个环节都很重要。第三是为这些实践人和传承人创造的环境在哪里？这次我得到了一个非常准确的概念，就叫社区。这个社区在哪里？那么我们抓一个传承项目，其实就是要从传承的这个点开始抓这个实践人的群体，在抓到这个社区的这个环境里天地人神，叫天地人神四合一。今天早上陈老师的二十四节令鼓给我们启发太大，这就是活生生的一个案例。二十四节令鼓虽然简单却十分成功，它的定位就是人人都可以来参与，不仅小而美，还有简而众。在非遗传承中也要考虑大众性和普及性的问题。我觉得非常重要的叫气与节，就是精神，这是魂，并且要把它运用到各个节点上。我们回去还要好好思考如何落实的问题，我们想出了四个"自"——自觉、自发、自愿、自生长。我们感觉到非遗项目，如果非遗节日要搞得好，就是老百姓与神的狂欢，老百姓与大地的狂欢，老百姓与自然的狂欢，老百姓与自己心灵的狂欢，谢谢大家。

【萧放】这个说得非常精彩，一句话就是说是老百姓自己的事情自己办，自己享受，自己传承，自己创造，这是根本性的东西。那下面因为时间关系，我们请第四组的卓旭英代表本组发言。

【学员】这次的学习受到很多的启发。我想到的是非遗的传承与创新之间的比例，刚才的讨论让我明白了第一个外形和形式虽然可以变，但核心不能变。但又会遇到一个问题，就是在实践操作过程中，传承性、创新性却并不容易把握，理论上可以讲原则，实际项目中却要具体问题具体分析。

第二个我想谈的非遗的组织工作，是政府引导，还是民间承办，怎么能够使文化得到传承。很多时候政府主导的活动往往缺乏大家共鸣，但怎么来让民间自发来组织活动，这就需要跟政府去沟通。陈再藩老师说的要通俗地讲给政府听、做方案、讲故事等，对我有很大启发。

第三个是民间和社区，发挥民间协会这个自发性力量在非遗中所起的作用，这样才能多方力量协同，使非遗这些好的东西真正落地。

【萧放】刚才讲的是她在工作过程中遇到的一些实际问题，有时候我们讲起来好讲，具体碰到问题不好处理。其实这里边有个问题就是，首先问清楚这个问题是什么？这个东西是什么？第一步我们通过研究搞清楚，然后再去看它今天如果要开展的话，怎么去开展？那么开展的过程中有哪些是关键问题，你首先解决哪些问题，这样的话可能就清楚了，讲到矛盾冲突的问题，其实先把东西本身跟传播两个分开，先解释它是什么，再研究怎么传播，这是一个认识问题。另一方面，就是现在这个政府体制的问题。我们在一个大的环境下怎么去变通，怎么去创造、推动，怎么去改进，那就是我们的智慧。智慧就是他刚才说的同理心；另一方面去化解，用一些小的技巧或者什么来化解，如果是领导当然他没有时间看你的方案，你怎么去让他有兴趣，怎么去打动他，怎么做在政治上没有风险，这就需要做具体工作的人去做。

田野调查

卯山叶氏祭祖文化的传承与发展

萧　放　邵凤丽　钟梦迪　周增辉

为了深入研究松阳叶氏祭祖文化的历史背景、仪式庆典、社会功能和现实意义，传承和提升松阳非遗文化，深入探寻松阳传统文化魅力，凝聚世界各地的叶氏后人寻根问祖，提高叶氏族人的内聚力，2017年9月18—27日，我们叶氏祭祖调研小组通过实地考察叶氏宗祠、入户查阅族谱、走访叶氏后人、调查问卷等方式，先后走访了卯山、东角垄村、桐溪村、叶川头村、乌岩村、玉岩村、吴弄村等12个叶氏后裔居住村落。[①]

一　卯山叶氏家族史

松阳现有叶姓人口3万多，约占总人口的13%。松阳县400个行政村中，叶姓人口在100人以上的有87个。[②] 叶氏家族自东汉末年始迁祖叶望定居松阳卯山以来，人口繁衍，逐渐成为当地的大姓家族，俗称"无叶不成村""无叶不成家"。

（一）卯山概况

卯山距松阳县城12千米，海拔431米，占地5000多亩。卯山得

[①] 叶氏祭祖调研小组成员有萧放、邵凤丽、钟梦迪、周增辉、邱建平、施蕾芬、刘勤英、朱林宝、杨清、叶光跃。调研过程得到叶平、叶万芳、叶雯、叶世钧等人的帮助，贾琛同学协助调研、整理访谈资料，在此致谢。

[②] 叶平编著：《叶姓圣地·松阳》，内部刊物，第60页。

名于汉代，因处在集镇古市（古称瑞应里）东面，即以古市为中心的十二地支卯方，得名卯山，即"万物茂盛"的意思。

卯山风水极佳，自古以来被认为是风水宝地。卯山北为牛头山脉，又称长松山，海拔 1500 多米。牛头山脉有 9 条山岭聚向卯山，当地百姓称为"龙脉"，称牛头山脉和卯山的关系是"九龙戏珠"。卯山左面五里为石龟山，海拔 280 多米，多座山峰连绵十余里，状如"青龙"，由北向南，环绕在卯山东方。卯山西侧为仙岩山，一片低矮的小山峰，犹如"白虎"低伏于卯山西方。卯山和石龟山之间一条溪流，由北环绕卯山山麓，向东南直入松荫溪。卯山南麓一马平川，是为"朱雀"。卯山正是"玄武垂头，朱雀翔舞，青龙蜿蜒，白虎驯俯"的风水宝地。①

（二）叶氏家族史

松阳叶氏一脉，自江南始祖叶望南渡至松阳，距今 1800 多年。卯山叶氏后代名人辈出，仅宋代就有进士 74 人，其中宰相 5 人；现代著名画家叶浅予，军事家、政治家叶剑英、叶挺、叶飞等都是卯山叶氏后裔。

卯山叶氏以叶望为始祖。据《叶氏广远宗谱》记载，叶望（152—217）是叶姓始祖叶公沈诸梁的二十二世孙。东汉建安二年（197）从青州（今山东益都）启程南迁，到了丹阳的句容（今江苏镇江东南）。当时又逢孙策为统一江南与少数民族发生战争，叶望在句容难以立足，又辗转迁居到松阳卯山。汉晋时期，卯山四周环山，成为逃避战乱的理想选择。

直至 1987 年，叶望墓被考古发现，卯山叶氏才确认叶望为卯山始祖。之前，叶氏家族根据族谱记载，虽知江南始祖是叶望，但不知具体墓址。1987 年卯山山麓的东角垄村西社庙山的一座古墓被盗掘，出土西晋"元康七年七月三十日叶家富贵"纪年砖，还出土了青瓷虎子及青瓷盘口壶、铜镜、谷仓、碗、水盂等文物，附近还发现大量

---

① 叶平编著：《叶姓圣地·松阳》，内部刊物，第 60 页。

古墓葬，1989年松阳县政府将社庙山定为"晋至南朝的古墓葬群文物保护点"。近年，又出土了"建安昭宝叶"纪年墓砖、青瓷虎子、五管瓶、水盂等汉代文物。叶平指出这些文物的出土，说明了四个问题：一是出土古墓砖上的铭文"昭宝叶"及"叶家富贵"，证明墓主人应是"叶"姓；二是古墓均有青瓷虎子出土，说明墓主人是男性，因虎子是男性日常生活器皿，俗称尿壶；三是纪年铭文墓砖及出土文物档次较高，证明墓主的社会地位和富有状况；四是"建安""元康七年"的纪年砖，证明两墓主分别在汉末献帝建安年间去世和在西晋第二个皇帝惠帝司马衷在位间去世。这些出土文物可以判定早在东汉建安年间就有叶姓祖先生活在松阳卯山附近。[①]

叶望之子叶遂，葬于"石龟山"，在卯山东五里处，即离"建安昭宝叶"古汉砖出土点东角垄村西社庙山五里。

叶遂生子叶成，目前尚未发现墓葬。

叶成生子叶允（胤），宋时应避赵匡胤的讳，将胤改为允，葬于东角垄村西。

叶允生子叶琚、叶璈。叶琚，字瑶道，官至晋海武陵太守，幽州刺史。为官正直，"甘雨随车，政绩炫然"，特别是在钱塘令任上爱民如子，被百姓拥戴，尊为"叶父"。叶琚卒后与夫人张氏合葬于卯山广福观右白果（银杏）树下。叶璈官至蔡州刺史，迁居长安，是叶望后裔外迁之始。

叶琚生四子，三人迁徙江南各地，长子叶硕居睦之新安。季子叶游迁居建安，今天闽北一带。四子叶愿迁居衢之西安，今天衢州、上饶一带。次子叶俭，字巨文，号仲廉，为东晋永嘉太守，也有宗谱记载是括苍太守或苍梧太守。叶俭曾在父亲墓旁结庐守孝三年，卸任后"不复干进"，遂居卯山右。终老时嘱咐将其葬父侧，"公卒遗命附葬父侧"（赵鼎撰《晋显一琚公刺史著二俭公太守墓志铭》），"父子魂魄相依"。据《浙江通志稿》："南阳叶俭，汉时迁会稽南乡卯山，是

[①] 叶平：《江南叶氏始祖叶望等陵墓续考》，《中华叶氏研究》2008年第4/5期合刊。

为浙江有叶氏之始。"①

叶氏家族从叶望至叶俭，除叶成墓尚待考察外，其他陵墓都在卯山或卯山后的石龟山。卯山还葬有俭公长子、晋文孝侯叶周。

卯山叶氏传至二十九世晚唐的叶备，生了彪、道、筵三个儿子，后裔散处全国各地，乃至海外。自唐至明清，浙江一直位居全国叶姓第一大省，现在已有700万后裔。

卯山叶氏后裔名人辈出。晋代有爱民如子的钱塘令叶琚，文武双全的折冲将军、临海郡太守叶俭，唐代有历五朝尊宠的越国公叶法善。两宋时期历任宰相的有叶梦得、叶梦鼎、叶梦锡、叶义问、叶颙，还有被誉为"浙商之父"的永嘉学派领军人物叶适等。元代有丞相叶李，明代有开国四大名将的叶琛，京台监察御史叶希贤，首辅叶向高。清代有两广总督叶名琛。现代有北伐名将、新四军军长叶挺，共和国元帅叶剑英，开国上将叶飞等。

当下，叶氏主要集中在南方。广东省全省叶氏人口117万人，其中万人以上的县市区38个，叶姓人口占广东省百家姓氏的第12位，人口最多的在东莞，有9万多。浙江叶姓人口91万人，百家姓排第六位。全省共有35个县市区叶姓人口超过万人，其中乐清、温岭、青田、永嘉、松阳5个县市超过3万人。福建叶姓人口55万人，百家姓12位，有17个县市区叶姓人口超过万人。江西叶姓人口41万人，百家姓第27位，人口过万的县市区有12个。②

江南叶氏最早定居点是卯山后村，也是彪公祠所在地。道公后裔聚居在古市塘岸（古市厦田）村，梦得公隐居在桐溪村（古称桐川），叶希贤后裔聚居在叶川头村。

（三）卯山与叶氏家族的发展

1. 叶氏发祥地

作为叶氏发祥地，卯山上留下许多叶氏先祖的历史遗迹。卯山南

---

① 转引自叶世均《松阳卯山叶姓发祥地》，文史出版社2014年版，第3页。
② 叶平编著：《叶姓圣地·松阳》，内部刊物，第63页。

麓山腰有俭公祠,祠前有叶琚、叶俭、叶务祖孙三代墓。俭公祠左侧是青溪观,即卯山下观,叶氏家族道场,叶静能、叶法善等都在此修过道。神宗熙宁二年(1069),叶法善105岁,皇帝赐额"寿圣观",南宋孝宗隆兴元年(1163)改名广福观,1944年叶姓族人捐资建私立中学——俭公中学。俭公中学筹备会主席是叶庆崇。1949年后,俭公中学收归地方政府,改名松阳二中,并迁至正念寺庙。清溪观现存俭公祠、天师殿为县级文保单位。

在山腰有重修后的《唐故叶有道先生神道碑》及碑亭。神道碑又名丁丁碑,原物现已下落不明。2006年下半年,松阳开展了"丁丁碑"的重建工作。有关人员在收集比对上海、北京、天津、台湾等几个碑文版本的基础上确定了碑文,制作了碑体,并在卯山建设了碑亭。

在卯山顶,有叶法善修道的通天宫遗址,俗称卯山上观,也是叶氏家族道场,叶法善等在此修道,唐玄宗赐额"通天宫",现此宫已废,尚存唐代古井及宫观遗址。山上有炼丹池、试剑石、天师渠、点易亭、紫霞馆、白鹤洞、浴丹池。

淳和观,位于松阳县旧治瑞应里即今古市镇中,唐代初年为叶氏故宅,叶法善赴京后,唐玄宗曾赐额为"淳和仙府",开元五年(717)叶法善获朝廷恩准将瑞应里祖宅改为道观曰"淳和观",后改名"安和""永宁",淳和观规模宏大,建有仪门、天师殿、三清殿等道教建筑。清末光绪年废科举兴学堂,叶氏族人在淳和观建新式学堂"贯一高等小学",后为古市镇校校址。原观内古树参天,旧古市十景之一的"旧城乔木"即指此处,现仅存一株三人合抱,相传是叶法善手植的朴子古树。树前原为叶法善曾祖叶道兴之墓。

2. 道教圣地——卯山

卯山叶氏数千年来崇奉道教,是与张天师一脉相提并论的道门世家。据松阳志书记载:道教创始人张道陵曾亲临松阳卯山,葛洪也到松阳采药炼丹,道教茅山宗创始人陶弘景也到过松阳。当时侨居的世族,出现了不少道教世家。作为汉末建安年间就乔迁至松阳的叶氏家族,经过几百年的繁衍发展成为当地新兴的望门大族,进入尊崇道教的行列。

叶氏家族修道始于南朝萧梁时代的叶法善高祖叶乾昱，此时正值道教盛行于江南。李邕撰写《叶有道碑》载："堇户习隐，塞兑亿坤……宗门素履，家代隐仙。道一相孕，薪火交传。黄公术在，赤水珠联。道开幽键，性与真笙。一门累祖，四世百年。"从此可见，叶乾昱已是一位道士。碑文还说："硕肤长材，通理博艺。虽安车累至，而坚卧固辞"，表明他不是普通的道士，而是一位道学家。叶乾昱之子叶道兴是位受箓的在家道士。《唐叶真人传》载："曾祖道兴，不坠世业。"叶道兴继承并弘扬了家族的道教传统。《叶有道碑》说叶道兴"性守公庭，道敷邦国，居鬼从地，率比神从天，受箓以怛之，飞符以比之，扼魍魎之邪，刘台之祟，有足奇也。至于挥札落井，引弓贯革，特起五部，广推大余，候难嗣哉"。他是一位擅长符咒劾治之术的高道。叶国重系叶道兴长子，唐玄宗因叶国重孙叶法善"匡国辅主"立下功勋，而赐其"有道先生"。叶国重精究道学，善于辨察凶吉，呼唤鬼神，"灵承道宗，专精五龙"，在民间很有功绩声望。《叶有道碑》详细记述了他的生平，"不饮不食，数十载于兹，乃升闻帝庭"，"迹发皇眷，简才爱命，降尊加礼"。叶国重的事迹传至朝廷，帝王给予很高的礼遇，并召请他，但被其谢绝，依然隐居山林。而叶国重的同胞兄弟叶静能则从偏远的东南一隅，走进繁华的政治中心京都长安，不仅拓展了叶家的道教事业，还参与了军国大事。叶慧明是叶法善之父，字德昭。志书记载叶慧明继承了叶国重的道业，"代增其业，启秘箓之高妙，扬玄津之洪波。道微若声，心么若气，吹律暖谷，运历知天。屡下辟书，终不应命"。叶慧明深谙道教精义，皇帝多次下诏请他进京，但他没有应命，始终隐于民间。叶慧明卒后因子叶法善功勋卓著，被唐玄宗赐封为银青光禄大夫、歙州刺史，并奉敕立《大唐歙州刺史叶公神道碑》于墓前。

叶乾昱、叶道兴、叶国重、叶慧明四代叶氏族人精通道义，"道一相孕、薪火交传"，奠定了叶氏道教世家的基业。

松阳叶氏家族经过南北朝乾昱、道兴、国重、慧明连续四世百年的努力，终于在李唐时登上了道教的顶峰。大唐300余年中叶静能、叶法善、叶藏质祖孙三代创造辉煌，成为道教宗师。

叶静能"颇有神术""善符禁小术""善属文",他深谙道教精义,行走内庭,服务数朝皇帝,是当时道教界宗师级的高层人物。

叶法善,隋大业十二年(616)出生于松阳县瑞应里(今松阳县古市镇),为叶慧明之长子,出身于一个四世为道的家庭,从小深受家学的熏陶。叶法善40余岁奉高宗诏进入京都长安,任内道场道士,至开元八年(720)以105岁高寿仙逝,历经高宗、中宗、武后、睿宗、玄宗五帝,先后奉旨代表皇帝祭封东岳泰山、西岳华山、南岳衡山,授唐代道教最高法位"大洞三景法师"。"匡国辅主"功勋至伟赐金紫光禄大夫、鸿胪卿、越国公兼景龙观主,赠越州都督。祖叶国重赠"有道先生",父叶慧明赠"银青光禄大夫、歙州刺史",并奉敕分立《唐故叶有道先生神道碑》《大唐赠歙州刺史叶公神道碑》。叶法善仙逝19年后,已创造"开元盛世"的唐玄宗,依然深深怀念他。开元二十七年(739)为表达对叶法善的敬意和思念之情,表彰其丰功伟绩,玄宗亲撰并书《故金紫光禄大夫鸿胪卿越国公景龙观主赠越州都督叶尊师碑铭并序》立于京都长安皇家道院景龙观。叶国重、叶慧明、叶法善三代叶姓道士分别被朝廷封赐并立碑,这在中国道教史上极为罕见。叶法善终身未娶,按照族规由弟叶法喜的次子元瓘过房奉祀。

数百万叶法善族裔中不乏承袭皇冠旧业者,这种家学传承一直沿袭至今,在浙南、闽北、赣东北的民间仍然活跃着无数叶姓从道者,其中仅松阳县就有法善裔孙和自认承袭法善的居家道士50多人。然众多叶姓从道后裔中较为出名的有叶仲容、叶修然、叶云莱等。①

二 松阳县叶氏祠堂分布与祭礼传承

松阳县原有70多座叶氏宗祠,现存30多座,著名的有建于宋代的卯山俭公祠,宋治平元年(1064)建,原名广福观,后改名俭公

---

① 详见叶平《叶法善家族——传承千年的道教世家》,《叶姓圣地·松阳》,内部刊物,第78—88页。

祠，桐溪村叶梦得公祠，叶川头村的叶希贤公祠等。

通过对松阳县不同叶氏村落祭祖情况的田野调查，我们发现现在叶氏家族祭祖的方式主要有祠祭、家祭、墓祭三种。其中，祠祭尤为隆重，在人们的日常生活和历史记忆中都占有较大比重。

叶氏祠祭可以分成三种类型：一是有统一组织的传统祭祀；二是没有统一组织的分散型祭祀；三是有祠堂，但由于诸种原因，至今没有举行祭祖活动。

（一）传统祭礼

叶氏家族十分重视祠祭，通常要统一组织集体祭祀，如2016年卯山清明节叶氏祭祖，2017年卯山叶氏秋祭，2013年至今桐溪村叶梦得宗祠每年举行的中元祭祖。

桐溪叶氏祠堂修建于乾隆庚子年（1780），占地989平方米，正堂建筑面积520多平方米，三开间、三进大堂，规模宏大，祠貌巍峨。第一进门厅为清代三重檐歇山顶楼阁。门厅前面构建有左右两廊，各直通围墙边门。门厅的门楣上方正中悬挂着蓝底金字"雍肃堂"横匾，二层正中悬挂着皇帝赐封的圣旨竖匾——"将相世业"。祠堂内雕梁画栋飞檐翘角，绘画重油，有镀金横匾8幅，其中有民国初期浙江省省长夏定候（夏超）赠送的匾额。堂内楹联7对，其中有民国初期江苏省政府主席叶楚伧赠送的联语并书一对。

1949年后叶氏祠堂用于集体晒稻谷、做粮仓，1982—2010年宗祠产权归村所有，作为工厂使用，祠堂由公家管，"文化大革命"时期祠堂里的柱子、元宝桌都被破坏，2011年叶氏收回祠堂，重新修葺，2013年恢复中元节祭祀，持续至今。

桐溪村岁时祭礼历史底蕴厚重。按照《桐溪叶氏宗谱》的记载，20世纪50年代以前，每年除夕夜，至次年正月初一、初二、初三、初四及初八、十四、十五、十六，以及中元节、中秋节、冬至等重要时间节点，都要举行祭祖活动。[1]正月初一、初二、初三、初四照规

---

[1] 《桐溪叶氏宗谱·族内祭期事宜列后》。

排列，监礼、头首备办猪头、鹅祭物，陈设俎豆，本祠致祭。民国十四年（1925），又增加了正月十四、十五、十六三日元宵灯节，全堂张灯结彩，由监理轮流置办五牲酒席全筵，又糕点三色，陈设俎豆，本祠致祭。七月中元常典报本荐亲例摆，头首备办印牒，填写先亲，虔备斋果、纸扎。八月十五日中秋，照前规摆，监礼头首虔备三牲祭物，陈设俎豆，本祠致祭冬至日照前规摆，监礼头首虔备三牲祭物，陈设俎豆，本祠致祭。祭期早晨，头首登祠，击鼓三通，摆列祭品、香烛等项，众孙聚集祠堂，监礼摆班，主祭孙及众孙按昭穆就位。唱迎神拜至四，诣祖位前跪，上香；唱：复位，行初献礼、亚献礼，奠帛；唱：复位，拜至四，起；再唱，诣祖神位前，跪，读祝文，众孙皆跪，读毕，众孙皆起。唱：复位，行三献礼，毕后，复位，拜至四起，撤馔送神化纸，礼毕。

正月初一的祭品主要是鲜鹅一盆，猪头一盆，豆腐干一盆，螺蛳一盆，索面一盆，羹饭各一箩，红烛、香、彩炮。祭文如下：中华民国某年元月朔日，奉祀孙某等，谨以清酌庶馐之仪敢昭告于始祖经公夫人王氏派下历世宗亲之灵，曰：今兹元旦旧腊，云残思我祖宗之肇予子姓，何啻元旦之冠于一年，缅怀我祖陟降无闻，殇有豚肩聊奠菲仪，感时物而想象兮，杳匕形声；思功德而追溯兮，润屋润身；欣欣而向荣兮，喜子孙之繁盛；滴匕而降露兮，念祖宗之遗馨；正时序之七始兮，睹物华而化成；扫夜台而致祭兮，椒浆为之俱；陈冀我祖之默佑兮，世代簪缨；望洋洋而如在兮，来格来歆。尚飨。

2013年以来，叶氏家族恢复了春节祭祖活动，初一到初八，族长叶雯会来到宗祠，族人们也纷纷来到宗祠祭祖。

一年最隆重的祭祖活动是中元祭祖。2017年中元祭祀活动从中午开始，11点人们开始在祠堂里准备摆放祭品，包括茶9杯、酒9杯、米饭9碗、水果5盘、糖粒5盘、糕饼5盘；猪头、羊头、鸡、鹅、鲜鱼（烧熟）各一盆；糖糕、粉干、米果、山粉圆、千层糕各一盆；木耳、香菇、竹笋干、金针菜干、捞汤菜干各一盆；黄鱼干、虾米、墨鱼干、干贝、小细鱼干各一盆。

下午1点，打锣鼓迎接参祭代表，大鼓三通，每通111下，然后鸣鞭炮。祭祖的人要签到，签到时每人交 50 元钱，主要是用于购买香烛等祭祀用品，以前是个人准备祭祖用品，现在为了方便，统一由组委会购买。每个人发给香 12 支。按照规定拿香前要先净手，12 支香中有 9 支插在香炉里，两侧门神各一支，手中留一支，红烛一对，纸包①一个，船灯一只。

下午两点半，全体参会人员在天井排队，每人拿一支香，由道士主持迎接经公、梦得公等太公到堂入座，享受后裔贤孙祭宴。叶氏后人集体到前面迎接祖先，四鞠躬。

主祭人宣读祭文。奉祀主祭人叶雯与同族裔孙谨五牲香烛之礼，清酌果品之仪。至诚至敬，致祭于吾族始祖叶经暨派下梦得公等列祖列宗神像之灵前。

虔诚奠祭：

卯山巍巍	桐水滔滔	历此吉日	紫气东来
嗣孙长雯	协同合族	孝子贤孙	齐聚祖庙
值此良时	先祖灵前	祭祀祖先	缅怀祖德
备酒饭肴	丰盛美食	致祭之祖	请享祭宴
脉承颛顼	源自楚芈	姓始封叶	系出卯山
经公开基	天圣三年	迁居桐溪	地灵人杰
历经四代	鼎盛梦得	千年发展	源远流长
百支后裔	散居四方	枝繁叶茂	一脉同根
人文荟萃	名门世家	望姓巨族	光昭史册
宗族文化	博大精深	圣迹熠熠	千古流传
幼子榜公	祖支嫡派	瓜瓞绵绵	簪缨继世
贤达辈出	科甲蝉联	光宗耀祖	流芳百世
梦得学士	学贯天人	才高班马	文韬武略
历官四朝	官至左丞	任官履职	皆有能声
石林家训	圣训瑰宝	家置案头	奉为金鉴

---

① 纸包当地人称为"袱"，"袱"上写字，有统一的格式。

梦得志铭	垂训后裔	铭记家训	修身养性
吾族同宗	诗礼相承	孝悌忠信	传承显扬
尽忠报国	耕读传家	终身学习	奉献社会
纵观历史	传统优良	追宗思源	感悟人生
报谢慈恩	弘扬孝道	数典认祖	慎终追远
祈祷先祖	在天神灵	感我之诚	保佑子孙
士农工商	风调雨顺	福禄寿康	众盛繁昌

接下来，道士做道场超度仪式，鸣鞭炮。据叶雯介绍：祖先在吃祭品时，会有很多的孤魂野鬼来抢食，新中国成立时期的魂灵最多，所以桐溪叶氏祭祖的时候也帮这些孤魂超度。其实这与叶雯的个人经历有关，叶雯童年丧父，一直跟随母亲生活，其母亲宅心仁厚，抚养了多名战争时期的孤儿。

祠堂仪式之后，由两位道士带领叶氏族人点36支香送走下鬼。此时由村锣鼓队跟着敲锣打鼓。

下午5点，两位道士带领全体参祭人员到溪边放河灯，送走孤魂。按照桐溪村传统祭祀习俗，本没有此仪式，后来考虑到放河灯是中元节的重要习俗，才增加了这个环节。①

放完河灯之后，在晒谷场晒纸包，放鞭炮。5点30分，由道士领参会人员集体送别各位太公，纸包烧后每位口中祝告：今年怠慢，明年再请，放心请回。原因是今年祭祖祠堂周边设施在维修，祭祀时间延后。

仪式最后，全体参祭人员喝绿豆粥。散会后，参祭服务人员分桌吃饭过中元节。

（二）简易型祭礼

在一些村落里，虽然有叶氏祠堂，但是并没有大型集体祭祀活

---

① 访谈对象：叶雯；访谈时间：2017年9月22日；访谈人：萧放、邵凤丽、周增辉、钟梦迪等；访谈地点：松阳县叶雯家中。

动,只是每年春节时,族人带着祭品,自行到祠堂祭拜,这种祭祀方式在松阳县内占了绝大多数。外石塘自然村是400多年前由古市迁到本村,目前已经有20代人,2014年重修了叶氏宗祠。每年大年二十九、大年三十依旧例族人自发到祠堂祭祖。据族人回忆,1949年前祭祖时,排行年龄最小的"继星"和排行年龄最大的老者坐在最上面。家族有继承田,轮流耕种,哪房种哪房负责祭祖仪式。目前村里有六代叶氏族人,其中有12个人自发形成组织来负责祠堂的修缮工作,他们在2014年筹集到8万元资金用于修缮祠堂,除了文广新局给的3万元拨款外,村里每一个姓叶的子孙,不论男女老少按人头每人捐款200元用于修缮祠堂。在访谈中,村民表示村里叶姓人听说要捐款修缮祠堂都很乐意,他们正在计划举行集体祭祖仪式。

(三)有祠堂无祭礼

在一些村落中,叶氏家族虽然有祠堂,但由于历史原因中断以后至今没有恢复祭祀传统。在叶川头村,据叶氏后裔回忆,在1949年以前,男丁需要年满13岁方可进入祠堂,参加祭祀活动。大年初一举行家族集体祭祀,聚会时高小毕业的人和50岁以上的老人可以坐在一起。每年祠堂都有人轮值,祭祀时要摆放丰盛的祭品,燃放鞭炮,集体跪拜行礼。1949年是最后一次集体祭祖。后来,叶氏祠堂充公,抗战时期有师范学校迁到这里。后来成为村里开会的地方,平时堆放柴火。直到2015年,村集体开始修葺祠堂,之后开始有村晚,在祠堂排练舞蹈等表演,村里人农闲时在祠堂里面打麻将、打牌、聊天。

三 卯山叶氏祭祖历史传承与特色

卯山是叶氏家族的祖籍地,对叶氏祭祖调研期间,我们分别走访了古市镇东角垄村,玉岩镇乌岩村、玉岩村,西屏街道桐溪村,赤寿乡叶川头村,新兴镇外石塘村,望松街道吴弄村,通过查阅族谱、走访调查、问卷调查、开座谈会等方式,发现这些村的始迁祖无一不是望公的后代,他们对叶氏祖籍地是卯山都一致认同,而且老人们回忆起小时候祭祖仪式,都谈到正月初一集中祭祖活动,年龄最大、辈分最高的为族长,年龄最小、辈分最低的为"抬头",祠堂里有祭祀田,轮流种植,不用交租,但是分丁肉和分铜交子的钱由种植户分摊。

(一) 卯山叶氏传统祭礼

据《叶氏广远宗谱》(道光十一年)记载,在传统社会,叶氏家族特别重视岁时祭祖,"吾族祭田虽少而岁时伏腊,世不乏祀"。祭礼遵循《文公家礼》,"凡一切礼文必准《文公家礼》,而或增或损,参以时制,终不失先民之轨度"。每逢成年礼、婚礼、添丁的当月或选择初一或选择十五日告祖庙礼,每月的初一、十五是行香日,族人需要在祠堂祭祖,但是在外耕读工商及在村中老弱病残的不在此列。

元旦(大年初一)男丁要到祠堂上香,合祭远祖,初二日分祭房族,正月初八日,头首(首事)准备香烛到卯山祭祀各处祖坟。初九日到古市永宁观园内各祖坟前祭祀。清明节备猪头、鹅各一副于各祖坟祭扫。中元节建道场一昼两夜。重阳节备猪头、鹅各一副于各祖坟祭扫。冬至首夜备祭品五鼓齐集拜祖。除夕夜祠内燃烛,头首办礼于祖前土地前谢年。祠堂祭祀产生费用及头首祭祀所需的开支从族田支出。

根据《叶氏广远宗谱》记载的叶氏祭祖的地点和缘由不同,大致上可以分为家祭、墓祭、祠祭和杂祭四种。这四种不同层次、不同规模的祭祖方式,组成了叶氏家族内部严密而交错的祭祖制度。

家祭是小家庭对自己祖先的祭祀,祭坛设在家中,又称寝祭。明洪武三年(1370)《大明集礼》修成,其中规定:品官可建祠堂,祀四代祖先;庶民祀二代祖先于寝室,后改为可祀三代祖先。嘉靖以后对官民祭始祖开始驰禁。家祭是最为普遍,也是最为基本的一种祭祖方式。

墓祭是指直接到祖先坟前去祭祀。根据墓祭对象是近祖还是远祖,可以分为以家庭为单位的祭祀和合祭两种方式。以家庭为单位的墓祭，对象是高曾祖四代祖先，即直系近祖，与家祭有类似之处。合祭又可分为宗族祭与房族祭两种。

祠祭是指整个家族的人聚集到祠堂里去祭祀家族的共同祖先。叶氏较隆重的祠祭安排在春秋元旦、中元和冬至。元旦、中元、冬至合族祭祀，需要具备丰富的祭品、严谨的仪式、神圣的道教音乐。祠堂是供奉祖先神主、牌位和画像的地方，象征着祖先灵魂的存在，是整个宗族村落中最重要的神圣空间。松阳叶氏人丁兴旺，族人散居于不同的厅堂、乡村，形成了宗族—房派—支派的宗族内部结构。与此相适应，建造祠堂，形成大宗祠、房祠结构的祠堂。大宗祠祭祀始祖望公以下的先祖，又称家庙，位于村落的中心。

祠堂祭祀是全族的大事，极其神圣、庄严肃穆，也是相当烦琐的事情。涉及祭祀对象的选择，祭祀的类型与日期，祭器和供品，祭告的内容，主祭人与司事人员的职责，参祭人的条件，等等。非德高望重、经验丰富的人不能胜任。

在家族的四种祭祀中，祠祭是最为隆重的。叶氏每逢元旦、中元、冬至，此三节对于祠祭都十分郑重。

一直以来叶氏祭祖仪式内容丰富，有赞词、乐章、嘏词、迎神曲、送神曲，祭器祭品都有讲究。

赞词：祭祖仪式流程由大赞和小赞在旁喊出，主要流程如下：

　　大赞：排班，班齐，鞠躬，拜、兴，拜、兴，平身

　　小赞：主祭者，诣盥洗所，盥帨，诣香案前，上香

　　大赞：跪，读祝请主，俯伏，兴、平身，请主就位，参神，鞠躬，拜、兴，拜、兴，拜、兴，平身，降神

　　小赞：诣神位前，上香，跪，敬酒，灌酒于茅，俯伏，兴、拜、兴、拜、兴，平身

　　大赞：进馔

　　小赞：诣神位前，进馔于筵，复位

　　大赞：行初献礼

　　小赞：诣神位前，奠酒于筵，即席，取酒，跪，祭酒，俯

伏，兴、平身，奉炙

　　大赞：跪，读（祝文或祭文），俯伏，兴，平身

　　小赞：拜、兴，拜、兴，平身，复位

　　大赞：行亚献礼

　　小赞：诣盥洗所，盥帨，诣神位前，奠酒于筵，即席，奉炙，鞠躬，拜、兴，拜、兴，平身，复次

　　大赞：行终献礼

　　小赞：衣盥洗所，盥帨，诣神位前，奠酒于筵，即席，奉炙，鞠躬，拜、兴，拜、兴，平身，复次

　　大赞：侑食

　　小赞：诣神位前，侑食于神，即席，鞠躬，拜、兴，拜、兴，平身，复位

　　大赞：荐茗

　　小赞：诣神位前，荐茗于筵，复位

　　大赞：受胙

　　小赞：诣香案前，上香，跪，祝进酒，受酒，祭酒，啐酒，祝进嘏词，①祭嘏，俯伏，兴、拜、兴、拜、兴，平身，跪，祝进黍，受黍当黍，入黍于袂于季指，取酒卒饮，受嘏，俯伏，兴，平身，小却

　　大赞：祝告利养，（祝云）利成，各依次，众皆再拜，鞠躬，拜、兴，拜、兴，平身

　　小赞：复位

　　大赞：焚祝文

　　小赞：撤馔

　　大赞：辞神，鞠躬，拜、兴，拜、兴，平身，礼毕

祭祖完毕，要行序揖礼，撤下供品，把供品分给族人，即"分胙

---

① 嘏词：祖考命工祝承致多福无疆。于女孝孙。来女孝孙。使汝宜稼于田。眉寿永年。勿替引之。

肉"。胙，就是祭肉的意思，分胙肉就是让子孙得到祖宗的恩惠。有时改分铜钱、馒头、麻糍等物。男丁都能参加祠堂祭祖，妇女一般不参与祭祖。

叶氏祭祖的重要特点是有乐曲，据家谱记载乐章有初上歌、再上歌和三上歌。初上歌：楚楚者茨，言抽其棘，自昔何为？我蓺黍稷。我黍与与，我稷翼翼。为酒为食，以享以祀。再上歌：洁尔牛羊，以往蒸尝，或剥或烹，或肆或将，祝祭于祊，祀事孔明，先祖是皇，孝孙有庆。三上歌：礼仪既备，孝孙徂位，工祝致告，神具醉止，诸宰君妇，废彻不迟。诸父兄弟，备言燕私。

还有迎神曲三章：神渺漠兮山之幽，瞰松峰兮俯清流，盼亲亲兮左右，兹庙宇兮淹留。神之临兮如在，眷我后兮不穷，以爱沛遗泽兮横流，畅威灵兮无外。洁尊兮肥俎，笙歌兮象舞嗟！莫报兮神之佑，神欲下兮俨若思，风瑟瑟兮洒雨。

以及送神曲三章：山之阳兮水之浒，神降集兮卯峰土，旨酒湛兮满觞，神之归兮何许？

龙神兮里门，幡盖兮缤纷，顾旧居兮一慨，越宇宙兮无邻。无邻兮奈何？田园在兮生植嘉，信元功兮不宰，犹仿佛兮山阿。

传统祭祖使用祭器很多，据《叶氏广远宗谱》记载，有大香炉、大净瓶、瓷炉、瓷瓶、石香炉、地台、香盒、祝板、茅盘、盥盘及架、帨巾并架、酒尊……祭品及摆设见表1：

表1　　　　　　　　　　祭品及摆设

饭	筋爵	筋爵	筋爵	羹
燔肉	羊肤	心舌	猪肤	炙肝
鱼	鸡	醓醢	鹅	腊
韭菹	稷	稻	黍	葵菹
员	枣	栗	桃	枝

祭祖中使用的乐器有钟、鼓、琴、瑟、笙、箫、管、笛、板、祝、磬。

（二）当代卯山叶氏祭礼的重建

叶氏家族文化研究工作早在2006年已经正式启动。当时成立了卯山文化研究会，叶增旺任会长，叶平、叶祖林、叶世钧任副会长。该研究会主要工作之一是对卯山叶氏历史文化进行研究，主要由叶世钧、叶平负责，先后出版了《松阳卯山·叶姓发祥地》《卯山文化》等著作和杂志。2007年起，每年有专家、学者、叶姓宗亲到松阳卯山观光考察、寻根祭祖；2009年，台湾叶氏祖庙董事长叶伦境率团到卯山祭祖；2010年8月世界叶氏联谊总会总会长、香港太阳集团主席叶肇夫率人到卯山祭祖；2011年10月卯山文化论坛举办，有100多位专家学者参加；2015年，叶姓家族成立浙江省叶氏宗亲会，具体负责叶氏家族文化研究和家族活动的组织策划。

1. 2016年第一次清明集体祭祖活动

2016年，卯山叶氏家族中断数十年的集体祭祖活动得以恢复。此次祭祖活动由叶平负责，据他口述，2015年下半年，一些叶姓年轻人聚会时邀他参加，表示有意愿组织集体祭祖。祭祖时，本打算邀请2000人参加，但由于江南始祖叶望公墓前空间有限，无法容纳2000人共同祭祀，同时考虑到山路崎岖，必须保证参祭者的安全问题，组委会决定参祭人数限定为600人，实际上祭祀当天人数超过1000人，很多本地人虽未报名参加活动，但是知道举办活动后自发前往祭祀。[①] 此次祭祀经费自理，组委会向参祭者每人收取500元活动费。

4月8日，来自浙江省多个市县和北京、上海、江苏、辽宁、贵州、福建、河北等地的叶氏宗亲在叶望墓前举行了"叶氏江南始祖叶望公清明祭典"活动。

[①] 访谈对象：叶平；访谈时间：2017年8月20日；访谈人：萧放、邵凤丽；访谈地点：松阳县古市镇。

在墓园入口1000米处，道路两旁竖立着近百面叶姓图腾彩旗，祭奠场地上空飘着巨大的气球，上写"热烈欢迎叶氏宗亲光临卯山祭祖，尊祖敬宗、敦亲睦族、弘扬叶氏文化"，各地宗亲祭祖团代表肩披黄色丝巾，胸佩代表证，列队进入祭奠现场。墓园按照当地祭仪进行布置，全猪、全羊、全鹅、九道干货鲜果、一双蜡烛、三支高香，还有各地宗亲敬献的花篮。

上午9时，祭祀司仪叶平宣布叶氏江南始祖望公祭奠开始，九旬老人叶永进宣读祭文，浙江省各祭祖团推荐的7名主祭人肃立望公墓前代表浙江叶氏宗亲向望公三拜，行上香礼。

祭祖典礼结束后，叶氏族人纷纷拍照留念。中午，在新天地休闲山庄举行午宴，各地宗亲捐款重修望公墓园和望公祠亭。①

本次祭祖仪式后，组委会还将涵盖松阳叶氏起源、叶氏家训、松阳传统文化等在内的文字汇编成册——《卯山文化》，供叶氏宗亲查阅。

在祭祖典礼上，家训家风也成了叶氏族人谈论最多的话题。"家训，是一个家族兴旺于世的根本，在祭祀活动中重温家训，非常有意义。"来自杭州萧山区的叶东方表示，家训凝聚着家族的传统精神，特别是同族的南宋文学家叶梦得留下的《石林治生家训要略》作为叶氏家训的精髓，提出的要勤、要俭、要和气、要仁让为先等都与现代提倡的精神文明非常契合，重温之后获益良多。

很多叶氏族人表示通过祭祖活动，加强了他们之间的联系，也传承了家族历史，促进了家族文化认同，"通过本次集体祭祖，能让我们了解江南叶姓发源地的叶氏文化，增进同宗同族之间的友谊，更能引发我们对故地的关注和向往"②。叶平也表示，此次活动虽然是第一次活动，准备方面略有不足，但是参祭者的反映非常好，达到了慎终追远、弘扬孝道、凝聚家族、强化文化认同的目的。

---

① 叶平、叶斌：《叶氏千人祭祖大会催发叶氏发家望族兴国大计》，叶氏微信公众号，2016年4月15日。

② 《松阳：江南叶氏卯山祭祖》，浙江在线新闻网站，http：//gxxw.zjol.com.cn/gxxw/system/2016/04/11/020341794.shtml，2016年4月11日。

2. 2017年卯山叶氏秋祭大典

2016年清明祭祀活动受到了叶姓族人的普遍赞扬，也得到了世界叶氏联谊总会的肯定，提升了江南始祖叶望公的认同度，叶平等人认为有必要将这一活动继续下去，传承叶氏家族岁时祭祖的优秀传统。

（1）文化空间的多元选择

作为祭祀活动的空间场所，松阳叶氏家族在祭祀地点的选择上呈现多样性。作为具有生产性的文化空间，祭祀地点不仅为祭祀活动提供了空间依托，同时也具有自我生产的文化特性。联合国教科文组织《人类口头和非物质文化遗产代表作宣言》将文化空间定义为"具有特殊价值的非物质文化遗产的集中表现，它是一个集中举行流行和传统文化活动的场所，也可定义为一段通常定期举行特定活动的时间。这一时间和自然时间是因空间中传统文化表现形式的存在而存在"。文化空间是场所、活动和时间的三位一体。祭祀活动举行的地点属于文化空间，既有空间的物理属性，同时在具体的时间内有人的文化活动。列斐伏尔认为"空间"是一个关系化与生产过程化的动词，它生产出象征、符号、价值观、叙事行为、文化记忆等要素，并为这些要素之间发生各种关系而提供场所、条件和背景，也为不同的文化要素的展现提供可能性。祭祀地点作为家族公共空间的重要价值之一是具有文化记忆特性，人们通过公共空间的营造、保护进行家族文化记忆的代际传承。尼采曾说："每个人和每个国家都需要对过去有一定的了解……只有为了服务于现在和将来，而不是削弱现在或是损坏一个有生气的将来，才有了解过去的欲望。"家族文化记忆的传承不是面向过去，而是面向当下与未来，以"传统的发明"为主要方式，将家族公共空间所承载的文化记忆在现实生活中活化、再生产，产生实际价值与意义。

与2016年墓祭地点不同，2017年祭祖选择在卯山上俭公祠与天师殿之间的空地举行，原因是此次祭祀活动参加人数将超过1000人，叶望公墓前的空间无法容纳。受物理空间所限，此次活动的文化空间转换到了俭公祠与天师殿之间。在叶氏家族发展史上，俭公祠里供奉的叶俭与天师殿里供奉的叶法善都是叶氏祖先，且都是家族名人，具有标志性符号意义。文化空间的转换在一定程度上是由始祖到家族名人的转换。虽然这种转换的发生并非是出于主观意愿，但也是经过叶氏组委会慎重抉择的结果，反映出当代叶氏族人对家族发展历史认同的两个维度，一是天赋的血缘传承关系，始祖叶望凭借此原因成为最佳祭祀对象；二是历史影响度的考量，叶俭、叶法善因此能够成为仪式中出现的关键人物。

（2）二元的时间选择

按照传统祭礼要求，每次祭祀祖先都有明确的时间规定，并且书写在家谱中，无故不能更改。到了现代社会，作为三大祭祀性节日的清明成为2016年祭祖活动举行的时间选择，但是2017年并没有沿袭这一时间选择。2017年叶氏祭祖时间是9月29日，这次祭祖活动原本安排在10月或11月，后因文化部传承人研培班在9月举行，故将时间提前，作为研讨班的活动项目之一。在访谈中了解到，除了研培班的突发性事件的影响外，叶氏家族集体祭祀时间期望放置在10月或11月，主要是考虑到气候的影响，春季清明时节多雨，2016年祭祀就是在蒙蒙细雨中进行，给祭祀活动带来不便。为了避免天气原因带来的影响，祭祀活动选择在秋高气爽的秋季举行，同时，按照松阳本地的习俗，素有春秋二祭的习惯，秋季祭祖也符合文化传统。

从2016年清明祭祀，到2017年9月祭祀，叶氏家族目前尚未明确祭祖的时间，这种情况既受礼仪重建过程的直接影响，实际上也在一定程度上影响了祭礼的神圣性。

（3）扩大化的祭祀共同体

此次卯山叶氏祭祖由世界叶氏联谊总会福建省联谊会、安徽省联谊会、江西省联谊会和浙江省联谊会共同主办，由北京市、上海市、辽宁省、陕西省、湖北省、湖南省、广东省、广西壮族自治区、贵州省宗亲联谊组织协办，并由浙江省联谊会、浙江松阳卯山文化研究会、浙江松阳月宫调音乐研究会承办。

卯山是江南叶氏祖居地，也是江南叶氏发源地，对叶望公的祭祀活动不仅是松阳县叶氏族人的责任与义务，也是其他地区江南叶氏后裔的责任与义务。从血缘发展来看，江南叶氏是中华叶氏的一个分支，其活动要与世界叶氏联谊会联系密切。近年来，随着家族活动的不断推进，卯山叶氏已经加入了世界叶氏联谊总会，并参与了活动。江南叶氏在各地的分支也纷纷建立联谊会，负责该地区叶氏族人的联络和活动组织工作，同时以地区联谊会为单位，参加其他地区的叶氏家族活动。

作为卯山叶氏祭祖的东道主，浙江省联谊会自然成为承办单位，同时此次祭祀活动还邀请了卯山文化研究会和月宫调音乐研究会参与。卯山文化研究会的成员虽然不都是叶姓，但是研究会长期以来致力于卯山叶氏文化研究，在祭祀礼仪方面积累了丰富经验，可以为祭祀活动的举办提供理论帮助。

月宫调音乐研究会参与此次祭祀活动，一是由于该研究会的主要负责人邱建平长期致力于卯山叶氏家族文化研究，在叶氏家族礼仪方面积累丰富。二是由于祭祀活动设有月宫调演奏环节。祭祀音乐是此次祭祀活动的一大特点，在祭礼的多个环节都有音乐。据《叶氏广远宗谱》记载，叶氏祭祖过程中有音乐，但是并没有具体的乐谱记载。邱建平本人长期从事民间音乐的收集与整理工作，在松阳县一些村落中发现了月宫调这种地方传统音乐。据邱建平讲述，他通过在民间的调查发现，松阳道士有文道士、武道士两种音乐。卯山这一地区是文道士音乐，从玉岩到龙泉交界是武道士音乐。古市镇一带的文道士音乐的发展与叶法善有关，当年叶法善返乡以后，在当地传授道教音乐，这种道场音乐十分文雅，做一个道场就像开一个音乐会。"上香的时候就有上香（音乐）出来，一个主道士一个副道士帮场，音乐很好听，很舒服。敬酒、送神都有音乐，（是）一套的。外面在那里三天三夜，感觉在那里就是听了一场音乐会。"[1] 武道士以法事音乐为主，主要是迎神，抬着叶法善或者当地的神，每年农历七月的第一个卯时举行迎神赛会，抬神出来时用迎神音乐，路上遇见泥坑演奏腾

---

[1] 访谈对象：邱建平；访谈时间：2017年8月20日；访谈人：萧放、邵凤丽；访谈地点：松阳县古市镇。

云驾雾，遇到水演奏谢水音乐。

按照松阳本地习俗，月宫调不能随便吹奏，每次吹奏时先要拜祭，然后放铳。2009 年，包括月宫调在内的松阳道教音乐被列入浙江省第三批非物质文化遗产名录。卯山是道教圣地，自唐朝以来，卯山一直是以叶法善为代表的松阳叶姓道教世家活动中心。叶法善精通音律，具有很高的音乐造诣，对道教音乐深有研究的叶法善，将其多年在皇宫、皇家内道场所积累的宫廷音乐，宫廷法曲音乐、廷内道场音乐素材，带回故乡，移植、应用、融入具有宫廷特色的"叶氏居家"音乐中去，培养和造就了一批高素质叶氏弟子。据古市镇《月宫调》传承人叶万芳介绍，《霓裳羽衣曲》就是叶法善从宫廷带回的音乐。为避免宫廷追查，他把《霓裳羽衣曲》改成片段，并改名为《月宫调》，在松阳得以保存。2017 年 9 月 19 日在国家大剧院首演的《张玉娘》就融入了《月宫调》《松阳高腔》的音乐元素。

关于月宫调有一个地方传说，叶法善当年曾邀请唐明皇游月宫，谱写了《霓裳羽衣曲》，但是霓裳羽衣曲用松阳话发音很拗口，松阳当地把这个音乐俗称为月宫调。邱建平认为月宫调的来历有两个可能，一是叶法善在唐朝辅佐了五朝皇帝，做内道场，熟悉宫廷音乐，晚年返回松阳后把这种音乐传给了叶氏弟子，但考虑到宫廷音乐的特殊性，便把它改头换面，名字改成了月宫调。二是为了好理解，所以翻译成松阳当地的土话，叫月宫调。到目前为止，月宫调的历史成因尚待考证，但是松阳民间确实还在传承这一种音乐，且只在古市镇范围内流传，离古市只有 5 千米的西屏镇就没有月宫调，而且邻县遂昌、云和、龙泉、景宁都没有。

据邱建平收集的手抄本文本看，月宫调具有不传外的特点。叶氏家族自古便有居家道士的传统，在叶氏家族历史上，居家道士很神秘，绝不外传，叶氏子孙一代代传下来。到了元代时，叶氏家族还有很多居家道士，当时男性居家道士能得到 20 亩田，女性称为"女观"，给地 10 亩。到了明代，随着叶氏外迁，家族实力逐渐衰弱，叶氏家族学道士的人越来越少，外姓人慢慢参与进去。现在有周姓、郑姓、许姓等。

在民间收集过程中，考虑到方言演唱的词不易听懂，包括传承人自己也讲不清楚，所以词没有录进去，曲保持原样。这些曲子的传承都靠口传心授，不管是道士还是非道士，基本上不识字。族谱上的字都是繁体字，一些老人还看得懂，年轻人基本看不懂。2006年起，收集起来的音乐比较全面，包括法事音乐。在近十年的发展中，邱建平等人组建了民间乐队，培养传承人。现在民间演奏的人很少了，传统上道士都是单干，年轻人不爱学习这门技艺。

邱建平本人精通乐理，并能自己制作乐器，他按照文献记载，已经复原了大部分乐器，并按照《叶氏广远宗谱》的记载，创建了迎神曲、送神曲、初上歌、再上歌、三上歌等祭祀仪式音乐。

（4）不断增长的祭祀主体

作为文化空间的主体，叶氏族人是此次祭祀活动的主要参加者。在对叶平的访谈中了解到，叶氏族人对卯山祭祖活动的参与性非常高，2016年有近千人前来祭祖，2017年人数继续上升，远远超过接待能力，最后不得不限定人数，按照地区给定参祭名额，省外代表名额230名，福建省30名，江西省20名，安徽省30名，北京市10名，上海市10名，辽宁省20名，陕西省20名，河北省10名，湖北省20名，湖南省10名，广东省20名，贵州省10名，广西壮族自治区10名，海外10名。这些人被统一安排在松阳县最好的宾馆——天元名都大酒店住宿。浙江省代表名额425名，杭州、嘉兴、湖州三市70名，温州市90名，台州市70名，宁波、绍兴、舟山三市30名，金华市50名，衢州市30名，青田海外侨领15名，丽水市70名，这些人被分别安排在松阳宾馆、新天地休闲山庄、天元国际大酒店、中澳大酒店、田园假日酒店住宿。

虽然这是组委会所能接待的最上限，但还是有很多人多次给叶平等人来电话，希望增加名额，让更多人来参加祭祀活动。

（5）充足的祭祀经费

作为祭祀活动的物质基础，祭祀经费的收取是为了保障祭祀活动的顺利进行。当代家族已经没有了传统祭田的收入，祭祀经费均需要自筹，卯山叶氏祭祖经费也主要出自叶氏家族内部。自2016

年起，参加祭祀活动收取活动费每人500元，主要用于购买祭祀用品、布置场地、车费、伙食费等。除了固定的人头费外，祭祀活动还接受族人的捐献，数额不等，有些族人直接捐钱，有些族人以实物的形式进行捐献，如2017年祭祖时，一位叶氏族人捐款10万元，一位捐款1万元，某宗祠集体捐款5万元，贵州茅台镇一叶氏老板捐叶氏茅台酒50箱（300瓶），杭州一叶氏族人捐200瓶叶府家酒，安徽黄山一叶氏族人捐助黄山竹滴矿泉水2400瓶，淳安一叶氏族人捐助饮料1000听，温州一叶氏族人主动承担了祭祀场地的布置费用。

据组委会统计，每年收缴的人头费和接受的族人捐资足以支付祭祀活动中的各种支出。从对参祭人的访谈中了解到，500元的活动费是可以接受的，并没有过多的经济压力。

（6）祭礼仪节的传承与变迁

作为叶氏家族的文化传统，祭礼规范十分严格。民国时期编修的《叶氏广远宗谱》中有《祀典篇》，详细地记载了祭祖活动的主要内容。但是由于祭礼中断了数十年，2016年举行清明祭祖时，仪节设定方面较为简单，并没有按照《叶氏广远宗谱》的程序进行。在经历了一年的准备后，2017年祭祖活动依照《叶氏广远宗谱》的程序举行。据主要负责人叶平讲述，他们就是"要恢复祖先的礼仪，让叶氏后人知道历史（礼仪）是什么样的"[①]。

2017年叶氏祭典，在2016年的基础上增添了统一服饰、道教音乐、道士表演、童声朗诵家训、望公宴等新元素，祭祀严格根据《叶氏广远宗谱祭祀篇》里的祭祀流程。

在祭祀服装方面，为了突出活动的组织性，也为了强化认同，此次祭祖的主要参加人员统一穿蓝色T恤，前面印有叶氏标志，背后写着"江南始祖望公秋祭大典2017"字样，并佩戴黄丝带。同时，主祭和副祭等需要登台的族人统一穿汉服，源于叶望是汉代人，作为时

---

① 访谈对象：叶平；访谈时间：2017年8月20日；访谈人：萧放、邵凤丽；访谈地点：松阳县古市镇。

代标志性服饰，汉服更具历史文化特色。

在祭品准备方面，主要有五谷——五谷丰登，人丁兴旺；五果——风调雨顺，国泰民安；糕点——多子多福，世代荣昌；山珍——高山仰止，寿比南山；海味——四海一家，福如东海；三牲——六畜兴旺，丰衣足食；木雕八仙、福禄寿、金童玉女；铜铸十二生肖——举国繁荣，百业同贺。三牲今年用的是全羊、全猪和鹅，没有牛。

在《叶氏广远宗谱》中记载，祭品共计 75 种，但随着时代变迁，现在无法全部恢复，只能部分继承，其中最主要的全羊和全猪一定要准备。①

本次祭祀活动的一大特点是月宫调的演出，邱建平根据《叶氏广远宗谱·祀典篇》里的记载，恢复了五个乐曲，一是叶氏家族祭礼主体音乐，用于仪式开始时，唱初上歌（讲述的是祖先到卯山开疆辟土）、再上歌（讲述的是祭祀祖先的场景）、三上歌（讲述的是祭祀完成后的家族宴的热闹场景）的伴奏音乐，乐器有钟、鼓、琴、瑟、笙、箫、管、笛、板、祝、磬组合，庄严肃穆、气势恢宏。该曲是松阳地区传统道场仪式上的音乐。另外还有上香台、敬酒调、迎神行路曲和送神曲。

道教仪式。松阳本地道教文化十分厚重，道教仪式在丧祭典礼中都有使用。祭祖活动开始前有文道士清场、武道士表演，展示居家道士的风采，为先人超度亡魂。本次邀请了武义冲真观叶罗生道长主持。

童声诵读家训。松阳叶氏历史上出了一位名人——叶梦得，叶梦得的《石林家训》广为传颂，叶氏家族也十分重视家训的传承，此次祭祖过程中，为了强调家训的重要性，也将儿童吸纳祭祖典礼中，组委会设置了童声诵读家训的环节，希望借此达到家训传承、文化传递的目的。此次朗诵家训的 18 个儿童都是古市镇小学五年级的学生，在学校经过了培训，并由老师带队前来参加祭祀活动。

---

① 访谈对象：叶信群；访谈时间：2017 年 8 月 30 日；访谈人：邵凤丽；访谈地点：松阳县卯山。

> 明明我祖，奕世流芳。基肇春秋，功显汉唐。宋元明清，德业煌煌。胥缘义训，授受有方。追维先德，提示要纲。凡我后嗣，静听彝章。古今所向，诗书农桑。文明进化，并重工商。各执一业，毋怠毋荒。矢勤矢俭，力图自强。百行之本，首在伦常。孝亲事长，必敬必庄。姻睦任恤，诚信是将。行之有恒，物望孚乡。礼义廉耻，立身大防。张此四维，荣逾冠裳。国犹家也，为栋为梁。扶危定倾，美济忠良。迨尔宗族，一本南阳。互相亲爱，视同一堂。岁时蒸尝，济济跄跄。享祀不忒，降福孔长。服膺拳拳，长乐永康。我言惟服，勉旃勿忘。

主祭、副祭的选择。按照传统祭礼规定，每次祭祖活动都有主祭人代表家族向祖先致祭，但是本次祭祀活动在主祭人安排上进行了调整。由于参祭者来自不同省市，无法统一推举主祭人，最后只能每个地区选择一个主祭和副祭，上台献礼，主祭、副祭有30余人，分三批上台献礼。

祭文的宣读。在祭礼典礼上，祭文作为唯一的文字表述与祖先进行沟通，历来承载着神圣的使命，祭文的内容撰写得到家族的重视，同时祭礼上宣读祭文的人也被认为是家族的代表性人物。2016年由九旬老人叶永进宣读，此人在2016年参祭人中年岁最长，且其儿子的商业经营最为成功。2017年祭文由中央民盟组织部长叶赞平宣读，此人在所有参祭者中官职最高。

本次活动过程中还播放了叶贵良、叶东方作词的《浙江省叶氏歌》：

> 这里有一座山，悠悠向东南。
> 这里有一个姓，千人万人唱。
> 这里有一座观，千年钟声扬。
> 这里有一棵树，飘出叶青香。
> 卯山，卯山，我叶氏的江南祖地。
> 卯山，卯山，我叶氏的江南祖地。

大雁飞过呀回头望。

叶氏裔孙情意长。

走遍五洲大地千万里。

还是祖地的月光亮。

这里有座祠，通向五洲脉。

这里有一本谱，相连我们的血脉。

这里有一潭泉，滋养我族人。

这里有一壶酒，喝了壮我族。

卯山，卯山，我叶氏的江南祖地。

卯山，卯山，我叶氏的江南祖地。

大雁飞过呀回头望。

叶氏裔孙情意长。

走遍五洲大地千万里。

还是祖地的月光亮。

大雁飞过呀回头望。

叶氏裔孙情意长。

走遍五洲大地千万里。

还是祖地的月光亮。

祭祀仪式上午 8 点开始，仪式过程如下：
1. 道士醮祭仪式
2. 发炮
3. 祭祀主持赞礼开始
4. 请大乐司奏乐
5. 叶氏家族礼祭主题音乐
6. 发鼓三通
7. 初验鼓（37 捶）
8. 次验鼓（37 捶）
9. 三验鼓（37 捶）
10. 鸣唱赞词三曲

11. 初上歌

12. 再上歌

13. 三上歌

14. 请执事分两排站列队

15. 请主祭登坛受位

16. 请主祭盥手

17. 请主祭扎巾

18. 请主祭复位、整冠、拢衣

19. 叩首，再叩首，三叩首

20. 拜毕！平身

21. 请执事验香（点香）

22. 请执事礼行初上香，拜

23. 请执事礼行二上香，拜

24. 请执事礼行三上香，拜

25. 请执事进香神位前叩首（《上香台》音乐起）

26. 叩首，再叩首，三叩首！平身复位！（《上香台》音乐止，主持行礼，引司樽举盘酌酒，执事者举酒杯。《敬酒调》起）

27. 举爵！礼行初献酒！（一拜，主祭奉酒告天，天官赐福）

28. 礼行二献酒！（二拜，主祭奉酒告地，地脉兴隆）

29. 礼行三献酒！（三拜，拜毕后进酒神位前）

30. 一叩首，二叩首，三叩首！平身！起！（主祭进中界）

31. 一叩首，二叩首，三叩首！平身！起！（《敬酒调》音乐止）

32. 请执事献山珍！（主祭奉山珍三拜，如时间有多献几样，《迎神行路曲》音乐起）

33. 主祭者进东界（朝东方向叩首）

34. 喂！叩首！再叩首，

35. 礼毕！请执事献海味！

36. 主祭朝海味三拜（祭拜供品依序类推，三进三降为一堂，直到程序完成。音乐止）

37. 请各位宗亲俯伏！（《叶氏家族礼祭主题音乐》起）

38. 行读祭文

39. 平身！礼毕！退拜！止乐！（几班人来主祭坛，轮流祭拜，祭完毕后，拆祭）

40. 请发炮！请大乐司奏乐！（《送神曲》音乐起）

41. 请主祭登坛受位！叩首，再叩首，三叩首

42. 请执事者献粳

43. （主祭者奉粳三拜，然执事者进粳神前）

44. 请执事者献魂帛（主祭者奉魂帛三拜，执事者化财）

45. 起！平身！礼毕退拜

46. 止乐！（音乐止）

47. 诵家训

48. 请法师执度元功

49. 祖世德深，江南一叶遍地金枝挺秀，宗功积累，代代相传，奕叶流芳

50. 祭祖仪式完毕

《祭江南叶氏始祖望公文》（叶贵良撰文）

惟公元二〇一七年九月二十九日，岁在丁酉，时逢壮月，序属三秋，节届中秋。海镜秋碧，天蓝霁青，磨开桂月于浩渺，画出蓬山于杳冥。

江南叶氏，望公裔孙，于此吉日良辰，齐聚于卯山之丘，松水之滨，谨以鲜花、时果、雅乐，聊表至诚之心，致祭于我叶氏江南始祖望公神前，词曰：

> 赫赫始祖，太中大夫，
> 嘉讳名望，字曰世贤。
> 雅才伟德，仕于汉桓，
> 履忠进言，操行贞端。
> 职在台衡，显以方任，
> 双金重紫，雁门蒙恩。

灵帝庸主，黄巾暴横，
隐于青州，握瑜怀瑾。
遁迹江湖，藏名山林，
庠序孝悌，远近着声。
品德操守，当世传称，
为作美号，楼舟先生。
建安二年，汉运将完，
堠烟纷燊，举族南迁。
履险闯关，寄居丹阳，
从吴入越，再渡钱塘。
寻胜括苍，定居松阳，
卯山瑞应，子孙繁昌。
积善之家，世世咸安，
盈门绂冕，福禄万年。
肇建大族，盛于江南，
奕世载德，不忝祖先。
藉听众贤，所闻自远，
昭觐列祖，追覃荣典。
江南始祖，伏惟尚飨。

祭奠仪式后的聚餐是历代的文化传统，在叶氏家族，2016年祭奠之后，也举行了集体聚餐，2017年聚餐时发生了新的变化，组委会将此次聚餐命名为"望公宴"，意在恢复古礼"以饮食亲宗族兄弟"。

此次聚餐共设83桌，每桌10人。省外的有福建代表4桌，江西代表2桌，安徽代表3桌，北京代表1桌，上海代表1桌，辽宁代表2桌，陕西代表2桌，湖北代表1桌，湖南代表1桌，广东代表2桌，贵州代表1桌，广西代表1桌。浙江省杭州嘉兴湖州代表8桌，温州市代表15桌，台州市代表7桌，宁波绍兴舟山代表3桌，金华代表5桌，衢州市代表3桌，丽水市代表9桌，另外工作人员及备用12桌。

祭祀大典之后，叶氏后裔还可以现场购买叶氏祖先画像。叶氏家族提出为宣传传统文化美德，凝聚叶氏正气，也为了统一认识，使南阳鼻祖叶子高公与江南始祖望公像规范化，由瑞涵书画院创作的祖像：叶子高公站像座像、叶望公座像尺寸，高2.4米、宽1.3米。问政图、世系图宽1.65米、高0.96米。材质是布旗布，防水、防潮、防皱。秋祭大典时叶氏族人可以现场请先祖像，未能出席的族人，也可以通过网络请像。大典期间价格为300元每幅，共计5幅，总价1500元。

四 从非遗传承与地方文化建设角度看待叶氏祭祖的功能意义

中国人讲究"慎终追远，民德归厚"。曾国藩也将祭祖礼仪列入治家八诀——"书、蔬、鱼、猪、早、扫、考、宝。""考"，即指祭祀祖先。在中国文化传统中，祭祖是岁时生活的重要内容。重视祭祖体现了中国人对传统文化、传统礼仪的继承和弘扬，也反映出礼仪制度对日常生活的规范。每逢岁时节日，人们就会在神圣的氛围中虔诚地奉献酒食、鲜花，追忆历史，缅怀祖先，也规训着后人。

在社会发展过程中，祭祖礼仪的外在表现形式呈现不均衡性，从传统祭祀到当下重建的祭礼，礼仪的外在形式发生了一定的变化，但精神核心没有改变，都是对祖先崇拜和亲情伦理的坚守。祭礼创造了一种特殊的体验时空，它隔离了日常生活的松散和庸碌，让我们在祖先面前寻回本心，接受亲情的抚慰。在仪式性的时空内，人们可以感受、体验超越日常的存在。

作为最盛大的家族集体活动，祭礼为当代人传承孝道、重温亲情提供了最佳时空，也为地方文化建设、非遗保护提供了重要平台与依托。

（一）传承孝道，践行社会主义核心价值观

"孝的伦理观念是中华民族生生不息的重要精神基因，是中华文

化的价值内核之一。"① 作为中国传统文化的基石和核心，孝道既是做人的准则，也是安身立命之本。孝不仅是百行之首，也是百行之先、百行之本。无论是传统社会还是现代社会，对于祖先的祭祀活动都是彰显孝道的神圣仪式。人们通过定期的祭祀仪式来表达自己对祖先的孝，对家族伦理的认同和坚守。

古语云"祭祖以隆孝"。当代祭礼重建的外在表现形式呈现多样化，但作为精神核心的孝道伦理没有改变。孝道仍是塑造中华民族集体品格和个体人格的重要文化资源，对内是个体事功之源与修身之道，对外是治国之器、教化之本。

中国传统孝道伦理根植于农业宗法社会土壤，是伦理道德的重要构成部分，也是中国人重要的文化标识。"感恩、责任、担当，孝所蕴藏的要素，不仅是一个人正心、修身、齐家的行事依据，更是社会和谐所赖以维系的价值之核。"② 尤其在传统道德规范被打破、新的道德规范尚未定型的当代社会，人们需要通过祭礼获得对孝道伦理的认同，并逐渐将其融入自己的思想意识当中，指导日常生活实践，促进以孝道为重要标志的新时期社会道德文化建设，践行社会主义核心价值观。习近平总书记多次强调，"培育和弘扬社会主义核心价值观必须立足中华优秀传统文化"。"祭祖以隆孝"，祭礼像黏合剂一样，把家庭成员紧密地黏合在一起。家庭是社会的最小细胞，家庭和谐是社会和谐的基础和保证。祭祖还可以培育民众知荣辱、树正气、讲奉献，使家庭和睦、亲邻和善、社会团结的社会风气。春风化雨、润物无声。实际上，祭礼中的每一个器物、仪节、家族故事都在唤起人们的家族记忆。家风纯正，雨润万物。家风家训以家庭、家族、村落社区为基本单位进行传承，是民风社风的根基，是社会和谐的基础。在祭礼重建过程中，以家风家训承载社会主义核心价值观，必将能为现代社会治理提供强大的精神支撑。

---

① 龚群：《传统孝文化的现实意义》，《人民日报》2015年4月29日第7版。
② 谭用发：《国风之本在家风　家风之本在孝道》，《人民日报》2016年3月25日。

（二）重温亲情，促进基层社会治理

传统祭礼，是传统文化向人际与社会历史横向延伸的根据与出发点，其实质是维系社会稳定的礼仪制度，是奉行于心的伦理准则，是中国人重要的精神慰藉与文化基因。对于叶氏族人来说，参加祭礼首先可以表达内心情感、追寻家族历史记忆，其次可以在现实生活中获得归属感，融入家族生活当中。祭礼为人们架设起一座沟通的桥梁，让人与人之间建立联系，彼此交流，互相信任。人们通过祭礼，梳理了自己的血脉发展历史，不仅解决了自己的血脉来源问题，为自我历史认同和未来发展提供依据，人们更凭借血缘关系加入家族共同体当中，在那里获得久违的亲情。

祭祖礼仪是凝聚族人的重要方式，是促进家族团结、社会和谐的重要途径。叶氏对血缘家族的认同促进了卯山祭祖礼仪的恢复和发展，而祭礼的实践又强化了叶氏族人对血缘家族的认同。一年一度的家祭礼仪使家族得以有效运转，也给叶氏族人获得了彼此熟悉、交流的契机。他们利用祭礼的纽带作用，实现了家族共同体的团结。由于家族成员之间先天的血缘关系，加之人们对血缘关系的认同，族人之间更容易建立彼此信任感，在情感上互相交流，也在生活上互相帮助，这样每个人都以积极的心态参与家祭礼仪中，不仅实现了家族血缘共同体的内部的团结，而且个人心态的平和、心理的健康，以及物质生活的稳定也将大力助推社会的和谐发展。

（三）传承历史，加强地方文化建设

从文化的视角来观察，家族是一个充满生机的地方文化衍生体。家族历史的发展不仅是血脉传承的历史，也是地方文化积淀和延续的历史。当代人珍惜并保存对家族发展、演变历程的历史追忆，因为这是一段既可以给人带来温馨感受的记忆，又是一份意义重大的地方文化遗产。在日常生活中，传承家族历史，可以为人们提供历史来源依据，使人获得认同和归属感，也为地方文化发展提供历史支撑，甚至成为地方文化建设的重要历史资源。

长期以来，传统祭礼的发展受血缘封闭性质的局限，无法超越家族内部范围。到了现代化的今天，传统家族组织已经消亡，人们对祭礼性质的理解也不再局限于家族内部活动，一些具有地方影响力的家族祭礼已成为地方公共文化活动的重要组成部分。卯山祭祖主要祭祀对象是江南始祖叶望，同时对叶法善、叶梦得、叶挺、叶剑英等叶氏名人进行宣传，并专门设置了童声朗诵叶氏家训的环节，这样的祭礼仪式是为了纪念这些对国家、社会做出重要贡献的人物，歌颂他们的历史功绩以及崇高的道德品质。对于叶氏家族来说，这些人是他们的祖先，具有血缘关系，而对于松阳地方社会来说，这些人都是地方名人，是地方文化孕育的结果，并深刻地影响了地方文化的发展。岁时祭礼对他们的祭祀与颂扬，不仅能强化叶氏族人的文化认同，也能强化地方文化认同，进而推进地方文化建设。

（四）强化社区认同，推进非遗保护

当代卯山叶氏祭礼重建过程中，不断加大社会融合，在最大限度内调度地方文化资源，扩展祭礼的参与群体，将不同姓氏人群吸纳进来，努力打造地方文化名牌，实现该社区主体对地方历史文化的高度认同感和荣誉感。

从 2016 年、2017 年祭祀活动的参与人数、地域覆盖范围两者均呈增长趋势来看，卯山祭祖获得了江南叶氏族人的高度认同和参与。同时，需要指出的是，松阳本地的外姓人也参与其中。2017 年祭祀活动中，月宫调乐队中有非叶姓人参加，执事人群中也有非叶姓人参加，参加朗诵家训的小学生中也有非叶姓人。从参与主体上看，叶氏族人无疑是本次祭祀活动的主要参与群体，但是非叶姓人也积极地参与到了这次祭祀活动当中，发挥了重要作用。卯山祭祖获得了江南叶氏族人和松阳本地民众的高度认同，并进行了积极的实践。因此，应该卯山叶氏祭祖既有深厚的历史文化底蕴，同时被当代人所传承和使用，已经成为叶氏族人及松阳本地人日常生活的重要组成部分。在当下生活中，卯山祭祖承载着传承孝道、重温亲情、传承历史、强化认

同等重要价值，无疑是一宗重要的非物质文化遗产，应该得到大力保护和传承。

五　卯山叶氏文化园建设的几点建议

作为松阳地方重要的地理标志物，卯山汇聚了叶氏家族文化、道教仪式音乐文化、养生文化等多种文化于一体。对于叶氏族人来说，卯山是家族发祥地，具有强烈的文化认同。对于其他姓氏人群而言，卯山是道教圣地，具有神圣性，且松阳本地道教文化已经深植于民众的日常生活当中，具有深厚的文化认同根基。当下，为了服务地方文化建设、建设美丽乡村、加强文化自信，应对卯山建立综合性保护与发展机制，即修建卯山叶氏文化园，将叶氏宗祠与祭祖文化、道教仪式音乐文化、养生文化等进行集中展示，将卯山的历史文化遗产转变为未来发展的重要资源，推进松阳地方文化创新性发展。

（一）修建江南叶氏大宗祠，促进松阳地方文化创新性发展

祠堂是重要的家族公共空间，既是物理空间，也是精神空间、社会空间，连接着历史、现在与未来，是人们对日常生活"诗意的栖居"。2017年江南叶氏祭祖在卯山举行，已经确认了卯山作为叶氏家族发祥地的神圣地位，但遗憾的是虽然举行祭祖仪式，却并没有宗祠。神圣空间的缺失极大地削弱了祭礼的神圣性，也限制了祭礼规模，使其无法常态化、制度化。因而，应在卯山修建江南叶氏大宗祠，建祠祭祖。大宗祠的修建将极大提升祭礼的神圣性，并能进一步凝聚人心，深化祭礼的多重价值功能。

同时，大宗祠也可以集中进行叶氏家族文化展示，如设置"叶氏家谱文化展"，将不同时代、不同地区的《叶氏宗谱》集中展示。家谱是家族文化史志，不仅提供血缘发展历史，更凝结着人们的历史记忆，家谱通过文字、图像强化叶氏族人的家族文化认同。

历史上，叶氏一族名人辈出，大宗祠中设置"叶氏家族名人纪念堂"，将叶法善、叶梦得、叶剑英、叶挺等家族名人的事迹进行宣扬，

突出家族文化的教化功能。

作为松阳传统文化的重要代表，叶氏祭祖不仅是叶氏族人寻根问祖的仪式行为，更是松阳地区历史文化良性传承的重要表现。在卯山修建叶氏大宗祠，让祭礼传统重新回归生活，再现松阳地区悠久的历史文化，将大力促进松阳地方文化的创新性发展。

（二）修建卯山道教文化展演馆，为道教仪式音乐的传承、发展提供依托

卯山是道教圣地，张道陵曾亲临松阳卯山，葛洪也到松阳采药炼丹，道教茅山宗创始人陶弘景也到过松阳，唐朝叶法善长期在卯山修道，至今留存着通天宫、点易亭、试剑石、天师殿、俭公祠、通海古井等多处历史文化景观。

松阳道教文化历史悠久，底蕴深厚。道教仪式音乐不仅在道观等道教信仰场所使用，更在日常生活中被广泛使用。以"月宫调"为代表的道教仪式音乐文化被广泛运用于民间丧祭等礼仪、信仰活动中，成为松阳地方文化的特色。

卯山的道教文化资源得天独厚，且具有强烈的社区认同感。在卯山叶氏文化园中修建道教文化展演馆，对卯山道教仪式音乐进行系列展示，并定期举行活动，不仅能活化历史文化资源，还能扩大松阳地方文化的传播范围、推进地方文化建设。

（三）修建卯山休闲养生文化园，打造卯山休闲养生文化品牌

卯山植被茂密，树木蓊郁，自然资源十分丰富，是天然的养生福地。卯山物产丰饶，古方端午茶，简称卯山古方茶，味香自然，性平和，有益思提神、强身健肾、芳香化湿、清热解暑、生津止渴、解表和中、防病健身、辟秽驱邪等功效，是养生佳品。

在卯山叶氏文化园中修建卯山养生文化园，以养生文化为特色，同时兼具生态、休闲、体育、养老功能，包括人居、观光、道教文化体验、康体等多种形式，打造卯山养生文化品牌。

（四）创建卯山青少年教育活动基地，促进青少年素质的全面提升

作为历史文化名山，卯山历史文化资源十分丰厚。历史上叶氏家族名人众多，仅宋代就有进士 74 人，其中宰相 5 人。叶法善、叶梦得、叶希贤、叶挺、叶剑英等人更是家喻户晓。叶梦得著有《石林家训》，目的是"敦礼义之俗，崇廉耻之风"，成为后世做人修身的重要训导。卯山是开国元勋叶剑英、新四军长叶挺、共和国上将叶飞的祖居地，桐溪村还保存着辛亥革命志士叶庆崇故居，因此，应该在卯山创建青少年教育活动基地，对青少年进行爱国主义、集体主义、社会主义教育，帮助青少年树立正确的世界观、人生观、价值观，促进青少年素质的全面提升。

六　结语

作为松阳传统文化的重要代表，叶氏祭祖不仅是叶氏族人寻根问祖的仪式行为，更是松阳地区历史文化良性传承的重要表现。叶氏是松阳大姓家族之一，长期以来形成了尊祖重祭的文化传统。传统社会中，70 余座叶氏宗祠遍布于松阳大小乡村，成为叶氏族人岁时祭祖、凝聚族众的重要标志。20 世纪 80 年代以来，尚有 30 余座叶氏宗祠被保存，并部分重修。近年来，卯山祭祖、桐溪叶梦得宗祠祭祖等岁时祭礼得以重建。卯山作为叶氏发祥地，2016—2017 年的祭祖庆典已经逐渐发展成为松阳地区影响最大、仪式最为隆重的庆典活动。卯山祭祖以叶氏族人为主要参与群体，又因"无叶不成家"的缘故，叶氏祭祖吸收了很多其他姓氏人群参与。同时因叶法善、叶梦得等叶氏家族名人的影响，叶氏祭祖依然超越了家族祖先祭祀的范畴，发展成为松阳地区重要的区域文化活动。在现实生活中，卯山祭祖承载着传承孝道、重温亲情、传承历史、强化认同等多重价值，是松阳地区一宗重要的非物质文化遗产。

为了促进松阳地方文化的传承与创新性发展，必须在充分尊重本地文化传统的基础上，加强卯山文化空间建设，即修建卯山叶氏文化园。卯山叶氏祭祖发展的最大阻碍是文化空间的缺失，2016 年祭祖在江南始祖叶望公墓前举行,受场地狭隘的限制,2017年祭祖仪式移至俭公祠旁,但因空间有限,依然无法满足需求。按照古礼传统,祠堂是举行祭礼的神圣空间,隆重的祭礼应在庄严的祠堂中举行。叶氏家族曾有大宗祠,举行岁时祭礼,但由于历史原因,已经损毁。当下,为了更好地传承祭礼传统,需要新建叶氏大宗祠。对于叶氏族人来说,卯山是家族发祥地,具有强烈的文化认同,是修建大宗祠的理想选择。同时,对于其他姓氏人群而言,卯山是道教圣地,具有神圣性,且松阳本地道教文化已经深植于民众的日常生活当中,具有深厚的文化认同根基。在修建叶氏大宗祠的同时,修建卯山道教文化展演馆,为松阳本地道教仪式音乐的传承、发展提供依托。此外,还可以进一步利用卯山得天独厚的自然资源,修建卯山休闲养生文化园,打造卯山休闲养生文化品牌。卯山文化历史悠久、底蕴深厚,当下要想得以良性传承,需要充分重视对青少年的教育培养,通过创建卯山青少年教育活动基地,将《石林家训》、红色革命传统等地方优秀文化传递下去,促进青少年素质的全面提升,培养文化传承的接班人。因此,通过卯山叶氏文化园的修建,将叶氏家族文化、道教文化、休闲养生文化、青少年教育等进行整体开发,推进松阳地方文化的优势集中、创新性发展。

附录

《叶氏广远宗谱·祀典篇》,清道光十一年(1831)

《家语》云:天子七庙,诸侯五庙,大夫三庙,士一庙。《礼》曰:士有田则祭,无田则荐,审是则祠之有祭皆所以报本追远,行礼仪、示孝道也。吾族祭田虽少而岁时伏腊,世不乏祀。载主于龛,合祭于祠。凡一切礼文必备。文公家礼而或增或损,参以时制,终不失先民之轨度。所谓丧祭从先祖此物此志也。

祠规

本祠旧制设立神主，未合龛礼。今依家礼改造寝室以妥先灵，外设屏门障护。非逢忌祭不许擅启。宗子主祀裳衣必洁，斋戒必先，以示敬也。

乐章

赞词（见神像后）

祠祭陈设图

饭	筋爵	筋爵	筋爵	羹
燔肉	羊胏	心舌	猪胏	炙肝
鱼	鸡	醢醯	鹅	腊
韭菹（葅）	稷	稻	黍	葵菹（葅）
员	枣	栗	桃	枝

庙礼序昭穆图

穆		神位 香案		昭
	分献位	夫人位	分献位	

	乙五	乙四	乙三	乙二	乙一	甲一	甲二	甲三	甲四	甲五
	丁六	丁五	丁四	丁三	丁二	丁一	丙一	丙二	丙三	丙四	丙五	丙六
己七	己六	己五	己四	己三	己二	己一	戊一	戊二	戊三	戊四	戊五	戊六	戊七
	辛六	辛五	辛四	辛三	辛二	辛一	庚一	庚二	庚三	庚四	庚五	庚六
		癸五	癸四	癸三	癸二	癸一	壬一	壬二	壬三	壬四	壬五

乐章

初上歌

楚楚者茨，言抽其棘，自昔何为？我蓺黍稷。我黍与与，我稷翼翼。

为酒为食，以享以祀。

再上歌

洁尔牛羊，以往蒸尝，或剥或烹，或肆或将，祝祭于祊，祀事孔明，先祖是皇，孝孙有庆。

三上歌

礼仪既备，孝孙徂位，工祝致告，神具醉止，诸宰君妇，废彻不迟。诸父兄弟，备言燕私。

嘏词

祖考命工祝承，致多福无疆于汝孝孙，来汝孝孙，使汝宜稼于田眉，寿永年，勿替引之。

迎神曲三章

神渺漠兮山之幽，瞰松峰兮俯清流，盼亲亲兮左右，兹庙宇兮淹留。神之临兮如在，眷我后兮不穷，以爱沛遗泽兮横流，畅威灵兮无外。

洁尊兮肥俎，笙歌兮象舞嗟！莫报兮神之佑，神欲下兮俨若思，风瑟瑟兮洒雨。

送神曲三章

山之阳兮水之浒，神降集兮卯峰土，旨酒湛兮满觞，神之归兮何许？

龙神兮里门，幡盖兮缤纷，顾旧居兮一慨，越宇宙兮无邻。无邻兮奈何？田园在兮生植嘉，信元功兮不宰，犹仿佛兮山阿。

祭器

大香炉、大净瓶、瓷炉、瓷瓶、石香炉、地台、香盒、祝板、茅盘、盥盘及架、帨巾并架、酒樽、幂、匙、饭盂、驼盆、爵、碗、碟、筋、元宝桌一座、长祭桌十张、方桌三十张、香几五张（个）、茶几十六枝（个）、校椅廿四（把）、眉公椅四十（把）。

寝室

斋房

灶

库

仓

乐器

钟、鼓、琴、瑟、笙、箫、管、笛、板、祝、磬

元旦

惟大清道光，年岁次，正月朔日，嗣孙偕同合族人等，谨以牲帛庶馐之仪，致祭于始祖考，南阳郡晋任幽州刺史，琚公妣张氏夫人暨。

太祖考晋散骑常侍，任栝苍太守，俭公妣刘俞魏氏，恭人派下乃昭、乃穆之灵。曰：岁序易迁时，切弓裘之感，渊源有本曷？胜霜露之伤，追溯杳杳，顾瞻洋洋。恭惟我祖，世德深培随地，金枝挺秀，宗功积累，奕傅玉叶流芳际。兹履端肇庆，首祚迎祥，敬肃衣冠，聊申瞻拜，微意荐陈，时食仰望，感格来享。

尚飨

冬至，维大清道光，年岁次，冬十一月，朔越日，嗣孙偕同合族人等，谨以牲帛庶馐之仪，致祭于始祖考，南阳郡晋任幽州刺史，琚公妣张氏夫人暨。

太祖考晋散骑常侍，任栝苍太守，俭公妣刘俞魏氏，恭人派下乃昭、乃穆之灵，曰：姓芈氏叶祥发瑞征时惟典午。

始祖累仁，一麾出守别子，掘兴卯山，怀德麟角，振振簪缨，不替诗礼相承。忠臣义士、理学仙真，派支迁徙，湖衢瓯闽，远溯源流，星海是称，郁郁乎百世，祗奉尝蒸，届兹亚岁，一阳复新，追维报本，礼肃神凝，积诚展孝，僾慨相应。

列祖群妣，歆我明礼，崇锡纯嘏，累叶荐绅，遐哉流庆，舄奕千春

尚飨

太祖考妣列神，太叔祖考妣列神，各派下宗亲，祔食

尚飨

菜蔬米果五盆，赞礼序立四拜，灌焚礼毕，房祖以下，各生忌日，各自迎祭，祭田租亩，俱不及载。

燕礼序年齿图

穆室壬四	壬二	乙四丙四丁四	乙二丙二丁二	甲四	甲二	甲一	甲三	乙二丙一丁一	乙三丙三丁三	昭室壬一	壬三
癸四	癸二斋房	戊四己四庚四辛四	戊二己二庚二辛二					戊一己一庚一辛一	戊三己三庚三辛三	癸一	癸三寝室

祠祭元旦冬至仪节

始祖食桌：牲体、酸菹肴核羹饭共廿五盆。

看仪：福果、密果、乾果、时果、食果、熟味、鲜味、野禽山兽各五味，共五十盘。盘竹木方圆以象笾豆、簠簋、猪、羊、帛。

穆昭各食桌

两庑食桌：绣花纱灯十对、珠灯五对、福建灯五对、明角灯五对。

鸡初鸣，击鼓三通，每通一百一十一槌，各侯齐，以次入庙，质明行事。

通赞唱，执事者各司其事与祭者就位，众昭穆分献者就位，引主祭就位，引宗子参神、鞠躬。拜兴、拜兴、拜兴、拜兴、平身。

通赞唱，行降神礼，引赞唱，诣盥洗所，诣酒樽所。司樽者举幂酌酒，诣香案前跪，上香，再三灌酒，献帛，俯伏，兴平身复位。

通赞唱，行初献礼，引赞唱，诣酒樽所。司樽者举幂酌酒，诣神位前，跪献爵，进食俯伏，兴平身复位。

通赞唱，行分献礼，各引赞唱，诣盥洗所，诣酒樽所。司樽者举幂酌酒诣神前，上香，进酒，进食，俯伏，兴平身复位。

通赞唱，行读祝礼，引赞唱，诣香案前跪。

通赞唱，子孙皆跪读祝，俯伏，兴平身；通俯伏，平身。唱奏乐，亚献礼；奏乐，终献礼；奏乐，通赞唱，行受胙礼，引赞唱，诣香案前跪，啐酒受胙。俯伏，兴平身复位。通引拜兴、拜兴，平身。

通赞唱，辞神，鞠躬，拜兴、拜兴、拜兴、拜兴，平身，彻馔焚痊，读祝者捧祝，执帛者捧帛。引赞唱，诣焚痊位，通唱礼毕。阖椟。

冠婚、举子告祖庙，礼于各朔望日行之。

朔望行香日，在外耕读工商各务生理者、老羸者、少稚者，不在此例。

男子元旦拜祭毕，以次团拜，赞唱，鞠躬，两拜礼毕。

祭服：官冠带，举监、生员巾衣，耆民幅巾深衣、太平巾，四直儒生帽子大摆、吏巾翅圆领，并不许小衣轻亵。

月朔日，牲、菜、果三盘，四拜，烧焚礼毕。望日同前礼。

元旦，敬备祭品，早鸣钟鼓，候齐拜祖，逐代参贺，新岁于祠，散胙上丁者亦于此日。

名包钱八十文写对一双，交与下年新班头首，办理登记草谱。初二日分祭房祖，元旦四夜务必燃烛接光。

新正初八日，新班头首敬备香烛火炮于卯山观、大面山各处祖坟醮祭。

新正初九日，于旧市永宁观圆内各祖坟前醮祭，如前。

元宵，祠内悬挂彩灯，十三夜起至十六夜止。

清明，敬备猪首、鹅付于各祖坟，祭扫。

中元节，本祠启建道场一书，二夜如有终葬之家，包钱四十文，亦于此日送祠登记草谱。

重阳，敬备猪首、鹅付于各祖坟，祭扫。

冬至，首夜敬备祭品、五鼓，齐集拜祖。

除夕夜，祠内燃烛，头首办礼于祖前、土地前，谢年。

以上各祭，资于田租，开用不敷，再将合湖源山租补入，余者积存，以备公项支费，毋得拍分。

承分迁各处，众祠捐助创建祖地、大宗、祠宇，自应时聊同宗之谊，然太疏则离，太数则烦，兹揆于疏数之间。公议每逢甲巳之年，各祠签头首二位，务于十月十五前一日来到，于十五日一同拜。

祖一以报本追远之义，一以序同宗一本之谊，庶不致有疏远之叹、烦劳之苦，其祭品、路费各祠自行酌量，交付头首备办。足见尊祖敬宗之诚，其支派较亲，道里伊之，迩如叶川头等祠，若肯源源而来，更不必限于年分（份），尤所心忻焉。

时道光十一年岁在辛卯桂月，吉旦，五十三世资，万春谨志。

（叶氏祭祖调查组名单：萧放、邵凤丽、贾琛、钟梦迪、周增辉、邱建平、朱林宝、杨清、施蕾芬、刘勤英、叶光跃）

传统节日资源的保护利用与乡村旅游

——浙江省松阳县大、小竹溪排祭仪式的调查与回访

朱霞 关静

2017年9月5—30日，文化部、教育部中国非遗传承人群研修研习培训计划——中青年非物质文化遗产传承人传统节日仪式研讨班在北京师范大学与浙江松阳两地进行。本次研讨班是中国非遗传承人群研培计划首次关于民俗的试点培训。北京师范大学在文化部项副部长的指导下，与非遗司陈通司长等同志也进行过讨论，确定了以"传统文化的当代实践——以传统节日仪式研讨"为中心，理论学习与田野实践相结合的研讨形式。

本报告是竹溪摆祭调查研究的成果。竹溪摆祭调查组田野实践的师资配置、组员参与和调查情况具体如下。北京师范大学社会学院朱霞教授带队分别于8月18—22日与9月17—29日前往浙江省丽水市松阳县进行田野调查，主要参与人员有研培班的7位成员，分别是叶素珍、徐薇宏、孟梅青、徐征、刘美燕、夏海法、吕君梅，他们来自基层文化管理、社区管理等部门。两次调研活动均受到当地政府的支持与民众的配合，调研过程当中收获颇丰。2018年3月1—5日，在培训班学员徐薇宏、孟梅青、徐征、刘美燕等当地干部的积极支持下，朱霞教授带领博士研究生王惠云、硕士研究生关静对大、小竹溪的摆祭仪式进行了回访，参与了摆祭仪式的全过程及相关活动。

田野调查主要采用的是访谈法，通过访问基层文化者和非遗传承人，对村落历史情况、大、小竹溪摆祭及其他民俗文化资源进行了大

致了解。以参与观察法为辅，观察村落地理位置、自然环境面貌以及村庄整体规划进程和布局。此外，还翻阅了地方文献资料，如地方志、家谱等，以了解当地的历史情况。

一　大竹溪的信仰空间、摆祭仪式及其民俗资源

（一）大竹溪历史概况

松阳县大竹溪是一个地理概念，旧时由二社八坦组成。一社为阁口社，函后村坦、市口坦、双坑坦、中宅坦；另一社为大社处，函毛宝坦、石桥坦、申亭坦、下项坦。如今，大竹溪隶属水南街道分为市口村、竹溪村、新溪村三个行政村，但当地还是依传统概念，将三个行政村合称为大竹溪村。该村历史悠久，文化底蕴深厚，按照当地人的描述，至迟在唐代就已经是个百姓安居乐业、稳固于一隅的成形的行政村，这一说法在《松阳县志》里亦可得到证实。

大竹溪村自古在地理位置上便极具优势，古时处在松（阳）龙（泉）古道上，是古道上第一重镇。昔时南来北往的官差、客商、民众大多会选择在这里歇息、住宿、采购货物。如今，大竹溪距松阳县城也不过几分钟的车程，交通极为便利。经粗略计算，单单大竹溪村一个行政村的常住人口就有1200多人，早些年，村中人以种植稻谷为生，后来还种植过毛芋，并且享誉一方，现在则以种茶树为生，还有少量的人早橘，再年轻一些的人则是开超市做生意。近几年，有越来越多的人选择做电商经营户，如淘宝卖家、微信卖家等，村民们在经济方面普遍比较富裕，据村主任毛星伟讲述，村中每人每年大约1万元的收入，生活水平良好。

值得注意的是，大竹溪无一处祠堂，是个姓氏众多的杂姓村，上述提到大竹溪自古便是交通重镇，因此人口流动性很强。此外，虽然村中有肖、董等姓氏，某些家族亦有家谱，但到了今天，我们已经很难看到宗族对当地的影响，而是以独立的"户"为基本单位组成的村落，在宗族观念极盛的松阳，大竹溪无疑是特殊的，尤其是到了今天，时过境迁，社会格局已然发生了翻天覆地的变化，那么大竹溪是如何保持自身

的凝聚力？村民对地方认同的基础是什么？本文认为旧时的行政区划中坦是问题的关键，即古时的村级地方行政区划承担了凝聚全村的重要功能，到了今天，"摆祭"仍以"坦"为单位进行是这一功能的重要体现，并且通过一年一度的"摆祭"和太尉信仰、陈十四夫人信仰等维系并加深了这种地方认同，使得大竹溪不仅是一个行政意义上的共同体，还是一个有着共同的信仰空间的精神共同体。

（二）大竹溪的信仰空间与民俗地图

1. 信仰空间的表达

关山。[①] 大竹溪人将关山看作村中的风水山，一草一木皆有灵性，有神灵护佑，不可随意亵渎，山上的一草一木不能动，树木不可砍伐，小草不可摧毁。村里人称关山是整个松阳的龙脉山，且恰好是"龙头"，龙头朝向村中，护佑着大竹溪人。当地流传有很多与关山相关的口述史，如早些年政府将关山规划为黄源水库的移民们家族墓地选址，此举遭到全村人的极力反对，最后方案不了了之。还有人试图在山上建庙，但一直没有成功，总是有干扰因素，后得暴病而死，讲述人在讲述关山时一脸严肃，对关山极为敬畏。

太尉庙。太尉庙原址在公路拐角处，1978—1979 年，村中老人请风水先生看过之后，选择在现在的位置上，重新加以修建，现在的太尉庙背靠关山，位于进村的拐角处，太尉庙对面是大竹溪的田地，两者之间隔着进村的公路和溪水。太尉庙里供奉的主神是全村的保护神——李太尉。李太尉是唐朝人，后来做了大官，造福当地百姓，因此在他死后，人们为了纪念他，给他塑像立碑，因为香火旺盛，有求必应，从而又成为当地的保护神。[②] 直到今天，太尉信仰依旧兴盛，村中老人回忆太尉庙建成以前，拐口处经常有人溺死或者车祸事件等发生，太尉庙建成后，一切平平安安，顺顺利利，再无祸事发生。对于当地人来说，李太尉是全村的守护神，并且有求必应，极其灵验，

[①] 2017 年 8 月 20 日，于太尉庙前，村中徐姓老人讲述，关静据此记录。
[②] 2017 年 8 月 20 日，朱霞、关静于水南街道办事处访谈徐姓村民。

因此人们对这位太尉充满了敬畏之心。通过翻阅地方文献和相关历史资料，本文认为李太尉可能是唐朝宰相李德裕，他一生宦海沉浮，但每到一方必定政绩赫赫，深受百姓爱戴。李德裕与丽水地区渊源颇深，据《旧唐书》记载："德裕三为浙西，几十年，三复皆从之。"在浙西期间，李德裕锐意改革，去淫邪，正民风，造福一方。他在浙西时，多次上书请罢地方进奉朝廷之事，使当地百姓避免了赋税徭役的噩梦。

唐武宗封李德裕为"太尉"，因此后世又多以李太尉称之。通过对比当地口头叙事和相关历史资料，当地认为李太尉为李德裕的猜想似乎可以得到印证。《松阳县志》中也明确记载了李德裕与叶梦得交好，有诗酒唱和。县志中还选录了李德裕所作的诗一首，并标明此诗是应某人之邀而作，由此亦可看出松阳于李太尉而言，极为熟悉。

前几年，陈十四夫人三姐妹的神像也搬入太尉庙中，位于正殿的右侧。陈十四夫人在松阳地区很出名，又称道惠夫人。在大竹溪，陈十四夫人是与生育和孩童有关的神灵。小孩受到惊吓或者生病，村民们会去庙中向陈十四夫人上香，请求她的护佑。据老人回忆，当年还有"夫人经"，孩童夜间身体病痛或哭闹可以念夫人经以止病驱祟。

八坦。大竹溪原是一个大的行政村，以"坦"为行政单位（类似于生产队），当地人又称"社公坦"，坦的得名或是因为地理位置或是因为历史事件。"坦"的上一级单位是"社"，该村一共有8个坦，每个坦都有一位护佑神——社公，又称社公老爷，护佑着国泰民安、风调雨顺。在元宵节期间举行的拜祭活动，拜祭对象正是这8位社公。村中老人提到8个坦其实是8个兄弟的部落或氏族，8兄弟之间是否有血缘关系无从知晓。这8个兄弟就是村中这8个坦的主人，因为他们兄弟8人总是代表本坦的村民向本坦保护神祈求护佑，后来便被尊为社公老爷。正月十五摆祭的对象也正是这8位社公老爷。至于8位社公老爷姓甚名谁，到了今天，大家都搞不清楚了，只知道双坑坦的社公老爷名万国泰。村中老人回忆，每个坦所求的神灵是固定的，每当有旱灾等其他大事发生，坦中会组织相关人员去请自己所尊崇的神灵，将其神像请到坦中进行祭拜。

申亭坦。因为地处凉亭里而得名,尊龙泉九都天师。社公老爷不知。

石桥坦。因石氏家族人而得名,尊谁不知。社公老爷是李大夫元帅的舅舅。与其他坦不同的是,石桥坦在摆祭时,除了请太尉和陈十四夫人,还会请李大夫元帅。

双坑坦。因地处位置而得名,当地人称"溪",土话为"坑",在两条小溪即两坑的交界处的坦便称为双坑坦。双坑坦为潘氏族人的坦,社公老爷为万国泰(万姓以前为大姓,现在已经无万姓村民)。

宗宅坦。原可能是宋氏祠堂,是宋氏族人的坦,尊一位法力高强的和尚,宋姓村民极少。

后村坦。因地处位置而得名。尊鹤仙姑。社公老爷不知。

下项。因项氏家族而得名,尊洞主娘娘,社公不知。

市口坦。原可能是江氏祠堂。尊谁不知,社公老爷不知。

毛泽坦。因毛(本为"茅"后变为"毛")氏家族而得名,尊七仙女,社公老爷不知。

上述 8 个神像的直属上级为李太尉,管家为 8 个社公老爷。即构成了李太尉—8 尊神—8 位社公老爷—坦中村民这样一种层级关系,有村民说,社公老爷是人,所以不能够塑神像。现在坦中的已经没有神像,社公老爷的画像以各种龙王画像代替之,龙王像一般要突出龙吐水的形象。即人们祭拜的像是龙王像,但祭拜的对象却又是社公,有意思的是,社公坦里面对联很多,有 12 副,内容均与祈求平安幸福、风调雨顺以及出海顺利有关,两侧墙上的画像亦均与海相关,如八仙过海等。村民还提到,社公老爷和求雨关系很大,似乎可以解释挂龙王像的原因。村民提到,以前村中种水稻,水是关键,但原来的水利工程并不像现在这么完善,村中常常会遇到干旱的情况,竹源小溪也常常是干涸的,求雨是家常便饭,所以社公老爷的一个主要功能就是降雨。关于求社公老爷降雨,村中还有各种谚语,如:"毛泽扛七仙,越来越神仙""后村抬仙姑,烂田晒成干""宗宅抬和尚,烂田晒成硬""双坑摇石柱,越摇越没雨",从上述谚语中不难发现存在干旱的情况,人们求雨的迫切心情,以及对几个神像的不灵验的失望。谚语也反映了如果求雨太大,也会有灾祸。"申亭抬天师,南门冲一次",意思是向申亭的天师求雨,但雨实在太大了,会把村中的南门(现有南门桥)冲掉。此外,村民周某还提到一则关于下项坦坦神侗族娘娘失了民心的小故事:侗族娘娘本是住在保安(音译)山上(至今依旧有神像)的,有一天,侗族娘娘要出去逛街,于是把蛇变成狗,把石蛙变成鸡,让狗(蛇)看着鸡(石蛙)不要乱跑。有人上山打猎,把动物都抓走了,侗族娘娘回来后,发现自己的狗和鸡都不见了,一怒之下,发了一场大水,把西屏冲掉了。西屏人就都跑到大竹溪来。因为这件事,人们就不再信奉侗族娘娘了。村民认为只有石桥坦最灵验,总是能够解救人民于危难之中,解决人们的实际问题。

经了解,大竹溪从 2000 年起,不再种水稻,改种毛芋,后又种过梨子(持续了六七年),后来改种茶以及少量的蚕豆和玉米,现在是种茶以及少量的早橘或超早橘。上述提到,以前村中干旱,水利工程不完善。1959 年,村中开始修建水库,按照原定计划,本打算用土方,后中途改为岩石砌成方,因此直到 1970 年水库才建成。大概到 1970 年,村中的水利才算比较完善,干旱情况得到缓解。因此当地一直很重视祭祀龙王,有的坦中有八仙过海等图,可得到部分解释。坦的划分基于生产组织,坦神和坦主在以求雨为主要功能的背后,实际上也是基于生产的考虑。

2. 民俗地图绘制

在调研过程当中,本研究的小组成员徐薇宏、徐征通过查阅相关文件、实地走访、访谈等方式绘制出大竹溪民俗地图一幅,地图上标明村中古建筑、庙宇、祠堂等空间标志,除了现存的太尉庙等,图中还详尽表明了其他空间标志的旧址。

请神路线与八坦。民俗地图中,详细标注了 8 个坦在村落当中所处的位置以及竹溪摆祭中太尉和陈十四夫人的"视察"路线,从图中可以看出,游神路线贯穿了整个村子大大小小的角落,且路线并不是固定不变了,哪处有新户落成,便会依当年情况对游神路线做出适当调整,但总体路线保持不变。

庙宇。通过访谈村中老人得知，过去村中有很多庙宇存在，在"文化大革命"期间毁掉以后并未重建，如孤魂殿，本是村中为孤魂野鬼提供的安身场所，每逢七月半村民会前往殿中烧纸钱等，为孤魂野鬼送去些许温暖。世殿表达了残疾人等弱势群体对安稳生活的诉求，殿内供奉的是一些面目狰狞的佛，且大多残疾，是残疾人的保护神，世殿后来在一次火灾中烧毁。莲花寺位于莲花山上，早年间香火旺盛，风景优美，是松阳十景之一，后被摧毁，虽然现在的莲花寺只剩断壁残垣，但村民们对其依然有很深厚的敬畏之心，依旧认可其神圣性。观音殿本是大竹溪唯一一座观音的府邸，后由于和尚与村民之间的冲突被误烧。

祠堂。大竹溪本是有祠堂的，如包氏祠堂、范氏祠堂和毛氏宗祠等，后由于种种原因毁掉了，有的如包氏祠堂的旧址上现在建有猪圈。

包进士旧居与潘连发旧居。包进士是市口村的历史名人，传说当年包进士寒窗苦读，最终考取功名荣归故里，其故居是大竹溪年代最久、保存最完整的古建，现有后人居住其中，门口的街道还有当年为嘉奖包进士的牌坊，是市口村民引以为傲的历史事件，当地人称大竹溪的地形本为一个"公"字，是孕育秀才和状元郎的风水宝地。据说，后为用水方便，在村中建了9处水碓，把"公"字破坏掉了，此后当地再也无法出秀才。包进士的历史传说及其牌坊在一定程度上缓解了大竹溪村未出过大官或状元郎的惋惜和遗憾。潘连发是近代的一位大地主，为人乐善好施，与村民相处融洽，他膝下有三子，因此建了三栋房子，"文化大革命"以后，土地归为国家所有，因此潘连发的住宅均上缴由村中管理，现在有一处分割成四处居民住宅，一处改为学校，现由村集体所有，一处年久失修而毁。

樟树娘与石头娘。据村民讲述，松阳地区广泛流行认干亲的习俗，家中有婴儿降生会先请风水先生排八字，然后根据风水先生所述认樟树、石头、观音、关公等为干娘或干爹，大竹溪最常见的是樟树娘和石头娘，这些植物神灵位置不一，如市口村的樟树娘在村外的小溪堤岸上，而石头娘则在公路的下端靠近岸边的位置。有趣的是，人们已经将樟树娘和石头娘虚化，即将其作为一种精神的存在，而并不关注实体本身，市口村的樟树娘因为雷击已经死去，村支书刘国民又在其枯萎的躯干旁边栽下一棵小樟树树苗，取"继承精神"之义。

（三）大竹溪的摆祭信仰仪式与村落认同
1. 大竹溪摆祭的仪式流程

大竹溪摆祭是全村人参加的大事，祭祀活动是以生产队为单位分散在8个坦分别进行的，即全村以8个队为基本单位，分别祭祀各自的社公。摆祭共持续3天，从正月十四下午开始一直到正月十七早上，其间有人值班看守，摆祭期间，祭品必备猪头、鸡鱼、海鲜、糕点、面食等，有一定的摆放顺序，并且花样迭出，极考验妇女的心思和手法。摆祭的时候，养猪户往往会将猪的零件多多放上去，尤其是猪头和猪尾，以此来祈求新的一年顺顺利利、生意兴隆。具体如下：

正月十四下午4时，每个坦的做头人在其他村民的帮助下开始摆放祭品，先摆头桌，放"九盘头"，然后按照一定的顺序如先后、美观等，将各家各户的祭品一一摆好。到了晚上，全村村民会一起去太尉庙迎接陈十四夫人来视察民间享祀香火。正月十五当天无请神仪式，村民三三两两前往各自的坦中祭拜社公老爷。正月十六晚上是请李太尉的时间，请太尉与请陈十四夫人仪式流程相同，请神下山的路线固定，俗称"东殿进，西殿出"，村中有专门的锣鼓队，有专门的调子，一路上敲锣打鼓，热热闹闹地将神请进村中"巡视"，每家每户都会经过，经过时要"换香"，即提前准备一支香，待太尉或陈十四娘娘经过时要截取太尉或陈十四娘娘"手中"的香，并把自己手中的香敬上去，当地人称"香"代表福气和护佑，经过换香，便意味着受到了太尉和陈十四娘娘的护佑与祝福，是把好运接到了家中。太尉或者陈十四娘娘途中经由8个坦会停下来，有一定的仪式，村主任毛星伟提到，陈十四娘娘和太尉类似于地方上的领导，是社公的上级，二者摆祭是被请下来，如同上级来巡视一般，不仅是要闹元宵，还是借此时机让娘娘和太尉看看人间烟火，看看这盛世太平，顺便祈求护佑。正月十六晚送太尉时，全村每家每户还要出一盏灯笼，敲锣打鼓一同返回太尉庙，俗称"送灯"，正月十七早晨，村中将会按照村民年龄大小排出来年的做头人，并告知他们提前做好准备。在此，做头人的轮流制是以村中的个人为单位进行的，轮流的范围也仅限于男丁，上自八九十岁的老人，下至刚落地的婴儿，都会有成为做头人的机会。本文认为，基于男丁个人年龄的轮流制有效地维持了大竹溪摆祭仪式的秩序与传承。一是维系仪式的传承。直到今天为止，大竹溪拜祭在很大程度上还是依靠民间的组织力量，做头人作为整个仪式的领导者，在仪式中有着不言自喻的权威，它保障了仪式的顺利传承。二是有利于地方社会的整合。基于年龄的轮流制首先是对个人社会地位的认可，承认个人是集体中的一员，在很大程度上打破了家庭和血缘关系的束缚，使得整个坦成为一个有领导、有制度、有目标的具体组织。其中最重要的一点是，这个组织强调的是机会均等，即每个人都有机会担任做头人来主持摆祭仪式。

2. 大竹溪摆祭的历史传承及其问题

坦的区划变迁。大竹溪村 1960 年以后被分为竹溪村、市口村、新溪村 3 个行政村，因此现在的 8 个坦是同属于水南街道，但是同时又分别属于 3 个不同的行政村里，其中石桥坦、申亭坦、下项坦属于新溪村，宗宅坦、双坑坦、毛宅坦、后村坦属于竹溪村，市口坦属于市口村。此外，宗宅坦保存最完好、规模最大，毛宅坦已无存，在旧址上有位村民自己出资出力盖了一个凉亭。

摆祭仪式的变迁。最早时，大竹溪摆祭实际上是一种祭祀社公的活动。只有申亭坦、石桥坦、双坑坦、宗宅坦、后村坦和下项坦 6 个坦如同今天一样，在正月十四、十五、十六三天祭拜社公，其中，后村坦和下项坦因坦中人口少，因此祭品摆放较为简单，只供九头盘。市口坦原为一个祠堂，人们会在每年二月二时挂灯笼，所挂灯笼的数量代表的是坦中男丁的数量，在正月十五期间无摆祭仪式。毛宅坦则是在农历十一月时请道士念 3 天的经文以佑平安，在正月期间亦无摆祭仪式。"文化大革命"以后，全村各坦慢慢恢复起祭拜社公的仪式，据村中老人回忆，8 个坦各自的摆祭的恢复时间不一，如石桥坦和宗宅坦同年恢复，距今三十几年（1977—1990）的时间，申亭坦比前两者晚一年，而从恢复仪式再到今天所能看到的、成形的大竹溪摆祭仪式也仅有十几年的时间（2000年前后）而已。发展到今天，大竹溪摆祭除了社公祭祀，又加入太尉信仰、陈十四夫人信仰等，其文化内容得以丰富，信仰空间得到统一，大竹溪摆祭成为以元宵节为契机，全村祭祀社公、太尉和陈十四夫人的娱神娱人的信仰活动。

从上述情况可看出，竹溪摆祭历史悠久，变迁过程也较为复杂。摆祭兴起时，很可能是一种宗族性祭祀活动，是每个坦的村民祭拜自己祖先的仪式，从而凝聚宗族内部，加强族人关系。后来随着时间的发展和人口的流动，宗族逐渐消失，每个坦的村民通过祭祀"社公老爷"，从而维持了坦的凝聚性，村民在血缘关系疏松以后，仍然可以通过共同的信仰对象保持精神上的一致，坦作为村落的一个重要单位，竹溪摆祭对共同体起到很强的促进作用，维系了村落的稳定。60年以后，大竹溪成为3个不同的行政村，行政区划的变动松散了坦和村之间的连接，摆祭从大竹溪村的仪式变为3个村落的仪式，并且8个坦在时间和形式上也都未能保持一致，因此摆祭本身的社会功能和文化功能都大大减弱了。最后一个阶段，8个坦完成时间、内容和形式的统一，太尉信仰、陈十四夫人信仰等也融入信仰体系。通过太尉信仰和陈十四夫人信仰，3个村子又紧密地联系在一起，从而丰富了摆祭的内涵，使得摆祭有了新的内容和风貌。由于水利工程的推进以及科技的发展，坦失去了原有的求雨功能，其对生产的影响也随之减弱，"社公老爷"更多地成为一种寄托美好祝愿的符号，其文化功能和社会功能基本丧失。坦的神圣性在退化，有向公共空间尤其是老人活动场所转变的趋势。而李太尉作为当地社会的保护神以及3个村子的信仰核心，再次使摆祭成为具有明确的文化功能和社会功能的仪式和信仰。然而，竹溪摆祭的现代传承也面临着很多难以解决的问题和矛盾。

首先摆祭文化面临断层危机，通过调查我们了解到，竹溪摆祭的建设者和参与者都是村中年事已高的老人，如肖大福、周关根和蓝根土，年轻人参与度和关注度低，竹溪摆祭的传承人需要年轻化。

其次投入力度不够，村民们对摆祭的热度不够，包括参与人数下降，祭品制作不如之前细致，并且村民大多只熟悉自己坦或者自己村的摆祭，对其他坦、其他村的摆祭并不了解，也关心不够，摆祭活力有所下降。

最后，村落之间关于摆祭的矛盾未能得到协调。我们在访谈过程中了解到，由于目前坛所属村落不同，因此申报非物质文化遗产时，是水南街道出面组织和申报的，并且作为主要的政府力量来引导和促进竹溪摆祭的发展和传承。这一过程中，也出现一些村落之间关于资金、支持等方面的矛盾尚待进一步协调的问题。

3. 竹溪锣鼓的衰落、复兴与展示利用

竹溪锣鼓本是竹溪摆祭中的专门乐曲，是祭祀用乐，因其乐谱和演奏方式非常独特，很早便受到相关部门的重视，为了更好地传承竹溪锣鼓，当地相关部门以及村民和诸位传承人也进行了思索和尝试，一方面是政府部门提供资金支持，为传承人购置衣物、锣鼓等用具；另一方面是寻找新的传承人学习这项技艺，如今村中就有两个锣鼓队，相关文化部门会定期举办学习班，让新的竹溪锣鼓传承人在老一辈传承人悉心的教授和指导下慢慢学习竹溪锣鼓。此外，大竹溪还拓宽了竹溪锣鼓的用途，原本限于摆祭用乐的竹溪锣鼓，现今更多了娱乐性和展演性，"其实竹溪锣鼓也是一样的，县里非遗什么重大的活动，都会去"。[①] 相关部门做出了有意义的探索，旨在为竹溪锣鼓提供更多的展示平台，以促进竹溪锣鼓的保护和传承。

总体而言，大竹溪摆祭经过变迁和发展，其内涵得以丰富和发展，但其现状尚不理想。在调研中我们发现，村民们对于摆祭的心态是：摆祭是非物质文化遗产，所以值得保护与传承，外界人也应当同我们一起重视这项非物质文化遗产。但年轻的村民对摆祭却并无多太大兴趣，包括摆祭的起始年代、历史发展、背后的文化内涵等，都表示不清楚。对摆祭的传承寄希望于政府力量来维持，在发挥主观能动性、积极寻求发展途径的意识方面还有待提高。随着村里大量年轻人走出去，这些文化资源有可能逐渐走向消亡。在访谈的过程中，老一辈的传承人明确地表达了对摆祭后继无人的担忧。尽管当地政府对非物质文化遗产的传承和发展极为重视，但竹溪摆祭的现状仍需要进一

[①] 2017年9月18日，朱霞访谈孟梅青，了解竹溪锣鼓、腰鼓队等情况。

步改善。

二 小竹溪的信仰空间、摆祭仪式及其民俗资源

（一）小竹溪村落概况

小竹溪村，隶属竹源乡，距县城10千米左右，原为乡政府驻地。全村366户，1175人，分为"上村"和"下村"。小竹溪村中吴、潘为大姓，有自己的祠堂和族谱，徐姓也很多，相传徐姓后代均是从徐侯大王求来，周、叶等姓氏极少，寥寥几户而已。

小竹溪素有"松脂之乡"的美誉，勤劳、勇敢、不怕吃苦的小竹溪人早年就外出采松脂，后来开办松脂加工厂，全村的松脂总产量占全国总产量的四分之一，而中国是最主要的松脂出口国[①]。靠着自己的勤劳与智慧，村民们自发开创了一条致富之路。如今，效益好的村民资产已达上亿元，资产百万元以上的比比皆是。但实际上，小竹溪当地是没有松香采集地的，即小竹溪人均是在外地经营松脂生意，常年不在家，因此村中常住人口实际很少，但是空心化并未导致村落的衰败，恰恰相反，当地文化站、村委、村民上下一心，村落规划完整科学，合理开发当地民俗文化资源，不仅树立起文化品牌——"竹溪摆祭"，并且以此带动当地特色民宿的发展以刺激当地经济效益，目前，村中已有3处民宿落成，最为出名的是松泰大院，是仅次于"摆祭"的又一亮点，在当地相关部门的引导和宣传下，现已在民宿市场中颇具名气。与此同时，中国第一家"松香博物馆"落成，目前处于不断完善的过程当中，旨在向外界展示松脂的历史源流以及小竹溪对中国松脂产业做出的卓越贡献。金桂公园的工程开发也已经提上日程，当地相关部分拟以文化品牌"竹溪摆祭"带动民宿的发展，再以民宿发展带动"松香博物馆"的面世与开放，最终在村子另一头落成的金桂公园为当地文化景观的最后一个重要节点，通过积极开发

---

① 2017年8月21日，朱霞、关静于浙江省丽水市松阳县小竹溪村松香博物馆访谈当地文化站站长徐宏薇。

民俗文化资源并实现在地价值化，从而将自然空间有效转化为文化景观，并以文化景观为核心内涵，从而建成功能齐全、整齐划一、内涵丰富的旅游胜地。

（二）小竹溪的信仰空间、世俗空间与民俗地图

1. 信仰空间的表达

墨口殿。墨口殿坐落在离村不远的一座小山上，殿中供奉的是徐侯大王、许一公、许二公、许三公和李大夫元帅。当地人认为徐侯大王原籍龙泉，是个得道的道士，云游四海，斩魔降妖，专门为百姓做好事。他尤其关心小竹溪的百姓生活，对当地贡献颇丰。人们为了表示感激与纪念，为他修建了一座殿，称"墨口殿"，将他视为全村的守护神。通过翻阅《松阳县志》，本文认为符合当地村民的口头叙述，徐侯原名徐泰定，"字虚寂"，"宋开禧初年，居观行庵"，是位成仙的高人，于80岁高龄时"童颜端坐"而逝，生前还曾得八仙之一——吕洞宾点化，吕授予其丹诀并赠其神笔一支令其练习绘画。当地流传着很多关于徐侯大王的传说。以当地甚为流传的一则为例：

> 相传，以前医术没有那么发达，都是靠一些道士和巫师来治病的。有一天，徐侯大王路过小竹溪，经过一户人家时发现很不对劲，他掐指一算，知道这里有妖怪作祟。于是走进院向主人讨茶喝。
>
> 这家人都唉声叹气的，中堂还放着棺材，徐侯就假装什么都不知道，问道："这里发生了什么事？"主人就告诉他说："不要问啦，我已经生病快要死啦，所以才会住棺材。有名气的道士、高僧、菩萨都一一求过，但是没什么用。"徐侯说："我去帮你试试看，如果好了，你就给我点东西，不好也无没办法，死马就当活马医吧！"这家人都表示同意，这时他又说："如果你（们）好了，我什么都不要，我只要牛犄角做我的龙角。等明天你打开牛栏放牛的时候，把第一头冲出来的牛送给我就行了。另外再送我一些谷草，让我能够养活这条水牛。"主人听完后，欣然答应。

因为每天第一头冲出来的牛都是一头病怏怏的小牛,送就送了,也不心疼!

约定好以后,徐侯就开始作法,布下天罗地网,很顺利就把妖怪抓起来了。没料到,主人一看很气愤地说:"这就跟我们的舅妈一样,你怎么不抓妖怪,把我的舅妈抓来了?"这时,徐侯不紧不慢地说:"你们的舅妈还在家里,这个不是,是从中搞鬼的妖怪啊!不信你派人过去(你舅舅家)看看。"主人派人过去看,果真如此。

事成以后,徐侯给他抓了药并告诉他以后全家都会慢慢恢复过来,让这家人安心养身体。按照之前讲好的,主人要给他第二天早上第一头冲出栅栏的牛和一些谷草,谷草是现成的,于是徐侯作法运送了粮草,结果佣人跑到后院一看,哭诉道:"您要得太多啦,谷草全都弄光喽!"徐侯回答道:"我不要那么多的,就要一点点",然后屁股一拍,谷草又都回来了。

到了第二天,主人依言去开牛栅栏,好生奇怪,这次竟然跑出来一条健硕的大水牛,于是送给徐侯作酬谢。村南面的那座山上有个水塘叫作水牛塘,天气热了,水牛都会跑到水里面去打滚。据说,徐侯就是从那儿把水牛赶回去的。[①]

其他诸位神灵具体是谁以及与徐侯大王之间的关系,村民们已讲述不清,只知他们是并肩作战,徐侯大王为将领,其他几位神灵是将领的左膀右臂。

吴氏宗祠。小竹溪村中有两座祠堂,分别是潘氏宗祠和吴氏宗祠,吴氏宗祠坐落于下村的村口,原本是吴氏家族的空间,随着宗族影响力的淡化,祠堂的文化功能也出现了一些变动,2010年以前由族长管理,各房长协助。如今吴氏宗祠被村中接手重建,将其作为小竹溪村古建筑而修缮和管理起来。吴氏宗祠还与下村的排祭有着密不可分的联系,下村的排祭以吴氏宗祠为地标,是徐侯大王的摆放位

[①] 2017年8月21日上午,朱霞、关静于小竹溪松泰大院访谈吴华田。

置，平时排祭的相关物品也存放于吴氏宗祠里，排祭当天会上香祭祀吴氏先祖，有一定的仪式。另外，祠堂作为家族的文化空间的功能并没有完全消失，一部分宗族活动如祭祖活动、添丁报祖等依旧在祠堂中进行，另有部分功能被香火堂继承下来，吴氏共设有 11 处香火堂，其中 1 处为总香火堂，10 处为各房支的香火堂，香火堂内设有香炉，香炉存放族内逝者的骨灰，逢年过节、族中大事要来堂内上香，是纪念先祖的神圣空间。此外，香火堂还传承家族记忆，训诫后世子孙，如第五房的香火堂内放有金匾一块，据说是清朝第五房的子弟贡生吴世俊受皇帝嘉奖所得。

2. 世俗空间的建构

民宿。民宿产业是小竹溪村重点打造和支持的对象，当地政府部门支持力度很大，"就是原来他们那个老房子，最先我们是这样子的，这房子要拆了以后，才能让你盖新房子。以后县里领导发现这个事情，说这个房子不能拆，留下来"。① 当地人所认为的民宿并非是基于商业用途的旅游建筑，而是在政府的支持下，新兴的一种民居形式，是家的空间形式，"但是我们那种民宿，你不能说盖房子的钱摊到成本里，因为我们是农村的房子，跟县城不一样。家的东西不要讲回本，家的东西就是有的住，开心就是家"。② 同时，在小竹溪村打造排祭文化景观的背景下，民宿承担了部分社交功能，"人家过来的话，在你家里住个晚上，吃点饭，给你几百元钱。农村人他也不需要增加劳动力，而且还可以吸收好多的思想互动，人来了都会活动，都会说的，他那边说那边的事，这边说这边的事，在聊天过程中，学到更多的知识"。③ 民宿的兴起，一方面解决了当地的民生问题，缓解了当地住房及土地资源紧张的压力，改善了当地人的生活；另一方面，又不同于传统民居，民宿弱化了民居的封闭性，展现了开放的一面，成为村落文化的展示平台，如松泰大院，体现了小竹溪人对松香

---

① 2017 年 9 月 24 日晚，朱霞、关静、徐薇宏访谈何发富。
② 2017 年 9 月 24 日晚，朱霞、关静、徐薇宏访谈何发富。
③ 2017 年 9 月 24 日晚，朱霞、关静、徐薇宏访谈何发富。

的深厚情感，寄寓了松香人对美好生活的祝愿；水韵竹源民宿暗示了对小竹溪的竹与溪的赞美。

松香博物馆。松香博物馆始建于2017年1月，2017年7月建成，占地总面积300平方米，建筑面积237平方米，是目前全国唯一一处以松香为主题的博物馆。松香博物馆主要展示松香生产流程基本要素和松阳从业者的创业轨迹。分四个展室：一是源远流长的松香生产历史；二是传统老法与现代新法生产；三是松阳"松香大军"特别是竹源松香人的辉煌业绩；四是创业者的足迹风采等。展陈以物为主，包括缩微场景（器具）陈列，辅以图文解读和视频宣传片等手法，浓缩一室。上述已提到，小竹溪虽有"松脂之乡"之称，但松香采集地却在江西、福建、云南等，小竹溪人远走他乡，在各地开垦出了一片属于自己的创业基地，并不断发展壮大。虽然小竹溪人常年在外，尤其是像松泰大院的主人何发富等人将生意扩大至整个中国甚至远销国外，但心中对于故土的依恋从未退却，我们从文化站站长徐宏薇处得知，松香博物馆是由第一批做松香生意的大小个体经营户自发组织修建的，他们成立了专门的委员会，并推举合适的领导人员打理。这个委员会不仅负责松香博物馆的大小事宜，还会积极参与村中的公共事业，小到帮扶困难家庭，大到积极配合当地政府支持村落规划、出资修桥修路，开发本地文化资源促进村落发展。在当地非物质文化遗产——小竹溪摆祭的保护、传承和开发中，这一批松香创业者就起到了极为关键的作用，他们出资出力，提供资金、技术、场所等各方面的支持，对排祭的传承和发展起到了极大的促进作用。

本文认为，由乡贤群体组织起来的松香委员会已经类似于一个有组织、有纪律、有自己的运转方式的民间组织，在当地村落规划中，与政府部门良性互动，一同对村落的发展献策献力。虽然竹溪人在外地经营各自的生意，从开始的被迫背井离乡讨生活到如今成功地开创了自己的事业，他们对故乡的依恋从未改变，时间越久，这种依赖和想念便越深，出于对家乡的认同，他们愿意为家乡的发展做贡献，也很关心村中的公共事业。因此，虽然他们常年居住在外，但依然愿意把家乡的老宅或新建或修缮，最终以一种崭新、与时俱进的面貌呈现出来，对村中公共事业也无比热心，因此在政府的倡导下，他们也愿意出资维护和发展打造民宿，配合当地政府以摆祭促进特色民宿文化发展的理念，松泰大院便是这样的例子。小竹溪村的文化景观现状使我们很清晰地感受到远在云南的人对自己家乡的认同感，以及这种认同感生发的村落内聚力和凝聚性。

3. 民俗地图绘制

在调研过程中，调研组成员徐薇宏和徐征按照要求绘制了小竹溪村的民俗地图，涵盖了小竹溪文化空间的构成，除了上述提到的墨口殿、祠堂和香火堂、松香博物馆以及民宿外，还包括相友社、社公庙、樟树娘和石头娘等。

社公庙。小竹溪的社公庙有两处，分别位于上、下村的村口处，庙中供奉的是大禹，本来村中只有一处社公庙，后下村人丁旺盛，因此又建造了一处社公庙，将大禹也请了下去，如今上村的社公庙保存较好，排祭期间也有一定的祭拜仪式，而下村的社公庙比较破落，村落正在复建过程当中，社公庙的重建在村落规划当中同样是重要一环。

樟树娘与石头娘，与大竹溪情况相似，人们有认樟树和石头为干娘的习俗。实际上，小竹溪村的樟树已经不存在了，前几年修公路时被砍去，但是人们依然会在樟树生长的地方即公路的中央进行认亲仪式，人们认为虽然樟树作为植物本身的实体已经消失，但其根基仍深埋于地下，其精神和灵魂已深深融入这片土地，因此，樟树娘与石头娘更多的是一种精神实体。

（三）小竹溪的排祭信仰仪式与民俗资源的利用

1. 排祭的仪式流程与文化意义

排祭，是松阳县小竹溪人特有的一种民俗文化活动，它有将近150年的历史。小竹溪人将"排祭"也称为"送灯"，"最早我们的说法是叫'送灯'，而不是排祭，排祭是人家说摆起来好像长龙一样，叫排祭。我们的土话叫送灯，我们原先规定，每家每户的男丁都要有一盏灯笼的，包括台湾的人来都特意跑到松阳去买灯笼，所以我们到了早上把他接过来，晚上结束的时候送回去，每个人的灯笼点起来，到庙里面，然后再吹灭回来，全村的灯都要关掉，原先是这样的"。① 人们通过这一活动，祈求当地的神灵徐侯大王对百姓的庇佑。

村中长老算好请道士的日子以后（一般是过了春节，有的时候也会年前提前看好请道士的日子），排祭头首们会专门请道士算好排祭的黄道吉日。早些年，排祭日期一定是在正月十五之后、三十之前的某天。近两年，时间提前到十五以后、正月二十之前选择，"后来我们为了这里的松香，大家都要出去搞一点钱，所以日子尽量提前，不然大家都要出门，等不了，所以提前个一两天这样了"。② 然后提前在村中显眼的位置贴出"送灯即客"文，通知大家排祭的日期、流程、头首等事象，全村以户为单位，在沿村的一条主道上，每户或两户合摆一张八仙桌，上面放上各家各户精心制作的精美供品。每家每户祭祀供品必备的有鸡、肉、墨鱼、面条、豆腐、粽子，此外还有由各家主妇巧妙构思并手工精心制作的米花。人们用米粉捏制出各种栩栩如生的动物，有鸡、羊、马、鱼等，家家户户还必须准备至少一对银花放到供品上。此外，祭品有严格的摆放顺序，"三牲必不可少，前面是五五二十五盘，蔬菜类五盘，糕饼五盘，干果五盘，水果五盘，糖果五盘，每一种都要分五种的，这叫五色，这是头桌，头桌的三牲是公鸡、猪头、鹅，摆在五盘后面，再往后是墨鱼、鸡蛋、面条，在后面就是三大盘米花，后面桌子上（每家每户）的三牲是公鸡、墨鱼、鹅，后面就是按自己的心意随便摆了。三牲前面还要立香火的，社公香，边上都要三茶三酒摆在那里……一家一桌，全部放到这条大路上，从村口吴家祠堂开始摆出来，只能往上，不能往下，你要加只能加到上面去，神像放在祠堂那里"。③ 摆献者无贵贱贫富之分，在这一天，他们共同祈求新的一年出入平安。

村民从早上7点开始，陆续搬出自家的桌子和祭品，点上蜡烛和香火，沿村中小溪路旁从村头排到村尾，像一条长龙，所以又有人叫

---

① 2017年8月21日上午，朱霞、关静于小竹溪松泰大院访谈吴华田。
② 2017年8月21日上午，朱霞、关静于小竹溪松泰大院访谈吴华田。
③ 2017年8月21日上午，朱霞、关静于小竹溪松泰大院访谈吴华田。

"长龙祭"。8点30分,上、下村部分村民、道士组成迎神队伍,扛着140多年前流传下来的古老的龙凤大旗,敲锣打鼓,到离村庄约2千米的墨口殿,恭请"徐侯大王"神像,

"我们把他抬过来,还有那些彩旗、龙旗,还有锣鼓啊,仪仗,搞得很气派的。"① 请徐侯大王时也有一定的仪式,道士先吹龙角后念经文,告知徐侯大王村中弟子请他下山的缘由和心愿等事。下山以后,徐侯大王的神像安坐在排祭的头桌,然后,接受村民的祭祀,一整天,每家香火、燃烛不断。其间有"道士"做道场,吟经诵法,为全村村民祈福祈安。此举俗称"打珓杯",即道士口念经文,一手往祭品上洒净水,一手拿珓杯为村民占卜。洒的净水实际是普通的水,经道士念经作法以后,便成为从昆仑山求来的净水了,道士用柏枝把净水洒到那些东西上面,使东西得以净化纯粹,然后请玉皇大帝、王母娘娘等各路神仙来吃,吃完祭品便如同受惠于人。经过此举,双方仿佛达成一种契约。各路神仙宴飨过后便会护佑全村,为全村带来好运。占卜时,做头人口念"姓氏名字+弟子,托望大王大夫许一公、许二公、许三公万临,十八神宗有声有应,飨护佑"。② 然后道士便使用两个状似铜板但尺寸较大的珓杯算神卦,占卜结果若是一上一下,则寓意大吉大利;两个均为下则代表顺利无事;两个均为上则是大凶之兆(极少),此时道士便会重新投掷,连续三次结果照旧,就要由做头人重新念一次家主名字,重新占卜。这种淳朴的民俗风情,表达了当地村民渴望获得平安、幸福的朴素愿望。下午3时许,摆祭结束,这时候从最后一桌开始放鞭炮,一桌接一桌,鞭炮声震耳欲聋,烟雾缭绕整个村庄。经过一天的供奉,晚上开始"送灯"活动,这时村中焰火齐放、鼓乐齐鸣,人们都提着自家的各种漂亮花灯加入送灯的队伍当中,一起将"徐侯大王"送往墨口殿,寓意送走所有的灾难和不幸,预祝新的一年,风调雨顺,国泰民安。入夜,龙灯狮舞此起彼伏,烟花爆竹响彻夜空,全村喜庆,老少同乐。

---

① 2017年8月21日上午,朱霞、关静于小竹溪松泰大院访谈吴华田。
② 2017年8月21日上午,朱霞、关静于小竹溪松泰大院访谈吴华田。

2. 排祭的传承、变异与民俗利用的问题

"竹溪摆祭"自成功申请到市级非物质文化遗产后成为当地政府以及相关部分重点打造对象，为获得更高的知名度，在传承的基础上让"摆祭"走出去，获得外界关注和重视，其变化有三：

头桌的摆放及组织活动由按年龄顺序一户承担变为按生产队轮流承担。"过去我们是按年龄，年龄最大的摆头桌，年龄大就是福气好，福气好就应该摆前面，我们是轮（换）的，第二年第二大的就摆头桌，是这样的"，其所在的生产队将请大王等活动也均由这一家组织和管理起来，其他村民从旁协助。自2017年开始，村中考虑到一户人家承担头桌的经济负担很重，因此决定以生产队轮流的方式来摆放头桌，上村分为4个生产队，下村分为7个生产队，每个生产队又会按年龄从大到小的顺序，分成8—10个人的若干小组，由小组承担头桌的摆放，生产队出面牵头组织和管理排祭活动，在村内实行生产队轮流制，在每个生产队内又实行小组轮流制。

排祭日期从一天又变成三天。据村民说，一天时间短，来看的人没有看到，"觉得很遗憾。为了满足他们，我们就又增加了一天一夜，就两天两夜。两天两夜，也有些人说，我刚好知道有一回事，网上一看，这么热闹的地方不去又觉得遗憾，过来又走了。结果我们又经过乡政府县文管局的主管领导，他们也重视这一块，这个离不开他们的，他们都会跟我们协商商讨，如何来搞，怎么样搞能够把这个事情搞得更热闹、更隆重，宣传力度更大，让大家都能够如愿以偿地高高兴兴地来、高高兴兴地回去。所以他们又叫我们村里再增加一天一夜，所以我们就变成三天三夜，所以时间是这样出来的"。

小竹溪排祭引起社会关注以后，在政府部门的引导下，从单纯的民俗活动演变为以排祭为中心的民俗文化节活动，加入了摄影比赛、祭品评比、旗袍秀、腰鼓表演、锣鼓表演、广场舞等活动，旨在通过丰富排祭的文化内涵带动村落民宿产业的发展、促进村落经济，除了散落在村里、各具特色的民宿以外，松香博物馆以及纳入规划的金桂公园也是排祭的文化景观之一，可以认为在村落建设中小竹溪排祭作

为一个中心点，通过文化景观的建设由点及面，逐步实现了文化的经济效益，进而促进了村落的发展。

此外，徐侯大王的信仰以及排祭在某种程度上起着凝聚全村的作用。从地理结构上，小竹溪可分为上村和下村，中间以一条穿山公路隔开，两两相对。从建筑风格上看，上村完全符合新兴农村的外貌和设备，下村则保留了很多古民居，新建民居也大多为仿古建筑。从姓氏出发，我们了解到下村是吴氏的聚居地，有祠堂，有族谱；上村则是潘氏的聚居地，有祠堂，有族谱。但上村和下村通过徐侯信仰紧密结合在一起，有共同的生活习惯和共同的信仰，也许小竹溪作为一个地缘共同体丝毫看不到内部联系的紧密，但通过徐侯信仰，全村成为一个以精神为核心的共同体，即精神共同体。我们在访谈过程中了解到，小竹溪的摆祭原来在全村进行，后因空间限制才由上村和下村分别进行，但首尾相连，内涵完全一致。而村民对这种一分为二的排祭形式并不认可，"一定要连在一起嘛，不要分什么上村和下村，这样才气派，也更热闹"。① 在这里"气派"和"更热闹"其实是对彼此身份的一种认同，当没有外界介入的时候，上村和下村各自为宗、各自为族，不会意识到整个村子作为"精神共同体"这一社会实体的存在，一旦有了外界参与进来，他们会迅速感受到彼此之间的同一性，这种同一性不仅仅源于地缘关系，更是源于对徐侯信仰的共同认定，对彼此都是"徐侯大王的弟子"，因此都是"一家人"身份的认定。

从以上调查可以看出，大竹溪摆祭与小竹溪排祭有很多的相似性，但其信仰对象、组织形式、文化空间等各方面还是有所不同的。

首先，祭祀对象的不同。大竹溪摆祭的祭祀对象本为8个社公老爷，是8坛对自己祖先的祭祀活动，后将李太尉信仰和陈十四夫人信仰融入其中，成为3个村落共同的祭祀对象。而小竹溪的祭祀对象是全村的保护神徐侯大王。

其次，驱动力有各自的侧重点。大、小竹溪都是源于人们的求福

---

① 2017年8月21日上午，朱霞、关静于小竹溪松泰大院访谈多位文化员和村民。

避祸心理，表达了对美好生活的祝愿，但两者的侧重点存在区别，历史上，大竹溪摆祭分为8个坛进行，每个坛的村民祈求社公护佑安康，以摆祭为契机，大竹溪形成了一个暂时性的整体性信仰空间，从而八坛合一，成为精神共同体，求雨功能极为突出。小竹溪排祭的除了以大竹溪相似的信仰诉求外，小竹溪排祭重视对外出放松香的人平安顺利的祝愿，希望他们出门在外的打拼能够有所回报，过上幸福美满的生活。

再次，组织方式不同。大竹溪摆祭依靠的是民间自发的力量，每个坛分别组织起来，对自己的社公老爷以及李太尉、陈十四夫人祭拜，基层政府组织并不干预其中，小竹溪排祭则结合基层政府组织与民间力量，排祭的安排与流程操办等由村中的传承人自发进行组织，近些年来，基层组织也参与进来，从多个方面给予排祭支持，如资金支持、安保支持等。此外，乡贤群体也对排祭的发展发挥了很大的作用。

最后，文化空间不同。大竹溪实为3个行政村，摆祭分散在8处进行，在空间上难以进行规划，而小竹溪排祭的文化空间相对完整且比较开阔，排祭集中在村中的主干公路上进行，连绵数百米，有很大的发挥空间。文化空间是最为直观的传承体现，大竹溪摆祭活动内容基本无变化，传承是原汁原味的，对当代社会的适应性不高；而小竹溪排祭积极发挥主观能动性，对排祭文化进行了创新和丰富，注入了一些现代元素，在符合当地文化逻辑的基础上，进行了一定的变化，体现了与时俱进的特点。这两种不同的传承思路造成了大、小竹溪摆祭不同的情况，小竹溪排祭参与群体多元、祭祀场面盛大；而大竹溪摆祭难以吸引年轻人群体参与其中。

整体而言，大竹溪的民俗资源保护比较好，保持着比较古老的风貌，底蕴也很深厚，延续到今天，具有较高的研究价值。我们在与当地文化站负责人以及村主任的谈话过程中，他们多次提到大竹溪摆祭"原汁原味"的特点，如果说大竹溪摆祭的特点在于对民俗资源的保护、对传统的坚守，那么，小竹溪排祭的特点就在于对民俗资源的利用、对传统的合理改变，其目的在于打造文化品牌，吸引游客参与乡村文化活动，重视传统节日仪式与现代社会的结合，把村落、传承人和仪式置于开放的、更大的空间中来考虑。由于大、小竹溪地理位置相近，二者可以尝试联合打造竹溪摆祭的文化品牌，整合社会力量，丰富摆祭文化内涵，既坚守传统文化的核心内涵，又按照内在的文化逻辑对传统节日仪式进行适当的变化，以推进传统节日仪式在当代的实践。

三 回访与思考：民俗资源的保护利用与乡村旅游

文化部、教育部关于非物质文化遗产传承人群研修研习计划项目一般要求对参加"研培班"的传承人及所在地进行回访调查，了解"研培班"的工作目标是否落实，有什么经验，还存在什么问题，将来如何改进。要对培训班的效果进行反馈和评估，以便不断地提高、完善和修改研修研习计划项目，切实提升保护传承传统节日的自觉性、自信心，增强其传承能力。体现"见物见人见生活"的非遗保护工作新理念，从而让传统节日更好地融入民众日常生产生活，提高传统节日在当代社会的传承活力。

竹溪摆祭活动作为县里的"非遗"项目一直受到当地政府的重视，基层组织也积极参与这项乡村传统文化的探索与实践。通过两次调查，我们认为，从2015年开始，竹溪摆祭开始有了向民俗旅游资源转化的势头。到了2017年，竹溪摆祭基本完成了向乡村旅游的初步转化，包括基础设施的建设和文化产品的打造。2018年，竹溪摆祭作为乡村民俗旅游进一步完善，向着更加规范的乡村民俗旅游的方向发展，从中可以看到"研培班"的学习和调查取得了积极成效，不仅使得当地文化工作者意识到本土文化底蕴的深厚以及丰富内涵，同时也提高传承人以及普通村民的文化自信。

竹溪摆祭活动和村落与当地民众的现实诉求有直接关系。一方面是为了村落内部的自己人，满足了村落民众祈福禳灾的精神生活，表达了内部成员的文化认同，并向下一代传承村落文化实践。另一方面，也是为了外来者——旅游者或潜在的旅游者，它是村落内部文化向外部寻求沟通、理解和欣赏的一种方式，通过对传统仪式的积极表达与展示，把民俗资源转化为旅游资源。地方政府和村民都希望，竹溪摆祭不仅仅是一种民俗活动，同时能够成为乡村旅游活动，在村落内部人们的日常生活中发挥作用，以达成人们对现世生活的经济与文化需求，成为村落建设的一个有机组成部分。竹溪摆祭仪式一旦转化为民俗旅游资源，正确保护利用这一民俗资源就成为乡村旅游健康发展的关键。要坚持一个重要原则，就是保护、坚守和传承民俗节日仪式的核心文化内涵，不得擅自改变其中的核心要素和文化意义；防止低级庸俗的娱乐文化对传统文化的侵入和改造。要致力于扩大传统节日文化的参与群体和关注度，引导年轻人积极加入保护和传承以摆祭为中心的本土文化。

（一）"竹溪摆祭"的新变化与民俗旅游资源的利用

1. 基层政府力量的支持

近年来，浙江省丽水市松阳县重视文化尤其是民俗文化的保护、传承和发展，并对此做了诸多有益尝试。2018 年的竹溪摆祭中，相关文化部门给予了很大程度上的支持。以小竹溪排祭为例，2017 年 12 月 31 日，乡政府完成小竹溪排祭活动方案初稿，并于接下来的两个多月的时间内不断修改和完善，最终于 2 月底定稿。2018 年 2 月下旬，小竹溪排祭工作的前期准备过程中，县长李汉勤到小竹溪排祭现场进行安保工作的督察，副县长谢雅贞于小竹溪村文化礼堂内主持召开动员会，会上文广新局、乡政府、村委、公安大队等就排祭现场各项事宜进行讨论和协商。此外，乡干部徐薇宏等人还多次前往排祭现场查看布局和准备情况。小竹溪排祭期间，为保证活动的顺利进行，乡、村干部还实行责任制，专人专项负责各项旅游活动，并且配备安保人员巡查。据统计，在小竹溪排祭期间，乡、村干部、交警、公安、综合行政执法人员、党员志愿者等共出动 100 余人，260 余人次，出动车辆 14 辆，共 430 趟次，接送游客 2 万余人次。① 除了大量人力的支持，政府部门还投入多项资金的支持，如文广新局出资支持排祭期间的"非遗赶大集"活动，木偶戏等文艺演出活动。

2. 活动项目的丰富

在2018年的大竹溪摆祭中，为丰富摆祭活动，吸引更多游客前来，增设了相关文化的活动，如以祈福为内涵的包进士牌坊祈福活动、放河灯活动，还有以摆祭为核心的"南城巧手大比拼"活动。其中包进士牌坊利用本地古建筑包进士牌坊，并汲取了当地文化名人包进士的生平经历当中的文化成分，打造了与摆祭内涵一致的旅游项目。"南城巧手大比拼"充分反映了竹溪摆祭仪式中的"自娱"与"娱人"成分。"南城"指大竹溪，其行政区划上隶属水南街道，"巧手"则是对巧妙制作祭品的村民的美誉，此项活动的举办，一是为了调动节日氛围；二是对村民奇思妙想制作祭品的鼓励；三是让游客了解祭品的制作，增加对祭品的兴趣。现场来参与的人中，主要以当地村民为主，如本村村民、周围村村民等。

同样的，小竹溪排祭活动也变成以排祭为核心的文化节。同时配有金桂祈福、松阳画展、摄影比赛、非遗赶大集等内容。"金桂祈福"，顾名思义，指的是利用村口的千年金桂树打造的一个与排祭功能相一致的祈福活动，当地人认为这棵金桂树早已有千年历史，每逢金桂花开，十里飘香。这棵金桂其实有两株，上下交叠，貌似一人为另一人撑伞，因此当地人称自己村的金桂是爱情树。根据"长久"和"圆满"两个文化内涵，小竹溪排祭期间，打造了"金桂祈福"的旅游文化活动。为了发展和宣传村里的竹篾工艺与剪纸工艺，小竹溪排祭期间还充分利用了松香博物馆，馆内摆放松阳特色主题摄影，并且在舞台上请了老艺人徐少妹剪纸、吴潘宗编竹篾。村内的特色饮食体验活动则分布在村里的各个点进行，如供销社门口的打黄米粿、竹缘山居门前的做米花等。

需要指出的是，上列新增活动没有改变摆祭仪式的核心文化要

---

① 数据来源：竹源乡政府公众号"竹源流香"，2018年3月12日。

素，而是进行了合乎内在文化逻辑的丰富与添加。加入这些活动是为了保护和传承摆祭仪式，弘扬本地文化。一方面积攒人气，留住村民，吸引村里的年轻人，增强文化自信；另一方面也可以让摆祭以及本土文化"走出去"，获得外部社会的关注和赞誉，为节日仪式打造更大的社会空间。

大竹溪摆祭大体上可以分为两个内容：一是正月十四到正月十六的三天三夜摆祭品供奉社公老爷；二是正月十四晚和正月十六晚的"夫人看灯"和"太尉看灯"，在此基础之上，正月十四上午设置了"南城巧手大比拼"、正月十五的"包进士牌坊祈福"等内容。小竹溪排祭情况大体相同，活动方案的制订之所以反复修改，一是考虑整个文化的内容设置要符合排祭的文化内涵；二是衡量各项活动设置的合理性，包括时间、地点等；三是为了更好地保护排祭现场，要再三商讨秩序、交通、负责人等各方面事宜。由此可以看出，竹溪摆祭虽然被开发为旅游资源，但是以保护和发展为中心的，其商业化并不明显。

3. 年轻村民参与度的提高

小竹溪排祭的保护和传承近些年来比较乐观，年轻人的参与度一直比较高。值得一提的是，舞龙队的龙头是一位年纪约为30岁的年轻小伙儿，龙头是指舞龙的发起人和负责人，队员多为30—40岁的人，还有十七八岁的本村高中生在读生的参与。排祭场面比较大，准备工作比较多，做头人的人手不够，因此请了这支舞龙队做外援，负责锣鼓、扛旗等工作，他们在请神、送灯等环节上多有参与。实际上，现在的小竹溪排祭和本村的舞龙传统已经密不可分了。

大竹溪的情况则有所不同。大竹溪由于离县城更近，年轻人出去工作的机会更多，以往年轻人参与摆祭不太多。2018年的摆祭活动，在基层政府、村委、老一辈传承人肖大福、蓝根土等多方面的努力下，我们在田野调查中欣喜地发现，年轻人"回来了"。2017年9月研培班的举办影响了当地文化的传承群体，使他们更加明确意识到"摆祭"的文化价值与意义。县、街道、村委等部门纷纷投入摆祭保护和传承的阵营中。2018年的摆祭，水南街道一如既往地从各方面给予支持,并且有意鼓励年轻人参与;村委也加大了保护力度,积极开展讨论、参与保护工作;老传承人们受到研培班的鼓舞,士气高涨,前后奔走,争取更多的年轻人参与进来。大竹溪摆祭社公老爷现场热闹非凡,游街队伍中增加了更多的年轻人,抬轿子的、敲锣打鼓的,还有后面跟着仪仗队提灯笼的大多是年纪30岁左右的年轻人,这是一支有活力的队伍,这是一场有希望的传承。这些变化都反映了文化部的"研培"项目的确在社区取得了良好的成效,说明了发挥当地人主观能动性在传统文化资源保护和利用中的重要性。

4. 宣传力度的加大

竹溪摆祭在松阳县是十大庙会之一,在县里原来就有名气。近年来,随着"非遗""民俗文化"等呼声日益高涨,竹溪摆祭的文化价值被进一步关注和强调,地方政府和基层组织加大了宣传力度。据水南街道文化干部反映,在2018年春节期间,中央电视台、丽水电视台、浙江广播电台和松阳电视台都到大竹溪进行了采访。小竹溪对排祭的宣传工作做得更加细致到位,在排祭的前期宣传阶段,浙江去哪儿玩、丽水旅游、松阳旅游、凤凰新闻、浙江综合等媒体利用官网、公众号、搜狐等自媒体平台进行活动预告;排祭期间,到场的媒体单位除了来此拍摄旅游宣传片的中视金桥以外,还有浙江新闻、《丽水日报》、《松阳日报》。值得一提的是,《浙江日报》还在3月3日进行了现场直播,直播排祭现场;小竹溪排祭过后,各媒体纷纷发布新闻,如光明网、浙江新闻、《丽水日报》、松阳新闻网、新浪网—新浪看点、松阳政府网、《都市快报》。报道的内容多为白日的祭祀场景以及游客络绎不绝的场面。此外,多种媒体手段也发挥了作用,如微信公号、朋友圈、网站等,借助多个平台进行信息的扩散,增加社会对竹溪摆祭的关注度和兴趣;在宣传中,所有媒体都注重图像和视觉效果,不管是前期的活动预告,还是后期的活动总结,都通过图像来吸引人的眼球。这些图像展示的内容多是摆祭的场面,如花样繁复的祭品、长龙似的摆祭全景、衣着特殊的道士等,所展现的仪式活动突出其神秘的、宗教的和古老的方面,反映了大众对民俗文化的一般看法。竹溪摆祭被作为旅游资源的可见部分就是整个仪式所具备的观赏性和表演性。

（二）生活、展示与旅游：节日仪式的内在张力

一直以来，不同领域的各学科的学者对民俗旅游有不同的看法，有一部分学者对民俗旅游持反对意见，认为旅游的介入破坏了当地的原生态环境，民俗文化失去了原本该有的文化内涵，变成纯粹的商品性文化。但是也有一些学者，经过长期的田野调查，发现事实并非如此。如学者徐赣丽认为在现实中情况相当复杂，她在长期研究广西桂林市区龙胜各族自治县和平乡金江村金竹寨的被开发为民俗旅游资源的歌舞表演[①]后发现："民俗旅游中的旅游开发中舞台化的操作，就是把当地居民生活中的一部分内容放到前台加以展示。在后台他们避开游客的注视，仍旧过着他们充满意义的传统生活。"[②] 学者陈勤建通过田野调查也有同样发现，以旅游的形式对民俗资源进行传承和保护并非一无是处。当然，在谈论民俗旅游之前，我们还需要界定一下"民俗旅游"当中所指的"民俗"是什么，这里就涉及另一个关键的问题，即对伪民俗的甄别。学者陈勤建曾明确表示，可供文化旅游开发的民俗应当是一种真实的生活文化，只有在保障这一点的前提下，谈论民俗旅游等相关概念才有意义。[③]

民俗旅游是一种文化资源的利用方式，它与民俗文化的传承和保护可以形成一种良好的互动关系。在民俗旅游的开发中，民俗资源的利用要以不改变和破坏其核心文化要素与文化内涵为原则。当一种民俗文化资源被转化为旅游资源进行开发利用时要充分认识到民俗资源的重要性，要加强传统节日仪式传承的活力，落实活态保护的措施和原则。开发什么？怎么开发？是更加重要的问题。本文只针对竹溪摆

---

① 徐赣丽：《生活与舞台：关于民俗旅游歌舞表演的考察和思考》，《民俗研究》2004年第4期，第134—148页。
② 徐赣丽：《民俗旅游的表演化倾向及其影响》，《民俗研究》2006年第3期，第57—66页。
③ 陈勤建：《文化旅游：摒除伪民俗，开掘真民俗》，《民俗研究》2002年第2期，第5—9页。

祭的现阶段情况进行分析和探讨。

1. 竹溪摆祭的旅游建构——共生关系

民俗旅游原本是近些年来大家普遍看好的一类旅游项目，然而，在实际的操作中，由于种种原因，出现了很多问题，其中，最为人诟病的便是对文化认知的肤浅，缺少整理和规划而随随便便的利用和附会，以实现最大的经济效益。这种类型的民俗旅游实质上是借着保护文化的名义而进行的纯粹商业活动，这种做法与民俗旅游的初衷完全相反，"是功利性的旅游开发动机造成了对民间文化的伤害"。① 而竹溪摆祭作为一种旅游资源却是以保护为前提和目的的，其时间、地点、活动内容、组织方式等基本没有发生改变。

大竹溪摆祭的保护和传承一直依靠的是民间力量，是村民自发组织进行的一种行为，县文广新局、县旅游局、村委等并不过多干涉摆祭活动的进行，仅仅是对其提供支持，以期通过各方面的努力使得这项民俗活动再度焕发新的生机。小竹溪排祭情况也是这样，乡政府引导与村民自组织相结合，对排祭期间的活动安排进行更合理的规划和设置，但是排祭本身的流程则是村民们自己的事，并不在民俗旅游规划项目的范围之内。在竹溪摆祭中，相关负责人的态度也很明确，认为民俗活动虽然可以与时俱进，但是不应该人为地对其进行干涉。民俗旅游开发的目的是保护文化，吸引社会关注，进而通过人这个文化载体的流动，对文化本身起到扩散和宣传作用，实现对文化本身的保护以后才是带动村子的发展。因此，本文认为，现阶段作为民俗旅游资源的竹溪摆祭是一种以文化为中心的旅游活动，文化和旅游是一种共生的关系。

2. 竹溪摆祭的生活属性与展示属性

竹溪摆祭是一种展示性的民俗旅游资源，具有一定的观赏价值，当被展示时会受到外来者的关注。但本质上竹溪摆祭是当地村民的一种生活文化，是村民一年四季的一个生活片段，过日子的一种生活方

---

① 孙天胜：《民俗旅游对民间文化的伤害》，《民间文化论坛》2005年第3期，第96—99页。

式，具有生活属性。但是，竹溪摆祭是向外开放的，同时具有很强的观赏性，这类民俗节日仪式资源具备被外部欣赏的条件，很容易就能转化为旅游资源，当它成功转化为民俗旅游资源时，其展示对象或受众群体扩大了，文化空间的在场者不仅囊括本村人，而且吸引了大量的外来者。仪式的生活属性与展示特点是同时在同一空间进行表达的。

  以祭品为例进行分析。竹溪摆祭中的做头桌实行轮流制，头桌和其他祭桌上的祭品的种类和摆放也有一定的要求。被当成旅游资源以后，依旧还是轮流制，做头人依然按照顺序选出并承担相应的准备工作，留守在自己祭桌前的村民也依然是那些村民，并不会为了迎合游客、学者等在衣着、言谈上发生什么变化。以小竹溪排祭为例，小竹溪排祭中的祭品花样繁复、争奇斗艳，但是通过调查，我们发现，村民们对祭品的制作并非是为了迎合观赏者，而完完全全是出于个人意愿，有些人愿意在祭品制作上花费时间和精力，因此每年的祭品都非常美观，而有些人没有特别巧妙的心思，因此仅遵循惯例摆上自己的祭品，美观性便不那么强。于是有些农户的祭品一贯美观，在村里小有名气，如周金汉兄弟二人。近些年来，小竹溪排祭作为民俗旅游活动以后，依旧如此，文化的主体依旧是本地村民。可以看出，节日仪式的生活属性与展示性是融合在一起发挥作用的。

  此外，在田野调查的过程当中，我们还经历了两件小趣事，同样可以说明竹溪摆祭兼具生活性与展示性。大竹溪摆祭是当地人真实的生活文化，大竹溪摆祭对大竹溪人意味的不仅仅是文化的展示，还是精神的外显，在正月十六晚的大竹溪"太尉游街"的过程中，我们有幸获赠灯笼一只，赠送人为宗宅坦的一位老奶奶，她本人心灵手巧，不管是祭品制作还是灯笼、剪纸花等手工艺品都很出色，当组员关静提着灯笼跟随游街的队伍来到宗宅坦时，恰好碰到老奶奶的女儿，她一看就说是她母亲做的，并且还提到，每年的大竹溪摆祭，双坑坦和宗宅坦都非常热闹，因为这两个坦是大坦，人数多，而且人们也都比较重视，其中，宗宅坦最热闹，来看的人也最多，但是今年却被双坑坦比下去了，她母亲因此觉得有一点点没面子，认为本坦人不用心才会落于下风。从这件事可以看出，摆祭对于外界进入的人来讲，也许仅仅在于祭品的美观和祭祀的神秘性，并不会在意更加内在的问题。然而对于身处文化语境中的内部成员来讲，祭品不仅仅是一道工艺品，还是本坦村民日常生活的体现，是人口、经济以及坦凝聚力的外在表现。行至双坑坦，一位老爷爷也说出灯笼的制作者。原来这位老人扎竹制品的手艺很好，同样在村中很出色，每年的摆祭，这位双坑坦的老人会与那位宗宅坦的老人一起合作，一个扎骨架，一个糊纸、剪纸花，二人通力合作，为摆祭做了很多东西出来。一个小小的灯笼却体现了一个群体的共同协作和分享技艺的社会网络与人情交往。大竹溪摆祭分别在八坦进行，却在这个节点合而为一，以村落为单位，共同庆贺，共同欢聚。

3. 竹溪摆祭在乡村旅游中的作用与特点

一般说来，乡村旅游对节日仪式的利用是非常明显的，不同的社区可能会有不同的特点。目前，竹溪摆祭在建构乡村旅游中的确发挥了作用，有以下特点。

首先，竹溪摆祭的开发程度有限，商业化还不明显。当竹溪摆祭转化为旅游资源时，被截取的片段是传统仪式规定的、本身就对外部开放的具有展示性的部分。一般来说，一种文化具有展示性质的内容往往是表层的。目前竹溪摆祭开发内容是有限的，在乡村旅游利用中没有破坏当地传统文化及其内涵。例如，当地竹溪摆祭所为外界熟知的是白天的献祭，不仅是为了娱神，同时也是自娱自乐、自我观赏以及对外共享，这是摆祭中具有展示性的内容。祭品、祭祀场景都是游客乐于观赏的对象，而对晚上的送神则关注得相对少，主要原因是游客大部分是周边的居民，对祭祀活动的信仰层面参与程度不高，他们白天来晚上走，并不留宿村中。总体上说，竹溪摆祭带动的乡村旅游并没有形成较大规模并足以影响村落局面的态势，商业化倾向并不明显。一些学者调查发现，展演性的民俗文化作为一种旅游资源而具有商业化倾向的同时，因为"他们为旅游观众表演的活动是有限的范围内，这就制造了为游客消费的主体文化的部分，同时，保护了其他部分不被商业化[①]"。因此，未来的大小竹溪的乡村旅游发展中，竹溪摆祭是重要的民俗资源，要进行以保护为核心的利用与开发，传承节日仪式的完整的形式、文化内涵和价值观。

其次，竹溪摆祭展示的是物质民俗和民俗的表层部分。竹溪摆祭中游客对摆祭的兴趣主要在于献祭的场面、祭品以及神秘性、宗教性景观，所关注的对象大都是民俗文化的表层，或者民俗文化的物质层面。也就是说，作为旅游资源的那一部分民俗文化是物质的、具象化的。精神民俗的内部层面及其文化内涵一般不易成为开发的内容。例如，小竹溪排祭当地人叫"送灯"，至今村里中、老年人依旧使用此称，"送灯"是指送走徐侯大王，同时送走晦气和一切不顺，寓意新的一年里万事顺意、平安康泰。"灯"不仅仅是一路上指路的明灯，还是家中男丁的数量，每家每户最重视的便是"送灯"。这就是竹溪摆祭的信仰层面和精神内涵，一般外部旅游者不会认真地、有所约束地参与活动中。相反，村民即便外出工作，不经常回家，但是至"送灯"之时，也是必定要赶回来参加的。与白天献祭时游客络绎不绝、车水马龙的热闹场面相比，晚上的送神、安神活动由于少了游客，参与者只有本地小竹溪人，便显得"冷清"得多。很多游客包括本地的游客很多并不知道仪式里还有"送灯"，少数人虽然知道，但是兴趣仍然是白天的献祭景观，说明了在乡村旅游中竹溪摆祭所展示的是物质民俗和民俗的表层部分，其文化的深层内涵仍然仅仅在村落内部传承。

最后，竹溪摆祭被开发为民俗旅游活动后，对村民日常生活的影响是有限的。竹溪摆祭以文化节的形式展示给外界，但是时间、地点、活动内容和情景依然与之前没有太大的区别，村民在摆祭当中所扮演的角色、参与的文化活动、摆祭本身所发生的次数并未发生明显变化，并且大、小竹溪也一直以民俗村的身份自居，因此短暂性的一场民俗旅游活动对当地人的生活所产生的影响有限。

[①] 徐赣丽：《民俗旅游的表演化倾向及其影响》，《民俗研究》2006 年第 3 期，第 57—66 页。

(三) 民俗旅游视角下竹溪摆祭传承的启示

本研究以竹溪摆祭为个案，通过文献的收集和分析以及大量的田野调查发现，要想以旅游的形式实现对民俗文化的传承与保护至少需要满足以下四个方面。

1. 保护是前提

在民俗旅游中，失败或广为人们所诟病的案例往往是因为文化商品化现象严重以及文化的失真，在一定程度上，文化商品化的日益加重即是文化失真的主要原因。在民俗旅游中，民俗作为最重要的文化载体和展示内容理应放置首位，并以文化保护工作作为旅游开发工作的指导和前提。竹溪摆祭之所以能够保证文化的真实性，很重要的原因就在于将民俗文化本身放在核心位置，不为了获利等目的而乱加开发和指挥。很多民俗村将仪式如婚俗、求雨仪式等搬到舞台上以后，其神圣性便消失了。随之，功能性便也不复存在，从而单单成为只具有舞台效果和表演性的一场娱乐活动，这也就是说，保护文化首先是要保护它的本土环境，要在民俗文化的本土语境中进行，民俗旅游也是如此，竹溪摆祭的旅游开发保证了民俗文化的本土语境，保证了文化主体——当地村民的参与性，并且不对仪式本身多加干涉，因此在现阶段的尝试中小有所成，有效地促进了文化的传承。

2. 专家参与的重要性

专家参与的重要性表现至少在两个方面。专家的参与促进和深化了对本土民俗资源的认识和理解。一般来说，各个领域的专家掌握着专业知识话语权，学界在非物质文化遗产的实践中往往通过知识话语进行多学科的整合，在参与社区的调查研究与合作中，能够把学术话语由学院延伸到社会公共领域，深化了对本土民俗资源的认识和理解，介入文化实践活动，从而对非物质文化遗产的保护利用起积极的作用。具体地说，旅游业中对民俗文化的开发必须要有深入挖掘和整理本土文化的调查过程，这就需要专家提供技术和经验上的指导。在田野调查中，我们会发现一个常见的现象，即当地人对文化的定位往往是出于经验性的，理性思考和归纳总结不够。本研培项目最大特点是搭建专家学者、传承人与非遗工作者三者结合的研究平台。通过项目学习与研究，2018 年的竹溪摆祭明显比上一年有所变化，如小竹溪，取消了 2017 年的非洲鼓、旗袍秀等内容，而大竹溪则利用包进士牌坊打造了祈福、求平安的场地，两者从不同的方面进行了改进，有利于对竹溪摆祭这一节日仪式民俗文化的传承和保护；有利于明确当地乡村民俗旅游的发展道路。通过回访我们认为，文化部研讨项目的实施提高了非物质文化遗产传承人关于传统节日文化的素养。专家带领下的村落田野调查，加深了当地干部和群众对节日仪式文化的重视与理解，促进了非遗传承人的综合素质的提高。在民俗旅游的开发过程当中，民俗旅游的开发不能仅仅依靠旅游方面的人才，民俗学者是个很重要的角色和参与方，可以承担挖掘文化、定位文化、提供文化保护和传承的理论支持等重要工作。

3. 政府力量与民间内生自发力量的良性互动

中国的非物质文化遗产保护被纳入国家文化建设中，政府掌握着行政话语权，国家层面通过一系列文化政策和行政制度将民间文化纳入以名录为核心的保护体系中，并一直试图把"非遗"成果应用到当前的文化建设中。可以看出，这是一种积极而十分重要的推动地方文化建设的力量。传统民俗文化与乡村旅游相结合推动农村的经济发展与社会建设的构想，一直是地方政府所提倡的。但是在实施的过程中，只有发挥当地的民间内生自发力量，才能达成通过乡村民俗旅游进行村落建设的经济与政治目标。

民俗文化是当地民众的生活文化，民众是民俗文化的创造者、保护者和传承者。民俗旅游应充分尊重村民的意见，让民间内部的自发力量发挥作用。竹溪摆祭是民间自发组织的民俗活动，决策人、领导者和参与主体均是普通民众。政府相关部门和村委要充当好辅助角色，一方面要积极帮助村落弘扬传统文化的事业，另一方面又不应该过多干涉村民的组织和意见。

小竹溪排祭中，基层政府组织发挥了积极的推动作用，其参与主要表现为服务与引导。基层组织从多方面支持了竹溪排祭活动，如资金支持、安保支持、对外宣传等。小竹溪排祭近年来十分火爆，安全保障、道路疏通和交通管控等服务性的工作成为基层政府在小竹溪排祭中的重要任务。但是，排祭的安排与流程操作仍然由村中的传承人自发进行组织。松香生产与经营的群体也在排祭活动的发展中发挥很大的作用。总体上说，基层政府力量与民间内生自发力量都在发挥作用，并在不断地调节和互动。大竹溪的情况稍有不同，最初村委之所以重视摆祭的保护和传承，很大程度上是蓝根土、肖大福等人努力的结果。老人们出钱、出力举办竹溪摆祭、传承竹溪锣鼓，还挨家挨户去争取年轻人，力劝他们参与文化的传承和保护工作当中来。苦于竹溪摆祭在经济方面的拮据，他们前后奔走，从水南街道、村委等方面解决了经济困难，获得村委的大力支持和配合。可以说，老一辈的传承人起到很强的媒介作用，不仅在代际之间传递了文化，还在组织之间起到串联作用，成功地把政府组织和民间自组织搭建在一起，使得双方达成一致，共同致力于文化工作，也实现了基层政府力量与民间内生自发力量的互动。

当然，竹溪摆祭在文化的保护和传承方面确实进行了有益尝试，同时也为其他民俗旅游的开发提供了可资借鉴的经验。但还有问题需要解决，如竹溪摆祭专业的服务型人才和管理型人才的缺乏，各活动地点缺少相应的文化解说人，安全防范措施的完善和制度化，等等。总而言之，现阶段的竹溪摆祭大体完成了向民俗旅游资源的转化过程，激发了民俗文化的生机和活力，有效促进了民俗文化保护和传承工作的实施，但是仍应该保持清醒和警惕，不断发现和解决新问题，调和文化的生活性与展示性，保证民俗文化的内在张力处于平衡状态，不断为民俗文化的保护、传承和发展做出贡献。

（大、小竹溪摆祭调查组名单：朱霞、关静、叶素珍、徐薇宏、孟梅青、徐征、刘美燕、夏海法、吕君梅）

庙会生态与社区性的非遗实践

——松阳县玉岩镇香乳山庙会调研报告

鞠　熙　彭晓宁

本调研报告基于2017年9月18—21日对香乳山庙会的实地调查写作。此次实地调研是北京师范大学中青年非遗传承人传统节日仪式研讨班课程的一部分，围绕松阳县玉岩镇香乳禅院农历八月初一的胡公庙会进行。调查组共9人：松阳县西屏街道党工委委员赵娜、松阳县文化馆干部吕青山、丽水市缙云县文广出版局副局长朱勇、丽水市景宁县文广出版局副局长严松海、松阳县玉岩村香乳山庙会副董事张美照、松阳县木雕工艺非遗传承人潘吴林、松阳县枫坪乡高亭村党支部书记吴永富、北京师范大学社会学院副研究员鞠熙、北京师范大学硕士研究生彭晓宁，人员身份涵盖非遗传承人、政府文化部门干部、社区干部与非遗研究者等。围绕香乳山庙会，小组在为期四天的调研过程中，从民间组织、节日仪式、非遗项目生存状况等几方面展开调查。在全方位、多角度与社区居民、非遗传承人以及庙会参与者广泛接触、深入访谈的基础上，调研组坚持每天举行田野工作会议，汇报当日调查所得，分享非遗调研的感想与心得，讨论节庆仪式类非遗的保护与传承的现状、困境，以及未来工作的道路与方式，用实际行动践行非遗保护中的"社区参与"理念。

庙会生态，指从生态系统的角度去理解庙会。庙会生态有三个层次：首先，庙会本身具有很强的集体性、合作性、共享性的特征，各色人群在庙会中聚集，共同形成庙会活动期间的"节庆生态"；其次，庙会不仅是一个非遗项目，而且是其他各种非遗项目，尤其是民间小戏、民俗饮食类非遗项目赖以生存的土壤，这些民俗形式相互作用，共同构成了庙会的整体生态；最后，庙会不是孤立存在的，家族性的祠祭、村落性的社祭与流域性的庙会，以年度时间为单位，构成了当地集体祭祀的整体，在满足当地居民不同信仰需要的同时，也承担了处理从家族、村落到相邻地区等不同层级中的公共事务的功能。居于这一祭祀体系最上层的香乳山庙会，发挥着统筹协调、强化区域共同体的重要作用。这一结构化的祭祀体系，自身也构成生态系统，并与当地民间组织、社会结构等相互协调，从而构成当地传统文化的基本形态。

社区性的非遗实践。"社区性"或"在地性"是非遗认定中的重要维度，非遗的保护与传承理念尤其强调当地社区的认同与参与。从实践角度理解，"社区性"有两方面含义。第一，实践主体必须是当地社区，即以非遗持有者和传承人为主体，政府、学者等多方力量共同参与的在地化力量。当地居民本身形成结构化的组织与社区，通过其内部协商机制形成非遗传承的主体；而政府、学者等外来参与者，也通过参与他们的非遗实践来发挥引导或沟通的作用。第二，在实际的非遗保护实践中，由于种种原因，有时会存在将非遗文化拔出它原有土壤的情况，这样反而会造成非遗项目的水土不服。在这种情况下，非遗保护实践需要回到这一文化的原生地，找到其本身与当地之间实际的、真实的联系，培育它能够自我生长并生生不息的土壤。

一 香乳山庙会的现状与资源优势

（一）香乳山庙会概况

1. 玉岩镇历史文化概况

玉岩镇，位于松阳县西南部，距离县城61千米，北与遂昌镇接壤，南与龙泉市毗邻。全镇面积134平方千米，辖32个行政村。地势中间高、两头低，最高处高济尖海拔1423米，是松阳县第二高峰。

玉岩村是玉岩镇政府的所在地，海拔400米，四面环山，坐落在小盆地上，冬暖夏凉，四季分明；虽气候条件优越，但由于山路蜿蜒，到县城需要 1 个小时。全村 95% 的农户经营香菇种植，年产值 10 亿元以上，是松阳县著名的"花菇之乡"。玉岩村是玉岩镇最早的村落，南北朝时期就有人居住，唐代极其繁荣，素以松阳西南重镇著称。早先居民为刘、宋、陈、徐四姓；北宋时期，叶法善后人卯山叶氏从古市镇避战乱至玉岩，遂成大姓，现在村内叶氏仍有 80% 以上；元末明初，杨氏一族从安民乡迁居来此。清代时，杨氏人才辈出，杨孙澜、杨孙芝、杨孙华三兄弟都是贡生，现在杨氏祠堂还存有皇帝御赐的"三凤齐飞"匾额一块。

玉溪（大源）由北向南将玉岩村一分为二，村东是 2000 年后兴建的玉岩新村，村西是玉岩老村，也是松阳县历史文化保护区。现在保留下来的文化古迹有建造于明代正德年间木质结构的"普济桥"，属浙江省级文物保护单位，保存较为完好；玉溪上的石拱老桥寿禧桥，上面刻有"通往古市"四字；寿禧桥边的杨氏宗祠及祠堂内的匾额；普济桥头的文昌阁，现在仍有许多信众来此求取学业功名；正在修缮中的叶氏老屋，房屋产权由叶氏多人共有；叶氏宗祠，及祠堂前一清一浊、水量不变的两口大井；现在已改建为玉岩中心学校的多福寺；在原先基础上重修的大源殿等。

2. 香乳山庙会的兴起与变迁

民间传说，香乳禅院原本供奉张思廉（张三丰），但据《叶氏宗谱》记载，炼丹士章思廉曾在此炼丹。章思廉，遂昌县人，在遂昌县城北 20 里有章思廉故居，元至正间（1341—1368）建，早废。玉岩香乳山丹房的遗址，在禅寺后约 200 米高处。原本建有一座庵堂，明天启元年（1621），郑九洲先生（1589—1644）（遂昌人，工古文诗词，著有《香云集》）撰玉岩叶氏宗谱序，文中载曰"福聚普照有堂、香乳有庵，俱书别简"，证明香乳山早在明嘉靖时（1522—1566）已经建有庵庙。

村史记载，嘉靖四年（1525）山洪暴发，毁农田无数，大源路、桥、水渠、稻田损失惨重。村民们只能埋怨老天，神不佑我黎民，于是经过再三择址，在玉岩村北面香乳山上，海拔约 840 米处建寺塑佛，以免大源之水患。据玉岩镇文化站站长金康法说，香乳禅院最初的选址是在山顶，后来一夜之间，狂风大作，所有的树木都被吹到了山腰，也就是现在的位置，于是就顺理成章地建在此处。新建的寺庙，需人守护住持，叶其满中年已过，未有家小，香乳山建寺时他曾出了不少功力，认为对佛有缘，所以毅然皈依，出俗在香乳禅寺当起了住持。后几经改建修缮和菩萨的更换增加，清康熙二年（1663）里人叶伯登率子侄善适、善选、善造等人，重新择地将庙堂迁移，改建到现在的香乳禅寺，以真君为镇殿菩萨。清末太平天国在江南导致动乱时期，禅院董事长伯登、伯颜为赶走匪徒请来征兵。但匪退后伯登、伯颜付不起赏银，伯颜被征兵杀死，百姓都怨真君不灵，择吉日废真君拜胡公。百姓从永康方岩接来胡公，镶佛像，并择吉日（八月初一）开光，热闹非常。从此董事会定于每年八月初一举行庙会。

民国初年，香乳山庙会更是热闹非凡。当时香乳山寺周围有一块田地，种庄稼所得收入归庙里，于是成为庙会的资金来源。20世纪二三十年代，香乳山庙会会期依旧为每年八月初一。从七月二十一日起，周围各村的"同事"便组织上山，为庙内送去食物、供品，四处打扫卫生，并把山路杂草全部铲净。到七月二十九日，香客们往往下半夜就开始过香乳山桥上山。一路上摩肩接踵，到半山亭歇脚处，有庙内同事用大盅泡着端午茶，供香客们免费取用解渴。七月三十日开始，至八月初一，两天庙会期间，庙内会请道士作法，还会请龙泉戏班来演傀儡戏，演出剧目包括《天宝图》《地宝图》《珍珠塔》《徐庶回家》等。庙外有各式摊贩聚集，贩卖粉干、泡豆腐等吃食、饮料，凡玉岩镇中所有之物，此处皆能买到。

1962年建玉岩大会堂时，村民将香乳禅院的瓦片全部拆下，用于修建大会堂。由于缺少屋瓦挡雨，庙墙很快垮塌，神像也坍塌破坏。人们觉得可惜，"下雨就没有了，胡公大帝看着可怜我拿了个毛疙瘩搭起来，六根柱子把它隔起来"。[1] 1981年时，由叶祥林、杨天湘二人发起，附近五村的村民陆续参与，香乳禅院开始重建，并于1987年竣工开光。据杨天湘自己说，此次重修是因为小学生常去寺

---

[1] 摘自录音：2017年9月21日下午访杨天湘。

里玩，但寺庙荒废后小学生上山只能喝冷水，他为了让小学生在山上喝上热水，于是开始考虑重修寺庙。此次重修完全依据民国时期香乳禅院的原貌复建，头门开在朝向玉岩的方向，两边有千里眼与顺风耳；进入正殿，供奉的是胡公；后殿供奉的有观音、十八罗汉、四大天师、二十四归天、手里拿着金卷的三眼华光等。左右两厢为客堂，民国时期东厢房供人赌博，西厢房是餐厅。重建后赌博的地方被取消，2008年在此处新建"革命菩萨殿"。厨房后有石臼和水井，还可依稀见到当年的烟火气。传说，这口石臼本来可以不断涌出白米，但由于庙祝贪心，将石臼凿大，结果从此白米不再涌出。

3. 庙会现状

1981年香乳禅院开工重建，1987年完工，是年八月一日就举行了开光仪式，并组织了复建后的第一次庙会。此后庙会规模越来越大，遂昌、龙泉、松阳三地的香客常有慕名前往者。据说前些年香客人数有所下降，但近两年有回升，香客人数继续增长，据本调查组初步估计，仅七月三十日夜间在庙中烧香者约有500人，前来游玩者则更多。

现在上山有两条路线：一是沿古香道上山，路上香乳山桥、二十四道弯、半山亭等旧物均与民国时期无异。另一条是盘山公路，自2013年开始修建，目前已经通车至半山腰，但尚未完全完工，该公路将原步行需近两个小时的山路缩短为十几分钟。庙宇建筑由村民自发修成，显得非常简陋，但神像陈设基本保持原状。2008年，来自遂昌的老板郑永昌捐资40余万元，独力将原赌博处改建为革命菩萨殿，随后，这里成为庙会期间道士降神问卜的地方。

如今庙会仍于每年农历八月一日举行，最隆重的仪式是子时上香。七月三十日晚饭过后，香客们已经陆续上山。不到9点，庙里已经熙熙攘攘，正殿捐款处前围满了香客，右边的革命菩萨殿里道士在算命，左边的厨房有人打牌、聊天，厨房里正在准备晚饭，后殿有道士在解签。10点在革命菩萨殿，请来的道士开始降神仪式，11点正殿开始烧头香。整晚厨房一直在烧饭，厨房外有十几张桌子坐满了人，香客轮流吃饭。殿外不断有人在放鞭炮。

因公路尚未完工，为避免夜间行驶事故，从三十日下午5点开始，镇派出所就派人封锁了公路入口，所有香客一律从古香道步行上山。因此，夜间香客多以年轻人为主，从我们访谈情况来看，香客中既有年年上山烧香的附近村民，也有远道而来的初次来访者。香客说胡公很灵，求子、求财、求运、求学业、求姻缘都可以来。例如，捐资最多的杨春荣先生，30岁左右，现在松阳县内开办打火机厂。因母亲信观音，从小耳濡目染，也以观音为自己的保护神。他早就听说过香乳山庙会，但从未来过，今年刚好有朋友上山，他便一道前来，并为庙内捐资1688元。据庙内收款处统计，个人捐资多以50元、100元为主，今年庙会期间全部收入约4万元。但由于修公路的欠款尚有70万元需要归还，这4万余元将全部用于还债，尚无力改善庙宇建筑或开展更多活动。

（二）香乳山庙会在现代社会中的资源优势

1. 庙会的组织机制

香乳山庙会完全由玉岩附近村民自发形成、自发组织，但每年都秩序井然、乱而有致，内部生命力非常旺盛。据调查组了解，这种秩序性主要来自其内部严密的组织关系。具体来说，香乳山庙会的组织机制由董事会与同事会两种群体组成。

董事会

至少从清中期以后，香乳山寺就形成了董事会群体。董事会人数不定，但都是远近闻名的乡贤士绅，或素有威望之人。这一制度历经民国时期并延续到了今天。1981年重修寺庙时，首倡捐修的杨天湘和叶祥林两人，就联合周围5个村子，再次组成董事会，由叶祥林任董事长，杨天湘任副董事长，重修寺庙并组织庙会。其余董事也有大致分工，但并不明确，如1984年加入董事会的金文龙，就主要负责管理捐款。但据金文龙回忆，一般情况下，董事长直接向其他人分派任务，需要经过董事会商议决定的事情很少。

目前董事会也称庙会管理小组，共有7人。人员并没有特别严格的选拔程序，一般由上届董事指定，或是选择长期参与或负责庙会事务的人，如果为庙会捐资较多，也会优先吸纳。为了做好每年香乳山庙会的组织与管理工作，董事会经常开会，其成员每月初一、十五也会回香乳禅院上香祈福。

同事会

同事会就是庙会中的志愿者群体。如前所说，每年从七月二十一日开始，他们就陆续上山，帮助打理庙会期间的大小事务。如果遇到寺庙需要募捐筹资的情况，他们会负责在自己所在的村中募捐。每村的庙会同事大体稳定，如离玉岩村不远的乌岩村中一直就是6位同事负责召集其他香客。这6位同事也是在乌岩村有一定地位与话语权的人。

由于长期合作，同事之间往往结成深厚的友情，特别是同事中的妇女群体。由于女性的身份限制，她们不能进入董事会，且往往承担庙会期间最繁重的做饭、洗碗、打扫等工作。但在辛苦付出的同时，她们之间也收获了深厚的友情，彼此姐妹相称，乃至日常遇到困难时也会相互帮助。从某种意义上说，正是庙会使她们获得了社会联系与社会支持系统，这也是她们以极大的热忱参与庙会工作的重要原因。

董事会与同事会作为庙会的核心组织者，总体来说具有一种相对平等的氛围。八月初一中午，进香人群基本散去，留在神前的大量供品以及为香客们准备的饭菜就由他们带回家。凡是在庙中帮忙的人均有份，而负责分配的人也极力做到完全平均，甚至有时会为了平均的程度而斟酌良久。人们相信，经过胡公保佑后从庙里拿回去的供品，小孩子吃了对身体特别好。

此外，为了预防安全问题和突发事件，这些年政府也在香乳山庙会中发挥了一定作用。据镇政府工作人员李红艳说，政府的文化政策是将香乳山庙会与农民文化节联合打造成品牌。每年庙会期间，政府部门几乎全员出动，安排人员义务负责安全、供电、卫生等各项维护，工作人员也在山上与众香客一起吃大锅饭。但其实政府未介入时，庙会倒也平安无事，"只不过混乱一点，没有秩序一点""上来的老百姓也知道是好事情，不会说因为小事情争吵，上来就是祈祷平安的"。①

2. 命运共同体与集体情感

以香乳山庙会为中心，玉岩村及周围村民之间形成了强烈的共同体意识，他们对庙会高度认同。从调查情况来看，即使不去庙会上香的村民，也普遍认为香乳山寺非常"灵验"，认为必须好好保护与传承这处民俗文化。香乳山寺是当之无愧的附近区域内的"圣地"，而且日复一日，这种"灵验"的感受还在累积。在庙会期间，前来拍摄的《汉声》杂志社掉落了无人机，本来因为有GPS定位与无人机传回的照片，应该很容易找到，但因为摄影师拒绝向胡公祈求，结果无人机始终未能找到。这一故事很快就在香客中传播开来，成为胡公灵验的又一新例证。

除了对胡公灵验的共同认同外，香乳山庙会以及承载这一庙会的玉岩村还凝聚了丰富的情感认同，其中最为明显的是对老人（尤其是董事会老成员）的尊重、对外来者的包容，以及对命运共同体的认同。

首先，玉岩村的生活对老人非常友好，老人们不仅能在这里安度晚年，甚至可以通过参与迎神会或庙会董事会的工作，对村民舆论、选举等形成一定影响。老年人组成的组织非常多，香乳山庙会董事会、玉岩村社庙——横潭大殿的董事会，大多由60岁以上的老年人组成。此外，村里还有老人协会，平时有固定的活动地点，即村里的居家养老中心，每年也举办丰富多彩的活动。一方面，居家养老中心成为老人们聚集、聊天、交往的最佳场所，每日村中30多位老人都要在这里报道聚齐。另一方面，村里还成立了老年体协，每年两次的运动会也成为玉岩村文化活动的重要组成部分，这使老人成为村中一股最为活跃的力量。

其次，玉岩村作为附近村落的商业中心，又有香乳山寺这一共同认同的圣地，外来人群较多，而玉岩村村民对外来者持非常开放的态度。玉岩地形似船，风景优美，历来是躲避战乱的世外桃源。传说玉岩"养客商"，凡是外来客商在玉岩总能发家致富，而本地人反而没有

---

① 摘自录音：2017年9月19日晚上访谈派出所所长。

那么成功，以此说明玉岩村对外来客人的接纳与欢迎。1949年前村里常有集市，还有20多家商店，涵盖火炮店、布店、药店、南杂货店、盐店、日用品店等，也有许多挑担的外地商贩，具有很强的包容性。这一点或许与避战乱的传统有关，据村民讲，"抗战时期我们这一边是很清静的，日本人没来过，也没受过影响，所以都迁到这里来了[①]"。

最后，村里流传着大量关于风水与"十景"的传说故事，通过这些传说，无论是山川河流，还是树木岩石，玉岩村村民给身边的自然万物都取了名字、讲了故事，其实就是以风水的名义赋予了它们意义。从此，它们不再是可以被随意对待、任意改造的客体，因为改动环境所影响的不是个人的命运，而是集体的命运。例如，村口的"红鲤鱼"与"绿鲤鱼"两座山守着水口，对面是笔架山。

"那边有个土木结构的房子，再过去一点叫塔下鲤，就有说法说玉岩要出皇帝的，把它镇住了。在横潭的地方要出将军，在玉岩要出皇帝的，所以把它镇住了，那里是龙脉。那个地方有个庙叫殿山庵。殿山庵清地基的时候，第一天清了多少，第二天又满上来，那里龙脉风水很大，在上面就立了一个塔把它定住。以前不是有祭吗？就买了条白狗，把它杀了，用血洒过去。祭了之后，再挖下去。挖下去之后，挖出来一对死乌鸦，就要开眼了。如果开了眼就要出大人物了。"[②]

此外，调查中反复听村民讲到，社庙"横潭大殿"本来在村口处，1962年本已被拆除，村里一直没有修复。但2003年时村里修公路，在原来社庙所在处挖出一条笔直的金黄色土壤。人们纷纷传说这就是村里的龙脉所经之处。就在这一年，村里连续几位四五十岁的壮年去世，人们相信村中风水已被破坏，于是在社庙旁边的山顶上重新修建，"地方上不太平，要建一个庙，大家争议都很大，我们董事会就想办法着手"，[③] 这就是今天我们看到的横潭大殿。这一故事表明，

---

① 摘自录音：2017年9月18日上午横潭大殿座谈会。
② 摘自录音：2017年9月18日上午横潭大殿座谈会。
③ 摘自录音：2017年9月18日下午访大殿董事长李长汉。

村民相信玉岩村中所有人的命运是紧密相连的，一个人的死亡不仅是他自己或他家庭的事，也是全村人的大事。风水作为一种抽象的观念，实际上是全体村民共同命运的象征物。不仅所有村民的生死命运被"风水"联系在一起，玉岩村的命运也与整个国家的命运通过"风水"联系在一起。村内文昌阁旁的大樟树，也是村中重要的风水树之一。1976年毛泽东、周恩来相继去世那一年，这株几百年的大樟树莫名其妙全部枯死，一两年间都毫无转机。正当人们准备将它伐去之时，它却又神奇地起死回生。将村里的"风水树"与国家领导人之间建立起神秘的联系，这在深层上，表达的是玉岩村村民对国家的强烈认同，并愿意将自己的命运与国家命运紧密联系在一起，形成自然与人类的命运共同体。在环境保护与生态建设日益重要的今天，这种观念显得尤为宝贵、重要。

因为老年人在村里有相当的话语权和行动力，也因为人们相信玉岩村，包括村落的自然、生态、山水、动植物，以及所有在此生活的人，共同构成一个"命运共同体"，因此在玉岩村，我们仍然能感受到村民中间存在一种难能可贵的集体情感，这是本地社会和谐、包容、稳定发展的心理基础，同时也间接为村落发展带来了资源。例如，年轻人虽然大多外出打工，但逢年过节都会回家看望，每年庙会期间也有很多人回家上香，甚至年老之后都愿意回到村里养老。因此，目前玉岩村"空心化"的问题并不太严重，整个村落仍然充满活力。

3. 以庙会为代表的祭祀活动，共同构成非遗传承的土壤

目前在玉岩村保留较为完好的祭祀活动主要有三种：祠堂祭祀、迎神会与香乳山庙会。三种祭祀活动的参与者分别是：家族成员、本村村民与本区域内居民，从空间范围上说不断扩大，然而从其内部机制上看，三种祭祀活动在文化逻辑上是一个整体，不能相互分开。

家族成员共同祭祀的活动主要是祠堂祭祀。玉岩村最主要的大姓是叶姓，叶家曾在村中有3座祠堂，如今仅剩一座报德堂。叶氏报德堂始建于明成化十二年（1467），由叶秉恭兄弟所建。处后山脚水井头上首约30米，坐西向东。清康熙二年（1663）续建了两廊，道光癸巳（1883）又复隆其榱栋，厚其垣墙。光绪二十五年（1899）四

月，增设左右两龛。报德祠祭祀渭叟公第十九世孙圮公。现在玉岩叶氏人口，出自报德祠系下为最多，山场、祀田也最多。每年正月，所有叶氏子孙会在祠堂内祭祖，匡正人心。祠堂内也有严格的祠规条例，以端正子孙行为。

以社庙横潭大殿为圣地的迎神会，是村里最重要的活动。过去的迎神赛会一年举行两次，正月初六保平安，小暑之后的第一个卯日保丰收，遇到大灾时也有组织。但现在只保留每年正月初六一次，完全是民间自发行为。1949年前，每年正月初五，在白云道院内就开始演戏，初六将横潭大殿中的所有神灵接到道院中看戏，演戏9天10夜。每夜由一组负责，设夜头（头目）一名，负责安排演戏的大小事务，并负责在本组范围内筹钱以供演戏。其中叶姓有6组，杨姓有1组，徐姓有1组，其余杂姓可以加入叶姓的6组之中，最后一夜是全村人共同捐资，专门演给观音看。最重要的是，迎神会的夜头同时要承担起村落管理的重任。每年各组选出的夜头会轮流担任迎神会头目，轮到初六迎神的那一位，也要负责未来全年的村内事务。而真正的村长只是名义上的，只负责征兵拉壮丁，其余所有村落的大小事务，基本都由当年值年的夜头决定。如今迎神会这一活动也成立了相应的董事会，但由于活动主要面向村内，因此成员也以玉岩村人为主。正月初一就有来庙里烧香拜佛的，到了初五更加热闹，前几年有500来人，现在人数每年都在增加，每个来的人还能得到5块钱红包，这笔钱由庙里的收入来承担。此外，文昌阁也是玉岩村具有代表性的建筑，是读书人去拜的地方，也有另一套管理班子，平时大殿、文昌阁和庙会的三套班子并不常交流，但有活动时会互相邀请。

与迎神会相比，香乳山庙会是更大范围内的认同圣地，"香乳山的不一样了，它那个是带有社会性质的，其他村庄都来的"，[①]"香乳山可能更多的是以镇为主，附近的村都比较信这个，我们早上去的（横潭大殿）以本村人为主"。[②] 但是由于香乳山就在玉岩村范围内，

[①] 摘自录音：2017年9月18日下午在玉岩村养老服务中心访叶经生。
[②] 摘自录音：2017年9月18日下午访大殿董事长李长汉。

因此玉岩村民在庙会中也有绝对优势。例如，香乳山庙会董事中常常也有横潭大殿的理事，自民国以来就一直如此。但与迎神会夜头相比，香乳山庙会董事的身份、地位往往会更高，经常由松阳县内的知名人士担任。而香乳山董事会也常常会处理地区内的重大事务，如前述"长毛入侵"的故事，就是由香乳山董事出面去求援，而董事被戮之后，人们怪罪于神灵，甚至不惜更换了庙中的主神。从某种意义上说，真正成为香乳山庙会的"灵魂"的，也许不是神灵，而是这些董事。老人们也说，过去香乳山不仅有八月初一的庙会，每当有大灾大难，或者地区性的自然灾害时，人们还会联合起来在香乳山打大醮。这种仪式耗资巨大，通常由几个村落共同出资，而除了香乳山寺之外，没有任何其他寺庙能承担起这一重任。

从上面可以看出，祭祖、迎神与庙会实际上是有内在统一性的，它们共同构成了基层制度中由个体管理到区域自治的层面，而政府的官方体制反而只是陪衬。作为县级非遗的香乳山庙会，应该在这个背景下进行整体性思考，才能理解它在当地社区中的重要地位。

与此同时，祭祖、迎神与庙会三种大型的祭祀活动，也构成了非遗传承的重要土壤。参与庙会是各种当地非遗传承人群获得收入或学习技艺的重要方式。例如，庙会期间会免费给香客提供端午茶（省级非遗项目）和各式点心，来厨房帮工的年轻女性就是在这种集体工作的环境下学习端午茶、麻糍、米糕等各式民间饮食的制作技艺。更突出的是民间戏曲的传承，香乳山寺由于海拔较高，背着箱笼很难上山，因此一般不演大戏，只有傀儡戏可以在山上演出。而迎神会则是民间戏曲大展身手的大舞台，松阳独有的国家级非遗项目——松阳高腔，也正是通过这类演戏活动才得以生存。据高腔艺人回忆，私人出钱唱戏的情况基本上没有，剧团绝大部分收入来自这种迎神后的还愿戏，随着还愿戏的减少，松阳高腔的市场萎缩，最终导致了目前的生存困境。如何安顿老艺人、当前剧团成员如何生存、如何吸引年轻传承人，都是文化工作者应当考虑的问题。

总之，香乳山庙会本身的传承有深厚的传统、良好的机制与广泛的群众基础，自我传承动力较强。但在今天，它与民间社会的关系已经发生了变化，它不再作为区域内协调村庄关系、共同应对重大事件的议事机构，而作为非遗传承土壤的功能也基本消失。

二 作为非遗项目所面临的困境

（一）庙会净化人心、提升道德的功能尚须进一步提升，庙会的董事会成员离"道德榜样""乡中贤士"的标准尚有一定距离

《易》曰："神道设教"，即是说，"神"乃为教化而设。《祀典》中也认为，"聪明正直者为神"。在中国传统文化中，神是最高道德楷模、最高行为标准的化身。在今天的语境中，神，以及在神灵面前进行的庙会，也理应是社会主义核心价值观的核心体现。香乳山庙会理应在这一方面继续提升。

香乳山庙会管理小组董事的遴选方式存在一定问题，一般由老董事直接选择，选择标准主要是"以前老董事长看他很勤快，觉得他比较热心、会管理"。[①] 管理小组目前有7名成员（董事），其余就是庙会时自发来帮忙的民众。这7名董事中并不都是当地最有名望、最能服众的乡贤。在管理方面，董事会有意见不统一的地方，管理制度也不够完善。例如，今年庙会结束以后，董事们不等当场清点钱，讨论下一步工作计划，就直接离开了寺庙，反映出目前董事会成员在管理方面的素质有待提高。更重要的是，董事会成员还没有成为当地的道德楷模，没有对凝聚和提升当地的道德人心发挥应有的作用。例如，玉岩村、乌岩村等地的叶氏宗祠，每年在祭祖后都会公布收支情况，香乳山庙会也理应公布收支细目，以使人信服，并树立起公开、透明、民主、共享的先进道德标杆，但目前并没做到这一点，财务操作上虽然有规章制度，但是并没有执行好，也不够公开。董事会内部处理事务的方式，民主生活的机制，都应该形成文字，并向所有信众公开，这才能进一步培育良好的道德风尚，并进而利用自己的影响力在全社会范围内形成良性的舆论氛围。在调查中我们了解到，横潭大殿

[①] 摘自录音：2017年9月18日在去玉岩的大巴车上访张美照。

董事会的成员"基本上我们村里人都比较相信的。我们一帮人比较公正，自己掏钱出来，每年都是100—200元这样子，没有一个人想到庙里赚工资"[①]，虽然也是董事会成员的自我评价，但反映出横潭大殿董事会与庙会董事会相比，具有较高的内部认同度。总之，香乳山庙会管理小组在管理和运行机制上都有待改进。

（二）庙会的文化意义不强，尚未发挥其作为非遗传承土壤的重要功能

玉岩镇是多项非遗项目的所在地，最具代表性的就是松阳高腔。玉岩镇下辖的周安村既是松阳高腔的发源地，也是目前松阳高腔剧团的所在地。以松阳高腔为代表，现在玉岩镇的戏曲类非遗项目都面临青黄不接的困境。高腔、花灯、锣鼓等队伍演出机会少，且不赚钱，再加上村落"空心化"现象，没有年轻人愿意学习高腔，非遗的传承举步维艰。

之所以造成这一局面，与庙会的功能缺失有一定关系。以玉岩村为例，传统上需要酬神演戏的两大祭祀活动：迎神会与庙会，现在都不再请戏班唱戏。迎神会是因为唱戏的空间——原来位于白云道院内的戏台被拆除，而大礼堂又在本质上无法抬着神灵进入演戏，因此自恢复以后从未组织过演戏。而香乳山庙会由于修路的巨大投资，欠下的巨款尚需很长时间去偿还，因此也无力请戏班前来演戏。种种原因导致目前这一地区的还愿戏、酬神戏数量急剧减少，松阳高腔也自然失去了市场和生存空间。

不仅松阳高腔难以继续以庙会为平台传承，庙会本身的文化性也大打折扣。过去，香乳山曾是附近地区文化活动的中心。香乳山寺曾有丰厚的寺产，仅田地就有80亩之多，因此庙内常年雇用着两三个和尚、道士，负责看管寺庙、举行法事、接待香客。据老人们回忆，以往除了八月初一庙会之外，每到初一、十五，香乳山寺都有小型活动，或唱和、念经，或掣签、酬神，这成为香乳山寺在附近村民心中具有神圣感和灵验感的重要来源。而依托于庙会这一平台，丰富的民

---

① 摘自录音：2017年9月18日下午访大殿董事长李长汉。

俗活动也为各种非遗项目提供了舞台,香乳山寺因此不仅是信仰的圣地,也是文化的圣地。而现在,香乳山寺举步维艰、自顾不暇,连刚新修的殿房都开始有损坏的迹象,而不能得到及时的修补,遑论举办丰富多样的民俗文化活动。据我们了解,目前香乳山寺的主要活动,基本集中在八月初一的庙会这两天,平时活动很少,远远不能与过去香乳山寺的文化功能相提并论。

(三) 政府的非遗传承措施未达到预期目的

近年来,各级政府对文化工作越来越重视,作为传统文化重镇的松阳县更是走在前列。例如,每年举行的"送戏下乡"活动,在每年农闲时,政府出钱请戏班到各个镇里进行演出,演完一轮需要一个月。从政府工作的角度说,送戏下乡不仅受到村民的热烈欢迎,客观上也促进了各个村落建成文化礼堂,以便开展更加丰富的文艺活动,可谓一举两得。但实际上,送戏下乡打破了高腔剧团一贯保持的"半年种田、半年演戏"的生存模式,反而造成了民间艺术市场的进一步萎缩,加剧了松阳高腔传承的困境。这是因为,政府给剧团开出的酬金非常稳定,且相对较少,不如市场价格高,这不利于形成竞争性的自由市场。同时,由于送戏下乡的存在,原本就因寺庙消失而遭受重创的还愿戏、迎神戏进一步萎缩。剧团成员们说,高腔最活跃的时候,一年的演出能达到300来场,但现在一年只有八九十场,在收入只有演出费且人均分得较少的情况下,绝大多数演员不得不另谋生计。过去庙里的迎神戏活动是带有义务性质的,"如果庙里要演出,这些演员都会赶过来的。他请我们演出,我们如果不去,怕神佛会怪罪的,是为了神佛,演员都会赶回来的";[①] 而现在,原来需要请戏的村民,都等着政府送戏下乡,因为觉得这种便宜不占白不占,能不花钱就尽量不花钱,有的甚至会将迎神酬神的日子专门调到送戏下乡的那一天。现在剧团的骨干演员都已经四五十岁,他们虽然对高腔满怀热情,却也清醒地认识到了高腔的发展困境是缺少传承人,"如果

---

① 摘自录音:2017年9月20日上午在镇文化礼堂访高腔艺人。

高腔就像现在这个情况继续搞下去，我想可能是传不下去了。一个是没人学，一个是没什么经费"。①

玉岩镇的各个庙会原本是历史上传承下来的民间自发活动，而随着政府的介入，庙会也逐渐生成了新的互动形式。2008 年，在金康法的策划下，玉岩镇政府举办了首届农民文化节，为期 5 天，包括民间灯彩艺术展示、农民文艺晚会、松阳高腔演出以及民间传统器乐大赛等，引起了热烈的反响。随后镇政府每年都会举办农民文化节，在不断积累经验的基础上，2013 年起，农民文化节开始与香乳山庙会结合起来，形式由镇政府设计，"真正的八月初一就是上山礼佛烧香。我们就是把内容充实了一些，用八月初一这个时间搞我们的文化活动、文化节，把项目增加进去，从我们政府这个层面把庙会推介出去"。② 近些年，香乳山庙会还新增了七月三十日晚篝火晚会的内容，据金康法说，去年的庙会上，县里的领导也在禅院门口围着篝火跳舞。但是，农民文化节中的节目由于是政府要求的，收入也不多，带有明显的政府演习的痕迹，因此大多数节目都是随便应付，少有发自内心的艺术激情。也有很多人对于一些非遗的创新表达不满，认为改了内容、曲调、唱词的松阳高腔剧目失去了原汁原味的特色。总的来说，农民文化节并没有如政府所愿，成为庙会活动的有机组成部分，它与庙会始终水火不容，难以沟通。从今年我们观察的情况来看，来观看非遗表演的村民并不多，总计在 100 人左右。人们甚至相信，如果庙会与文化节分开，不借助庙会带来的人气，文化节的观众会进一步减少。

三 非遗保护与传承的对策建议

（一）吸收历史经验，完善庙会组织机制，从制度上促使董事会成为"乡贤会"

正如前文所说，历史上香乳山庙会曾经有一套完善的组织机制。

---

① 摘自录音：2017 年 9 月 20 日上午在镇文化礼堂访高腔艺人。
② 摘自录音：2017 年 9 月 20 日中午在玉岩镇政府吃午饭。

只有当地素有贤德名声的人物才能成为董事，而从董事到董事长，更需要经过严格的考核和所有董事、同事成员的赞成支持。据玉岩村老人们回忆，过去董事长不好当，所有的目光都盯着他，稍有行为不慎或者举止不端就会遭到弹劾。正因如此，董事长的更换也很频繁，基本上两到三年就会更换一次，其人选也不会局限在玉岩村一村之内，而是会在多个村落中轮换。这样所形成的制度，相对更加民主、透明，也有利于利用庙会这一社区共同认同的平台，树立道德楷模的"路灯"，乃至更加严于要求自己的道德竞赛。

（二）丰富庙会文化内涵，弘扬社会主义核心价值观

充分发掘当地已有的传统文化资源，建立在当地社区自身传统的基础上，积极参与非物质文化遗产保护运动，使香乳山寺成为非遗保护的排头兵与重要阵地。例如，与政府非遗保护相结合，利用民众在节庆期间酬神的心理特点，开展文艺表演或其他类型的文化活动。重视寺庙特有的仪式感与神圣感，适当依靠僧人、道士等专业人士提供宗教的神秘体验，但并不以他们为中心，而是继续发扬香乳山寺以董事会为核心的优良传统，将寺庙文化定位于弘扬社会主义核心价值观这一立足点上，提高庙会的整体文化层次，以更丰富、更有意义，也更有吸引力的民俗活动来吸引信众、引导信众，实现寺庙发展与社会建设的双赢。

除了举办各类文化活动之外，也应发挥寺庙作为公共空间的功能，为本地区的社区居民提供多样化的交往方式。目前，由于董事会、理事会的长期合作，在香乳山寺中已经形成了非常融洽、和谐、平等、相亲相爱的氛围。未来，应该用这一氛围去影响更多人、打动更多人，使更多人能体验到和谐的生存之道，从而使寺庙真正发挥安抚人心的功能。在这一方面，寺庙董事会可以举行一些养济、慈善类的活动，向社会传播正能量。

（三）明确自身特色，打造在地的社区性非遗

在松阳高腔的传承问题上，首先要解决的问题，是从根本上认识

到，松阳高腔的特色在于"土"，它完全依赖于玉岩镇这一地区的方言土语，离开这一方言环境，它就无法被理解，当然也就不能生存。今天的传承措施应该着眼于让它重归土地。

正如松阳县乃至更大范围内的人们所清楚知道的，由于地处松阳、龙泉与遂昌三县交界之处，又位于群山环抱之中，玉岩地区的方言形成了非常独特的风格，即使与松阳县城的人也不能顺畅地互相沟通。而松阳高腔正是在这种极为特殊的方言基础上发展而来的。据老艺人回忆，松阳本地本来没有高腔，是大约60年前，来自桑普的一位老艺人，因为没有饭吃逃难到周安村，在村中挑了十几个小孩子开始教戏，一共只教了100天，他们都称为"百日戏"，甚至有的孩子只学了60天就上台演出了。自它产生之初起，剧团成员就是半年种地、半年演戏，在玉岩镇这一带，农闲时一村一村地演下去，农忙时就各自回家种田。这决定了松阳高腔本身就是产生于乡野山区的粗犷剧种，在精细程度、表演细腻等方面定然不可能与越剧团、婺剧团等剧种相比。玉岩村的老人们也回忆道，在1949年前请还愿戏时，越剧或者婺剧是首选，只有请不到外面的大剧团时，人们才会转而求其次，请松阳高腔剧团。换句话说，松阳高腔剧团从来没有像婺剧或越剧那样辉煌过，今天我们希望它像其他剧种那样走入国家大剧院，从根本上说也是不切实际的幻想。要重新焕发松阳高腔的生命力，只有使它摆脱舞台化，重新回到它的社区中去，回到田间地头和民俗传统中去。例如，可以投资将周安村建设成为"松阳高腔小镇"，让剧团成员继续保持"半年种地、半年演戏"的传统，但是农业可以借高腔打出品牌，而高腔也能因为在地农业的活化而重新获得传承动力。

（四）建立"流域非遗"的概念，重建非遗文化的地区丰富性

以庙会和高腔为代表的非遗文化，都建立在区域社会与民间交流的基础上，政府应该吸收"流域旅游"的概念，在全流域内保护非遗传承空间。香乳山庙会的辐射地本身就构成了一个"非遗空间"，这一空间内的各种民俗文化元素彼此能够有机结合，形成互相借力的整体。例如，如果将玉岩镇的高腔舞台搬回高腔剧团的发源地周安，这不仅能使松阳高腔回到它土生土长的环境，也能为作为交通枢纽的玉岩村带来客源。再如，与香乳山庙会遥相呼应的，还有距玉岩村约20分钟车程的砻空殿庙会。砻空殿创建于元至正十五年（1355），最早供奉的是李氏大夫，但由于李氏大夫"神灵异常，触则祸人"，明天启三年（1623）由这里的乡民毁之改造，供奉陈十四夫人。陈十四夫人是当地的女神信仰，至今松阳高腔中还有《南庄庙救兄》剧目，讲的是陈十四夫人学法归来，带着两个小弟，召唤各路神仙，奔赴南庄庙救兄长的故事。由于陈十四夫人的生日是正月十四，于是围绕其诞辰产生了各种祈求风调雨顺、五谷丰登的祈福消灾之习俗，并逐渐形成了以砻空殿为中心的、四坦八社参加的庙会。四坦指白沙冈、洋坑、程路、黄大山（遂昌县）4个村子，八社在此四村之外，还包括墓田、烧火坑、道惠口、程岭根四村。每年庙会中除了高腔必演之外，还有太平花灯、龙灯等各式节目演出。目前，砻空殿庙会虽然已经消失，但寺庙已经重建，太平花灯、狮子、龙灯等各式艺术形式仍在流传。重建庙会的呼声越来越高，只是尚未得到文化部门的批准。一旦庙会重建，它完全可以与香乳山庙会遥相呼应，时间错开，形成本地区内丰富的民俗文化群，共同将玉岩镇打造为"特色非遗小镇"，从而为本地区经济与社会发展注入新的活力。

（玉岩镇香乳山庙会调查组名单：鞠熙、彭晓宁、朱勇、严松海、赵娜、吕青山、张美照、潘吴林、吴永富）

民俗资源助力乡村振兴的路径探讨

——浙江省丽水市松阳县平卿村
做福仪式调查报告[*]

贺少雅

一 调查缘起和情况简介

2017年8—9月，作为文化部中青年非遗传承人传统节日仪式研讨班的重要内容，北京师范大学社会学院贺少雅博士分别于8月5—9日和8月18—29日带队赴浙江省松阳县平卿村进行田野调查。其中，8月初的调研由杭州师范大学袁瑾副教授和北京师范大学博士生刘洁配合，8月中旬的调研由研讨班7位成员构成（分别是阚璟璐、蓝培富、卓旭英、蓝炳花、吴莉梅、周永贵和李孟君），他们来自基层文化管理、社区管理、非遗传承和旅游管理等部门，其中，周永贵为现任平卿村主任。此前的2016年4月，北京师范大学萧放教授曾带领贺少雅、袁瑾和孙英芳对这一仪式做过一定的调查，三次调研活动都得到了当地政府的大力支持和村民的鼎力配合，进展顺利，成果丰富。

平卿村位于浙江省丽水市松阳县新兴镇海拔779米的台地上，是浙西南典型的台地式古村落，也是浙江省少数修建在山顶的古村落，

---

[*] 本报告在写作过程中，得到了平卿村周松飞书记、周永贵主任和张小飞委员以及当地村民的大力支持和配合，在此深表谢忱。

2014年被列入第三批中国传统古村落。2016年4月和2017年8月初,调研组已经对该村的做福仪式进行过两次调查,所以,作为研培项目社会实践部分的调研是在前期调研的基础上作内容的深化和扩展,此次调查的目的有二:一是对做福仪式的细节再做补充,并补充村落历史文化内容;二是根据项目主题,进行非遗民俗资源的挖掘、利用,并考察和协助非遗项目申报等。为此,调查组对该村采取了参与观察、调查问卷和深度访谈三种方法,围绕"深入挖掘民俗资源,助力乡村文化复兴"的主题进行调研,重点访谈十余人,获得访谈照片500余幅,录音50余段30多个小时,文献资料6份,分别是民国六年(1917)重修平卿村《周氏宗谱》1份、清光绪辛丑年(1901)平卿村《张氏宗谱》1份、民国九年(1920)平卿村《张氏宗谱》1份、光绪二十六年(1900)张氏家族祠堂账本1份、民国七年(1918)张氏家族祠堂账本1份,以及碑刻资料1份。另有通书和道士科仪文书等,因知识结构不通,未有收录。现将具体调查情况总结报告如下。

二 平卿村自然人文概况

平卿村地处松阳县西北部,东与松阳县古市镇接近,西、北、南面与遂昌县相接。其所隶属的新兴镇成立于2012年12月28日,由原来的新兴乡、新处乡、谢村乡合并而成,镇政府距县城16千米,辖区总面积140.61平方千米,现有人口2.24万人,下辖45个行政村。全镇现有茶园面积2万余亩,80%的农户从事茶叶生产、加工和销售等相关产业。镇内拥有省级万亩无公害名优茶生产基地和千亩有机茶生产基地,是中国茶科所定点试验基地和国家级绿色茶叶示范基地。2014年农业总产值达2.8亿元,农民人均纯收入超万元。新兴镇以茶产业为依托,积极发展茶乡休闲观光旅游,全力推进省级特色小镇——茶香小镇的建设,着力打造大木山骑行茶园4A级生态景区,做大做强茶旅文章,被评为浙西南第一茶乡、国家级生态乡镇、全国环境优美乡镇、市级小康示范镇。

事实上,整个松阳县的产业经济20世纪90年代以后也已经从传统的农作物种植逐渐发展成以种植茶叶为主，松阳得天独厚的地理环境酝酿出质量上乘的茶品，声名远播。同时，松阳也以数量繁多的古村落闻名全国，数据显示，在住建部、文化部及文物局等七部门联合公布的第三批中国级传统村落名单中浙江省上榜的86个村庄中，属于松阳县境的达42个，平卿村名列其中。而且，松阳县历史悠久，民俗资源丰厚，近年来，县委、县政府响应省有关部门提出的用文化引领乡村振兴的号召，充分挖掘和利用传统民俗文化资源，建立"乡乡有节会、月月有活动"的民俗文化展演机制，大力推广"古韵茶香、田园松阳"旅游品牌，已经挖掘和恢复了"大小竹溪摆祭""平卿成人礼"在内的节会50余台，① 田园文化旅游季等20余项节庆活动，吸引了大批省内外各界人士前来。

（一）村落形态和经济生产方式变迁

平卿村始建于元至正二十五年（1365），现存传统建筑集中修建于清至民国，有松阳县人民政府认定的文物1处、历史文化建筑3处。传统建筑集中连片，建筑质量良好，整体风貌协调统一。传统民居富有特色、科学宜居，并有不少原住居民仍长期居住于此，保持了相当的活态性。平卿村整个村落建筑装饰典雅别致，泥墙黑瓦，马头墙错落有致，部分建筑的木雕、石雕工艺精湛，厅堂内雕梁画栋，多饰以狮子、凤、龙等图案。是松阳乃至浙西南不可多得的具有鲜明农耕文化特色的古村落，具有很高的历史价值和艺术价值。

村落居于山顶阳坡，村内石径逶迤，四通八达；曲溪下淌，穿村而过，青山绿水，风景优美。但据介绍，前几年该村牛粪、猪粪遍地，根本进不得村，后来进行了集中的环境整饬才有现在的面貌。当

---

① 调研中发现，"平卿成人礼"这一概念源出民间文化人士邱少敏。邱少敏在浙江省尤其是松阳县传统村落保护中出力甚巨，他在松阳县城建立了"乡村七九八文化创意园"，接待来自全国各地艺术院校师生来此开展艺术活动，在业界小有名气。他通过观察平卿做福仪式，将之认定为"成人礼"，并将此作为该村的文化标签加以推广，这一推动得到了松阳县有关部门的支持，进一步将做福定论为"华东最大的成人礼"，作为一种文化品牌予以打造和推广。不过，目前的影响力并不大。

然，亦因村内常住居民减少和人们生活方式的改变，已无农户养猪、牛等，牛棚、猪圈等遂废弃。① 事实上，山村的垃圾处理、排污等问题一直是涉及村落发展的重要问题。比如，该村尚保留着不少旧式厕所，即搭建于房门外侧的木制简易建筑，便坑为坐式，前为一块长方形挡板，便坑为一个方形大桶，保证便溺物不外流，需要沤肥或者集中处理时非常方便干净，不会造成环境污染。

平卿村传统上以水稻等农作物种植为主，2000年前后开始改种茶叶，如今村落四周已是茶园环绕，4—5月采摘的高山云雾茶为松阳县茶叶中的上品，吸引着广大茶商驱车至村头收购。村里周围山腰到山顶生长着几十株百年柳杉，煞是壮观。据介绍，1949年以前，全村皆为古树所包围，后因雷击、飓风等自然灾害，现在所剩的仅及以前的十分之一。

（二）人口和姓氏

平卿村以周、张二姓为主，仅几户为李姓，周姓最早来此，据《周氏宗谱》中《汝南周氏宗谱源流序》记载，"惟我始祖哲公，自北宋真宗天禧年间，由扬州江都县南门白马庙边任遂昌县学官，后升处州府教，乙未疾，后居遂昌之西郭忠厚坊内而居焉，配倪氏，生二子，长曰仕俊，次曰仕贤，贤生三子，至于十三世子华公，字伯仁，始自遂邑西郭忠厚坊内元至大年间因军匠民三户之扰，遂携家迁于松阳十二都大岭根而居焉。娶李氏，生四子，长曰万仓，居大岭里，次曰小仓，居旧宅，三曰道九，居旧宅，四曰三道公，由大岭根游览斯土，相其地之宜，乐其水之秀，遂卜筑而居之。今为平卿另提一世之始祖也"②。这里面提到周姓始祖迁居并定居于此的过程，民间传说则更为细致，提到周氏始祖在此放羊，羊儿见这里水草丰美，在现在周氏香火堂的位置定住不走，始祖见此，认为这里是风水宝地，遂迁

---

① 被访谈人：邱少敏，男，浙江缙云人，现居住于丽水市松阳县，乡村七九八文化创意园创办者。访谈人：萧放，北京师范大学社会学院教授。访谈时间：2016年4月26日。访谈地点：平卿村社庙外。
② 平卿村《周氏宗谱》序，民国六年（1917）重修。

居于此。① 至今，周氏香火堂仍然是在村里最中心的位置。张氏为周姓的女婿，入赘周氏以后在此繁衍生息。张姓人丁兴旺，现有三房，大房人丁萎缩，二房和三房人丁较多，其中二房在村内的影响较大，三房有相当一部分人下迁到隔壁的孟坑。

村内农户生产生活水平较为平均，按照1949年以后的阶级划分，没有地主，只有富农，近几年随着人们生产方式的变革，有的外出打工，或者经商，村内贫富差距也在拉大。该村历史上的文化名人不多，按照《张氏宗谱》记载，清末民国时期，张姓曾出过三位贡生，其中一位从日本留学回来，在村里创办了学堂。另外曾有一位名医叫张麟书（1827—1898），字锡瑞，号镜斋，"岁贡生，儒学训导。博学多能，专精医术，名噪一时。凡有痼疾，一经疗治，无不立愈。有童子，手足疯痹，寸步不能移，求治于张，为立一方，嘱以百剂，已服五十剂，病者请改方，张曰：'定须百剂，方能获愈。'后如命而服，遂愈。著有《经验医方》行世，寿逾古稀，人皆称为名医"②。名医的出现或与当地出产大量中草药有关，至今，村内仍流传着一些膏方，民间百姓有头疼脑热，可通过服用中草药自行缓解。逢端午时节，平卿村几乎家家都制作和饮用端午茶，其原料采自各种中药，配方多样，或寒凉或温热，可预防和缓解感冒等。

平卿村现有户籍人口580多人，村内常住居民200来人，多为留守老人。村内年轻人以从事茶叶生意者居多，大多居住在离村不远的古市，他们有的在古市镇买地皮建房长期居住，有的仍属于租住，有40多户200多人。也有的部分村民居住在附近的松阳、遂昌、衢州等，从事蔬菜水果买卖等商业活动。但每年4—5月春茶采摘季节，人们都会回村短暂居住，同时还有来自河南商丘等地的几百名采茶工拥入，人气甚旺。春节时也是村内人气聚集的时刻，外出人员从各地回乡过年，从初一到初五，各家各户准备过年的祭品，摆放至祠堂，

---

① 被访谈人：张松支，男，平卿村村主任。访谈人：贺少雅，北京师范大学社会学院博士。访谈时间：2016年4月25日。访谈地点：平卿村。
② http://www.lvyougl.com/youji/330157.html.

村里也上演着舞龙灯等民俗表演，甚是热闹。

（三）社庙、香火堂等空间

村内主要公共建筑有社殿（当地人又称山庙、社庙）一座，周氏祠堂一座，张氏祠堂一座，周氏香火堂一座，张氏香火堂两座。另，张氏长房因人丁不旺，虽有香火位，但仅存放于家里，没有香火堂。[1]

其中，社庙是做福活动的主要场所，常年开放，平时去的人不多，偶尔会有人在此临时存放晾晒的农作物，逢年过节时最热闹。社庙基本为坐北朝南，原为3间房，右侧（东侧）的房间本为一个厨房后因坍塌拆掉，也有的说法是因为右侧（社神的左侧）为灶君神位，高于社神为不敬，所以拆掉。[2] 原来的过道门处现放置着清光绪年间的一通禁赌碑（碑文见附录）。现存两间为正殿和左侧（西侧）的厨房，厨房又被隔断成两间，外面是一个锅灶，[3] 有两口大锅，里面的一小间原为看庙人的居住地，20世纪60年代看庙人去世后，便无人居住，现通常用来堆放杂物，做福时用来临时圈养社猪。社庙供奉的主神为平水禹王，庙正中的灵牌上书"敕封八保新兴社平水禹王之位"，[4] 灵位后面的壁画上正中绘制着大禹王，衣着和形象类似于古代官员，左上角和右上角分别是禹王的两位夫人像，[5] 左右两侧均为

---

[1] 村内还有几户李姓，但没有香火堂，做福时摆祭是在自家举行，人去世以后也是在家停灵。

[2] 被访谈人：张世森，男，平卿村人，现居住于丽水市松阳县古市镇。访谈人：贺少雅，北京师范大学社会学院博士。访谈时间：2017年9月27日。访谈地点：古市镇张世森家。

[3] 松阳一带的锅灶非常具有地方特色，一个灶膛多个锅灶，通常是三个锅，一个烧水做饭，一个炒菜，另外一个给牲畜煮吃的。中间烟囱处还可以放置热水壶，可谓一个锅灶集合体。

[4] 据周治仁老人讲，八保，保是保护农家，按照平水禹王管辖下的神灵空间，平卿村属于第八保，村名虽然叫作平卿，但作为庙还是叫八保。此说待考。

[5] 据神像的作者张飞军介绍，这幅画像也存在问题，即不应该有两位夫人像，但当时为了平衡，他画了两位。现存画像绘制于20世纪80年代末。张飞军为平卿村著名的神像绘画和刻印艺人，家中技艺已有五代传承，其父亲曾是松阳县一带远近闻名的神像画者。张飞军子承父业，现在衢州一带居住，并从事神像绘画和雕塑等业，平卿村相邻村庄的不少社庙、祠堂及其他庙殿的绘画均为张氏父子所作。像谢村乡大岭里村2016年重修的重兴社就是张飞军一手创作完成。

浙江一带或者松阳本地神,包括陈林李三夫人、法青、法通、文判官、武判官等,左下角是一个赶猪的女子,右下角是一个采摘稻谷的男子。壁画两个边侧各绘制一个巨大的花瓶,左侧花瓶内装荷花,右边内装牡丹花。另有一副书写的对联:"到处灵山到处佛 当坊圣神当坊灵。"神像前有供桌,上面摆放着一对蜡扦和一个香炉。供桌右侧,与神位平齐的位置摆放着一通直径约半米的鼓,上写"八保新兴社"几个字。正殿靠近房顶的三面墙板上钉着170多颗长钉,用于做福时悬挂猪肉。

社庙大门上常年贴着春节时村人敬献的对联,2016年贴着一副对联:"千年社主保清吉 万年灵神护太平。"社庙内左右两侧墙上新贴着四位做福头首敬献的对联,比如,2016年做福的四位头首张贴的对联分别是"日昭晶翩通四海 月朋朤朤定乾坤 本坦头首弟子周发亮百拜""千灾送出别州去 五福迎归本境内 本坦头首弟子周增华百拜""风调雨顺千秋乐 国泰民安万年春 本坦头首弟子李子富百拜""视知不见求之应 听则无声保则灵 本坛头首弟子周金根百拜",另外还有春节时上丁的成年男子敬献的对联,如"风调雨顺千秋乐 万年灵神保泰平 上社弟子周建辉百拜""千年社主保清吉 国泰民安万民欢 本坦上社弟子周建华百拜""千灾送出别州去 五福迎归本境内 上社弟子张海波百拜""风调雨顺千秋落(乐)国泰民安万年春 上社弟子周松伟百拜""风调雨顺千秋乐 国泰民安万年春 上社弟子王远芳百拜"。2017年张贴的对联与此内容相仿。按照平卿村习俗,男子18岁成年,春节时要在社庙和家族祠堂内分别敬献上丁的对联。

村中现有两座祠堂,其中,周氏宗祠位于村口,为松阳县人民政府公布的历史文化建筑,正门门楣上书"周氏宗祠"四个字,贴有对联"承先祖功德世流远通 继宗脉贤孙衍传万代",侧门贴有对联"汝南一脉传千秋 儿孙万代祭祖宗"。张氏宗祠位于周氏宗祠之后,门前有三个被破坏的贡生桅杆,代表着张氏族人曾经出过文人,虽经"文化大革命"时期破坏,但20世纪80年代末以后屡次修缮,至今保存完好。两座祠堂内的木雕精美,均绘制着祖先画像,悬挂着灯笼，建有戏台，村内有大型活动，有时会于此举行。比如，2017年8月7日立秋福，为迎接中央电视台中国影像方志摄制组，在周氏祠堂举行了全村人的流水宴席，还扎制了板龙，在此表演。作为一种公共空间，部分老人也将寿材摆放在戏台下，以备百年之需。祠堂平时一般是关闭的，只有春节时初一到初五祭祖（当地称"摆祭"）时开放。祠堂设有总管一名，负责组织和管理祠堂修缮、春节摆祭以及经费使用等，另每年有4位轮值人员（当地称"头首"）负责祠堂修缮和摆祭的具体事务。

与祠堂相对应的还有周氏和张氏香火堂共计3座。3座香火堂供奉的神主基本一致，均为徐侯大夫，规模上以周氏香火堂最大，其旁侧的张氏三房香火堂规模较小，张氏二房香火堂更简单一些，位于几个农户共居的大屋的堂屋，张氏大房的香火堂则仅仅保留神位。下面简介周氏香火堂，其正中位神位，供奉三角香火敕封徐侯大王祠公正神，左右两侧分别为招财童子、敕封天偃三十九大夫、敕封陈林李氏三位夫人娘娘之位、□□进宝郎君等，大门贴着2016年度香火堂值事敬献的对联："飨宴篆就平安字 烛花结成福寿图百拜。"墙壁和廊柱上到处都是一副副对联，新贴的已经将旧的覆盖住，能看到的有"香烟飘渺平安字 烛花结成福寿图 炉下添丁弟子周龙根百拜""金炉不断千年火 玉盏常明万岁灯 录（炉）下弟子周仁百拜""辉煌灯烛表神光 香烟结彩酬祖德"，廊柱上贴着本房执事周水涛敬献的"金炉不断千年火 玉盏常明万岁灯"。左面墙上贴着"平卿周姓祠堂香火堂现金公布清单"。按照当地习俗，香火堂也设有4位头首，负责一年内的一应事务，如村里老人去世后在香火堂停灵。

另外，平卿村地处谢村乡通往遂昌的要道，至今仍存古道5条，分别通往相邻的村落。路上仍存古凉亭4座，其中大岭根至平卿两座，平卿到遂昌通道上两座，属于松阳县境的3座，遂昌县境内1座。从文化圈上讲，平卿与相邻的遂昌县汤山头、李山头等村落在生产方式和风俗文化上更接近，至今春茶收购季节仍有不少遂昌茶农挑茶至平卿来销售，因其生长环境相似，品质相类。

至此，村内的古建筑（社庙、祠堂、香火堂、古驿站、古树、古道、谷仓等）构成了较为完整的传统古村落的形态空间。另外，作为公共空间的重要组成部分，村内曾建有小学校，旧址位于现村委会，据介绍，该小学为清末民初张氏族人创办，20世纪60年代小学时常被用作生产用地或政治空间，人们在此存粮分粮，因此学生们只能暂时于周氏祠堂上课。后来小学又搬迁至村西南部，但2000年前后被撤并后拆掉，现已成为茶田。如今，村内学生部分在新兴镇政府所在地大岭根村求学，实行寄宿制，周末回家，有的则在古市镇或者松阳县城等地读书。

三　做福的历史及其仪式过程

平卿村的节日仪式活动丰富，而最典型的莫过于与农业生产节序相符合的做福仪式。做福是浙江省比较普遍的民俗，但多数村落都是一年春秋两次或者秋天举行一次，而平卿村的做福活动一年达8次之多，如果再算上正月初八和六月初一，则达到10次。每一个福日都有规模不等的活动，形态保存完整，内涵丰富。

做福由18—59岁的4个男丁作为头首来主持完成。按照当地习俗，18岁上丁，59岁退丁，18—59岁这个年龄段的男丁一生只能做一年头首。做头首虽然是自愿的，但几乎很少有人破坏民俗规则，大家基本会遵循民俗传统自觉参与做福仪式，如果家里没有这个年龄段男丁的，也可以将年龄延至60岁以上。平卿村的人口历史上未经历特别大的变动，未受到抗日战争或者其他征战的影响，人口基本保持在500人左右，20世纪60年代困难时期，因村内领导层的坚定领导，也没有出现饿死人的情况，因此至1966年"文化大革命"开始，该村男丁人数基本维持在160人左右。1966年以后，因"文化大革命"做福活动被迫中断，1986年，在传统文化逐步复兴的大势下，做福仪式得以恢复。

8次主要的福日分为4个"大福日"和4个"小福日"，4个"大福日"依次为"上山福"、"下山福"（落山福）、"立秋福"和"八月福"，时间分别在谷雨前后开始砍柴叶时、小满前后砍柴叶结束、立秋前后稻谷孕期、八月初收割稻谷之际。其中，"上山福"在谷雨节气前后，此时柴草初生长，村民开始上山割嫩柴叶、草压下田当肥料，为做福上山平安，避蛇虫，于是上山前村里进行杀猪做福；"下山福"为小满前后，割柴结束，准备犁田插秧，为还愿上山平安，祈祷稻苗生长健壮，村民举行第二次做福；接着是立秋之际的"立秋福"，稻苗正孕期，虫害正旺，为祈保稻苗不受虫灾，村民举行第三次做福；最后是农历八月初的"八月福"，稻谷收割在望，为还愿、感谢神灵保佑，村民举行第四次做福。4次大福日当天要按照男丁人数筹米，最主要的是要杀猪均分猪肉，猪必须是黑土猪，按照18—59岁参加做福活动的男丁人数，一人一份。分肉不仅要分生肉，还要把骨头上的碎肉煮熟剔掉均分，另外剔除的骨头熬成浓汤后，还煲成百家米骨头汤饭，均分给送米的人。

4个"小福日"，无分肉分米之事，仅由4个头首准备肉、饭等简单祭品，带至社庙简单拜祭即可，近年来因年轻人外出较多，有的头首也可不到场，由他人代祭。有需要商量的事宜，这一天，4个头首也会聚首一起，到社庙内敬神，商量相关事宜。

福日的选择由村内的道士决定，严格来讲，每年年底，次年要做头首的4位男子的父亲要带着孩子携带礼物至道士家求取良辰吉日，2016年的福日就是照此选取的，8次福日分别是二月十九戊申日小福、三月廿戊寅日上山福、四月十三辛丑日下山福、五月初九丙寅日小福、七月初五辛丑日立秋福、八月初七壬辰日大福、九月十五庚午日小福、十月十八癸卯日小福。[①] 但是近几年，村里部分人对仪式的重视态度有所减弱，在挑选日子方面也不再行郑重之礼，[②] 从侧面也反映出做福活动仪式感的衰落。通常，福日在正月初八前挑选好，至正月初八日，4个头首要到社庙内敬香，并通过抓阄的形式，决定一年的轮值细则，即谁负责哪一个福日要提前确定好。

[①] 平卿村2016年做福头首周金根提供。
[②] 据道士讲述，2017年的做福吉日挑选，几个头首没有按照严格的程序来做，年底之前也没有主动去拜访他，而是很随意地问起福日的事。这令他很生气，所以2017年的福日他没有帮忙挑选。

除了 8 次做福以外，平卿村另一个比较大的节令是春节和六月初一，春节前面已有所论，六月初一要包粽子，粽子做出来以后要拿到离平卿距离 7.5 千米的石磬庙，庙里供奉着胡公、如来佛祖、关帝等各路神仙，如果生小孩了，要去拜祭，现在多望祭。① 同时，也要拿到社庙里，拜祭社公。

需要说明的是，因八月七日立秋福受制于央视拍摄原因，未及详细考察仪式环节，八月中下旬调研期间也没有活动，所以本报告主要以 2016 年 4 月上山福为例，对仪式活动进行详细介绍和总结分析。

（一）仪式前的准备：择日、经费收缴和黑猪采购

2016 年的上山福日期为农历三月二十，主事头首为 33 岁的周发亮，另 3 位头首周增华、李子富和周金根分别为下山福、立秋福和八月福主事者。按照村内习俗，4 位头首于每年腊月二十五，最迟春节之前接手上一年的做福活动，包括核算和接手前一年的活动经费、择日和安排下一年的活动内容。头首们每一个福日的经费使用情况也在年底会做一次清理，经费使用情况通常会在村委会后墙处张贴出来。

由于做福仪式的内容相对简单，主要是杀猪分肉，所以每年几次活动下来的经费也比较好核算。因为每一次福日的花费都由一位主事头首负责，几次的合在一起统一核算之后，公布结余。村子里每年做福活动有一定的份子钱，份子钱主要是买猪钱，也包括一些香烛、鞭炮等敬神用品。这些钱要在每年腊月二十五之前由村民主动上交，经过核算以后，转交给下一届的做福头首。然后，主事头首开始准备福日活动。比如，过去福日当天杀的黑猪，要提前一两年开始养，现在则是从外面集市上买，所以省去了很多时日。现在黑猪养殖比较少，所以要找到一头黑猪需要提前很长时间就与市镇上的贩猪者联系，2016 年上山福的黑猪是从武义县买来，有的从养殖黑猪的遂昌县购买，有点八仙过海各显神通的意思。

---

① 被访谈人：周治仁，男，平卿村村民、屠户，曾任村大队长；访谈人：萧放、袁瑾、贺少雅、孙英芳；访谈时间：2016 年 4 月 26 日；访谈地点：平卿村社庙外。

（二）仪式前一天：准备祭祀用品和买猪

上山福的前一天，4个头首开始去附近的市镇采办第二天需要的物品。村里也有人来帮忙。此次帮忙买猪的就是去年刚刚主办过立秋福活动的周兴华以及主事者周发亮的叔叔。黑猪顺利运到村口，但是由于村里不能走车，所以要把猪从一条小路上赶到社庙中。这个赶猪的活并不好做，据赶猪人周治仁（主事人周发亮的父亲）讲，赶猪是需要技巧的，猪走平路，得顺着它的步伐慢慢走，到了沟沟坎坎的时候要推它一把，这样才能把一头猪平顺地赶到社庙里。据他介绍，从这条路赶猪有四五年了。以前，人们在村里自家养猪，直接把猪赶过去。① 猪被赶到社庙后，被放置在厨房对面的小隔间内，厨房内做饭需要的锅、淘米用的大盆等也已经准备好。

（三）仪式当天的活动

1. 杀猪筹米

上山福当天凌晨，头首们很早就起床忙碌起来。有的头首因为不住村里，所以凌晨3点多钟就从家里出发上山来。5点多钟，天刚发亮，村里锣声敲响，提醒每家每户要开始杀社猪了，要赶紧把米送到周氏祠堂。

通常，先杀社猪。社庙里，头首们点香燃烛、打扫社庙、摆桌案、烧热水、杀猪。在禹王神位前摆好三杯茶、三杯酒，而且酒和茶间隔开摆放，另有一碗米饭，一碗素菜，素菜里包括木耳、香菇、海带、黄花菜等。

社庙里收拾差不多的时候，几位头首再赶往祠堂筹米。米是自愿送来的。在周氏祠堂里，村民们陆续前来，带来米、黄表纸和香等。一位头首按照每家的男丁人数每丁收取半斤米，舀出相应的碗数放到米筐里。另外3个头首负责记录和核对每家的男丁数，记录

---

① 被访谈人：周治仁，平卿村村民、屠户，曾担任村大队长；访谈人：贺少雅，北京师范大学社会学院博士；访谈时间：2016年4月25日；访谈地点：平卿村内。

在人名簿上，这表明这一个男丁既要分得猪肉也要分得熟米饭。如果有的男丁只分肉不要熟米饭，那么就不送米，头首们在人名簿上也做出特别的标记。有的农户不住在村里，请他人代为送米。送完米后，不少农人就下地采茶了。头首们收完米，核对好之后，便即刻赶往社庙帮忙。

关于仪式举行的时间，据周治仁老人介绍，几十年来村里杀猪都是他负责，所以杀猪和分肉的具体时间都由他掌握。通常都选择早上5点多钟，杀猪、分肉要用半天时间，中午饭以后就可以分肉。上山福的前一天，为了让调研组看到一个完整的仪式，他说可以把杀猪的时间晚一点，但我们坚持还是按照当地习俗来。事实上，的确比平时稍晚一些，但没有迟至6点。这对于当地百姓的生活可能会造成一定困扰，而且当晚与村民说起此事时，他们也认为杀猪太晚的话，后面的事情都来不及。但据村内道士讲，传统上，或者说也就五六年前，杀猪分肉的时间都是天亮以后的事，分肉都是下午的事。可是近几年，由于人们都想着早早分肉完之后就去采茶，所以杀猪分肉的时间都提前了。[①] 在他看来，仪式的时间仍然按照老规矩办才好，而且并不会与生产活动发生冲突。

2. 切肉煮饭

人们将猪抬到摆好的桌案上，由技术娴熟的屠夫将猪宰杀，放到一个装着热水的大桶里褪毛。接着，开始庖丁解牛般将猪剖肠破肚，去掉骨头、猪头、内脏、猪尾，把这些零碎都放到大锅里面煮熟。然后，大家抬起猪肉称重。分肉的屠户先割下来一份肉给主事的头首准备招待客人，分量也要称过，肉钱由主事头首来付，剩下的肉按照全村男丁数进行平均分配。同时，煮熟的猪肉、骨头上的肉也要剔下来按照男丁数平均分配。内脏和猪血则由此次主事头首拿回家招待所有帮忙者和客人。据被访谈人介绍，最早村里人聚在社庙内把猪的内脏和米等吃掉，生肉拿回家，现在由于生活条件比以前好了，所以猪的

[①] 被访谈人：张昌水，男，平卿村村民，道士；访谈人：贺少雅；访谈时间：2017年8月28日；访谈地点：古市镇平卿村某村民家。

内脏则由主事头首拿走。[①] 以前，社庙前不像现在这样宽敞，村里有什么活动一般就把桌子搭在社庙或者旁边，而且过去福日要吃两顿饭，现在人们比较忙，只吃一次了事。

猪杀好之后，分肉之前，一位老者敲响三通鼓，告知神灵。然后，几个人开始切生肉。切分之前首先按照猪肉的重量以及男丁数，计算出每一位男丁所得的肉的重量，比如2016年上山福的猪肉分量是143斤，男丁数为164人，每丁平均0.8斤。一户有一丁为一份，三丁则得三份，切分出来的猪肉要挂在社庙墙板上的钉子上。

与此同时，厨房里两口大锅水已经烧开，煮猪的内脏、猪头、骨头等。4位头首和帮忙的有条不紊地协调做事，有的烧水，有的分肉等。分肉的过程比较漫长。在此过程中，猪头煮熟了，一位头首将猪头放置到盆里供奉到禹王神位前。等所有的生肉均分，全部挂好以后，又把锅里面煮的熟肉拿出来，切碎，再平均分。熟肉不用称，而是估量分份即可。所有分好的一堆堆熟肉放到社庙内放好的长桌上，并且还专门为孩子们留出十来份熟肉，放置在黄裱纸上。社庙墙板上也已经挂好一份份生肉，整个社庙融入一种难以言说的人文精神氛围中。熟肉取出以后，两个大锅里放入各家各户送来的米，米饭充分吸收肉汁以后非常香甜。这些米饭随后也要按照男丁数平均分配。

分肉的工具，传统上包括刀、杆秤和棕树叶子。用刀切割、用杆秤称重，再用棕叶捆好，悬挂在钉子上。现在人们已经习惯用电子秤称重，用塑料绳或者塑料袋装。2016年上山福的调研过程中，由于有一些摄影爱好者前来拍照，主事的周治仁老人考虑到他们追求的拍照效果，专门找来一杆小秤来称肉，用一些稻草来捆扎猪肉和挂肉，但是稻草的质量不是很好，所以在捆扎了几个之后，还是改用塑料袋。而且为保证分肉甚均，电子秤使用之前，分肉者要专门进行校准。而且，分肉者还要注意肉的肥瘦搭配和不同部位的搭配。不过，

[①] 被访谈人：邱少敏，男，浙江缙云人，现居住在丽水市松阳县，乡村七九八文化创意园创办者；访谈人：萧放，北京师范大学社会学院教授；访谈时间：2016年4月26日；访谈地点：平卿村社庙外。

民间的活动向来不是千篇一律和一成不变的，2017年的立秋福杀猪人由主事者父亲张飞军担任，当天的分肉活动时间更是大大提前，分肉工具也并未因央视记者的录制而进行专门的改变，用的都是当代人习用的电子秤、塑料袋等生活用品。

3. 祭祀神灵

祭神是仪式的重要环节。做福仪式的祭祀神灵包括社庙前方岩胡公庙望祭[①]、孟坑方向的大庙望祭、四相公庙、主人神树、三太子庙和遂昌仙岩寺望祭。

通常，祭神在熟肉差不多煮成，或者说分肉进行到一半的时候开始祭祀，一般由两位头首合作完成，一位负责距离稍近的神位，另一位负责距离稍远的神位。两人所持祭品差不多，包括一杯酒、一杯茶、两个空碗、两碗米饭，米饭上各放一块猪脚，另附一束香、几根蜡烛、两沓黄表纸和一挂鞭炮，一并装入竹篮中。

按照神灵信仰空间的分布图，以社庙为中心，其门口是下山福望祭胡公庙的位置，门外左前方的长方形石灰桌是望祭孟坑大庙的位置，右前方顺着阶梯走下去右转有四相公神位。三太子神位和仙岩寺望祭的位置处于村落西南方，三太子神位靠近村西南古道旁侧，是一个用石灰石搭建起来的大约半米高的简单的神龛，前有香炉，留有残香，但神位并无特殊标志。另外，还有位于社庙右后方的一棵百年柳杉树，该树由大岭根移植过来，后受雷击，已经中空，村人奉为主人神位。盖因大岭根为周氏家族先祖所在地，神树也有思乡念祖之意。[②] 也有的人说，该树是过去常去深山中伐木之人带回来的，栽种于此以保上山平安。[③]

祭神的顺序并无一定之规，但仪式比较一致。祭拜者在神位前摆好一杯酒、一杯茶，敬献一碗米饭，点燃两根蜡烛、两支香和几张黄

---

① 望祭胡公只有下山福时才有。当日杀完猪以后，把猪头供奉在社庙前，朝向胡公庙。
② 被访谈人：周永贵，男，现任平卿村主任；访谈人：贺少雅，北京师范大学社会学院博士；访谈时间：2017年8月27日；访谈地点：平卿村。
③ 被访谈人：张世森，男，平卿村原村委书记；访谈人：贺少雅，北京师范大学社会学院博士；访谈时间：2017年8月7日；访谈地点：平卿村。

裱纸。点燃的时候是在神位的偏左侧，并不正对神位。前往村西侧的头首，首先祭拜的是三太子神位，敬献香纸完毕后，然后前往望祭仙岩寺神的地方。望祭地点，当地人称石桌，因此地就有方形石桌条案一张，1949年后因破除迷信被敲碎用于铺路，20世纪80年代末恢复做福活动后，人们又在原石桌位置重新建造了一块长方形石块，大约有一米宽、半米高，用于望祭。祭拜者祭祀如前，摆祭后，等待大约3分钟，点燃鞭炮，祭拜结束。同时，回程时将放在三太子神位前的祭品一并取走。另一位头首则到主人神树、四相公和望祭孟坑大殿的神位前祭拜。祭拜结束以后，社庙内的生肉和熟肉也基本上均分完毕。一位头首点燃鞭炮，意在告知村民分肉即将结束。主事人的亲友留在社庙里，负责照看肉米。头首们回到主事头首家快速吃完饭，返回社庙。

4. 均分肉饭

头首们吃完饭，再次敲响铜锣，边敲锣边喊"接散了"，提醒村民前往社庙分肉分米。听到锣声后，村民拿着用来盛放米饭和肉的各种家什，如竹篮、盆子和锅等聚集到社庙内外，等待分肉。

待全村家户基本到齐之后，几位头首开始准备分肉。特别要说明的是，在一年中最后一个大福，即八月福时，分肉之前要请村里的道士做还愿的科仪，主要是念经，保佑全村老小平安。分肉前用抽香的长短决定去肉的方位。分肉开始之前，社首或者其亲友擂响社鼓，然后抽香签决定去肉的方向。与此同时，4位头首祭拜神位，点香燃烛，把香插在社庙门口、廊柱和禹王神位前，接着并排跪倒在禹王神位前叩拜3次，起身以后准备分肉。分肉的顺序是按照筹米时的人名登记簿来念，这里有一个默认的规则，即上年度做福的放在最后，依次类推，前年做福的在去年做头首者之前，即最早做头首的人也就是年龄最大的始终排在最前面，体现出分肉的长幼有序。而且按照这个规则，人们大致能够推算出自家分到肉是什么时间。分肉时，一位头首负责念名单，称"×××一丁，或×××两丁，或×××三丁四丁"，念到名字者上前领取相应的生肉、熟肉和米饭，例如一丁，即领取一份生肉、一份熟肉和一份米饭。有个别人家没有来人，可由邻居代领。随着头首念名单，另有一位头首负责拿生肉，另两位头首负责称米饭，分米饭和熟肉。另有其他帮忙者，因为4个人往往也忙得不可开交。

不过，如前面所提到的，有的人家不要米饭只要肉，所以米饭的量比肉多一些。计算下来，一般每个参加祭祀的人可以分到1斤左右的生猪肉、几两熟猪肉和几两米饭。2016年上山福，主事头首按照猪的买入价分摊到每一丁，计算出每一丁需要出的份子钱，写在黄纸上，贴于社庙前面的廊柱之上。份子钱按照俗例在每年腊月二十五之前都要交给每一个主事头首，也有的当天就把钱交与主事者。上山福的账目为："上山福 猪白肉归群184斤，每斤单价13.5元，白肉合计币2484元。全村社丁164丁，每丁币15元，合计币2460元，欠24元。"此单据以及记录分肉分米情况的红纸均由主事人保存，一年下来总计4次福日的单据最后于年底统一归总，然后转交给下一年轮值的4位头首。

分肉过程很快，大家兴高采烈，社庙内外热闹非常。若有儿童到来，主事头首会将专门准备的小份肉分给孩子，以示爱护幼小之意。大家领完肉之后赶紧回家，因为周氏和张氏一支还要准备祭拜香火堂，然后下地采茶。分完肉以后，4位头首把桌子清理干净，社庙又恢复安静整洁。

5. 香火堂祭祀

香火堂是平卿村民重要的信仰空间，在做福仪式中也发挥着功能意义。按照当地习俗，在每年4个大福日中的头和尾，即上山福和八月福中，下午人们分到米和肉以后，要把分到的猪肉煮熟，拿到各自家族的香火堂进行祭拜。传统上，人们是把生肉拿回家，再煮熟米饭之后，拿到香火堂，但现在一些人家直接将做福分到的米和肉拿去祭拜。周氏家族把米和肉拿到周氏香火堂，张氏家族本为三房，三房（当地人称小房）的人下午进本房支香火堂祭拜，二房则在晚间才拿到本房支香火堂祭拜。长房因人丁较少，只在本家内祭拜。据被访谈人讲，过去周氏摆祭是白天，张姓是晚上，后来一部分张姓改在了白天。白天拜祭的张氏仪式比较简单一些，晚上摆祭的张氏要稍微隆重一些。① 另有几户李姓，则在家摆祭。

不仅祭拜时间略有不同，周氏家族和张氏家族还延续着不尽相同的祭祖方式。张氏家族是摆放5碗米饭1份肉、5双筷子、若干支香、1根蜡烛、1沓黄表纸和1挂鞭炮。摆放的时候一份肉在前，米饭两两相对，共摆四碗，筷子放在碗的左侧。有的似乎也不太严格。将这些摆放在香火堂前的桌案上十来分钟以后，点燃鞭炮，以示祭祖完毕。张氏香火堂的对面有一块长方形条石，约70厘米宽，50厘米高，上面也放置着两碗米饭，点着香烛。一些村民在家门口也插上。周氏家族准备的祭品与张氏相同，但摆放方式不同，4碗米饭和肉一字排开，每个碗里插上一双筷子。不过，有的肉在前，4碗米饭一字排开；有的肉在前，4碗米饭两两相对着摆。

四　做福仪式的内涵和功能分析

平卿做福仪式是遵循农业生产规律的一种岁时节令体系，黑猪祭祀、敲社鼓、均分胙肉等，与古代春祈秋报的社日习俗非常类似，而且由于特殊的地域环境和经济发展水平，平卿做福又具有自身特点，如仪式主持者是由4个刚刚成年的18岁年龄群体来负责。下面就做福仪式的内涵进行具体分析。

（一）做福仪式的性质和特征

1. 社日的当代缩影：公共精神的集中展示

社日是古代祭祀土神的日子，社为土神，《礼记·郊特牲》曰："社祭土而主阴气也。"②《风俗通义》引《孝经》说："社者，土地之主。土地广博，不可遍敬，故封土以为社而祀之，报功也。"③早在先秦时期民间就有封土为社进行祭祀之俗，秦汉时期为适应春祈秋

---

① 被访谈人：张松支，男，平卿村主任；访谈人：贺少雅，北京师范大学社会学院博士；访谈时间：2016年4月26日；访谈地点：平卿村。
② 王文锦译解：《礼记译解》（上），中华书局2001年版，第342页。
③ （汉）应劭著，王利器校注：《风俗通义校注》，中华书局1981年版，第354页。

报的需要，形成了春社与秋社两个社日。汉代以后，社日时间虽出现过几次变化，但一般确定在立春后第五个戊日（春分前后），立秋后第五个戊日（秋分前后）社日，春社日期与清明相近。《岁时广记·二社日》载："《统天万年历》曰：'立春后五戊为春社，立秋后五戊为秋社。'"① 节日期间，人们常有一些祭祀和娱乐活动，如《荆楚岁时记》所载："社日，四邻并结综会社，牲醪，为屋于树下，先祭神，然后飨其胙。"② 唐宋时期，社日成为全民狂欢的节日，成年男子是社日活动的主角，他们共祭社神，分享社酒、社肉，笑语欢歌不绝。妇女们要避免一切劳作，儿童们更是欣喜若狂，唐王驾《社日》诗曰："鹅湖山下稻粱肥，豚栅鸡栖半掩扉。桑柘影斜春社散，家家扶得醉人归。"但自元以后，社日逐渐衰落，有的得到区域性保留，现在只有部分地区仍有较多保留，如山西、陕西的部分地区闹社火，③ 两广地区，尤其是客家地区的隆重的社日习俗，有的并入其他节日中，如二月二，我们也可从明清地方志零散记载中大致窥见社日的全貌。④

从平卿做福仪式的细节来看，其可以说是古代社日习俗的当代遗存，而且体现出比较独特的地方文化特质。主要表现在：

第一，其祭祀的主神平水禹王为社神的一种。社神古代即有，各地不同，比较普遍的是后土神，《风俗通义》云："共工有子曰句龙佐颛顼，能平九土，为后土，故封为上公，祀以为社。"⑤ 禹王在夏代已为社主。《淮南子·氾论训》："禹劳天下而死为社。"高诱注："劳天下，谓治水之功也。托祀于后土之神。""托祀"就是配祭。《论衡·祭意》亦云："禹劳力天下，死而为社。"⑥ 平水禹王是松阳

---

① （宋）陈元靓：《岁时广记》卷14，商务印书馆1939年版，第141页。
② （南朝梁）宗懔著，谭麟译注：《荆楚岁时记译注》，湖北人民出版社1985年版，第55页。
③ 萧放：《社日与中国古代乡村社会》，《北京师范大学学报》（社会科学版）1998年第6期。
④ 王政、张正林：《清代方志中的社日习俗考略》，《农业考古》2009年第6期。
⑤ （汉）应劭著，王利器校注：《风俗通义校注》，中华书局1981年版，第355页。
⑥ 杨琳：《社神的源流》，《文献》1998年第1期，第212页。

县比较普遍的地方社神，调研组在实地参访中注意到谢村乡、赤寿乡等地社庙均祭祀平水禹王。平水禹王在当地有不少灵验的传说。据村里人讲述，平水禹王很灵验，过去平卿村缺水，每次求雨必应，是这一带祈雨灵验较多的地方。而且，还可以保人平安，偶有唱木偶戏的人感冒了，去那里点香祷告之后，立刻好转。①

第二，祭祀所用的祭品是阉过的雄性黑猪。按照阴阳五行的说法，土主黑色，祭土用黑豕（猪）。用黑猪祭祀社神是古代即有的传统，《礼记》等古代典籍中多有记载。

第三，均分胙肉。社日的一个重要特征是社神祭祀的公共性和公平、公正精神，其主要目的是为村社做福，社神正是维系社区公共精神的纽带。社首要具有公平、公正的精神，集体分享社肉和社饭都是集体、公共精神的体现。《史记》记载，汉代名相陈平早年曾在里社轮值社首之职，他分胙肉甚均，受到乡里的称赞。平卿做福最大的特点就是分肉和分饭甚均，生熟肉均分，送米按丁均送，分社饭按丁均分，而且主事者在将部分肉和饭拿回家款待客人的时候都要过秤，算作自己的，不能有任何私心，都体现出一种公平精神。

社日在宋代以后逐渐衰落。个中原因，有的学者认为，一方面是随着民智的进步、生产水平的提高，人们对自然依赖程度相对减弱，源自先秦的原始信仰的神圣色彩日渐消退，土地神或田神已被人格化、世俗化。另一方面是由于村落共同体的瓦解，因为宋代以后，村落内贫富分化加大，村民之间既缺乏共同的兴趣，又无力平均承担祭社费用，而且宗族势力在乡村迅速强化扩展，逐渐将村社挤至边缘状态，宗族活动替代了村社集体活动，祠堂取代了社庙，祖灵成为主神，恤助宗族代替了邻里互助，村社原有的功能被淡化或被转换。②

如果从这些角度来看，平卿村的社日习俗得以保留正是得益于这些因素的相对弱势。例如，从村中的信仰空间和信仰神灵体系来看，

---

① 被访谈人：张松支之父，50多岁；访谈人：萧放，北京师范大学社会学院教授；访谈时间：2016年4月25日下午；访谈地点：平卿村张松支家。

② 萧放：《社日与中国古代乡村社会》，《北京师范大学学报》（社会科学版）1998年第6期。

村内除了社庙以外,就是祠堂和香火堂,并无像样的庙宇,三太子、四相公神位都很简陋,其他对于仙岩寺、石磬庙的信仰也是望祭。再者,村民的生活水平一直处于维持温饱的状态,现在也处于刚刚脱贫的状态。村内虽有两个宗族,但二者势均力敌,没有形成一门独大的局面。平卿村社日习俗因此而得以传承至今。

2. 成丁礼的遗存:个体成长的重要标志

成丁礼是人类社会比较普遍存在的一种人生礼仪形态,是个体在生理和心理成熟期经由一定的仪式活动,由青少年步入成年,正式成为一个社会人的过渡性礼仪。中国社会存在过拔牙、文身、文面、断发、凿齿等成丁礼形式,至今部分民族犹存,但是作为主体民族的汉族,已经较早地脱离了这种成丁礼,而是演化成了象征意味比较强的冠礼和笄礼。所以,类似于平卿祈福这种成丁礼,汉族地区所见不多。例如,在广东博白客家地区,社首一般是村落或者很多联合村落中德高望重的人士,但是平卿村的情况不同,是由刚刚成年的男子组成年龄群体来轮流担任祭社的主事,具有古代成丁礼的遗风。

而在平卿村,每次社祭均有专人主事,主事者称为社首、社正、社长等,社首由村社(里)成员轮流担任,负责筹办社日祭品、主持社祭仪式以及分配祭肉等。成年是做头首的首要条件,只有成年才拥有做福的资格和权利。传统上,平卿村做福的年龄要求是 18 岁(虚岁,当地人称为毛岁,实际为 17 周岁),18 岁之后首先要于当年的春节在社庙和祠堂举行简单的"上丁"仪式,据《张氏宗谱》中记载,"祠内有生男丁者,于元旦后五日,贡上喜钱百六十文,以助后日续谱之费,即向总理报明生辰,俾注草谱纳归亦然"。同时,要在社庙和祠堂内敬献对联,昭告全村一个男子实现了从青少年到成年的转折,从此可以得到村落和家族的承认。据村民讲,在"文化大革命"以前,平卿村做福仪式一直没有中断过,而且在平常的年景,做福的头首们均为年满 18 岁的青年,如果当年年满 18 岁的比较多,则按照出生月份的大小选出 4 人,其他的轮到下一年。如果当年 4 个头首人数不够,则由年龄低一点的男丁中选出来,凑满 4 个人,个别年景,村中男丁奇缺,头首们的年龄也会相差很多,有的 13 岁就可以做头首。"文化大革命"当中,做福习俗被迫取消,20世纪80年代慢慢恢复以后,"文化大革命"前年满18岁的男子此时已经是30来岁的成年人了,于是此后的头首们年龄就都在30岁以上,2016年的4位头首中,两位34岁,一位35岁,另外一位由于常年在外做生意,如今47岁,为近年来年龄比较大的一位。

做福是自愿的,并没有专门的人来组织起这样一个年龄组织,而是这个年龄段的人们自觉自然地排下来的。不过,一般来说,大部分人都会做这个仪式,不做不好意思,[①]调研中了解到,传统上对大多数人来说,做福是一个成年群体的准入标志,现在则更多的是男子成人以后的一个身份标签,如果不做福,从实际生活考虑,似乎缺少了与人合作和交际的平台,也会影响其成年之后的人生发展,从精神层面而言,则似乎缺少了一种对成人身份的肯定。当然也有的是通过做福实现转运,人们会将人生中的各种不顺利附会于仪式之上,从而增强了民俗认同。[②]当然,也有个别人不做福,认为是比较麻烦的。[③]

(二) 做福仪式的功能分析

1. 促进个体之间的团结协作和人生发展

做福仪式首先对4位头首的个体成长具有重要意义。在长达1年的做福活动中,4位头首要组成一个紧密的小群体,每个人都需要在其他人的协助下主事一次,他们需要不断沟通,互相配合,把全年的任务完满完成。对于他们来说,多数都是从小一起长大的伙伴,经过这个互动以后关系更为亲密。而且,他们还要负责村内一些公益事业,如修桥、铺路、请戏、祈雨(过去有,现已无)等。可以说,一个男子在18岁于社庙上丁以后,标志着得到了家族和村落的肯定,

---

[①] 被访谈人:村长张松支之舅父,周姓;访谈人:萧放,北京师范大学社会学院教授;访谈时间:2016年4月25日上午;访谈地点:平卿村张松支外婆家。

[②] 调研中了解到,2016年某位做福头首年轻时因忙于生计未做福,年届不惑返回家乡做福之后,令其生活慢慢回复到正常轨道。这让其本人及村民再次强化了社神信仰。

[③] 被访谈人:周兴华,男,平卿村村民,2015年立秋福主者;访谈人:贺少雅,北京师范大学社会学院博士;访谈时间:2016年4月25日下午;访谈地点:平卿村口。

但并未真正实现身份转换，只有通过一年8次的做福仪式过程中的身心锻炼，几个年轻人才真正开始介入家族和村落公共事务。他们不仅加强了小群体之间的内部联系，也锻炼了自己的社会交往能力，增强了对村落群体的责任感。

2. 加强宗族之间的沟通与合作

平卿村存在周姓和张姓两个家族，几百年来，两个姓氏之间既有合作，也多有竞争，甚至冲突。两个宗族之间在资源争夺方面始终存在紧张和抗衡关系，但要想在这样相对封闭、生产力条件相对低下的地方求得生存又必须合作，因此社庙成了两个宗族进行合作的一种象征和调节关系的中介。这从《周氏宗谱》中的两则记载可以得到印证。

一则是两族因为树木归属产生的纠纷和处理。文中曰："道光十九年间因处外山之山古木遮护地方，是我周姓砍有朽烂楹杉，张姓阻滞具控一案，蒙亲友说明，张姓捐出资钱数千，日后此楹杉两相和合，如有朽坏之木，仍属于周姓□□张姓不得□□□，此周张二姓各执合约存照。立议约字人张周二姓，为和乡邻，省冗费，事原子午卯酉迎神赛愿，若各起灶烛，殊觉不睦费烦。今两姓酌定，历年赛还戏愿，周姓古祠演起，张姓接抬神明，赫赫威光以赛愿之先后而福报有厚薄哉。置于迎送先圣戏箱、值奉、香烟、油烛，一切社甲之事以齿轮流，周而复始，不得推诿。如周姓轮不着甲头，张姓直办，若张姓轮不着甲头，周姓直办，不得争竞，如有分头接社，顽梗不驯，禀公律究。庶几乡党和睦，费用省约，岂不懿哉。书此约字，贰姓各存执一纸为证。"①

另一则是民国十年（1921）11月11日，周氏族人状告张氏族人，起因是村方水口路边被风吹折楹树一段，被告人等据为己有，并拿出地契为证，后来县署对此事件加以了安抚。

再来看，社庙中保存的一块戒赌碑，碑文对严禁赌博、破坏庄稼等做出了严厉的规定，联合提出此事者为周张两族人士以及一个叶氏，可见在村落公共事务上，家族之间是联合的，目的要维持和谐，

---

① 此处文本由贺少雅校点整理。

争取最大的生存空间。①

因而，在这里，共同的社神祭祀起到了调节宗族关系、维系村民之间精神纽带的作用，做福过程中不分姓氏的合作，对于公共精神的宣扬，客观上消弭了两族之间的摩擦和裂痕。社庙也因此成为村落不可缺少的精神象征。

3. 搭建出尊老爱幼等良好的人伦秩序

前面提到，分肉时会提前给孩子们留出小份肉，并且家户分肉时，人名的顺序也是按照从老至幼的顺序来进行的，再者，年轻头首们在筹备一年的做福活动时需要向老年人请教，向村里的道士请教，当天活动时往往也需要老年人的协助。整个过程体现着明显的代际传承，体现着敬老扶幼的良好美德。

4. 构成村落文化治理体系的重要组成部分

在平卿村，村民的信仰体系大致可以分为几个层次：一是在家庭层面的祖先信仰，几乎家家堂屋都悬挂着父母或者祖辈的遗像，体现着对先人的尊奉和敬仰；二是在宗族层面的祖先信仰，除了个别杂姓以外，周、张二姓在村落中都有本族的祠堂，或者本房支的香火堂，祭祀先祖以及其他神灵，维持着宗族层面信仰的稳定；三是高于宗族层面的社区信仰——社神，社神以地缘为本，超越了家庭和家族的血缘关系，在更高层面上寻求整个人群之间的和谐共处关系。所以，作为维持村落社会稳定的信仰体系，或者说文化体系，做福活动为家庭内部、家族之间、社区人群之间以及人与神灵之间的沟通搭建出集中

---

① 此处文本由贺少雅校点整理。全文如下：给示勒石严禁事 据十二都平卿庄绅耆张宗云、周希贤、张惟几、周炳发、叶人相、周炳根、张麟书禀称：伊庄僻处山隅，全以山场竹木、田园蔬谷谋生，奈近来盗窃甚多，皆被毁害，其祸系由烟馆窝贼聚赌所致，叩请给示勒石永禁等情到县。据此除批示并随叩拿究外，合行给示勒石严禁为此示，仰该庄居民、地保暨外来人等知悉。尔等须知盗窃、窝赃、聚赌均属有干例禁法不容宽，自示之后，务须各安生业，勉为良民，切勿再蹈前辙，以致身罹刑章，至烟馆系藏奸纳垢之所，如敢容留匪类，窝贼窝赃，经本县访闻或被告发，定即严提到案，从重惩办，勿稍宽贷。本县言出法随，慎毋尝试，各宜凛遵，毋违特示。右仰知悉光绪肆年五月廿六日　给遵示另议盗窃书目、五谷　罚出大钱壹千六百文　竹笋蔬瓜罚出大钱四百文　其余杂物照价赔罚　聚赌窝贼盘搜赶逐　以上如违公禀。

的信仰空间，也成为村落文化治理的重要手段。

五 做福及其他民俗资源的当代运用和转化分析

平卿村做福仪式尽管内涵丰富，但是并未得到充分的挖掘，所以目前仅为县级非遗，传承状态也处于比较自发自觉的状态，形态保存完好。事实上，该村除了做福活动以外，还有丰富的民俗资源。

（一）丰富的岁时节日民俗

平卿岁时节日习俗和松阳县多数农村差不多。在饮食方面尤为丰富，春节制作年糕，清明节祭祖、吃清明果，四月初八吃乌米饭，端午包粽子，七月半做千层糕、高浆谷，八月十五吃月饼，冬至做麻糍。端午茶也是村里人日常饮用的。端午茶是以藿香、野菊、桑叶、菖蒲、山苍柴、鱼腥草等配制而成，既可以当作日常饮料，也可防病治病。端午前5日内，百草生机勃勃，灵气生成，为端午茶原料采集的最佳时间。端午茶的制作过程包括：上山采集—去泥晾干—切碎晒干—略经炒焙干—密封防潮—储藏备用。饮用时用开水冲泡，重症用水煎服。对于感冒头疼、腹泻腹痛、祛暑解渴等有很好的疗效，而且还具有祛湿、舒胃、散风、退热、防癌之功效，平日可做凉茶。麻糍是浙江农村常见的节日食品，一般在冬至日，由几个家户联合起来舂打，增添丰收的喜悦，享用丰收的硕果，营造节日气氛。麻糍的做法各村落各有不同，通常是将糯米蒸熟后，经杵捣舂捶加工而成，其形状各异、香糯黏滑、口感独特。又因携带方便、储存简单，曾是村民上山下地、劳作或春荒时节的干粮和主食。

（二）独具特色的民间音乐

平卿锣鼓虽然不及松阳县的大竹溪锣鼓有名，但很多平卿村民都认为，平卿锣鼓是比松阳有名的大竹溪锣鼓还要好的。这一点调研组经过对比之后，深以为然。该村锣鼓敲法有10种，分别为火炮头、七星调、平调、五棒锣、九棒锣、三六九、七五三、龙归洞、龙绕柱、盘龙。抑扬顿挫，曲调优美，具有浓重的道教音乐色彩。

村内现有一支具有独特演奏风格的锣鼓队伍。成员由5人组成，负责人张发旺，该民间乐队由师傅教导技艺，后来又自费到建德多个戏班学艺，现在乐队队员技艺精湛，每人都会弹奏多种乐器，并多次在松阳县农民文化节比赛获奖。每逢喜丧事或者逢年过节，他们都会应邀去参加表演。在正月期间，乐队会自动组织节目演出，还会参与婺剧和松阳高腔等曲种的现场演出。

平卿村的民间太平歌小调独具特色。目前在松阳唱太平歌的村落很少，会演唱者已不多。《太平歌》小调曲调优美，咏叹12个月，祈求年成丰足，天下太平。调研组采录的一首小调唱道：

> 正月太平大丰年，笙箫鼓乐闹喧天，家家户户新年酒，彩三发四贺新年。二月太平杨柳青，你有花鼓到如今，一年四季保清吉，年月日时保太平。三月太平是清明，有个郎子传万名，城侬皇帝立五谷，帝立五报万收成。四月太平立夏来，四方八面去求财，招财童子随左右，月进财宝日进金。五月太平是端阳，菖莆饮酒满园香，风调雨顺千秋落，国泰民安万年春。六月太平存金银，小仓满满大仓实，六月开仓积谷，十月开库收金银。七月太平七月半，香烟袅袅送天堂，玉皇大帝降赐福，保护赐福万年春。八月太平木樨香，大小男女福寿长，老者彭祖同庚寿，小幼又比麻姑长。九月太平黄菊香，红曲老酒满缸香，田山六种都丰收，五谷收割上高仓。十月太平是立冬，习读诗书万卷通，聪明伶俐登科第，秀才出去状元回。十一月太平落雪花，夫人送子到我家，生得五男并二女，子孙满堂喜满门，十二月太平又一年，荣华富贵乐万年，子子孙孙逃五门。

（三）影响一方的板龙表演

平卿村板龙也是村民的骄傲，因为在龙灯中，板龙属于老大级别，一般村庄板龙有11节，但平卿板龙则有13节。村里每年都会成立临时组织——龙会，组织村民制作龙灯。通常，春节前，村民开始制作龙灯，龙灯用竹、纸扎成，每段板座上用竹篾扎成龙头、龙身和龙尾的骨架，糊以绵纸，再饰以龙须、龙眼、龙角、龙珠，长40—50米。

龙灯扎制完成后，从正月初一到十五，舞龙队会到邻近村庄送龙帖，收到龙帖子的，可向平卿发出邀请，舞龙队开始到邻村表演。所到之处会以红包相赠。舞龙队也会走到村里每家每户，祈祷家家健康、平安、和谐。舞龙之日，以锣鼓、号角为前导，将龙身从社庙中请出，接上龙头龙尾，举行点睛仪式。龙身用竹扎成圆龙状，节节相连，外面覆罩画有龙鳞的巨幅红布，每隔五六尺有一人掌竿，首尾相距数十丈长。龙前由一人持竿领前，竿顶竖一巨球，上书"国泰民安"等语，作为引导。舞龙时，巨球前后左右四周摇摆，龙首做抢球状，龙身随之游走飞动。

在村内的舞龙队伍有较为固定的路线，通常是从社庙出发，经由祠堂、香火堂等主要公共文化建筑，最终回到社庙。等到舞龙完毕，就将首尾烧掉，龙身送回庙内，明年再用。有时，村里还会举行"送灯"仪式，即将龙头上的灯笼保留下来，送与当年或者多年结婚未育的夫妻，因"灯"与"丁"谐音，故有送子之意。

（四）技艺精湛的民间手工艺

调研组发现，平卿人还有一句口头禅，那就是平卿村是三十六行，行行都有，木匠、篾匠、铁匠、做鼓等，艺人不胜枚举。调研组此次重点挖掘了平卿福鼓制作工艺。

平卿福鼓明清时期已在松阳县一带小有名气，至清光绪年间，平卿村艺人张惟灏创制"张元泰"号将福鼓制作工艺发扬光大，现已传至第五代。现村内掌握该技艺者有3人，其中张世川为主要传承人。

张世川13岁开始随父学艺，至今已有40年制鼓经历。他制作的平卿福鼓，品质上乘，种类多样，主要用于寺庙宫观、剧团演艺等，销往松阳县以及临近的遂昌、庆元、青田、云和、龙泉以及金华市宣平县等十多个县市，且多为私人定制。著名的玉岩香乳山胡公庙、遂昌仙岩寺等，以及国家级非遗项目松阳高腔剧团中均有他的作品。

福鼓的制作材料精挑细选，制作工艺细腻。据张世川介绍，他对于材料的选择是非常考究的，其中鼓身选用生长于海拔700米以上、至少有20年树龄的野生杉木和樟木，鼓面精挑十几年岁龄的雌性黄牛皮，鼓钉来自5年以上树龄的毛竹。通常，原料的选择要耗费很大的脑筋，现在他的原材料基本都是从市场上购置而来，很少有自己去山上采集的。

福鼓的制作工具多样，包括斧头、刨子、锯子、麻绳、剪刀、砂纸等30余种，分别用来切割和平整木料，切割和打磨牛皮，以及进行鼓身的固定和修饰等。至于其制作工艺，则只能用"繁复"二字来形容了。据艺人张世川介绍，整个过程要经过选料—木板切割和推光—鼓身制作—牛皮处理—牛皮浸泡—蒙皮—晾晒—鼓钉制作—钉鼓—盖印章—上漆等20多道工序，其中仅制作鼓身便包括木板的裁切—拼接—固定—磨平—弥缝—刨平—安装鼓胆等十余道工序。

手工艺的传承总是伴随着创新的。平卿福鼓制作也不例外。据张世川介绍，他在继承传统技艺基础上，非常注重技艺改革和创新，其中鼓胆的安装和材料更新就是明证。鼓胆为细钢丝缠绕成的螺旋状物，安装于鼓桶内，使得鼓声悠远绵长、厚重。张世川祖辈已探索出安装鼓胆的技艺，至张世川这辈技术更加成熟，深受消费者肯定和喜爱。但可惜的是，该项目在松阳县组织的非遗普查中不幸被漏掉，目前，该项目正在积极准备申报县级非遗名录。

此外还有上文提到的壁画画师张飞军。其画艺精湛，作品甚多，在松阳附近县市也小有名气。利用本村丰富的竹资源制作畚箕等篾器的工匠也是平卿的一宝。篾匠手工艺精湛，纯靠手工制作，编制畚箕、菜篮、簟、竹椅、箩筐、竹盒、蒸笼、凉席等，供应到县城、古市镇等传统集市，享有盛誉。目前村里还有十多位篾匠，技艺得到一定的传承和保护。但是，现仍有民俗资源还缺乏深入挖掘，其传承与保护的问题尚未提到议事日程。或者可以说，目前摆在平卿村面前的非遗保护问题并不是村落中的主要问题。

为此，调研组主动扩大调查研究的概念、对象和范围，将非遗保护扩展到文化圈的保护和发展，甚至是在村落社会治理和新农村建设等层面，从改善民生的视角出发，探求非遗文化资源在村落复兴中所能起到的作用，以及如何实现转化和利用等问题。

调研组发现，平卿村目前存在"四无"问题与"四有"优势。"四无"体现在：第一，无交通。平卿村通村公路崎岖，部分路段经常有塌方，安全隐患严重。第二，无水源，平卿缺水，现在旱季基本生活用水供应都成问题，虽然改造过，但没有成功。第三，无品牌，平卿茶叶品质好，但好酒也怕巷子深，至今无品牌，价格始终上不去，农民增收困难。第四，无空间。和其他山村差不多，平卿的村落空间狭窄，现在村委会办公室条件很差，村民没有什么公共文化空间。这些都是事关村民民生经济的关键问题。

"四有"优势，即环境有、文化有、产业有、人气有。一是环境有。平卿村自然环境条件得天独厚，村落建筑保持完好，2014年入选国家第三批传统古村落名录。该村始建于元末明初，是松阳乃至浙西南不可多得的具有鲜明农耕文化特色的古村落。二是文化有。平卿村不仅有历史悠久的祈福文化，还有丰富的非遗资源，像富有地域特色的平卿锣鼓、平卿福鼓制作技艺、《太平歌》民间小调等。三是产业有。平卿出产的高山云雾茶是整个松阳县甚至全国绿茶中的上等品，每年茶叶出产都是供不应求。四是人气有。目前，传统村落"空心化"基本成为普遍现象。但是平卿村目前全村常住人口200多人，是一个比较大的山村。在笔者看来，是文化的吸引力和产业凝聚在起作用。

但是，平卿村究竟应该如何发展？如何能够在浙江省提出的文化引领乡村振兴道路中独辟蹊径，走出一条自身发展之路呢？目前松阳县及周边县市古村落发展有几种模式：一是文化旅游模式。这种模式很多，但是尽管旅游发展起来，要么是缺乏深厚的文化挖掘，要么陷入商业化的怪圈，旅游似乎并未使更多人受益，村里留住或者回流的人群也并未增加，对于平卿村而言，一定要发展旅游吗？二是发展成摄影基地。像四都乡那边一样，但是这种模式也不可复制。三是商业买办力量的介入。也就是由商业力量介入进来，对本地的产业或者村庄整体进行全部承包或者重新打造，遂昌地区有这方面成功的例子。杭州某茶厂将一个古村落买下来，村里人都按照茶商的打造去采摘和供应茶叶，现在也已经打造出一定的品牌效应。但是，这条路是否适合平卿也不得而知。四是融合多方力量，将产业和文化旅游融合起来发展，也就是说仍然以现在平卿村的茶叶产业为主导，着力进行高端茶及其文化的打造，然后再融入本地文化进行展示，发展部分文化旅游。这个导向符合新兴镇对平卿村的总体定位，但是设计者对于细部建设也有些模糊。即何为高端，如何打造成高端，又如何使高端持续化，都是需要探索的问题。再者，所有这些模式背后都涉及一个根本性的问题，非遗保护为了谁？村落保护为了谁？乡村发展是为了谁？谁是保护的主体？总之，作为一个后进的村子，平卿村前面已经有很多种模式，很多发展的经验，或成功的，或不成功的。这些都可以认真做出分析，然后结合自身实际，寻找一条适合自己的路。或许平卿村可以探索出这些模式之外的另外一条发展道路。

诚如国家文化部门对于新时期农村文化建设的要求一样，地方社会的发展如果单靠政府主导，没有社区参与，是没有生命力的，最终仍要靠民众、靠社区去努力实践，带动社区民众传承、保护好传统文化，在保护中求发展。也就是说要发挥社区和社群的集体力量，调动本土群众的积极性。这与联合国教科文组织保护非物质文化遗产公约精神所提倡的"社区参与"以及当前国家所提倡的多元社会治理主体的理论是殊途同归的。

对于平卿而言，首先，紧要的是摸清家底，把村落文化传统做一次彻底的梳理，将所有优秀的传统文化资源加以整理、转化和再利用。如调研组发现，平卿村具有比较完善的社区管理体制，虽然村里没有很完整的组织体系，但是村里秩序井然。原因在于社区性的祈福仪式和家族组织起到很大作用，也就是说村落社区参与的程度还是比较强的。其次，要解决民众呼声比较高的棘手的民生问题。平卿村虽然有茶叶产业，但发展时间较短，村民生活水平仍处于温饱水平，急需的饮用水、道路交通和文化活动等问题还需要仔细研究，确定轻重缓急。当然，这里是否可以发挥文化扶贫的作用，倒是可以细细考量。最后，发展道路的选择。作为一个相对后进的村子，平卿村面临诸多发展的问题，但是又具有后发优势，可以借鉴更多成功的经验，吸取更多失败的教训，所以，平卿需要"慢发展"，需要一段安静的时间，充分尊重村民的意见，调动起社区参与积极性，谋求适合平卿的发展之路。

如今，平卿已经在进行古村落保护的各种规划，但是诚如北京师范大学萧放教授对平卿所做的优美评价"平卿：平静若卿"，平卿或许真的适合一种平静中的趋向于平静的发展模式。

（平卿祈福调查组名单：贺少雅、吴莉梅、卓旭英、蓝培富、蓝炳花、阙璟璐、李孟君、周永贵）

媒体报道

开幕式

一　光明网报道开幕式

中青年非遗传承人传统节日仪式研讨班开班仪式在京举行

2017-09-08　来源：光明网

2017年9月6日，文化部、教育部中国非遗传承人群研修研习培训计划——中青年非物质文化遗产传承人传统节日仪式研讨班在北京师范大学英东学术会堂举行开班仪式。此次研讨班是中国非遗传承人群研培计划首次关于民俗的试点培训，由北京师范大学中国社会管理研究院/社会学院主办，中共丽水市委宣传部、松阳县人民政府协办。

本次研讨班的培训主题是：传统文化的当代实践——以传统节日仪式研讨为例。其最大特点是搭建专家学者、传承人与非遗工作者三者结合的研究平台，共同探讨传统节日仪式在当代中国的实践问题。研讨班依托北京师范大学中国社会管理研究院/社会学院，由著名节日研究专家萧放教授领导的民俗学国家重点学科和民俗、人类学系团队具体负责；并集结了国内外民俗学、文化产业、文化创意设计、旅游管理等相关领域专家学者，遴选中青年非遗工作者和非遗传承人，通过理论讲解、田野调查和集中研讨等多种方式，以传统节日仪式的保护、创新和传承为主要议题，深入探索当代社会转型期传统节日仪式文化的保护机制以及创造性传承和创新性发展的广阔空间。

在9月6日上午的开班仪式上，时任文化部非遗司副司长王晨阳表示，中国非遗传承人群研培计划意义重大，希望北京师范大学与浙江丽水市的学术研讨与田野实践能够为节庆类非遗的现代传承做出有益尝试，把传统的节日仪式不仅做成欢乐祥和的社区实践活动，更能够对全社会起到敦睦教化的作用，使中华民族最基本的文化基因与当代相适应，与现代社会相协调。北京师范大学中国社会管理研究院/社会学院常务副院长朱红文教授介绍了北京师范大学开办研讨班的设想与筹备情况。著名非物质文化遗产专家、中国非物质文化遗产保护委员会副主任刘魁立先生与学员们讨论了非物质文化遗产保护工作中的若干问题。浙江丽水松阳县人民政府副县长谢雅贞（时任）表示，松阳县已经做好充足的准备工作，希望松阳继续保持、创新传统文化实践经验，持之以恒地为研讨班提供课题，使专家学者、非遗传承人、非遗工作者之间形成良性互动，共筑合力。

北京师范大学中青年非遗传承人传统节日仪式研究平台的搭建，有益于非遗传承人综合素质的提高，有益于非遗理论与实践相结合的研究方向，是当前非遗传承与保护研究的一次大胆尝试，有力地推动了我国当前的非遗保护工作。接下来的10天里，将由专家学者带来精彩的专题讲座。之后，北京师范大学专家、教授将和学员一同前往非遗节日仪式项目基地浙江省松阳县进行为期12天的深入调研，为当地非遗保护和传承提出有益建议，为我国非遗保护的落地推行提供宝贵经验。

二 《中国文物报》报道开幕式

中青年非遗传承人传统节日仪式研讨班在京开班

中国文物报讯　9月6日，文化部、教育部中国非遗传承人群研修研习培训计划——中青年非物质文化遗产传承人传统节日仪式研讨班在北京举行开班仪式。研讨班是中国非遗传承人群研培计划首次关于民俗的试点培训，由北京师范大学中国社会管理研究院/社会学院主办，中共丽水市委宣传部、松阳县人民政府协办。文化部非遗司、北京师范大学、浙江省丽水市、松阳县有关领导和全体学员参加开班仪式，学员主要由浙江省丽水市有关部门领导、丽水市下辖8个区县的文化保护工作者及非遗传承人共29人组成。

研讨班根据《关于实施中华优秀传统文化传承发展工程的意见》提出的"实施中国传统节日振兴工程，丰富春节、元宵、清明、端午、七夕、中秋、重阳等传统节日文化内涵，形成新的节日习俗"相关精神，充分发挥北京师范大学民俗学专业学科优势，结合松阳县文化资源优势，进行理论与实践相结合的研修研习活动。研讨班分两阶段进行：第一阶段在北京师范大学进行理论研讨，第二阶段将以四季岁时为主线于浙江松阳进行叶氏祭祖、竹溪摆祭、玉岩庙会、平卿祭祖个案调查。研讨班最大特点是搭建专家学者、传承人与非遗工作者三者结合的研究平台，共同探讨传统节日仪式在当代中国的实践问题。

文化部非遗司副司长王晨阳（时任）在开班仪式上介绍了中国非遗传承人群研培计划的重要意义及进展情况，并表示北京师范大学与浙江丽水市的学术研讨与田野实践将为节庆类非遗的现代传承做出有益尝试，节日仪式不仅是欢乐祥和的社区实践活动，更为全社会的敦睦教化起到积极的作用。非物质文化遗产专家、中国非物质文化遗产保护委员会副主任刘魁立（时任）与学员们讨论了非物质文化遗产保护工作中的若干问题。浙江丽水松阳县人民政府副县长谢雅贞（时任）表示，松阳将继续保持、创新传统文化实践经验，持之以恒地为研讨班提供课题，使专家学者、非遗传承人、非遗工作者之间形成良性互动，共筑合力。

三　《中国艺术报》、中国文艺网报道开幕式

非遗传承人群研培计划聚焦民俗

2017－09－08　来源：《中国艺术报》
作者：张志勇

9月6日，文化部、教育部中国非遗传承人群研修研习培训计

划——中青年非物质文化遗产传承人传统节日仪式研讨班在京开班。此次研讨班是中国非遗传承人群研培计划首次关于民俗的试点培训,由北京师范大学中国社会管理研究院/社会学院主办,中共丽水市委宣传部、松阳县人民政府协办。

截至9月29日的本次研讨班,以"传统文化的当代实践——以传统节日仪式研讨为例"为主题,分两阶段进行:第一阶段在北京师范大学进行理论研讨,第二阶段将以四季岁时为主线于浙江松阳进行叶氏祭祖、竹溪摆祭、玉岩庙会、平卿祭祖个案调查。浙江省丽水市有关部门领导、丽水市下辖8个区县的文化保护工作者及非遗传承人将参加培训。

研讨班将依托北京师范大学民俗学专业学科优势,结合松阳县文化资源优势,进行理论与实践相结合的研修研习活动,搭建专家学者、传承人与非遗工作者三者结合的研究平台,并遴选合作单位中青年非遗工作者和非遗传承人,通过理论讲解、田野调查和集中研讨等方式,以传统节日仪式保护、创新和传承为主要议题,探索当代社会转型期传统节日仪式文化的保护传承机制。

四 中国网报道开幕式

中青年非遗传承人传统节日仪式研讨班北京师范大学开班

2017-09-12　来源:中国网

中国网9月12日讯　2017年9月6日,文化部、教育部中国非遗传承人群研修研习培训计划——中青年非物质文化遗产传承人传统节日仪式研讨班在北京师范大学英东学术会堂举行开班仪式。此次研讨班是中国非遗传承人群研培计划首次关于民俗的试点培训,由北京师范大学中国社会管理研究院/社会学院主办,中共丽水市委宣传部、松阳县人民政府协办。

主办方按照中央《关于实施中华优秀传统文化传承发展工程的意

见》提出的"实施中国传统节日振兴工程,丰富春节、元宵、清明、端午、七夕、中秋、重阳等传统节日文化内涵,形成新的节日习俗"相关精神,为进一步学习贯彻文化部副部长项兆伦(时任)《关于当前非遗保护工作的几个问题》讲话重要内容,将充分发挥北京师范大学民俗学专业学科优势,结合松阳县文化资源优势,进行理论与实践相结合的研修研习活动。

研讨班日期为2017年9月6—29日,分两阶段进行:第一阶段在北京师范大学进行理论研讨,第二阶段将以四季岁时为主线于浙江松阳进行叶氏祭祖、竹溪摆祭、玉岩庙会、平卿祭祖个案调查。参加此次研讨班的学员包括浙江省丽水市有关部门领导、丽水市下辖8个区县的文化保护工作者及非遗传承人共29人。

研讨班的培训主题是:传统文化的当代实践——以传统节日仪式研讨为例。其最大特点是搭建专家学者、传承人与非遗工作者三者结合的研究平台,共同探讨传统节日仪式在当代中国的实践问题。研讨班依托北京师范大学中国社会管理研究院/社会学院,由著名节日研究专家萧放教授领导的民俗学国家重点学科和民俗、人类学系团队具体负责。项目集结了国内外民俗学、文化产业、文化创意设计、旅游管理等相关领域专家学者,遴选合作单位中青年非遗工作者和非遗传承人,通过理论讲解、田野调查和集中研讨等多种方式,以传统节日仪式的保护、创新和传承为主要议题,深入探索当代社会转型期传统节日仪式文化的保护机制以及创造性传承和创新性发展的广阔空间。

在9月6日上午的开班仪式上,北京师范大学中国社会管理研究院/社会学院常务副院长朱红文教授介绍了北京师范大学开办研讨班的设想与筹备情况。文化部非遗司副司长(时任)致辞,他介绍了中国非遗传承人群研培计划的重要意义及进展情况,希望北京师范大学与浙江丽水市的学术研讨与田野实践能够为节庆类非遗的现代传承做出有益尝试,把我们的节日仪式不仅做成欢乐祥和的社区实践活动,更能够对全社会起到敦睦教化的作用,使中华民族最基本的文化基因与当代相适应,与现代社会相协调。著名非物质文化遗产专家、中国非物质文化遗产保护委员会副主任刘魁立先生(时任)与学员们讨论了非物质文化遗产保护工作中的若干问题。北京师范大学相关部处领导也发表了热情洋溢的致辞。浙江丽水松阳县人民政府谢雅贞副县长（时任）表示，松阳县已经做好充足的准备工作，希望松阳继续保持、创新传统文化实践经验，持之以恒地为研讨班提供课题，使专家学者、非遗传承人、非遗工作者之间形成良性互动，共筑合力。学员们感触颇深，反响热烈，互动积极，对接下来的讲座与讨论十分期待。

北京师范大学中青年非遗传承人传统节日仪式研究平台的搭建，有益于非遗传承人综合素质的提高，有益于非遗理论与实践相结合的研究方向，是当前非遗传承与保护研究的一次大胆尝试，有力地推动了我国当前的非遗保护工作。接下来的10天里，将由专家学者带来精彩的专题讲座。之后，北京师范大学专家、教授将和学员一同前往非遗节日仪式项目基地浙江省松阳县进行为期12天的深入调研，为当地非遗保护和传承提出有益建议，为我国非遗保护的落地推行提供宝贵经验。

五 《丽水日报》报道开幕式

全国首个非遗传承小班在松阳举办

9月6日，在北京师范大学英东学术会堂，文化部、教育部中国非遗传承人群研修研习培训计划——中青年非物质文化遗产传承人传统节日仪式研讨班举行开班仪式。此次研讨班是中国非遗传承人群研培计划首次关于民俗的试点培训，也是为松阳民俗传承量身定做的，除了在北京师范大学进行理论研讨，还将专程赴松阳县结合当地文化资源优势，进行实地研修研习。

近年来，松阳在乡村复兴中，推出民俗展演机制，传承传统文化较有特色。为此，国内民俗类研究权威学府北京师范大学牵头组织，由著名节日研究专家萧放教授领导的民俗学国家重点学科和民俗、人类学系团队具体负责，集结了国内外民俗学、文化产业、文化创意设计、旅游管理等相关领域专家学者,围绕"传统文化的当代实践——以传统节日仪式研讨"主题开展本次研讨活动,还结合松阳的民俗活动设置课程。9月17—30日,北京师范大学专家、教授将和学员一同前往非遗节日仪式项目基地松阳,以四季岁时为主线,对叶氏祭祖、竹溪摆祭、玉岩庙会、平卿祭祖等个案进行实地调查研讨。参加本次研讨班共有29人,松阳19人,其中直接从事传承的民间艺人8人,丽水市各县9人,省里1人。

本次研讨班最大特点是搭建专家学者、传承人与非遗工作者三者结合的研究平台,通过理论讲解、田野调查和集中研讨等多种方式,以松阳民俗活动为实际案例,共同探讨传统节日仪式在当代中国的实践问题。活动将为松阳县的非遗保护和传承提出有益建议,为我国非遗保护的落地推行提供宝贵经验。

六 浙江文化厅、丽水市文化广电新闻出版局、松阳县文广出版局网站报道开幕式

传统文化的当代实践——中青年非遗传承人传统节日仪式研讨班

2017-09-08 作者:赖叶蕾 刘洪燕

9月6日,传统文化的当代实践——中青年非物质文化遗产传承人传统节日仪式研讨班在北京师范大学英东学术会堂举行开班仪式。此次研讨班由国家文化部非遗司、浙江省文化厅指导,北京师范大学、中共丽水市委宣传部、松阳县人民政府、丽水市文化广电新闻出版局主办,中共松阳县委宣传部、松阳县文化广电新闻出版局承办,时间为9月5—30日。

研讨班分两阶段进行,第一阶段在北京师范大学进行理论研讨,第二阶段将以四季岁时为主线对浙江松阳叶氏祭祖、竹溪摆祭、玉岩庙会、平卿祭祖等项目进行调研研讨。

本次研讨班属于国家文化部非遗司的民俗类非遗项目研培试点，由国内民俗类研究权威学府北京师范大学牵头组织，而且是特别针对松阳县和丽水市的民俗类项目量身定制的，具有很强的针对性、科学性、前瞻性。通过认真梳理、研究民俗项目面临的节日仪式传承、活化与创新等关键问题，将有效指导丽水市突破保护工作瓶颈，提升非物质文化遗产传承工作水平，并为全国各地区该项工作提供样板和可复制的经验。

七　"北京师范大学民俗学"公众号报道理论学习阶段顺利结束

"传统文化的当代实践——中青年非遗传承人传统节日仪式研讨班"第一阶段于北京师范大学圆满结束

2017 年 9 月 18 日

2017 年 9 月 15 日，文化部、教育部中国非遗传承人群研修研习培训计划——中青年非物质文化遗产传承人传统节日仪式研讨班第一阶段在北京师范大学顺利结束。

此次研讨班是中国非遗传承人群研培计划首次关于民俗的试点培训，由北京师范大学中国社会管理研究院/社会学院主办，中共丽水市委宣传部、松阳县人民政府协办。参加研讨班的学员包括浙江省丽水市有关部门领导、丽水市下辖 8 个区县的文化保护工作者及非遗传承人共 29 人。

研讨班共分为两个阶段：第一阶段以理论研讨为主，第二阶段以田野调查为主。理论研讨又分为授课与讨论两种形式。在历时 10 天的研讨过程中，专家学者、传承人与非遗工作者三方深入交流，对传统节日仪式在当代中国的实践问题进行了充分探讨，得到了丰富的研讨成果。

授课环节是研讨班的关键部分，主办方邀请到来自国内外民俗学、文化产业、文化创意设计、旅游管理等相关领域的专家学者面向29位学员授课，十余位专家学者各展所长，学员们收获颇丰。

其中，在研讨班的首场讲座中，著名非遗专家、国家非物质文化遗产保护工作专家委员会副主任刘魁立（时任）研究员以"学习非遗法，谈保护与传承"为题，解析了非物质文化遗产概念的源流和内涵，概述了非遗保护工作的发展历程，并强调指出《非遗法》有关非遗保护的三个重要原则：真实性、整体性和传承性。同时，他还重点介绍了非遗传承人在非遗保护中的角色、地位和作用，提出非遗传承人是非遗保护工作的核心内容之一。中国社会科学院巴莫曲布嫫研究员、安德明研究员的讲座主题也都与非遗有关。巴莫曲布嫫研究员通过带领学员精读《公约》相关条款，分析了《公约》的宗旨、非遗概念的定义与框架，并指出一系列违背公约精神的不当用词提请大家的注意，同时巴莫曲布嫫研究员对《公约》成就的总结引发了人们对文化认知观念的变迁，提高了人们对"社区赋权"和"参与式发展"原则的认识。安德明研究员强调，从传承人的角度来理解非遗，有助于反思我国的非遗保护措施，由于社区内部的非均质性，无论专门知识掌握的多寡，只要参与非遗传承和实践中，都应当看作传承人，即"人人都是传承人"，安德明教授还援引美国公众民俗学者倡导的"文化对话"理念，倡导政府和社区的相互理解和对话，克服强势干预的立场，保护弱势群体的权利，促进人的全面发展。

在有关中国传统节日的探讨中，著名节日研究专家萧放教授以中国3000年的节日传统为主要线索，从时间层面讲述了传统节日的起源、汉魏时期节日体系的形成以及中国传统节日体系的扩充和发展，结合具体的事例以及民间故事，生动形象地阐释了节日传统的内涵、伦理价值以及传统节日在当今社会中的文化价值。远道而来的马来西亚南方大学文化、艺术及企业策划部主任，马来西亚国家级非物质文化遗产二十四节令鼓创始人陈再藩先生以二十四节令鼓为经典案例，结合其创作背景、创作理念、传承实践、申遗道路与发展前景，分享了利用地方资源与文化资源打造文化特色，创造文化新生态，弘扬民族精神的尝试与经验。华东师范大学社会发展学院副院长田兆元教授将中国传统节日文化与地方经济社会生活相联系，从民俗学科对于节日文化的理解、传统节日文化与社会经济生活、现代文化中的当代节日叙事与变迁、经济民俗学的节日文化解读和当代节日文化与地方社会经济等五方面与学员进行探讨。张勃教授则将重点放在传统节日与民间信仰上，并从核心价值观的角度，介绍了节日与信仰的民间生活实践，她提出，传统节日是核心价值观的重要载体，节日中的民间信仰活动是核心价值观的集中体现。华东师范大学民俗学专业的徐赣丽教授介绍了多年来她的国内外田野经验，以端午节、芦笙节、火把节、狂欢节、祇园节等为案例分析旅游合理有限介入非遗资源的好处。除去理论的讲述，朱霞教授还系统地向学员们介绍了节日仪式的田野调查方法：一方面，提出由专家学者、传承人和非遗工作者组成的研讨小组对非遗节日仪式的项目基地所进行的田野调查需要体现出"见物见人见生活"的非遗保护工作新理念，从而促使传统节日在当代社会的传承活力；另一方面，朱霞教授梳理并明确了田野调查的起源、概念和操作的具体方法，使学员对抽象的学术概念形成了清晰而直观的认识。

如何将文化做成产品甚至产业是每位学员都在思考的问题，为解答学员们的困惑，给他们带去新思路，深圳市巨匠汇网络信息有限公司陈普月董事长以"节日产品的开发与提升设计"为题，从目标人群、产品定位、开发方向等几个方面展开叙述，并以高温珐琅银器、壮族水竹花伞、格萨尔王兵器等产品为例阐述了在传统工艺中应适当加入现代设计创新理念的重要性。中国社会科学院意娜副研究员的讲座题为"文化创意产业与非遗的生产性保护与发展"，在课堂上，她通过理论疏导，将国内非遗创意产业的大致市场向诸位学员做了简要介绍，同时就法律条例提醒了大家在文创过程中要回避的问题和注意事项，给大家带来了切实可行的实践经验，有助于学员们开阔视野，发散思维。北京联合大学旅游学院的代改珍副教授更加关注"节日品牌策划与培育"的问题，用实际的案例为学员们生动地讲授了节日文化资源如何成功地旅游化的问题。

除去授课模式外，小组讨论模式也颇受学员欢迎。研讨期间，学员们共展开了4次讨论。9月7日，第一场以"非遗保护与节日传承人的主体性确立"为题的讨论在鞠熙老师的主持下进行，针对政府在非遗保护中的作用、非遗保护与发展的关系、怎样理解本真性、传承人如何认定以及谁是传承社区中的主体等问题，各位学员都结合自己在实际工作中的案例发表了看法。而在讨论"节日仪式的实践与创新"时，各位学员将重点放在怎样让中国的年轻人们爱上传统节日、怎样给传统仪式赋予现代的意义等内容上。非遗问题是学员们非常关注的另一主题，对于非遗传承与发展旅游的关系、非遗行动（活动、政策等）应该谁说了算、非遗社区是否可以无限扩大规模等命题，大家均提出了自己的思考。最后一场讨论于9月15日下午在京师学堂第七会议室展开，讨论的主题为"关于松阳县平卿祈福、大小竹溪摆祭、卯山祭祖、玉岩传统庙会的调研方案的讨论"，学员们结合前一阶段的授课、讨论内容和自身调研的实践经历、经验，围绕调研问卷应该包含哪些具体内容，进行了充分交流，并对调研环节的具体细节一一进行了推敲和确定，同时还对调研期间可能会遇到的问题以及困难进行了假设和预判，以期制订出一份周全切实、理性科学、具有前瞻性的调研方案。

研讨班的理论研讨阶段得到了非遗司和松阳县领导的热切关注与大力支持，其间，受非遗司副司长王晨阳（时任）委托，非遗司赵冰心女士来到北京师范大学，参与主题讨论，对学员们表现出来的思考深度、理论水平与理论联系实际的能力表示肯定。在理论学习的最后一天，松阳县县委书记王峻也专程来到北京师范大学京师学堂的课堂上，与老师学员们亲切交谈，关心学员们的学习和生活情况，赞誉本期培训班堪称中国非遗保护培训领域的首期"黄埔军校"，并希望大家不辜负文化部的期望、不辜负北京师范大学的学术教学，做好松阳的节庆活动，进而辐射到丽水、全国，为中国传统文化建设提供松阳经验和松阳实践。

此次研讨班的举办是主办方贯彻中央《关于实施中华优秀传统文化传承发展工程的意见》提出的"实施中国传统节日振兴工程，丰富春节、元宵、清明、端午、七夕、中秋、重阳等传统节日文化内涵，形成新的节日习俗"的精神的具体体现，旨在进一步学习文化部副部长项兆伦（时任）《关于当前非遗保护工作的几个问题》讲话中的重要内容，充分发挥北京师范大学民俗学专业学科优势，同时结合松阳县文化资源优势，通过理论讲解、田野调查和集中研讨等多种方式，以传统节日仪式的保护、创新和传承为主要议题，深入探索当代社会转型期传统节日仪式文化的保护机制以及创造性传承和创新性发展的广阔空间。

研讨班第一阶段的圆满结束标志着第二阶段的开始，9月17日，北京师范大学的专家、教授将和学员一同前往非遗节日仪式项目基地——浙江省松阳县展开为期12天的深入调研，以四季岁时为主线进行叶氏祭祖、竹溪摆祭、玉岩庙会、平卿祭祖等内容的个案调查，致力于为当地非遗保护和传承提出有益建议，为我国非遗保护的落地推行提供宝贵经验。

闭幕式

一　光明网报道结业典礼

传统文化的当代实践　学术研讨助力非遗传承

2017 – 10 – 12

　　光明网讯（记者冯一苇）　9月29日下午，由文化部、教育部共同组织的中青年非遗传承人传统节日仪式研讨班结业典礼在松阳县会议中心隆重举行。该研讨班利用北京师范大学民俗学专业学科优势，以松阳县民俗活动为样本，以祈福、摆祭、礼俗、庙会等项目为支撑，强调传统文化的在地性、自发性、互动性和艺术性，对松阳县进行传统民俗调研及研讨。结业典礼上研讨班回顾了在北京的理论学习与在松阳的田野调查两个阶段，并进行了深入的交流。

　　文化部党组成员、副部长项兆伦（时任）对本次研讨班给予了高度评价，认为这是对分门类建立非遗保护与传承体系的一次尝试，对于形成完整的非遗政策体系具有重要意义。他肯定了北京师范大学作为民俗学重镇对于文化传承的高度责任感，也肯定了松阳县在文化保护方面富有远见与情怀的实践，并详细解读了非遗的本质特征，并从邻里互动和社区共享、赋予社区鲜明的文化特征、为成员提供归属感认同乃至整个社区联系的持续感三个方面阐述了节庆仪式的基本特征。项兆伦说："本次研讨班的主题是传统文化的当代实践，节庆仪式活动在文化传承中起着特别重要的作用。节庆仪式作为社会实践性的文化传统，更要强调社区群体的认同感，这是传承与再创造的重要判断标准。"

针对下一步工作，项兆伦强调，要进一步巩固成果，让类似研修活动成为松阳乃至更大范围民俗实践研究基地，成为民俗类非遗项目研培工作的品牌；要理论研究与积极实践相结合，让民俗活动更加丰富，更具吸引力，更多参与人群，更能反映松阳特色；要让民俗节庆的研修和实践，与美丽乡村建设结合，与新农村的社会文化建设结合，让丰富的民俗活动成为当地新农村建设的有机组成部分并赋予生动内涵，成为新农村建设新的动力。

浙江省文化厅党组副书记、副厅长陈瑶（时任）首先对文化部与非遗司、对北京师范大学民俗学、对各位授课专家表示了感谢，也对学员们的认真勤奋表示赞赏。同时，陈瑶也期待学员们日后能够学以致用，以行动创新"传统文化的当代实践"，共同将松阳建设为展示美丽浙江、文化浙江的窗口。

松阳县县委书记王峻对项部长提出的文化实践的重要意义做出回应，表示本次研讨班贯彻了中共中央、国务院对于文化发展的战略要求，发挥文化凝聚灵魂、资政育人的重要作用。非遗传承，既要延续传统，又要与时代相衔接，在物质形态修复取得一定成果的基础上，还要牢牢把握其精神品质，全面激活文化传统，以此研培班为契机，将松阳县的文化建设提高到新的水平。

北京师范大学中国社会管理研究院、社会学院教授萧放代表本次研讨班的主办方，提出北京师范大学民俗学团队始终以高度负责的精神进行此次以节日仪式为主题的研讨班工作：制订切合主题的教学方案，集结最优秀的师资；组织认真负责的工作小组，在实践中进行伦理培养和情感培育；重视高校与政府部门、非遗传承人的三方合作，深化与创新了非遗保护的途径。此次研讨班培养与锤炼了一批得力的非遗保护传承人队伍，搭起了政府、传承人与高校的合作平台，并获得了初步的理论实践相结合的研讨方案，接下来将建立长效追踪机制，以课题合作的方式进行总结研讨，促进地区非遗的保护与传承。

通过研讨班的学习与实践，对于如何通过民俗节庆活动体现当地文化的规范性与艺术性，学员们纷纷表达了看法。缙云县文广出版局副局长朱勇认为既要保护民俗文化的原生环境，也应当体现以传承人为代表的民众的主体性；非遗传承人潘吴林从传统木雕手艺的观赏性与实用性出发，提出工艺非遗进一步发展的路径。

国家文化部党组成员、副部长项兆伦（时任），文化部非遗司副司长王晨阳（时任），浙江省文化厅党组副书记、副厅长陈瑶（时任），松阳县县委书记王峻（时任），北京师范大学教授萧放、朱霞等出席了此次结业典礼，研讨班全体学员及松阳县各乡镇代表等参与。

二 《中国艺术报》报道结业典礼

中青年非遗传承人研讨传统节日文化

2017-10-13　来源：《中国艺术报》

作者：张文

"传统文化的当代实践——文化部、教育部中青年非遗传承人传统节日仪式研讨班"结业典礼近日在浙江松阳举行，为期25天的理论学习与田野调查圆满结束。文化部副部长项兆伦（时任）等领导和专家学者为研讨班学员颁发结业证书。"北京师范大学社会治理智库调研基地"正式授牌。

本次研讨班以中青年非遗工作者和非遗传承人为主体，相继在北京、松阳两地进行，通过理论讲解、田野调查和集中研讨等方式，以传统节日仪式的保护、创新和传承为主要议题，深入探索当代社会转型期传统节日仪式文化的保护机制和发展空间。

活动期间，研讨班还调研了裕溪畲族文化节、象溪溪鱼文化节、台湾《汉声》传习班、斋坛农耕文化节、《松古遗芳》非遗展演、"非遗赶大集"等异彩纷呈的文化活动。

三　丽水市文化广电新闻出版局、松阳县文广出版局报道理论学习阶段顺利结束

文化部中青年非物质文化遗产传承人传统节日仪式研讨班理论学习圆满结束

2017 年 9 月 18 日

9月6—15日，文化部中青年非物质文化遗产传承人传统节日仪式研讨班在北京师范大学英东学术会堂举行。研讨班理论学习的最后一天，松阳县县委书记王峻专程到北京师范大学京师学堂的课堂上，与老师学员亲切交谈，关心学员的学习和生活情况。小伙伴们都激动不已，纷纷表示很受鼓舞。

学员孟梅青说：我们这次来北京师范大学学习真心感受到北京师范大学的老师们在教学中的用心，每一堂课程都是让我们大有所获。我是竹溪摆祭的负责人，通过这次学习，对民俗活动有了新的认识，会更注重社区的力量，也希望更多的民俗专家参与今后发展的讨论中来，为我们提供宝贵的意见。

临走前，王峻对学员们提出，松阳县致力于文化引领的乡村复兴，民俗是重要的一块内容，在座的每位学员都是民俗活动的"黄埔一期"，要取得四方面的效应：一是经济社会发展双促进，民俗文化活动是社会建设的内容，可以转变为经济，成为旅游的资源；二是学术与实践相结合，学术要走向社会、为民众服务，民众要学习理论，运用到实践，推动学术的发展；三是形与魂相结合，民俗节庆活动是一种形式，而背后体现的是乡村传统文化的内涵，耕读传家、敬天爱人，传承好老祖宗留给我们的文化；四是传统与现代相结合，要把传统民俗活动和社会主义核心价值观、现代的科学技术、文明理念相结合。希望大家不辜负文化部的期望、不辜负北京师范大学的学术教学，做好松阳的节庆活动，进而辐射到丽水、全国，为中国传统文化

建设提供松阳经验和松阳实践。

此次研习班前半部分理论学习结束后，北京师范大学专家将和学员们一同前往松阳开展为期12天的田野调查，为当地非遗保护和传承提出有益意见，为我国非遗保护的落地推行提供宝贵经验。

四　松阳县文广出版局等报道结业典礼

高校学术助力民俗活动保护与传承
——记国家文化部、教育部"传统文化的当代实践"
传统节日仪式研讨班

2017-10-25　作者：叶素珍

2017年9月5—30日，文化部、教育部中国非遗传承人群研修研习培训计划——中青年非物质文化遗产传承人传统节日仪式研讨班在北京、松阳两地举行，来自浙江省丽水市有关部门领导、丽水市下辖8个县市的文化保护工作者及非遗传承人共29名学员参加集中培训，以提高非遗理论研究、传承能力和田野调查能力。

本次研培班是国家文化部非遗司的民俗类非遗项目研培试点，由国内民俗类研究权威学府北京师范大学牵头组织，特别是针对丽水市和松阳县的民俗类项目量身定制，具有很强的针对性、科学性、前瞻性。研培班呈现出以下三个特点。

（一）"1+1"全新授课模式

以集中授课与小组研讨相结合、专家讲座与案例教学相结合、实践教学与田野调查相结合，实现"1+1"全新授课模式。将非遗保护前沿理念与现实非遗传承工作结合，让学员深刻理解活态传承、社区共同体的重要性、传统节日的内涵，思考非遗传承到底为了谁。

理论学习为基础。第一阶段在北京师范大学进行为期10天理论研讨，研讨班依托北京师范大学中国社会管理研究院/社会学院，由著名节日研究专家萧放教授领导的民俗学国家重点学科和民俗、人类学系团队具体负责。项目集结了国内外民俗学、文化产业、文化创意设计、旅游管理等相关领域15位专家学者，充分完善了学术的整体性和统一性。

田野调查为核心。第二阶段以四季岁时为主线于浙江松阳进行为期12天叶氏祭祖、竹溪摆祭、玉岩庙会、平卿祭祖的个案调查。分组深入调研，现场访谈研讨，不仅提升了学员的实践传承能力，而且形成四个专题报告，为非遗保护决策和百姓生活创新提供历史、现状与对策依据。以非遗资源教化人心、和谐地方社会，从而助力当代社会治理。

（二）搭建三方合作平台

搭建专家学者、传承人与非遗工作者三者结合的研究平台，共同探讨传统节日仪式在当代中国的实践问题。遴选合作单位中青年非遗工作者和非遗传承人，通过理论讲解、田野调查和集中研讨等多种方式，以传统节日仪式的保护、创新和传承为主要议题，深入探索当代社会转型期传统节日仪式文化的保护机制以及创造性传承和创新性发展的广阔空间。

创新构建三方平台。通过政府联姻，创新链接高校和基层，实现资源互通、共享，形成三方合作平台。政府提供保障平台，为培训提供基础保障，协调、整合双方资源，打通高校和基层的连接纽带。高校提供学术平台，是学术研究的重阵，为基层队伍提供全面的师资、创新的教学模式和理论的研究成果，并指导基层队伍开展非遗保护传承的实践。基层提供资源平台，非遗传承人、社区共同体、节日仪式等丰富的在地民俗文化资源。

打造三方合作新模式。政府在非遗政策、非遗课题设计和非遗保护机制与资金方面担当特别重要的角色。高校作为教学研究单位在非遗理论研究与非遗调查能力方面有显著优势。非遗传承人群作为非遗主体是最有发言权的群体，直接促成三方精诚合作，是非遗保护发展、传承创新的关键。实践证明高校与政府部门、非遗传承人的携手合作是深化、创新非遗保护方式的有效途径。

（三）推进非遗保护传承

此次研讨班的目的是提升传承人群的文化素养、保护实践、传承能力，形成基层有组织的传承队伍，从而有效推进非遗的保护传承。

培养基层文化人才。中青年非物质文化遗产传承人传统节日仪式研讨班紧紧围绕这个培训目标，针对省、市、县非遗工作者，社区工作者、村级组织者与非遗传承人量身定制课程，讲授节日仪式的实践与创新、中国传统节日文化与地方经济社会生活、中国节庆品牌的策划与培育等，建立培训队伍对保护传承非遗的意义认知，加深对中国传统文化的了解，培养对地方非遗的深厚感情，使这支培训队伍成为文化的传播者，非传承者，从而影响身边的社区共同体参与保护传承非遗当中。

提升民俗活动内涵。认真梳理、研究我们民俗项目面临的节日仪式传承、活化与创新等关键问题，通过北京师范大学民俗学专业学科优势，有效指导地方民俗活动突破保护工作瓶颈，提升非物质文化遗产传承工作水平，以松阳县民俗活动为样本，以祈福、摆祭、礼俗、庙会等项目为支撑，四个小组对四个考察对象的深度调研，提出了创造性传承建议方案，如对平卿村社祭祈福仪式、叶氏祭祖的文化传承与当代文化转换、玉岩庙会组织的完善、大小竹溪排祭对村民乡土精神的维护等，都有合理建议，对于提升地方文化自信、文化自觉起到了重要作用。

五 "非遗传承人群研培计划"公众号、搜狐新闻等报道结业典礼

专家观点｜萧放：传统节日回归现代生活

2017-10-10　记者：冷昊阳

2017年9月，文化部、教育部中国非遗传承人群研修研习培训

计划——中青年非物质文化遗产传承人传统节日仪式研讨班在北京师范大学正式开班。此次研讨班是中国非遗传承人群研培计划首次关于民俗的试点培训，由北京师范大学中国社会管理研究院/社会学院主办。

主办方按照中共中央《关于实施中华优秀传统文化传承发展工程的意见》提出的"实施中国传统节日振兴工程，丰富春节、元宵、清明、端午、七夕、中秋、重阳等传统节日文化内涵，形成新的节日习俗"相关精神，为进一步学习贯彻文化部副部长项兆伦（时任）《关于当前非遗保护工作的几个问题》讲话重要内容，将充分发挥北京师范大学民俗学专业学科优势，结合松阳县文化资源优势，进行理论与实践相结合的研修研习活动。

对此，研培君对北京师范大学教授萧放进行了专访。

研培君：研培计划实施至今，这是首个关于传统节日仪式的培训班，学校在课程设置上是出于哪些考虑？

萧放：我们是按照联合国教科文组织《保护非物质文化遗产公约》（以下简称《公约》）的相关精神来制定的本次培训，《公约》强调理论与实践相结合，我们在课程上也按照《公约》的精神来设置。在理论部分我们请了国内很多知名的非遗专家来做讲座，帮助大家了解《公约》的精神，同时邀请了一些传统节日仪式的专家来为大家介绍传统节日的历史沿革和文化内涵，其中也包含节日经济、节日旅游等市场转化的部分。

研培君：本期研修班在学员方面是如何选择？

萧放：在学员选择上，我们请了很多基层的文化工作者，这是因为传统节日仪式与手工业不同，手工艺传承人可以一个人做出很好的非遗作品，但是传统节日仪式是有群众广泛参与的，我们也必须从整体来考量，传统节日仪式的传承不能只靠传承人，政府的参与至关重要。

研培君：在《公约》中，社会风俗、礼仪、节庆相较于传统工艺相比，在保护和传承中有哪些不同？

萧放：节日是集体性的活动，社会影响非常大，需要更多人的认知和参与，还涉及公共安全、公共卫生等许多政府需要支持、维护的多方面问题。传统手工艺没有这么大的参与度，传承人自己在家就可以做，节庆则需要民间和政府进行多方面的协调。

研培君：截至现在，春节、清明、端午、七夕、中秋、重阳等传统节日已入选了我国非物质文化遗产名录。这些传统节日在成为非物质文化遗产之后有了哪些转变？

萧放：传统节日本来是我们自己过的，但近100年传统节日在一定程度上被中断。在2004年韩国端午祭申遗对我们的触动很大，国家开始重视传统节日的保护，我们就开始论证，随后2006年就进入了非遗名录。这在地位上给了传统节日一个重新的评价和肯定，也使我们过节的人增强了文化自觉和文化自信，使我们在过节的时候就自觉地传承非物质文化遗产。在这样一个非遗政策的感召之下，我们也开始展开相关的工作。政府、高校、媒体都从自身的角度来为传统节日的传承做出贡献，增强了社会的认同感，增强了传承氛围，使传统节日体面光鲜地回到了人们的生活中来，包括2008年国家制定公共假日，将重要节日和现代生活的假期相结合，也是我们现在传承保护传统节日的一个福利。

研培君：在互联网时代的背景下，传统节日仪式面临着哪些新的机遇和挑战？

萧放：传统节日在互联网时代下是获得了好的发展机遇的，传统节日曾经最多是从家庭走向社区，但现在可以通过互联网走向整个社会，使人们超时空地参与进来，变成大家共享的资源。比如一个小地方的庙会，通过互联网我可以在任何地方都看到，这就是传统文化融入现代生活的一个重要方式。也对传统节日的传承主体带来了文化自信和文化尊重。但我们也要注意到有些人会把一些片面的节日元素放大，比如玉林狗肉节，原本就是当地人的一个节日，但却被放大到整个社会的公共事件，使得很多人不能接受。所以我们要注意到传统节日和社会影响的协调。

六 "北京师范大学民俗学"公众号报道结业典礼

"传统文化的当代实践——中青年非遗传承人传统节日仪式研讨班"圆满结业

2017 年 10 月 2 日

2017 年 9 月 29 日下午，文化部、教育部中青年非遗传承人传统节日仪式研讨班结业典礼在松阳县会议中心隆重举行，标志着为期 25 天的理论学习与田野调查圆满结束。

第一阶段在北京的理论学习与研讨，既丰富了学员的理论知识，也启发了工作思路。9 月 17 日，研讨班全体学员与北京师范大学民俗学团队启程共赴松阳，并于次日开启了研讨班的第二阶段——田野调查与乡村实践。本次田野调查兵分四路，分别由萧放教授、朱霞教授、鞠熙博士与贺少雅博士带队，就叶氏祭祖、竹溪排祭、玉岩庙会与平卿祈福四项传统节日仪式展开了深入的调查。

叶氏祭祖组追随叶姓迁徙足迹，深入东角垄村、叶川头村、吴弄村等地考察宗祠情况与祭祖仪式，重点关注了江南叶姓起源地卯山的祭祖文化与桐溪叶梦得宗祠的中元祭祖，参加了在卯山举办的"江南始祖望公南迁 1820 年秋祭大典"，着力探讨了祭祖文化在构建地方文化认同、培育公共品德、参与社会治理方面的重要意义。竹溪排祭组从时间、空间、组织三个维度进行调查，访谈了传承人、村民和干部，翻阅了族谱，考察了神庙、祠堂、香火堂、社公庙，了解了大小竹溪的节气时间节点，把两个村的文化空间绘制了民俗地图，弄清了村中的民间组织与制度，整理并挖掘了村中的民俗资源。玉岩庙会组就庙会历史变迁、庙会生态环境、民间组织机制等方面对庙会董事、文化干部与老村民进行了访谈，发现庙会与当地政治结构之间的关系，但今天的传承尚存在问题。作为非遗的土壤，只有保护庙会的整体生态，其他民间戏剧等非遗项目才能够健康地传承。平卿祈福组围绕村落历史文化传统及其变迁、非遗的传承与保护情况展开调研，挖掘出富有地域特色的平卿锣鼓、福鼓制作技艺、《太平歌》民间小调等民俗资源，基本掌握了该村社会治理和发展中存在的问题，形成了对乡村复兴路径的初步探讨。

9月22—28日，结束了4天的集中调研，研讨班开始了进一步的理论学习。丽水学院教授、浙江省特级教师杨建伟将中国民族音乐抽象为民俗文化符号，现场欢歌笑语不断，气氛热烈。浙江师范大学教授陈华文从民俗活动、地方特色、非遗保护等角度讲解了浙江省的节庆文化建设，认为节庆是节日与庆典的结合，既是传统的，又是现代的、发展的。此外，法国远东学院北京中心主任杜杰庸、松阳县史志办主任洪关旺、世界叶氏联谊总会常务副总会长叶平也分别带来了精彩的演讲。每场讲座，老师们与学员们都展开了热烈和富于启发性的讨论。理论学习与大组、小组讨论穿插进行，学员们纷纷表示收获良多，对于资料梳理以及调查报告的撰写都颇有启迪。期间，研讨班还参与了裕溪畲族文化节、象溪溪鱼文化节、台湾《汉声》传习班、斋坛农耕文化节、《松古遗芳》非遗展演、"非遗赶大集"等异彩纷呈的文化活动，在实践中积累了知识与经验，也开拓了眼界和思路。

29日下午14点45分，研讨班结业典礼在县会议中心102会议室隆重举行。典礼由松阳县副县长谢雅贞（时任）主持，国家文化部党组成员、副部长项兆伦（时任），文化部非遗司副司长王晨阳（时任），浙江省文化厅党组副书记、副厅长陈瑶（时任），松阳县县委书记王峻，台湾《汉声》杂志社总策划黄永松，北京师范大学教授萧放、朱霞等出席，文化部非遗司相关领导、研讨班全体学员及松阳县各乡镇代表等参加。

结业典礼伊始，成果展示宣传片回顾了研讨班在北京的理论学习与在松阳的田野调查两个阶段，四个调研项目的历史纪录片将松阳的民俗文化与颇具代表性的节庆仪式娓娓道来。接着，丽水广播电视大学教授施蕾芬、竹源乡副乡长徐薇宏、西屏街道党工委委员赵娜、西屏街道城西社区主任吴莉梅代表四个小组进行了工作汇报，根据调研经验从社区参与、乡村复兴等角度思考了非遗在当代实践中的传承与发展。松阳县非遗中心群文馆员、研讨班班长叶素珍也代表全体学员向为此次研讨班付出心血的各级领导、老师们表达了诚挚的感谢与依依惜别之情。

生活需要仪式，而传统节日是仪式集中呈现的载体，通过研讨班的学习与实践，对于如何通过民俗节庆活动体现在地文化的规范性与艺术性，学员们纷纷表达了看法。朱勇认为既要保护民俗文化的原生环境，也应当体现以传承人为代表的民众的主体性；潘吴林从传统木雕手艺的观赏性与实用性出发，提出工艺非遗进一步发展的路径；兰炳花以一首旋律悠扬、感情充沛的畲族山歌表达了参与研讨班的收获与感想；周增辉在田野中感受到了松阳人强烈的家族与家园情怀，并祝愿松阳蒸蒸日上；吕君梅表示非常珍惜这次难得的机会，近一个月的学习经历终生难忘。学员们的发言引起共鸣，会场响起了热烈的掌声。

北京师范大学中国社会管理研究院/社会学院萧放教授代表本次研讨班的主办方，提出北京师范大学民俗学团队始终以高度负责的精神进行此次以节日仪式为主题的研讨班工作：制订切合主题的教学方案，集结最优秀的师资；组织认真负责的工作小组，在实践中进行伦理培养和情感培育；重视高校与政府部门、非遗传承人的三方合作，深化与创新了非遗保护的途径。此次研讨班培养与锤炼了一批得力的非遗保护传承人队伍，搭起了政府、传承人与高校的合作平台，并获得了初步的理论实践相结合的研讨方案，接下来将建立长效追踪机制，以课题合作的方式进行总结研讨，促进地区非遗的保护与传承。

浙江省文化厅党组副书记、副厅长陈瑶（时任）首先对文化部与非遗司、对北京师范大学民俗学、对各位授课专家表示了感谢，也对学员们的认真勤奋表示赞赏。同时，陈厅长也期待学员们日后能够学以致用，以行动创新"传统文化的当代实践"，共同将松阳建设为展示美丽浙江、文化浙江的窗口。

文化部党组成员、副部长项兆伦（时任）对本次研讨班给予高度评价，认为这是对分门类建立非遗保护与传承体系的一次尝试，对于形成完整的非遗政策体系具有重要意义。他肯定了北京师范大学作为民俗学重镇对于文化传承的高度责任感,也肯定了松阳县在文化保护方面富有远见与情怀的实践。他详细解读了非遗的本质特征,并从邻里互动和社区共享、赋予社区鲜明的文化特征、为成员提供归属感认同感乃至整个社区联系的持续感三个方面阐述了节庆仪式的基本特征。他说,本次研讨班的主题是传统文化的当代实践,节庆仪式活动在文化传承中起着特别重要的作用。节庆仪式作为社会实践性的文化传统,更要强调社区群体的认同感,这是传承与再创造的重要判断标准。针对下一步工作,项兆伦强调,要进一步巩固成果,让类似研修活动成为松阳乃至更大范围民俗实践研究基地,成为民俗类非遗项目研培工作的品牌;要理论研究与积极实践相结合,让民俗活动更加丰富,更具吸引力,更多参与人群,更能反映松阳特色;要让民俗节庆的研修和实践,与美丽乡村建设结合,与新农村的社会文化建设结合,让丰富的民俗活动成为当地新农村建设的有机组成部分和生动内涵,成为新农村建设新的动力。

松阳县县委书记王峻对项部长提出的文化实践的重要意义做出回应,表示本次研讨班贯彻了党中央国务院对于文化发展的战略要求,发挥文化凝聚灵魂、资政育人的重要作用。非遗传承,既要延续传统,又要与时代相衔接,在物质形态修复取得一定成果的基础上,还要牢牢把握其精神品质,全面激活文化传统,以此研培班为契机,将松阳县的文化建设提高到新的水平。

随后,伴随着激昂奋进的音乐,项兆伦副部长、陈瑶副厅长、王峻书记、萧放教授等领导和专家学者纷纷登台,为研讨班全体29位学员颁发结业证书,并合影留念。最后,萧放教授、朱霞教授代表北京师范大学正式向松阳县授牌"北京师范大学社会治理智库调研基地",现场气氛热烈,掌声经久不息。

晚上,文化部项部长一行与研讨班成员观看了《松古遗芳》非遗演出,并合影留念。回味近一个月共同的学习生活,收获良多,老师与学员们依依惜别,互道珍重,期待再次相见。

附　录

关于"中青年非物质文化遗产传承人传统节日仪式研讨班"创新模式的评估报告

2017年9月5—30日，由北京师范大学承担的"文化部、教育部中青年非遗传承人传统节日仪式研讨班"（以下简称"非遗研讨班"）在北京师范大学与浙江松阳两地顺利举办。本次研讨班在文化和旅游部（原文化部）副部长项兆伦（时任）的大力支持下，在非物质文化遗产司有关领导的精心指导下，确定以"传统文化的当代实践"为主题，采用理论学习与工作实践相结合的创新模式，以浙江省松阳县为研究基地，搭建专家学者、传承人与非遗工作者三方合作的研修平台，共同探讨传统节日仪式在当代中国的实践问题，取得了良好效果，得到了广泛好评。研讨班结束后，北京师范大学中国社会管理研究院/社会学院民俗学团队继续跟踪了解学员们的研修成果，进行了回访调查和初步评估。现将研讨班举办一年来的成果延展情况总结报告如下。

一 "非遗"研讨班的主要做法和经验

"非遗研讨班"是一次理论与实践相结合的尝试，是政府、传承人和高校在一个社区进行的探索性的文化实践，为节日仪式传承人研培项目提出了一套可资借鉴的新模式。

研讨班的培训计划由教学理论环节和田野实践环节组成。教学理论环节以理论研讨为主，主办方北京师范大学下大力气邀请了刘魁立、巴莫曲布嫫、萧放、田兆元、安德明、陈再藩等国内外民俗学、文化旅游产业、文化创意设计等相关领域的专家学者为研讨班29名学员授课，内容涉及了非遗保护、节日仪式传承与创新等领域的诸多重要问题，如非物质文化遗产概念、源流和内涵；非遗保护工作的发展历程；节日传统的内涵、伦理价值和文化价值；节日资源的利用、创新和转换问题；弘扬民族精神的尝试与经验等。田野实践环节以浙江省松阳县为研究基地，由北京师范大学萧放、朱霞、鞠熙、贺少雅带队的民俗学团队与研讨班全体学员一起分为四组，返回浙江松阳对叶氏祭祖、竹溪排祭、玉岩庙会与平卿祈福四项传统节日仪式集中进行为期半个月的田野调查与乡村实践，尝试创新传统节日传承保护的新模式，进一步发现非遗传承与保护中存在的新问题，总结民间非遗传承的好做法和好经验，探索非遗传承与乡村振兴新路径。研讨班在实施研培计划中，获得了以下几点经验和体会。

（一）组织得力尽责的核心工作班子，是研讨班取得成功的关键

为了组织好本次研讨班，北京师范大学民俗学专业4位主要教师全员上阵、全程负责，从2017年4月的筹备工作开始，核心团队从前期调查到文献收集，从课题研讨到田野访谈，从调查报告写作到心得体会辅导，加班加点，全力付出，把工作做到细致认真。（可以列举例子）萧放教授和朱霞教授作为研讨班的主要负责人，跟随项部长几次前往松阳县，深入当地乡村了解节日仪式传承现状，与当地政府领导就调研点的确定反复多次进行沟通。鞠熙副教授和贺少雅博士后在研讨班的课程讲授、讨论组织、田野调研以及研讨班进行中的后勤保障等工作中尽职尽责，全力付出。

（二）制订目标明确的课程设计方案，是教学环节顺利进行的保障

理论指导是实践提升的助推器，研讨班不计成本、精心配置了来自国内外的最好师资，涵盖了非遗理念认识和正确理解、节日文化传统与节日文化创意发展三方面，确保学员能够得到关于非遗传承理念

与方法的最多收获。例如，马来西亚国家级非物质文化遗产二十四节令鼓创始人陈再藩先生以二十四节令鼓为经典案例，结合其创作背景、创作理念、传承实践、申遗道路与发展前景，分享了利用地方资源与文化资源打造文化特色，创造文化新生态，弘扬民族精神的尝试与经验，给学员们带来了全新的理念和广阔的视野。

（三）重视理念传授与实践教学结合的研讨方式，是本次研讨班的创新特点

为了把最前沿的非遗保护理念与最现实的非遗保护传承工作相结合起来，研讨班经反复商讨，确定了江南叶氏祭祖、玉岩庙会、平卿祈福、大小竹溪排祭四个传承相对完整、具有地方特色且具有创新和发展空间的调研项目。调研中有意识地引导学员将课程讲授的内容与项目研究内容相结合，启发学员在调研中思考，在研讨中深化，在实践中进行能力培养与情感升华。而且，在松阳调研期间，还穿插了松阳当地的专家讲座，让学员真正地了解本土文化，热爱本土文化；并且设置了调研报告撰写和修改研讨的内容，不仅让学员学会理论知识、调研技巧，还通过学术训练进一步提升学员们的专业能力，为当地基层文化工作锻炼队伍。研讨班结束时，调研组就叶氏祭祖的文化传承与当代文化转换、玉岩庙会组织的完善、平卿社祭祈福仪式的现代价值更新、大小竹溪排祭对村民乡土精神的维护等，都做了很好的总结，提交了研究报告与合理建议。这种培训模式使学员能在学习中中思考，在研讨中深化，在实践中进行能力培养与情感升华。

（四）政府、传承人和高校三方的精诚合作，是非遗保护发展、传承创新的关键

政府在非遗政策、非遗课题设计与非遗保护机制与资源分配等方面发挥重要作用，高校作为教学研究单位在非遗理论研究与非遗调查方面有优势，非遗传承人群作为非遗主体是最有发言权的群体，非遗就是他们自己的文化。通过理论学习和调查研究相结合的创新模式，项目切实做到"强基础、拓眼界、增学养"，培养与锤炼了一支得力的非遗保护传承队伍，搭起了政府、高校与传承人群三方合作平台，获得了初步理论实践结合的研讨成果。在研讨班的教学模式中，高校获得了更多的与地区非遗项目的合作的机会与研究实例，从一个文化研究者转变为一个文化实践者，把民俗学的学问运用在非遗保护实践工作中，并与乡村振兴过程中出现的问题结合起来进行思考。传承人和非遗工作者则把在社区文化实践中的心得贡献出来，进行分析和总结。在本研讨项目的激发下，高校的科研与教学会更加注重非遗理论与实践结合的价值取向；社区工作者更加注重对文化实践的总结与理论提升；非遗传承人更加注重理论学习及其对非遗保护实践的指导。

从这个意义上讲，本次研讨班不仅是非遗研培模式的一种创新，本身也是非遗保护与传承工作路径的一种新探索，而且在党的十九大提出乡村振兴战略实施的大背景下，经由这种探索，政府、高校科研单位、基层行政部门以及非遗传承人等多主体合力，将理论研讨和实践本身超越了非遗保护领域，扩展到非遗保护与乡村发展的深层次问题，具有了更为广阔的理论空间和重要的现实意义。

二 "非遗"研讨班的工作成效和影响

一年来，北京师范大学民俗学团队对"中青年非遗传承人传统节日仪式研讨班"的工作成效持续关注，进行了回访调查和初步评估，认为培训班的研究基地——松阳县在非遗工作方面已取得明显成效。一方面，在文化和旅游部的大力领导下，在非遗研讨班的强力带动下，松阳县委、县政府高度重视传统节日仪式，提出了"文化引领、品质发展"的目标，致力于非遗活态保护传承发展工作，坚持非遗"见人、见物、见生活"的保护发展理念，探索了一条文化引领乡村振兴的路子。同时，"非遗研讨班"的成功举办，增进了社区成员对非物质文化遗产的归属感、认同感和自豪感，使得松阳非遗保护工作获得了鲜明的可见度、认知度和美誉度。具体体现在以下几个方面。

（一）推动当地政府制定和出台了更多非遗传承保护工作政策和措施

培训教学理论环节关于非物质文化遗产的正确理念渗透到了基层的文化复兴运动中，松阳县政府制定了一整套具有先进理念，富有前瞻性的、切实可行的非遗传承保护发展工作措施。他们在工作计划中提出了活态保护、有机发展理念，坚持利用本土、原生态、低碳环保材质，对村落进行最少、最自然人工干预，以保持田园风光、乡村风情和历史感。致力于维护传统村落的整体风貌，保护传统民居的建筑技艺，提高传统村落的经济活力，振兴传统村落的优秀文化，鼓励低碳环保的生产生活方式。这些理念和举措体现了松阳县在传统文化保护方面富有远见与情怀的思想和实践。

（二）激发了基层社区和群众参与非遗传承的动力与凝聚力

培训田野实践环节让学员回到本地调查研究，体现了非物质文化遗产尊重传承人和社区意愿的基本精神，增进了社区成员对非物质文化遗产的归属感、认同感和自豪感，促进了非遗在社区的传承、保护和发展。通过调查和回访我们看到，由于"非遗研讨班"的推动，基层政府力量对非遗传承与保护工作更加积极和恰当，与传承节日仪式内涵相协调的活动项目更加丰富，年轻人参与度有所提高。例如，竹溪摆祭调研项目，促使当地人更加明确地意识到该仪式活动的当代文化价值。县、街道、村委等部门纷纷投入摆祭保护和传承的阵营中，老传承人们受到研培班的鼓舞，积极奔走，更多的年轻人受到感召，踊跃参与。平卿村祈福调研激发了这个传统古村落的活力，基层干部们和村民们一起正在深入挖掘本地文化传统，积极申报非遗项目，并与古村落保护政策相结合，进行重点文物建筑修缮、村落环境整治。这些变化都反映了非物质文化遗产传承人群研培计划的确在社区取得了良好的成效。通过研培，让年轻人回归乡村民俗回归乡村，让乡村人民中活得更加富足而有尊严的乡村复兴理想有了实现的可能性。

（三）提升了松阳非遗工作的可见度、认知度和美誉度

"非遗研讨班"的成功举办和强大影响力使松阳传统节日仪式等非物质文化遗产项目获得了全国范围的关注。一年来，《人民日报》、新华社、中央电视台等全国性媒体不断地对松阳的乡村文化复兴活动进行报道，松阳的非物质文化遗产项目与文化资源，古村落的保护运动，松阳对非物质文化遗产的传承保护思路、方法和经验不断出现在各种媒体上，松阳县非遗工作的可见度、认知度和美誉度有目共睹，形成了松阳优秀传统文化热潮。这是政府、社区传承人和高校三方合力产生的巨大影响力。以我们回访中看到的2018年春节期间竹溪摆祭为例，中央电视台、光明网、《浙江日报》、浙江新闻、《丽水日报》等几十家媒体进行了报道。《浙江日报》还对3月3日小竹溪的排祭现场进行了现场直播。松阳火了！非遗可见度、认知度和美誉度的提高进一步强化了社区鲜明的文化特征、为社区成员提供强烈的归属感，提高了社区保护传承传统节日的自信心，增加了传统节日在当代社会的传承活力。

（四）推动地方文化逐渐形成有当代活力、有群众基础的节日文化品牌

"非遗研讨班"的举办有利于形成、完善和提升节日文化的价值体系，也在一定程度上推动地方节日文化品牌的形成。松阳县提出了形成"两大"品牌的思路：一是打造"永不落幕"的民俗文化节。在田野调查实践中，"非遗研讨班"四个组挖掘了叶氏祭祖、竹溪摆祭、平卿祈福、玉岩庙会的文化资源，为实现"乡乡有节会、月月有活动"的民俗文化展演的机制提供了重要的研究案例。二是打造"永不闭馆"的乡村博物馆，松阳县重视对传统手工技艺的展示，带动了传统文化传承。例如，"红糖工坊"不仅承担着古法制糖工艺的传承，还提升了红糖的品质，具有向观众进行展示和宣传的功能。松阳小竹溪的中国第一家"松香博物馆"已经落成，处于不断完善的过程当中，旨在向外界展示松香的历史源流、技术发展以及松阳对中

国松香产业做出的卓越贡献。通过调查和回访，我们看到，松阳县的这些工作都得到了很好的落实。他们关于非遗传承保护工作的思路、措施和实践具有一定的前沿性、示范性和参考意义。

三 研培工作进一步完善的建议及后续工作

一是总结并形成多样化成果，提升非遗保护传承的理论研究水平。研讨班结束后，北京师范大学民俗学团队及时总结工作经验，召开工作总结会议，撰写研究报告和工作报告，同时收集专家学者的授课内容，并与松阳县积极沟通，共同形成研讨班工作成果。目前，这些成果正在进行后期整理，即将由中国社会科学出版社结集出版。同时，由团队成员撰写的关于江南叶氏祭祖、平卿祈福的研究论文已经发表于《社会治理》杂志上。

二是巩固和深入研讨成果，建立长效追踪、推进的合作机制与交流平台。研讨班成员聚是一团火，散是满天星。北京师范大学民俗学团队以及授课的专家学者们与研讨班学员们建立了信息员方式，进行长期联系，互相交流，促进非遗保护与传承工作。例如，建立了多个与北京师范大学研讨班相关的微信群，北京师范大学研培班群、平卿祈福群、松阳博物馆群等，在群里关于非遗传承保护的各种信息和讨论都在不断发布，关于"传统文化的当代实践"主题讨论和交流还在持续地进行。

三是开展课题研讨，总结提炼节庆仪式保护发展路径，探索乡村文化复兴模式。利用研讨班的协作方式，北京师范大学中国社会管理研究院/社会学院结合正在开展的中国社会治理智库"百村社会治理"调查重大项目，在松阳县设立了中国"百村社会治理调查"基地，并于2018年将小竹溪村、平卿村等列入"百村社会治理调查"重大项目第二批调研村落。"非遗传承人传统节日仪式研讨班"的创新模式依然在发挥作用，北京师范大学民俗学团队将和研讨班的学员继续探讨关于传承中华优秀传统文化与道德传统，守望民族精神家园，探索乡村社会治理途径的主题。

四是延续和完善现有培训模式，继续开拓更广阔的培训辐射范围。2017年的"非遗研讨班"取得了有目共睹的学术成果和社会效益，也吸引了更多基层非遗保护部门和同人的合作。接下来，在条件允许的情况下，北京师范大学将继续作为主办方，积极参与文化和旅游部非遗研培项目，延续并在实践中不断完善培训模式，为我国非遗保护与传承事业贡献力量。

总之，通过调查和回访发现，文化和旅游部"非物质文化遗产传承人传统节日仪式研讨班"项目对节日仪式和非遗传承保护产生了积极影响，举办成效超出了我们的预期。正如文化和旅游部副部长项兆伦（时任）在研讨班结业仪式上说的，这是分门类建立非遗保护与传承体系的一次尝试，对于形成完整的非遗政策体系具有重要意义，要让类似研修活动成为松阳乃至更大范围民俗实践研究基地，成为民俗类非遗项目研培工作的品牌。

（萧放、朱霞、鞠熙、贺少雅）

课程表

日期	时间	地点	课程设置	主讲人	主持人	形式
9月6日	8：30—9：25	英东楼三层讲学厅	开班仪式		萧放教授	嘉宾、学员代表发言
	9：30—12：30		谈谈非物质文化遗产保护工作中的几个问题	刘魁立 研究员		授课
	14：30—17：30	后主楼2224	非物质文化遗产保护中的社区参与	安德明 研究员		授课
9月7日	8：30—11：30	英东楼三层讲学厅	非遗公约制定的动机、理念与概念解读	巴莫曲布嫫 研究员	鞠熙副研究员	授课
	14：30—17：30		非遗保护与节日传承人的主体性确立	鞠熙 副研究员		讨论
9月8日	8：30—11：30	英东楼三层讲学厅	中国传统节日的起源、体系、传统内涵及其现代价值	萧放 教授	贺少雅博士	授课
	14：30—17：30		节日产品的开发与提升设计	陈普月 董事长		授课
9月9—10日			自由安排，消化前期理论课程，准备讨论问题			
9月11日	8：30—11：30	后主楼2224	传统节日资源的创造、实践与转换——二十四节令鼓为例	陈再藩 教授	萧放教授	授课
	14：30—17：30		节日仪式的实践与创新	萧放 教授		讨论

续表

日期	时间	地点	课程设置	主讲人	主持人	形式
9月12日	8:30—11:30	后主楼2224	文化创意产业与非遗的生产性保护与发展	意娜 教授	朱霞教授	授课
	14:30—17:30		非遗传承人节日仪式研讨班的创新模式与田野调查	朱霞 教授		授课
9月13日	8:30—11:30	后主楼2224	中国传统节日文化与地方经济社会生活	田兆元 教授	贺少雅博士	授课
	14:30—17:30		中国节庆品牌的策划与培育	代改珍 副教授		授课
9月14日	8:30—11:30	京师学堂第七会议室	中国传统节日文化与民间信仰及核心价值观	张勃 教授	鞠熙副研究员	授课
	14:30—17:30		民间信仰在节日中的作用及其现实意义	鞠熙 副研究员		讨论
9月15日	8:30—11:30	京师学堂第七会议室	节日遗产资源的活用	徐赣丽 教授	朱霞教授	授课
	14:30—17:30		松阳县平卿祈福、大小竹溪摆祭、卯山祭祖、玉岩传统庙会的调查问卷的讨论	朱霞 教授、鞠熙 副研究员、贺少雅 博士		讨论
9月16日		自由活动，体验北京文化				
9月17日		离开北京赴松阳县				

专家介绍

刘魁立：著名民间文艺学家。历任中国民俗学会理事长、中国社会科学院少数民族文学研究所所长。现任中国社会科学院荣誉学部委员、中国民间文化遗产抢救工程专家委员会副主任、中国民俗学会荣誉会长、中国非物质文化遗产保护委员会副主任等。著有《刘魁立民俗学论集》《俄国农奴制时期民间文学的幻想与现实问题》《民间文学的搜索工作》《民俗学：概念、范围、方法》等。译著有《世界文学史》《故事形态学》（即将出版）等。主要研究领域：中国民俗学及民间文学、中国少数民族文学、欧洲民俗学、文化遗产保护。

巴莫曲布嫫：中国社会科学院民族文学研究所研究员、博士生导师。历任中国社会科学院民族文学研究所南方民族文学研究室副主任、民族文学理论与当代批评研究室主任等。兼任中央民族大学重点学科特聘教师、中山大学非物质文化遗产研究中心客座研究员、文化部外联局非物质文化遗产专家组成员、联合国教科文组织保护非物质文化遗产领域专家等职。已出版个人学术专著《鹰灵与诗魂——彝族古代经籍诗学研究》；译著《荷马诸问题》等多部。在《文学评论》《民族文学研究》《民俗研究》等学刊上发表论文、文章和调查报告百余篇。研究方向：彝族文学传统与民俗文化传承、口头传统与书写传统。

陈再藩：马来西亚南方大学文化、艺术及企业策划部主任，日资石油化学公司之执行董事。兼任马来西亚石油化学工业协会之荣誉秘书长、柔佛潮州八邑会馆副会长、新山中华公会理事、南方大学丹斯里拿督张愈昌文物与艺术馆馆长。长期致力于文化节庆主题曲创作和大型文化项目的策划和推动。其创导举办的大型中秋园游会，使中秋节在马国发展为春节外之第二大节。与他人合作创制二十四节令鼓，被大马文化部列为国家非物质文化遗产。

萧　放：北京师范大学社会管理研究院/社会学院教授、博士生导师，现任人类学与民俗学系主任、民俗典籍文字研究中心民俗室主任。兼任国际亚细亚民俗学会副会长兼中方会长、中国民俗学会副会长、中国民间文艺家协会理事、中国节日文化研究中心主任。曾任日本关西学院大学社会学部、台湾辅仁大学中文系客座教授。研究方向为历史民俗学、民间文化史、岁时节日与礼仪民俗等。撰著和主编《传统节日与非物质文化遗产》《中国节庆》《〈荆楚岁时记〉研究》《岁时——传统中国民众的时间生活》《中国民俗史》（明清卷主编）等多部学术著作；发表学术论文百余篇。所著咨询报告《全面复兴与重建传统节日文化》获国家领导人批示。

安德明：中国社会科学院民间文学研究室研究员、主任，中国社会科学院研究生院教授、博士生导师。主要学术兼职有中国民间文艺家协会理事、中国民俗学会理事和中国社会科学院青年人文社会科学研究中心常务理事、国际民俗学会副会长。主要研究领域为民间信仰、民间谚语及民俗学的学术史和基本理论。著有 *Handbook of Chinese Mythology*（与杨利慧合著）、《天人之际的非常对话——甘肃天水地区的农事禳灾研究》等，译著《作为表演的口头艺术》（与杨利慧合译）等多部；发表学术论文数十篇。

田兆元：华东师范大学社会发展学院副院长、教授、博士生导师、民俗学科带头人。主要社会兼职：中国文艺理论学会理事、中国民俗学会常务理事、中国汉民族学会理事、上海历史学会理事等。以独立或第一作者发表论文百余篇，撰著和主编《神话与中国社会》、《民间文学概论》（主编）、《华东民俗文献》等20余部。研究方向包括民俗与地域文化研究、文化遗产资源与应用研究、神话学与民间文艺学研究等。

朱　霞：教授、博士生导师。现任职于北京师范大学社会管理研究院/社会学院人类学与民俗学系。研究方向：技术民俗学、民间工艺。任第二至第四届"中国传统工艺研究会"理事、第四届"中国科技史学会少数民族科技史专业委员会"理事。以独立或第一作者发表论文40余篇,其中《从"滇南盐法图"看古代云南少数民族的井盐生产》一文被翻译成英文论文,发表在"East Asian Science, Technology, and Medicine"(《东亚的科学、技术和医学》),专著有《云南诺邓井盐生产民俗研究》。

张　勃：北京联合大学北京学研究所教授、硕士生导师,兼任中国民俗学会常务理事、副秘书长,华夏文化保护中心节庆专业委员会常务理事、副秘书长等职。主要从事历史民俗学和北京学研究,尤重节日和礼俗文化研究。专著或合著有《唐代节日研究》《明代岁时民俗文献研究》《中国节日丛书·清明》《中国民俗通志·节日卷》《中国人最应该知道的77个礼俗》等十余部,主编《齐鲁特色文化丛书·礼仪》《中国端午节丛书·史料卷》等,发表学术论文70余篇。

徐赣丽：华东师范大学社会发展学院教授,兼任中国民俗学会理事。研究方向为民俗旅游、文化遗产、应用民俗学等。以独立或第一作者发表论文60余篇,撰著和编著《文化遗产在当代中国》《民俗旅游与民族文化变迁——桂北壮瑶三村考察》《新编民间文学概论》(合编)等8部。主持国家社科基金一般项目一项、主持国家社科重大项目子课题一项。

陈普月：深圳市巨匠汇网络信息有限公司创始人,董事长。中融控股集团（香港）总裁、香港弘誉集团总裁；专业投资人,其主投有超6家企业在美国、中国香港、中国A股证券市场上市。致力于打造非遗文化成为小而美的地方和民族文化奢侈品品牌。2016年6月在韩国国会与济州论坛上发表"中韩非物质文化遗产保护"讲话,复兴中国传统工匠文化产业的决心获时任联合国秘书长潘基文及与会国家首脑的赞誉。

意　娜：女,藏族。国家高层次人才特殊支持计划青年拔尖人才入选者（青拔）、中国社会科学院民族文学研究所副研究员、中国文化创意产业研究会秘书长。参加过联合国贸发会议、联合国教科文组织会议并演讲,参加多个国际会议并讲演。曾出版专著《直观造化之相——文化研究语境下的藏族唐卡艺术》《情定香巴拉——民族地区文化创意产业发展研究》等8部,主持翻译联合国教科文组织《创意经济报告2013》《重塑文化政策》等报告中文版,发表学术论文20余篇,专栏等文章60余篇。学术方向:文化多样性、藏族文艺理论、文化研究。

代改珍:博士,北京联合大学旅游学院讲师、河南大学硕士生导师、中国旅游未来研究会副会长、北京华汉旅规划设计研究院执行院长、北京童乡文化创意发展有限公司董事长。从事旅游规划设计、旅游开发运营十多年,研究领域:旅游规划、遗产旅游、山地旅游、亲子旅游。讲授课程:旅游创意策划、会展旅游、会展场馆运营与管理、展览空间与设计。

鞠　熙:现任职于北京师范大学社会管理研究院/社会学院人类学民俗学系,副研究员。研究方向为宗教民俗学,承担"中法同型故事比较""北京内城街区景观的民俗学研究"等课题三项,在《世界宗教研究》《民俗研究》等学术期刊上发表学术论文十余篇,出版专著《数字碑刻民俗志》一部,合著《北京内城寺庙碑刻志》前4卷。

贺少雅:北京师范大学社会管理研究院/社会学院博士后。主要研究方向为历史民俗学、岁时节日与礼仪民俗、非物质文化遗产保护等。参与"人生礼仪传统的当代重建与传承研究""《中国节日志·清明》"等课题三项,发表学术论文10余篇,合著《北京民间水治》等。

后　记

萧　放　朱　霞

又是金秋，收获的季节。文化和旅游部"中青年非物质文化遗产传承人传统节日仪式研讨班"在北京师范大学与浙江松阳两地顺利完成已经三年了。《传统文化的当代实践——文化部非物质文化遗产传承人传统节日仪式研讨班成果集萃》即将出版，我们心中有太多的感激、感动和感悟要表达。

这次研讨班是中国非遗传承人群研培计划首次关于民俗的试点培训。北京师范大学在时任文化和旅游部项兆伦副部长的指导下，确定了以"传统文化的当代实践——以传统节日仪式研讨"为中心，理论学习与田野实践相结合的研讨形式，为这次研讨确立了正确的方向。记得研讨的中心议题和模式是在一个民宿中确定的。在此，我们衷心感谢项兆伦副部长、非遗司陈通司长、王晨阳副司长以及其他非遗司的同志对研讨班的指导和关怀！

研讨班的课程是按照研讨中心的议题进行设置的。国内外民俗学、文化产业、文化创意设计、民俗旅游等相关领域的专家前来北京师范大学授课，他们是著名学者刘魁立、巴莫曲布嫫、萧放、田兆元、安德明、陈再藩、张勃、徐赣丽、陈普月、朱霞、意娜、代改珍等，在松阳有浙江师范大学教授陈华文、丽水学院教授杨建伟、松阳县史志办主任洪关旺、世界叶氏联谊总会常务副总会长叶平，还有台湾著名文化人《汉声》杂志社社长黄永松前来与学员分享他在松阳的调研经验。在此，衷心感谢各位老师给予的大力支持！恭贺老师们的精彩演讲获得了学员的高度赞扬！

为了落实搭建专家学者、传承人与非遗工作者三者结合的研究平台，共同探讨传统节日仪式在当代中国的实践问题。时任浙江丽水松阳县县委书记王峻、时任松阳县政府副县长谢雅贞、松阳县文化广电新闻出版局局长叶云宽、副局长杨建明等同志为研培班的举办做了大量细致的工作。开班之前，北京师范大学与松阳进行了四轮面对面的工作对接和讨论。松阳各级政府对研讨班在松阳的举办前期准备充分，内容丰富，田野实践的行程的安排极为用心。连松阳学员都是县委书记王峻最后调整并确定下来的，可见松阳对研讨班工作的重视。没有松阳各级政府的大力支持，就没有今天研讨班的丰硕成果！在此，衷心感谢松阳各级政府对研讨班的大力支持和精心安排！

　　衷心感谢来自田野调查的四个个案点在内的基层非遗传承人和工作者，还有浙江省丽水市有关部门领导、丽水市下辖8个区县的文化保护工作者及非遗传承人！我们为各位学员的贡献和收获而骄傲！学员们把在社区文化实践中的心得带到了课堂，在课堂上进行分析和总结，同时开阔了眼界，获得了非遗和民俗学的理论知识。在结业仪式上，研讨班的班长叶素珍代表松阳县文化广电新闻出版局，丽水广播电视大学教授施蕾芬、竹源乡副乡长徐薇宏、西屏街道党工委委员赵娜、西屏街道城西社区主任吴莉梅代表四个调查小组在结业典礼上向项兆伦副部长进行了成果汇报。

　　文化和旅游部党组成员、副部长项兆伦给予本次研讨班高度评价，认为这是对分门类建立非遗保护与传承体系的一次尝试，对于形成完整的非遗政策体系具有重要意义。他肯定了北京师范大学作为民俗学重镇对于文化传承的高度责任感，也肯定了松阳县在文化保护方面富有远见与情怀的实践。

　　北京师范大学民俗学专业的全体师生为传统节日仪式研讨班的举办做了大量工作，认真地完成了准备和实施的各个环节。在田野调查中，分别由萧放教授、朱霞教授、鞠熙副教授与贺少雅博士带队，就叶氏祭祖、竹溪排祭、玉岩庙会与平卿祈福四项传统节日仪式展开了深入的调查，并写成了四个调查报告，描述了中国传统节日仪式当代实践的四个鲜活个案，讨论了传统文化创造性转换过程中面临的一些问题，并试图把非遗工作与乡村社会治理结合在一起进行研究。民俗学专业的学生兢兢业业，认真负责，体现了北京师范大学百年老校的优良传统和风范。

研讨班虽然结束了，但是我们还要进一步巩固这次研讨成果，继续坚持理念传授与实践教学结合的研讨方式，建立长效追踪，推进机制与平台的完善，互相交流，促进非遗保护与传承。通过研讨班，北京师范大学在松阳建立"北京师范大学社会治理智库调研基地"，不断会以课题合作的方式，进行乡村文化建设的总结研讨，利用政府高校与社会联合协作方式，开展课题研讨，获取非遗在中国的保护经验，总结提炼节庆仪式保护发展路径。

再次向为"传统节日仪式研讨班"做出贡献的同志致敬！